高等学校教材

乒乓球运动教程（第二版）

李林　岳海鹏　主编

高等教育出版社·北京

内容简介

乒乓球是普通高等学校体育专业的重要的运动技能课程。本书在第一版的基础上，吸收了近十年国内外乒乓球运动的最新发展成果，并从我国普通高等学校乒乓球教学与训练的实际出发，全面、系统地阐述了乒乓球的基本理论知识、技术、战术、教学与训练、专项身体素质、竞赛组织编排、竞赛规则与裁判法、体育展示、运动损伤等内容，构建了比较完整的乒乓球教材内容体系。同时，本书配有丰富的技战术图片，并通过二维码关联了技战术视频，便于学生自主学习。

本书不仅可以作为普通高等学校体育专业乒乓球专项教材，还可以作为从事乒乓球教学、训练工作的人员以及广大乒乓球爱好者的参考用书。

图书在版编目（CIP）数据

乒乓球运动教程／李林，岳海鹏主编. -- 2版. -- 北京：高等教育出版社，2021.9（2023.8重印）
ISBN 978-7-04-055475-5

Ⅰ.①乒… Ⅱ.①李… ②岳… Ⅲ.①乒乓球运动-高等学校-教材 Ⅳ.①G846

中国版本图书馆CIP数据核字（2021）第025265号

乒乓球运动教程（第二版）
Pingpangqiu Yundong Jiaocheng

策划编辑 易星辛　责任编辑 易星辛　封面设计 王 洋　版式设计 于 婕
插图绘制 邓 超　责任校对 刁丽丽　责任印制 耿 轩

出版发行 高等教育出版社
社　　址 北京市西城区德外大街4号
邮政编码 100120
印　　刷 北京市联华印刷厂
开　　本 787mm × 960mm　1/16
印　　张 21
字　　数 380千字
购书热线 010-58581118
咨询电话 400-810-0598
网　　址 http://www.hep.edu.cn
　　　　 http://www.hep.com.cn
网上订购 http://www.hepmall.com.cn
　　　　 http://www.hepmall.com
　　　　 http://www.hepmall.cn
版　　次 2004年7月第1版
　　　　 2021年9月第2版
印　　次 2023年8月第3次印刷
定　　价 42.80元

物 料 号　55475-00

本书编写人员

顾　　问：刘建和（成都体育学院　二级教授）

主　　编：李　林（成都体育学院　教授）

　　　　　岳海鹏（成都体育学院　教授）

副 主 编：杨成波（成都体育学院　教授）

　　　　　唐东阳（武汉体育学院　副教授）

编　　委：唐小林（成都体育学院　教授）

　　　　　李　浩（西安体育学院　教授）

　　　　　曹　犇（陕西师范大学体育学院　副教授）

　　　　　白　杨（常州工学院　教授）

　　　　　王　琥（成都体育学院　讲师）

　　　　　周　弈（成都体育学院　博士）

　　　　　王　姗（成都体育学院　运动健将）

编写说明

乒乓球运动对我国来说，不仅仅是一项运动，它还承载了几代人的梦想与记忆，“乒乓精神”成为我国竞技体育的“文化传家宝”。我国乒乓球运动至今仍然保持着世界领先的运动技能水平和广泛的群众基础。近年来，规则的演进、器材的改革以及比赛呈现方式的变化都给乒乓球运动注入了新的活力，使其向着“更快、更高、更强”的方向发展。例如，球拍黏合剂的变化要求运动员具有更大的击球力量，而技术上也出现了拧、撇、撕、劈等新技术。作为普通高等学校体育专业的学生，乒乓球运动的基本知识以及这些变化都是需要掌握的。

《乒乓球运动教程》(第二版) 的编写工作由成都体育学院牵头，组织了全国从事乒乓球教学、科研、训练工作的专家、学者参与修订工作。新版教材不仅要反映乒乓球运动的最新发展成果，又要适应普通高等学校体育教育教学的改革，还要紧跟“互联网+”教育和国家一流课程建设的要求。为满足当今乒乓球课程的需要，在本书编写过程中，适当提高了教材内容的广度和深度，同时充分运用案例教学，以培养学生的实践能力。新版教材具有以下特点：

1. 注重传承与更新

在编写《乒乓球运动教程》(第二版) 过程中，注重教材的传承和更新，教材内容的选取上注意采用学界公认的内容，归纳总结近年来乒乓球运动的新理论和新技术，同时更新了技战术的内容表达形式，主要表现在拍摄了优秀运动员的技战术动作，增加了丰富的技战术视频。而且在保持原有结构体系上，为满足当前人才培养和社会发展的需要，增加了新的内容，如“乒乓球专项身体素质”“体育展示与乒乓球”“乒乓球运动损伤”，以进一步完善乒乓球教材内容体系。

2. 强调专业性与实用性

在教材的编写过程中，注意更新乒乓球专业领域的知识，强调教材内容的专业性，同时结合课堂讲授的特点，较系统地阐述了乒乓球理论知识，并与技能提升相结合。此外，还特别注重乒乓球教学、训练、竞赛组织、竞赛展示等能力的培养，突出实用性、针对性。

3. 融入“互联网+”教育观念

为满足当今大学生的学习需求，引导学生自主学习，在教材建设过程中，充分融入“互联网+”教育观念。主要表现为：通过二维码关联丰富的拓展内容，如技战术视频、拓展阅读资料；依托先进的教育技术，以学生的能力培养为目标，以纸质教材为基础，提供多媒介、多形态、多用途、多层次的教学资源和教学服务。立体化教材能够促进学生快速、高效地掌握知识和技能。

本教材由成都体育学院李林教授、岳海鹏教授担任主编。参与本教材编写的人员及分工为：李浩（西安体育学院，第一章），唐东阳（武汉体育学院，第二章），王琥（成都体育学院，第三章），岳海鹏、王姗（成都体育学院，第四章），唐小林（成都体育学院，第五章），周弈（成都体育学院，第六章），白杨（常州工学院，第七章），曹犇（陕西师范大学，第八章），李林（成都体育学院，第九章），杨成波（成都体育学院，第十章）。本教材最后由李林、岳海鹏统稿。

本教材在编写过程中得到了成都体育学院刘建和教授以及院系领导的支持和帮助，同时吸收了国内外诸多前辈、同行的研究成果和著作，在此一并表示衷心的感谢。

对于本教材的疏漏和不妥之处，望广大前辈、同行及读者予以指正。

编写组

2021 年 8 月

目　录

第一章　乒乓球运动概述

本章导言

乒乓球运动是一项由两名或两对选手用球拍在中间隔着一道球网的球台两端轮流击球的球类运动，其特点是球体小、速度快、旋转强、变化多。乒乓球运动深受世界各国人民的喜爱，目前国际乒联成员单位多达 226 个。乒乓球运动在我国有着广泛的群众基础，我国不仅拥有世界顶尖乒乓球运动员，而且拥有庞大的乒乓球业余爱好者群体。乒乓球运动的发展之路反映了中国体育事业由弱变强、逐步兴旺发达的进程。乒乓球是我国长期保持优势的体育项目，因此，乒乓球在中国也被称作“国球”。

学习目标

1. 了解乒乓球运动的起源与发展，熟悉乒乓球运动的几次重要变革历程。

2. 了解乒乓球的重要组织机构及其运作模式。

3. 了解乒乓球在中国的发展过程。

第一节　世界乒乓球运动

乒乓球运动在世界上拥有广泛的群体。本节重点介绍乒乓球运动的起源和发展以及乒乓球的几大顶级赛事等，让同学们能够全面地了解这项运动。

一、乒乓球运动的起源

乒乓球运动是一项历史悠久的体育活动，它起源于19世纪末的英国，又称“桌上网球”，它是从网球运动演化而来。欧洲人热爱网球运动，因受到场地和天气的限制，他们将网球运动搬到室内，以餐桌为赛场，慢慢发展出乒乓球运动。

乒乓球运动开始并没有统一的规则，只是作为当时比较流行的一种游戏而存在。在器材方面也与今天大相径庭：球板是空心的，用羊皮纸贴成，形状多为椭圆形，球是用橡胶或软木制成，而球台就更为简单，有时用饭桌，有时在地面上用两个椅子作为支柱，中间挂起网来进行。乒乓球是19世纪末英国比较流行的一项休闲活动。

在19世纪80年代，“桌球游戏”在英国上层阶级非常流行与时尚，当时几乎所有相关的乒乓球重要活动及赛事都成为报纸关注的焦点，如《每日镜报》《泰晤士报》《每日邮报》，也使人们认识、了解并投入此项游戏中。1884年，英国人把这项运动称为“wiff-waff”。1886年，“桌上网球”进入英国公司埃尔斯(Firm. F. H Ayres)的体育器材目录中。1890年，英格兰的大卫福斯特(David Foster)推出他发明的室内桌上游戏，并在英国申请了专利，这是世界上最早的关于“桌上网球”文字记录。1891年，大卫福斯特推出室内桌球游戏一年后，英国人约翰杰奎斯(Jaques)从羽毛球游戏获得启示，发明了“高西马”游戏，并申请了专利。

1898年，英国的杰奎斯公司在全世界首次把这项游戏登记为“乒乓球”，乒乓球由此得名。1900年左右，出现了木质乒乓球板，这标志着乒乓球运动的发展进入了一个新的阶段。

由于第一次世界大战爆发，使原来已经在欧洲得到发展的乒乓球运动不得不停顿了一个时期。20世纪20年代后，在蒙塔古等人的推动下，乒乓球运动重新在英国开展起来，并组织了一些由各地选手参加的全英乒乓球赛。1926年，由于“乒乓”(ping-pong)一词是商业注册名称，而且原英国乒乓球协会缺乏代表性，因此便解散了原组织，成立了“桌上网球协会”。1926年1月，在德国柏林举行了一次国际乒乓球赛上，共有 9 个国家 64 名男运动员参加比赛。同年 12 月，国际乒乓球联合会（International Table Tennis Federation，ITTF）正式成立，并把在伦敦举行的欧洲锦标赛命名为第一届世界乒乓球锦标赛，这标志着现代乒乓球运动正式进入历史舞台。

二、乒乓球运动的发展

从 1926 年首届世界乒乓球锦标赛（简称“世乒赛”）举办至今，世界乒乓球运动已有 90 多年的历史。根据乒乓球运动技术演进、规则变化等特征，乒乓球运动可以分为以下几个发展阶段：

（一）欧洲乒乓球运动全面快速发展（1926—1951 年）

1903 年，英国人古德发明了胶皮球拍，有力地促进了乒乓球技术的发展。1926 年以前，乒乓球作为体育项目在英国和匈牙利开展较为广泛。1926—1951 年，世界各国选手大都使用表面有圆柱形颗粒的胶皮拍。这种拍击球时增加了弹性和摩擦力，可以使球产生一定的旋转，因而出现了削球防守型打法。这一打法在欧洲流行时间很长，不少运动员采用这种打法获得了世界冠军。这一时期共举行了 18 届世界锦标赛，在共 117 项冠军中，有 109 项为欧洲选手获得。其中，匈牙利队成绩最突出，他们获得了 57 项冠军。在技术上，当时由于网高（17 厘米）、台窄（宽 146.4 厘米）、球软，有利于削球打法，所以欧洲的稳削打法占主导地位。第 11 届世乒赛之后，对比赛规则做了重大的修改，把球台放宽到 152.5 厘米，把球网高度降到 15.25 厘米，限制了比赛时间，规定了“轮换发球法”，这些改变为进攻技术创造了有利条件。乒乓球比赛规则的修改、器材的改变，鼓励运动员主动进攻，使削球反攻技术显露锋芒。从此，削攻结合的打法逐渐发展起来，这一时期以削为主和削攻结合的打法占据世界乒坛的主导地位。

（二）日本长抽取代欧洲削球（1952—1959 年）

日本乒协于 1928 年加入了国际乒联。20 世纪 50 年代初，奥地利人发明了海绵球拍，日本运动员在世界比赛中率先使用，并在 1952 年孟买举行的第 19 届世乒赛中，以直握球拍长抽进攻型打法一举夺得女团、男单、男双、女双 4 项冠军，打破了欧洲运动员的垄断地位。虽然日本只有 3 男 2 女 5 名运动员参赛，却连续击败欧洲各国优秀运动员，取得了令人瞩目的成绩。由于日本运动员成功使用远台长抽进攻型打法，该打法具有正手攻球力量大、速度快、发球抢攻威胁大等优点，容易取得比赛的主动权，使得日本队在 20 世纪 50 年代获得乒乓球运动的技战术优势，而速度慢、旋转弱、攻击力不强的欧洲防守型打法则逐渐被取代。

1952—1959 年，在第 21—25 届世乒赛的 49 项世界冠军中，日本队夺得 24 项。日本队在第 25 届世乒赛中达到全盛，夺得 7 项冠军中的 6 项(男单冠军为中国的容国团所获)，女单、男双、女双冠军均在日本队自己队员之间进行争夺。

乒乓球运动的发展与器材和技术的改革密不可分。在这一阶段，日本队取得成功的原因主要是：① 器材的创新。日本运动员使用了海绵球拍，海绵球拍能有效增强击球的旋转，给乒乓球运动带来了变幻莫测的技术奥秘，也为乒乓球增添了更多的观赏性。② 打法的改革。日本发明了提拉强烈上旋球的长抽技术，从而拉开了乒乓球技术革新的帷幕。他们的技战术独具一格，并在这一阶段中始终保持稳定，从而冲破了欧洲的削球防线，解除了保持 20 多年优势的欧洲“禁区”，将乒乓球技术发展推向一个新的高峰，使乒乓球运动的优势从欧洲转到了亚洲。日本能战胜长期称雄的欧洲，器材的革新与技术上的创新功不可没。

(三) 中国快攻打法称霸世界乒坛(1960—1969 年)

在 20 世纪 50 年代日本称霸世界乒坛的时候，中国开始登上世界乒坛。通过各类比赛不断总结经验教训，在技术上保持了快和狠的特点，训练上狠抓基本功，加强了击球的准确性和变化，提高了对削球的拉攻技术水平，逐渐形成和创造了以“快、准、狠、变”为技术风格的独特的直拍近台快攻打法。1952 年，中国加入国际乒联，1953 年第一次参加了第 20 届世乒赛，男女队仅获小组第 4 名。初次参赛，中国队找到了差距。教练员和队员们努力探索发挥自身特点的近台快攻打法，呕心沥血，艰苦磨砺，开始了中国乒乓球事业的奋斗历程。仅仅经过了 4 年，在 1957 年的斯德哥尔摩第 24 届世乒赛中，中国男队勇夺团体亚军，女队荣获团体第 3 名。

在第 25 届世乒赛中，第一次参加世乒赛的中国运动员容国团锐气逼人，以其独特的直拍近台快攻打法，连续打败许多世界强手，一举摘取男单桂冠，为新中国夺得第一个世界冠军。1961 年，北京成功举办了第 26 届世乒赛，中国队一举荣获三项冠军。中国男队力克群雄，冲破艰难险阻，第一次获得团体冠军，登上了世界乒坛巅峰。邱钟惠首次摘取女单桂冠，庄则栋夺取男单冠军。在第 26—28 届世乒赛中，中国队以独特的快速进攻打法和旋转多变并配以有效反攻的积极防守打法，共夺得 11 枚金牌，占金牌总数的 52%。这说明，20 世纪 60 年代中国乒乓球队的技战术水平，已位居世界乒坛的最前列，技术优势由亚洲的日本转移到中国。

这一时期，由中国乒乓球队独创的具有“快、准、狠、变”独特风格的近台快攻打法和“稳、低、转、攻”技术风格的削球打法，不仅为中国队称霸世界乒坛提供了技战术优势，并且推动了世界乒乓球技术向前快速发展。

（四）欧洲复兴——弧圈与快攻有机结合（1970—1979 年）

在中国、日本乒乓球运动发展的同时，欧洲乒乓球选手一直处于探索之中。欧洲运动员经过 20 多年的认真总结、艰苦探索和不断创新，在 20 世纪 70 年代逐渐形成了自己的技战术风格，他们将中国的近台快攻打法和日本的弧圈球打法有机地结合起来，有效地融合了“转”与“快”这两大乒乓球制胜因素，创造了适合欧洲运动员的以弧圈球为主结合快攻和以快攻为主结合弧圈球这两种先进打法，重新屹立于世界乒坛。

以弧圈球为主结合快攻的打法以匈牙利的克兰帕尔、约尼尔为代表，以快攻为主结合弧圈球的打法以瑞典的本格森、捷克的奥洛夫斯基、波兰的格鲁巴为代表。上述两种打法的特点是旋转较强、速度快、能拉能打、低拉高打、正反手均能拉出高质量的弧圈球，回球威胁性较大。“旋转”和“速度”的紧密结合，把乒乓球技术又推到了一个新的高度。在第 31 届世乒赛上，年仅 19 岁的本格森连续战胜了中国和日本选手登上男单冠军宝座，第 32 届世乒赛上，瑞典男队捧走了亚洲保持了 20 年的男团冠军奖杯。第 33 届世乒赛的男单决赛在匈牙利和南斯拉夫两国选手中进行。在第 35 届世乒赛上，匈牙利队在失去男团冠军整整 27 年之后，夺取了斯韦思林杯；而南斯拉夫男队在经过 25 年之后，重新夺得男双冠军。

（五）欧亚全面对抗时期（1981—1991 年）

1981 年，中国队在第 36 届世乒赛上囊括 7 项冠军及 5 个单项亚军，创造了世界乒坛 55 年来由一个国家包揽全部冠军的空前纪录。此后，在第 37—39 届世乒赛上，又连续三次夺得 6 项世界冠军。但在 1989 年的第 40 届世乒赛上，中国乒乓球队成绩滑至低谷，男队失去团体、单打、双打冠军。

20 世纪 70—80 年代初期，欧洲运动员快攻结合弧圈打法和弧圈结合快攻打法给中国运动员造成了极大威胁。此后，速度与旋转的结合更为紧密，欧洲运动员普遍开始运用前冲弧圈。前冲既快又转，落台后反弹低、冲力大，加上大量使用扣杀及弹打，球的性能及凶狠程度已大大强于以往。同时欧洲运动员前三板普遍凶狠，发球质量显著提高，台内球技术及出台球技术也一改过去被动局面，往往使中国队难以抢先上手而逐渐失去前三板优势。整个 80 年代，欧洲与中国的竞争成为当时乒坛的主旋律，中国男队从登顶到跌入低谷。以男团决赛为例：在第 36 届世乒赛中，中国男队 5：2 胜匈牙利队；在第 37—39 届的三届世乒赛中，中国男队均战胜瑞典队；但在第 40 届世乒赛中，却以 0：5 惨败于瑞典队拍下。在随后的第 41、42 届世乒赛中，欧洲运动员利用强烈的旋转以及先进的“弧圈结合快攻”打法冲破了中国队的防线，连续夺得冠军，站上乒坛之巅，世界乒坛进入欧亚激烈对抗的时代。

（六）“全面复兴、中国打世界”——一超多强局面的形成（1992 年至今）

1989 年，中国队惨败瑞典，一个残酷的现实摆在中国队面前：中国队的打法、技术落后了。面对欧洲的新挑战，中国乒乓球队卧薪尝胆，勇于创新，不断深化对乒乓球制胜规律的认识，创新打法和技术，将“快、准、狠、变、转”等制胜因素高度融合，提升了竞技能力。1992 年，在举世瞩目的巴塞罗那奥运会乒乓球赛场上，中国运动员以精湛的球技、高昂的斗志和勇于拼搏的精神，获得了三枚金牌、两枚银牌和一枚铜牌的优异成绩。1995 年，在天津举行的第 43 届世乒赛中，中国乒乓球队囊括 7 项冠军。从此，中国乒乓球队再次雄踞在世界乒坛之巅。从 1996 年亚特兰大奥运会开始到 2016 年里约热内卢奥运会，除了 2004 年男单金牌旁落外，中国乒乓球队包揽了奥运会乒乓球项目的所有金牌，世界乒乓球进入“一超多强”的时代，开启了中国打世界、世界打中国的局面。在该阶段的对抗中，中国乒乓球队克服乒乓球比赛规则频繁变动等不利因素，认真调整战略部署，积极创新打法与训练手段，精心培育后备力量，不断迎接国外运动员强有力的挑战，在激烈的竞争中继续保持领先地位。

拓展阅读：1960—1969 年乒坛经典 · 风云人物

乒乓球运动的发展已有 100 多年的历史。从乒乓球运动的发展规律可以看出，创新必将成为乒乓球运动发展的主要动力，乒乓球的各种打法必将不断充实和完善，各种新技术也会不断涌现。同时，规则的修改、乒乓器材的不断革新也将对乒乓球运动的发展起到重要的推动作用。运动员的技术也将向更加全面、更加主动、更加凶狠的方向发展，比赛回合大大增加，比赛过程会更加精彩和激烈，而且变得更具观赏性。

三、世界乒乓球运动的几次大变革

在一个多世纪的发展过程中，乒乓球运动经历了几次大的变化和改革，无论是规则的改变、器材的革新还是技术的发展，其目的都是为了乒乓球运动更具竞争性、观赏性和趣味性，力争在全球领域鼓励更多的人参与乒乓球运动，让乒乓球运动朝着更加均衡健康的方向发展。

（一）颗粒胶皮拍的发明，创造了削球打法

1902 年，英国人古德偶然发明了颗粒胶皮，从而使得乒乓球技术得到了巨大发展。颗粒胶皮大大增加了球拍击球时的弹性和摩擦力，使得乒乓球比赛相较以往更加具有速度和攻击性，依托颗粒胶皮特性的削球打法逐渐走上了历史前台，并且在百年时间里不断发展创新。

颗粒胶皮中包含许多性能不同的颗粒胶皮。根据其性能可分为三大类，分别是正胶、长胶和生胶。长胶，顾名思义，这种胶皮的颗粒偏长，长度通常在1.6毫米以上，主动制造旋转的能力比较差，主要依靠来球的强旋转或冲力来增加回球的旋转度；正胶是短颗粒胶皮，击球速度快、力量大，稳定性强；生胶胶粒长度在0.8～1毫米之间，在规格上与正胶非常相似，不仅弹性较大、击球速度快，而且胶粒数量多且颗粒较软。颗粒胶皮在出现后具有很大优势，直到海绵球拍和弧圈球的发明。

直到今天，颗粒胶皮在乒坛依然活跃，涌现出许多优秀的擅长不同胶皮的乒乓球选手。擅长长胶削球打法的有韩国的朱世赫、金景娥以及里约热内卢奥运会女子单打铜牌获得者金宋依；生胶打法的代表有多次获得国际乒联职业巡回赛冠军的伊藤美诚；正胶打法的代表有在2019年世乒赛中获得男单亚军的法尔克。他们都很好地继承和发展了颗粒胶皮的特点，并且取得了很好的成绩，让颗粒胶打法在乒乓球运动未来的发展中能够有更广阔的生存空间。

（二）海绵球拍的发明与使用

20世纪50年代初，奥地利人发明了海绵球拍，海绵作为胶皮和底板中间的缓冲材料，获得了许多运动员的青睐。作为一种多孔发泡塑料聚合物材料，海绵在受到外力撞击时能有效受力压缩，将对手来球的势能有效吸收，能够给予运动员更多调节击球方向和旋转的时间，并且比胶皮具有更好的反弹势能。海绵的应用，极大地丰富了球拍胶皮的性能，极大地提升了胶皮整体的击球技术，配备海绵的胶皮比以往的胶皮拥有更好的调节能力和弹性势能。日本运动员率先在世界比赛中使用了海绵球拍，并一举夺得第19届世界锦标赛的4项冠军，打破了欧洲运动员的垄断地位。由于日本运动员利用的这种球拍创造的远台长抽进攻型打法具有正手攻球力量大、速度快、发球抢攻威胁大等优点，因而速度慢、旋转弱、攻击力不强的欧洲防守型打法被逐渐取代，这使得日本队占据了20世纪50年代乒乓球运动的优势。1952—1959年，在49项次世界冠军中，日本队夺得24项次。这是乒乓球运动水平的第一次大提高。之后，具有强烈摩擦性能的反胶胶皮的发明，催生了风靡全球的“弧圈球”技术。以1971年第31届世乒赛瑞典选手本格森夺冠为起点，反胶的应用和“弧圈球”技术的使用席卷全球，这使得乒乓球运动从以往的近台快攻、撞击类的对抗比赛发展到全台大范围、撞击摩擦相结合的对抗新阶段。

随着近年来国际乒联的一系列规则改变，为了更好地适应乒乓球运动的发展，海绵胶皮也在随着时代的变化而改变。针对乒乓球进入“40+”时代这一情况，为了保持更强的进攻威力和击球速度，越来越多的胶皮制造商开始降低胶皮的黏性，增加海绵的硬度，对胶皮和海绵进行创造性的改良。其中有代表性的是通过在海绵中加入碳素粒子，使得海绵的硬度在原有基础上显著增加，提高了整体弹性和回球速度。由于国际乒联 2008 年 9 月起正式实施“禁胶令”，使越来越多的不用灌胶也能保持胶皮性能的内能胶皮应运而生，这种海绵胶皮的独特技术能够锁定海绵能量，赋予乒乓球充沛的动能，从而提高出球速度和力量。上述这些胶皮所做出的一切改变，都是为了迎合乒乓球运动的最新发展，使击球更具有速度、旋转和威胁性。

（三）2000 年悉尼奥运后四大改革

四大改革都是在中国队一家独大的情况下推出的，国际乒联此举的目的是为了更快地推动乒乓球运动全球化进程，让比赛过程更加激烈精彩，增加比赛的回合，降低乒乓球运动的难度，提高世界乒乓球联合会各成员国参与的积极性，让乒乓球在全世界更加普及，让更多的人通过乒乓球运动来锻炼身体，提高身体素质。

1. 小球改大球

2000 年 2 月，在马来西亚举行的国际乒联代表大会上通过决议，把乒乓球的直径增加了 2 毫米，改为 40 毫米，球重增加了 0. 2 克，改为 2. 7 克，并在 2000 年 10 月 1 日起开始使用。这一改革的目的是减慢球速、减小球的旋转以增加比赛回合。然而国际乒联的这一改革并没有改变中国队一家独大的局面，与此同时，出现了在乒乓球各大比赛中上座率普遍不高、商业赞助也集中在具有优势的国家的情况。为了改变这种情况，提高乒乓球的参与性与平均水平，提高比赛的观赏性与竞争性，国际乒联经过商议，决定再次将乒乓球的直径加大，规定新球的直径上调到 40. 00～40. 60 毫米，如此微小的调整，却足以让乒乓球旋转、速度、弹性发生明显变化。球的速度和旋转降低，比赛的回合明显增加。

国际乒联通过决议，自 2014 年 7 月 1 日起，包括国际乒联公开赛及总决赛在内的重大国际比赛都要使用新材料乒乓球。从 2016 年 7 月 1 日起，国际乒联将不再认可赛璐珞球，这意味着有着 120 多年历史的赛璐珞球将全面退出历史舞台。同时，国际乒联要求塑料球一律采用“40+”的标注方法，这意味着乒乓球由此进入“40+”新时代。

在“40+”时代，由于新材质的球增加了直径，运行速度变缓，前冲力与旋转出现一定程度的下降，前三板很难出现通过一板击球直接得分的局面，得分的手段更加体现在后续的技战术中，发抢段与相持段的结合更加紧密，发抢段决定相持段，相持段延续发抢段。随着单板和衔接技术的提升，对击球的力量提出更高的要求。因此对运动员的综合能力提出更高的要求，如在比赛过程中承受长时间高强度对抗的能力。这也是“40+”时代中运动员技战术风格的一种发展趋势。

2. 21分制改为11分制

2001年4月26日，在大阪世乒赛期间，国际乒联代表大会通过决议，把原有的每局21分制改为每局11分制，每轮发球由5个改为2个。原有的比赛方法如三局两胜、五局三胜制，改为五局三胜或七局四胜，并在2001年9月1日起开始执行。这一改革的目的是增加比赛的偶然性，提高比赛的竞争性，缩短比赛时间，有利于电视转播。

3. 无遮挡发球

为了减少发球的威胁，增加相持球的机会，提高乒乓球比赛的对抗性和观赏性，在2001年大阪世乒赛期间的国际乒联代表大会上通过了新的发球规则："当球与球拍接触时，发球员或他们的双打同伴的任何部位和衣服，都不得在球网以及两侧网柱顶端与球进行连线所形成的虚拟三角形之内或上方——上方的高度以不会挡住接发球员的视线为限。"该规定称为无遮拦发球。该发球规则于2002年9月1日起开始实施。

4. 无机胶水代替有机胶水

无机胶水又叫水溶性胶水，是一种含有如滑石粉、白乳胶、乙二醇和聚乙烯醇等无机成分的胶水；有机胶水就是含有有机成分(主要配方为天然橡胶、有机溶剂、合成橡胶)的胶水。无机胶水它将胶水表皮粘在球拍上却不会发生膨胀，而有机胶水会让海绵膨胀，增加球拍撞击球时的弹力，使打出的球速度更快、力量更大、旋转更加强烈。2008年9月1日，无机胶水取代了有机胶水登上历史舞台。因无机胶水无法和海绵产生化学反应，使用之后，套胶只能保留原先60%的弹性，击球的速度和旋转也不如以前强烈，明显导致力量型选手更加占优势，直板选手相对于横板选手处于更加不利的地位。但是从间接上来说，无机胶水的使用不仅提高了运动员的相持能力，还提高了球的回合数量，增加了乒乓球比赛的观赏性。

这几项改革使得乒乓球的旋转强度、击球速度和球拍的弹性受到限制，减弱了前三板的优势，加强了乒乓球比赛的对抗性，提高了乒乓球相持阶段的比重，加大了乒乓球比赛中的偶然性，使比赛的过程更加紧张，每一分的拼抢更加激烈。这些举措使得高水平乒乓球比赛的结果更具偶然性和不确定性，获取优异成绩的竞争面进一步扩大，鼓励世界各国优秀运动员参与到竞争行列。

四、国际乒乓球联合会

(一) 国际乒乓球联合会简介

国际乒乓球联合会(International Table Tennis Federation, ITTF)，简称国际乒联，1926年成立于德国柏林。国际乒联是国际单项体育联合会总会成员。

截至2019年，国际乒联的成员协会达到了226个国家和地区，即全世界所有有登记的国家和地区都加入了国际乒联，这个数字也是对国际乒联全球推广工作的肯定。

（二）发展历史

国际乒乓球联合会在1926年12月12日召开的会议上，正式通过了国际乒联章程和竞赛规则。同年，举办了首届世界乒乓球锦标赛。1928—1939年，世乒赛和国际乒联代表大会每年举行一次。到1939年，国际乒联共有28个成员国。第二次世界大战结束后，1947年在法国首都巴黎举行了第14届世乒赛和国际乒联代表大会。

1947—1957年，世乒赛和国际乒联代表大会每年举行一次，1957年以后，世乒赛和国际乒联代表大会每两年举行一次。1988年，在国际乒联第二任主席罗伊·埃文斯的努力下，乒乓球成为汉城奥运会正式比赛项目，这为乒乓球运动的进一步发展和普及提供了充足的动力和更高的平台。此外，国际乒联还每年举行男子和女子世界杯比赛。为了满足乒乓球市场化和职业化的需要，国际乒联于1996年推出了职业巡回赛。

（三）组织机构

1. 国际乒联全体代表大会

国际乒联的最高权力机构是国际乒联全体代表大会。国际乒联全体代表大会每两年召开一次，并于同时同地举办世乒赛，正式会员可派2名代表出席，有2票表决权，临时会员为1名代表，有1票表决权。国际乒联全体代表大会对世界乒乓球的健康均衡发展起到了重要作用，无论是小球改大球、无遮挡发球、无机胶水代替有机胶水，还是进入塑料球时代，每一次改革都是在世乒赛期间举办的国际乒联全体代表大会中提出来并商议通过的，大会推动规则改变的目的是希望乒乓球比赛更加紧张激烈，更加扣人心弦，更具有观赏性，这样乒乓球运动才能够长远健康地发展。

2. 国际乒联理事会

国际乒联代表大会闭幕期间，一切工作均由国际乒联理事会负责处理。国际乒联理事会由主席、代理主席、财务执行副主席、其他3位执行副主席和6名洲乒联副主席共12人组成。

3. 国际乒联执行委员会

国际乒联执行委员会由主席、第一副主席和执行副主席组成。国际乒联执行委员会将在国际乒联全体代表大会期间开会，或者在主席召集时举行会议。

4. 国际乒联执行局

国际乒联执行局在主席的召集下大约每半年举行一次会议。

国际乒联执行局的职责：提出和审阅关于乒乓球运动发展的提案；向代表大会或理事会对特定项目的拨款提出建议；向代表大会或理事会对奥运会收入的分配原则提出建议；对参赛资格问题的申诉作出裁决，决定对处罚的延期和比赛时间的分配；审议入会申请并向理事会提出建议；处理代表大会或理事会托付的工作。

5. 国际乒联奥林匹克委员会

国际乒联奥林匹克委员会包括国际乒联领导人，下届奥运会主办国代表一人，但大洲副主席可指定代表出席会议或代行职责。

国际乒联奥林匹克委员会的职责：规划、控制并监督奥运会乒乓球比赛；对奥运会乒乓球比赛的所有问题用适当的方式和国际奥委会、国家(地区)奥委会以及协会进行联络；加强有关参赛资格规定的施行，对运动员参赛资格进行确认；经国际乒联全体代表大会同意，向国际奥委会提交参赛资格规定的修改意见；起草并向代表大会提交奥运会比赛预选方法；为奥运会乒乓球比赛委任仲裁委员会、技术代表和比赛官员；从总体上保证奥运会乒乓球比赛同《奥林匹克宪章》的条文和精神是相符合的。

五、乒乓球顶级赛事

(一) 奥运会乒乓球比赛

乒乓球运动的诞生，差不多与现代奥运会处于同一时期。而乒乓球进入奥运会，却经历了漫长的路程。

早在 1932 年，国际乒联就曾谋划将乒乓球作为表演项目进入 1936 年柏林奥运会，但未能成功。第二次世界大战爆发后，这个愿望随着奥运会的停办而搁置。第二次世界大战结束后，乒乓球进入奥运大家庭的话题又多次被提起，但因为国际乒联内部以及国际奥委会中对于此事有争议而被延误了 30 多年。直到 1981 年，国际奥委会投票决定，将乒乓球列入奥运会。在国际乒联和中国、韩国等乒乓球强国的力争下，乒乓球没有作为表演项目，而是直接作为正式比赛项目，在 1988 年汉城奥运会上正式亮相，比赛项目设有男子单打、女子单打和男子双打、女子双打。2008 年北京奥运会乒乓球比赛项目改为男子团体、女子团体以及男子单打、女子单打。

(二) 世界乒乓球锦标赛

世界乒乓球锦标赛(简称“世乒赛”)，包括男子单打、女子单打、男子双打、女子双打、混合双打以及男子团体、女子团体共 7 个项目。世界乒乓球锦标赛是国际乒联主办的最高水平的世界乒乓球大赛，在全球具有广泛的影响力。

1926 年 12 月，在国际乒联正式成立的同时，第 1 届世界乒乓球锦标赛在英国伦敦举行，比赛设置了男子团体、男子单打、男子双打、女子单打和混合双打 5 个项目。1928 年举行的第 2 届世乒赛增设了女子双打项目，1933 年举行的第 8 届世乒赛增设了女子团体项目。1928 年至 1939 年、1947 年至 1957 年，世乒赛每年举行一次。从 1959 年的第 25 届开始改为每两年举行一次。从第 47 届(2003 年/2004 年)世乒赛以后，改为单数年进行单项比赛，双数年进行团体比赛(但合并计算为一届比赛)。

世乒赛共设有 7 个正式比赛项目，每一项目都设有专门奖杯，各项奖杯都是以捐赠者的姓名或国名命名的。

男子团体冠军杯称为“斯韦思林杯”，由原国际乒联名誉主席斯韦思林夫人所捐赠。奖杯设立于第 1 届世乒赛。

女子团体冠军杯称为“马塞尔·考比伦杯”，由原法国乒协主席马赛尔·考比伦先生所捐赠。奖杯设立于第 8 届世乒赛。

男子单打冠军杯称为“圣勃莱德杯”，由原英格兰乒协主席伍德科先生所捐赠，以伦敦圣勃莱德乒乓球俱乐部的名称命名。奖杯设立于第 1 届世乒赛。

女子单打冠军杯称为“吉·盖斯特杯”，由匈牙利乒协主席吉·盖斯特先生所捐赠。奖杯设立于第 1 届世乒赛。

男子双打冠军杯称为“伊朗杯”，由伊朗国王所捐赠。奖杯设立于第 1 届世乒赛。

女子双打冠军杯称为“波普杯”，由原国际乒联名誉秘书波普先生所捐赠。奖杯设立于第 2 届世乒赛。

男女混合双打冠军杯“兹·赫杜塞克杯”，由原捷克斯洛伐克乒协秘书兹·赫杜塞克先生所捐赠。奖杯设立于第 1 届世乒赛。

世乒赛的奖杯上将刻上获胜者的姓名，各项冠军获得者可保持该奖杯到下一届世乒赛开赛前。唯有男子单打、女子单打冠军，如果连续三次获得“圣·勃莱德杯”或“吉·盖斯特杯”，则由国际乒联制作一个小于原奖杯一半的复制品，永远由获得者保持。世乒赛的 7 个奖杯都是银质的。迄今为止，中国有庄则栋、王楠、马龙因连续三届获得冠军而获得一个复制品。

（三）世界杯乒乓球赛

世界杯乒乓球赛是国际乒联主办的又一项世界性高水平乒乓球比赛。世界杯乒乓球赛与奥运会乒乓球比赛、世界乒乓球锦标赛同为世界乒乓球三大赛事之一。世界杯乒乓球赛开始只设男子单打项目，1996 年后增加女子单打，每年在不同地点分别举办男子单打、女子单打赛事。1990—1992 年，男子双打、女子双打项目曾是世界杯乒乓球赛项目之一，但举办两届后被取消了。另外，世界杯乒乓球赛已有团体赛，前 4 届举办很不规律，现每年举办一次(奥运会年停办)。

世界杯乒乓球赛有男子单打、女子单打及男子团体、女子团体共 4 项赛事，这 4 项赛事分开举办。第 1 届男子世界杯于 1980 年在中国香港举办，郭跃华获得首届男子单打冠军。第 1 届团体世界杯于 1990 年在日本举办，男子团体冠军为瑞典队，女子团体冠军为中国队。首届女子世界杯于 1996 年在中国香港举办，邓亚萍获得第一个世界杯女子单打冠军。

（四）国际乒联巡回赛

国际乒联职业巡回赛，全称为国际乒联乒乓球职业巡回赛。为了适应市场化、职业化的需要，1996 年国际乒联推出了乒乓球职业巡回赛，成为国际乒联组织下的一项具有世界影响的国际大型单项体育赛事。该赛事一般设立男子单打、女子单打、男子双打、女子双打 4 个项目，国际乒联旗下的成员国均可派选手参赛。职业巡回赛每年度比赛场次为 10~15 站，在各大洲进行，主要目的是为了普及乒乓球运动，让更多的协会都能够参与到国际乒联组织的赛事中。与世乒赛不同，职业巡回赛参赛人数相对较少，比赛更加紧凑，是国际乒联的品牌赛事，年末还会根据全年比赛积分排名，遴选出参加总决赛的选手，进行最终的王者之战。

第二节　中国乒乓球运动

乒乓球被称为中国的国球，是人民群众最喜爱的运动之一。

一、乒乓球运动传入中国

1902 年，留学英国的日本东京高等师范学校教授坪井玄道将乒乓球整套用具带回日本。1904 年，一位叫王道平的上海文具店老板，由于经常奔赴日本采购文具，在日本看到乒乓球的表演比赛，于是买了 10 副乒乓球器材带回上海，摆在店中，并亲自作打球的示范表演以吸引顾客。自此，乒乓球运动传入中国。

二、中国乒乓球运动的发展

中华人民共和国成立之前，我国从未获得过乒乓球世界冠军。1925 年在上海举行了各种乒乓球比赛，其中有中华队与旅华日侨之间的秋山杯赛；1927 年中华队赴日进行访问比赛，同年 8 月参加了在上海举行的第 8 届远东运动会中日乒乓球表演赛；1930 年中华队参加了在东京举行的第 9 届远东运动会乒乓球比赛，不过中国代表队的技术水平不高，负多胜少。

中华人民共和国成立后，在党和政府的重视和关怀下，我国乒乓球运动获得了新生，主要呈现以下阶段性特征：

（一）崭露头角（1949—1953 年）

1952 年 10 月，由中华全国体育总会主办的全国乒乓球锦标赛在北京大学举行，国际乒联主席蒙塔古出席了开幕式，揭开了新中国乒乓球运动发展史上的新篇章。

1953 年，中国乒乓球队首次参加了在布加勒斯特举行的第 20 届世界乒乓球锦标赛。在比赛中，中国队虽打败了奥地利、瑞典、西德等队，但却分别败给了英国、匈牙利等强队。在团体比赛中，我国男队被评为第一级第十名，女队被评为第二级第三名。

（二）异军突起（1954—1958 年）

1954 年，中国乒乓球队赴匈牙利参加了第 12 届世界大学生运动会，获得男子单打第二名和第四名，女子单打第三名，男子双打第三名的成绩，总分仅次于匈牙利排第二位。

1955 年，中国乒乓球队参加了在华沙举行的第 2 届国际青年友谊运动会的乒乓球比赛，我国选手初露锋芒，分别战胜了日本、罗马尼亚、法国的优秀选手，获得了男子单打第二名和第三名，女子单打第三名和混合双打第二名的好成绩。

1956 年 3 月，中国乒乓球队在东京第 23 届世乒赛中，男队先后战胜了越南队和美国队，负于英国、日本和罗马尼亚等队。经过顽强拼搏，我国男队升为第一级第六名，女队由第二级队升为第一级队。

1957 年，在第 24 届世乒赛上，中国男队、女队分别战胜了种子队罗马尼亚队和英国队，双双获得了男子团体赛和女子团体赛的决赛权。我国男选手王传耀在团体赛中打败了日本优秀选手荻村伊智郎，女选手孙梅英打败了英国优秀选手安·海顿，初步显示了直拍两面攻和左推右攻打法的威力。我国男队由第一级第六名升为第一级第四名，女队由第一级第十一名升为第一级第三名。

（三）问鼎世界，跻身世界前列（1959—1988 年）

1959 年，在西德多特蒙德举行的第 25 届世乒赛上，容国团过关斩将，为中华民族争得了第一个世界体育冠军。

1961 年，北京承办了新中国第一个国际赛事——第 26 届世乒赛。在比赛前夕，国家体委举全国之力，选调了 108 位乒乓球运动员进行集中训练，以期在本次比赛中获得优异成绩。比赛中，以直板快攻为主要打法的男队、女队主力队员在比赛中充分显示了实力，男队首次夺得了团体冠军，男子单打囊括冠军、亚军、季军；在女子单打决赛中，邱钟惠苦战 5 局，力克匈牙利名将高基安，捧得吉·盖斯特杯，成为新中国体育界第一个女子世界冠军。

1963 年，第 27 届世乒赛在捷克斯洛伐克首都布拉格举行，我国乒乓球代表队面对众多世界强手，英勇奋战，顽强拼搏，夺得了男子团体、男子单打和男子双打三项世界冠军。

随后在原南斯拉夫卢布尔雅那举行的第 28 届世乒赛上，中国运动员在 7 个项目的比赛中夺得 5 项冠军、4 项亚军和 7 个季军，中国乒乓球队连续第三次获得男子团体世界冠军，庄则栋第三次夺得男子单打世界冠军。中国女乒也取得新突破，在决赛中击败四连冠日本队，首次捧起考比伦杯。之后，由于“文化大革命”的原因，中国乒乓球队缺席了第 29 届和第 30 届世乒赛。

1971 年，国乒重回世乒赛赛场，参加了在日本名古屋举行的第 31 届世乒赛。阔别世界乒坛 6 年之久，中国队一路如履薄冰，终于捧得男子团体金杯。团体失利的中国女队拿到了女子单打、女子双打两枚金牌。此外，林慧卿还与张燮林合作摘得混双金牌，这是中国运动员第一次获得混合双打项目的金牌。至此，世乒赛的 7 座奖杯上都刻上了中国人的名字。在此期间，中国乒乓球代表团还正式邀请美国乒乓球代表团访华，打开了隔绝 22 年的中美交往的大门，这就是被国际社会誉为“小球转动大球”的“乒乓外交”。

1973 年，在南斯拉夫第 32 届世乒赛上，中国队男女团体双双失利。但在单项比赛中，中国队员表现出色，梁戈亮、李莉夺得混双冠军，胡玉兰捧得女单金杯，中国选手郗恩亭成为中国第一个直板反胶男单冠军。

在 1977 年和 1979 年两届世乒赛中，中国队男团、女团都成功地站在了最高领奖台上，举起了斯韦思林杯和考比伦杯。随后，在 1981 年第 36 届世乒赛上，中国队囊括 7 项冠军并包揽了 5 个单项的冠亚军，这是世乒赛史上空前的奇迹。

在此期间，中国队的优势不可撼动。从 1983 年世乒赛到 1985 年世乒赛，再到 1987 年世乒赛，中国乒乓球队在这三届世乒赛上充分展示了自己的强大实力，摘得了三届世乒赛总共 21 块金牌中的 18 块金牌。

（四）低谷期的徘徊与探索（1989—1995 年）

20 世纪 80 年代末，中国男队的隐忧渐渐显现出来。起源于欧洲的横板弧圈球打法渐渐成为世界乒坛的主流，而中国传统直板快攻打法劣势也逐渐暴露出来。1988 年，乒乓球首次进入奥运会，国乒队兵败汉城（今首尔），仅获得男子双打和女子单打两项冠军。1989 年，在多特蒙德第 40 届世乒赛的赛场上，中国男队 0∶5 惨败给瑞典队，失掉了已保持 8 年之久的斯韦思林杯。不仅如此，男单、男双和混双冠军也分别被瑞典队、德国队和韩国队夺得。

1991 年，在日本千叶世乒赛上，中国男队仅获男子第七名。中国女队也在团体决赛中负于朝韩联队，拱手让出保持长达 16 年的考比伦杯。

在中国乒乓球队这个艰难的时刻，援外执教意大利乒乓球队的蔡振华接受祖国召唤，毅然挑起了男队主教练的担子，他率领中国乒乓球队在困境中前行，大胆探索和创新。在当年举行的第 2 届世界杯团体赛上，中国男队在决赛中战胜瑞典队，夺得男团冠军。

1992 年，在巴塞罗那奥运会上，王涛、吕林在男双决赛中战胜德国名将罗斯科夫、费茨纳尔获得冠军。这块奥运会金牌为中国男队的复苏吹响了号角。而邓亚萍也在本届奥运会上一人独得女子单打、女子双打两块金牌，成为巴塞罗那奥运会乒乓赛场上最耀眼的明星。

在 1993 年第 42 届世乒赛上，中国男团再负瑞典队无缘冠军。在这届世乒赛上，“海外兵团”进入人们的视野。在女子单打比赛中，第 40 届世乒赛女子单打冠军乔红和第 41 届世乒赛女子单打冠军邓亚萍分别被代表德国出战的施捷和代表新加坡出战的井俊泓淘汰。

（五）引领世界，推动乒乓球运动的发展（1995 年至今）

1995 年，第 43 届世乒赛在天津拉开帷幕。这是继 1961 年北京主办第 26 届世乒赛以来在中国举行的第二届世乒赛。在这届比赛中，中国男团顺利杀入决赛，最终以 3∶2 战胜了瑞典队，再次捧得斯韦思林杯。中国乒乓球队在本届世乒赛上重演了第 36 届世乒赛的辉煌，再次包揽了全部的 7 项冠军，邓亚萍一人获女子团体、女子单打、女子双打三枚金牌，王涛、刘伟连续三次蝉联混双冠军，孔令辉与刘国梁在男子单打决赛中会师，最终孔令辉夺得冠军，这也是中国横板男子选手夺得的第一个单打世界冠军。

1996 年，中国乒乓球队出征亚特兰大奥运会，再度将 4 枚金牌全部收入囊中，在男子单打决赛中，刘国梁战胜王涛夺得冠军。

1999 年，国际乒联决定将单项比赛和团体比赛分开举行。当时第 45 届世乒赛单项比赛在荷兰埃因霍温举行，中国队拿到全部 5 枚金牌，刘国梁在男子单打决赛中苦战 5 局，力克队友马琳夺得男单冠军，至此，刘国梁成为继瓦尔德内尔之后的第二位大满贯选手。

2000 年，悉尼奥运会是小球时代的最后一次乒乓球比赛盛宴，在这届奥运会上，中国乒乓球队再次包揽金牌，孔令辉在男子单打决赛中战胜瓦尔德内尔，成为世界乒坛第三位大满贯得主。同年，男子世界杯在中国扬州开赛，中国选手马琳成为大球时代的第一位世界冠军。随后在日本大阪举行的第 46 届世乒赛是大球时代的第一届世乒赛，中国队势如破竹，再度包揽了全部的 7 枚金牌，这已经是中国队在世乒赛上的第三次包揽全部金牌。

进入 21 世纪后，世界乒坛进入了“一超多强”的时代。中国队一马当先领先于世界，在 2004 年到 2016 年的 4 届奥运会比赛中，除了在 2004 年雅典奥运会男单决赛中王皓不敌韩国选手柳承敏丢掉金牌外，中国队包揽了此外的 15 枚金牌。截至 2019 年 11 月 10 日，中国乒乓球队共有 116 人成为世界冠军，共获得 240 枚金牌，其中奥运会金牌 28 枚，包括 6 个团体冠军，22 个单项冠军；世乒赛金牌 145 枚，包括 42 个团体冠军，103 个单项冠军；世界杯金牌 67 枚，包括 21 个团体冠军，46 个单项冠军（含 1 个女双冠军）。

中国乒乓球队运动员在场上表现出的高昂斗志和顽强作风，展现了强大的正能量，赢得了全国人民的广泛关注。中国乒乓球队保持长盛不衰，主要源于中国乒乓球队坚持走自己的路，注重创新，随时保持紧迫感和忧患意识，戒骄戒躁，从零开始的精神。

三、中国乒乓球队的成功经验

（一）重视创新

“有创新则兴，无创新则衰”是在乒乓球竞赛实践中被反复验证了的规律性的东西。世界乒坛出现过的三次“革命性”突破，分别由匈牙利队、日本队和中国队引发，并为缘起国带来巨大的技术优势。

1. 技术的创新

技术创新不仅使我国形成了传统的直拍正胶、反胶快攻，还形成了具有中国特色的横拍结合弧圈和防守进攻等打法。中国队在打法类型方面做到了“国外有的我们有，国外没有的我们也有”。在世界乒乓球运动 100 多年的历程中，中国创新了多项技术和打法，如正手转与不转发球，正手奔球，直拍近台左推右攻，直拍近台两面攻，长胶粒直拍削球打法，横拍转与不转削球，反手侧上（下）旋发球，高抛发球，正手快点技术，直拍反胶弧圈球快攻打法，快带弧圈技术，推挤技术，正胶小弧圈技术，长胶削攻推拱结合，直拍正手盖打弧圈技术，反手高抛技术，横拍反胶与防弧圈相结合的全攻型打法，横拍反胶与长胶全攻型打法，直拍横打、左推右攻和直拍反面发球技术，削攻结合，直拍反胶左推右攻加直拍横打，横板快撕技术，反手连续快拉技术。技术创新推动着中国队长期处于国际乒坛的领先地位，这是中国乒乓球队长盛不衰的法宝。同时，这些技术打法和器材的创新使乒乓球的打法朝着多样化方向发展，使世界范围内的乒乓球水平得到了极大的提高，推动了世界范围内乒乓球技战术的发展与创新。而运动员竞技能力提升的同时也使比赛更具观赏性。

2. 训练方法的创新

随着竞技水平的提高和科学技术的发展，只有广泛地运用现代科学技术，采用合理、有效的训练方法与手段，才有可能获得理想的训练效果。中国乒乓球队在长期的运动实践中，探索出了许多符合乒乓球运动发展规律的训练思想和行之有效的训练方法与手段，为中国乒乓球队攀登高峰、保持优势奠定了基础。

（1）战术模拟训练法。选择运动员来模仿世界大赛中我队将要遇到的主要对手的打法，并与主力队员反复练习，从而使主力队员能产生专门性适应。早在 20 世纪 60 年代，中国队就开始运用这种训练方法。胡炳权、薛伟初等选手，改变自己原有的打法，学习日本队新发明的弧圈球，帮助主力队员适应这种新技术，甘当铺路石，被称为“走在世界冠军前面的人”。其后，中国乒乓球队又涌现出了许多甘愿牺牲自身打法、不计个人名利的无名英雄。实践证明，这种训练方法符合从比赛实际出发的训练思想，有利于将技战术迁移到比赛中，能培养运动员良好的比赛心理，使运动员掌握战胜特定对手的技战术。

（2）“男帮女”训练法。“男帮女”训练法是中国队首创的训练方法。这种方法可以充分发挥男队员力量大、技术质量高的特点，弥补女队员的不足，进而增加女队员的训练强度和难度，使女运动员适应高强度训练。实践证明，这是一种可以迅速提高女运动员技术水平的训练方法。

（3）环境仿真训练法。为了实战的需要，中国乒乓球队在每次大赛前，都设想可能出现的困难，在训练中给自己出难题。比如，调整训练时间，提前调好运动员的生物钟；在训练时播放比赛场的录音和噪声，在训练场挡板上搭上各种色彩的布条，以适应紧张的比赛气氛；想方设法制造压力，提高运动员的心理承受力等。

（二）正确认识与把握项目制胜规律和训练规律

1. 对制胜因素的认识

运动员的技术、战术、运动素质、心理和智力能力，在比赛中最终都要从球击出的时空特征表现出来。乒乓球竞技的制胜因素为速度、力量、旋转、准确、变化。现代乒乓球运动的发展，从特定含义上讲，就是一个如何提高制胜因素的单个水平及它们之间组合水平的过程。

2. “百花齐放”——建立“中国乒乓小世界”

在充分认识乒乓球制胜因素的基础上，中国队提出了具有较高科学性和很强实效性的技术发展政策，即“百花齐放、以我为主、采诸家之长、走自己的路”，建立了“中国乒乓小世界”。这是其他任何国家都难以进行的一项极富创造性的系统工程。迄今为止，中国乒坛共有五大类型 12 种打法，占所有打法的 83%。

3. 基础训练和难度训练紧密结合

我国根据运动员少年时期体重轻、心理负担小的特点，优选训练方法，跃进式提升难度，把握难度发展的质量，使基础训练与难度训练密切配合。比如，定点训练与不定点训练相结合。这两种训练方法的合理安排符合循序渐进的科学原则，符合事物从量变到质变的发展规律。定点训练是基础训练，对球的落点、线路有一定的要求，这有利于运动员较快地掌握技术动作，形成正确的动作；有效地增大训练密度，使运动员在相对稳定的条件下，在较短时间内使所练技术达到熟练的程度；有利于提高单个技术和结合性技术的水平以及技术特长的形成；可有针对性地解决技战术的薄弱环节。不定点训练是难度训练，是只对训练内容作适当的规定，而对球的落点等不加规定和限制，根据运动员的技战术特点和实践的需要，做各种随机灵活变化的练习。这种训练能有效地加大训练难度，使训练更加符合比赛的需要，能有效地提高运动员的技战术组合和运用能力，有利于培养运动员的战术意识。

（三）注重后备人才队伍建设

竞技体育是一国体育的核心竞争力。新中国成立以来，我国竞技体育在特有的社会、政治、经济、文化背景下，以超常规的发展速度在世界体坛崛起，取得了举世瞩目的成就，成为世界体坛的一支重要力量。综观全球，体育强国的共同特点是极为重视青少年体育后备人才的培养。在一定程度上，后备人才的发展决定了一个国家的竞技体育水平。我国竞技体育的高速发展同样也离不开对后备人才的重视和培养。乒乓球运动在我国被誉为“国球”，乒乓球项目在我国能够保持长盛不衰的一个关键因素是始终重视后备人才的健康与可持续发展。

1. 我国竞技乒乓球后备人才梯队结构

目前，我国竞技乒乓球后备人才的培养主要由各省市体校乒乓球业余运动队、各省市专业乒乓球优秀运动队、国家集训队组成的三级训练网组成。各训练层次相互衔接，充分保证了运动员多年训练的系统性，为我国竞技乒乓球人才的发展作出了重要贡献。

2. 我国竞技乒乓球后备人才培养途径

“举国体制”下的“体校—专业队—国家队”传统三级培养模式是我国乒乓球项目培养后备人才的主要渠道。随着当前社会与市场经济的不断发展，我国竞技乒乓球后备人才的培养经过多年变革也呈现出多元化的发展趋势。竞技乒乓球后备人才能够实现可持续发展，一方面是在加强原有“三级训练网”培养体系建设的基础上，积极促进体育与教育两个主管部门的融合，充分发挥各自的资源优势，建立相互补充与共赢的立体化人才培养途径；另一方面是将新兴的具有不同特色的多元化培养方式作为补充。

3. 我国竞技乒乓球后备人才赛事体系与选拔机制

我国竞技乒乓球后备人才实现可持续发展的主要原因之一是形成了一套多层次、高效、系统的青少年乒乓球赛事体系。为更好地培养和发现后备人才，相关部门在全国儿童青少年的比赛中建立了一个多层次的、互相关联的竞赛体系，给不同年龄段的选手提供比赛机会。

我国乒乓球竞技后备人才的选拔与赛事体系紧密结合，以各级别的赛事成绩为依托，发挥赛事体系的杠杆作用，在具体的实施过程中对优秀苗子依照参赛成绩层层晋级、层层筛选。

（四）重视科学研究

几十年来，中国乒乓球项目一直在世界处于领先地位，取得了优异的成绩。其中重要的一个经验是，通过科学技术的支持，实现科学化训练，有效地提高了运动员的竞技水平，促进运动员在比赛中实现最佳发挥，以取得优异的成绩。中国乒乓球队非常重视对乒乓球训练、比赛理论和实践的总结，以及对乒乓球运动发展规律的总结。

中国乒乓球队科研团队在乒羽中心领导的监督协调下，以主教练为核心，以科技服务项目为载体，以科研团队负责人（科研教练）为枢纽，开展多学科的科技服务工作，为提高运动水平在科学训练上提供科学依据和指导，针对国家乒乓球队在训练实践中遇到的科学技术问题，开展相应的科研攻关与科技服务。在 2016 年里约热内卢奥运会期间，从队伍的实际需要出发，科研团队在技战术诊断和评价、心理能力和训练、生理、生化、医务监督和康复、营养学等方面开展多学科交叉的科技服务工作，共设立 10 项科技服务项目。随着运动训练水平飞速发展，新的理念不断出现，训练方法更是日益创新。科技成果不断渗透到训练当中，与运动训练理论与实践的联系越来越紧密，科学技术的发展成为中国乒乓球队的重要保障。科技的发展将不断改变未来的竞技体育，支持运动技术、运动水平不断提升到更高的层次。因此，当今快速发展的科技力量为中国乒乓球队取得优异成绩起到了重要的支撑作用。

四、中国乒乓球协会

（一）中国乒乓球协会简介

中国乒乓球协会简称中国乒协，成立于 1955 年，是具有独立法人资格的全国性群众体育组织，总部设在北京市。

中国乒乓球协会是代表中国乒乓球项目活动的国家级社会团体，是代表中国参加相应的国际乒乓球活动及国际乒联的唯一合法组织，也是国家体育总局乒乓球羽毛球运动管理中心的常设办公机构。

中国乒乓球协会是中华全国体育总会的团体会员，是中国奥林匹克委员会承认的全国性运动协会。该协会接受国家体育总局和民政部的业务指导和监督管理。

2018 年 9 月，中国乒协宣布将进行实体化改革，推进乒乓球职业化、国际化、产业化发展也是新一届中国乒协的重要工作内容。同时，实体化改革将真正让专业人做专业事，让协会进行自主运动、良性竞争、创新发展。实体化改革后将在奥运备战、职业体育、全民健身、青少年培训、市场开发、国际交流等方面实现乒乓球运动发展的新局面。

实体化改革首先提出了两大改革措施：建立教练和队员的双向选择机制，成立运动员委员会。在通常情况下，国家队教练组会根据队员的技术特点等情况进行分组，队员是没有自主权的。通过双向选择，运动员表达自己的需求，获得选择教练的机会。双向选择让教练与运动员配合得更加融洽。而成立运动员委员会则是一次大胆有益的尝试，对外能与国际接轨，对内能让队员获得应有的话语权。

实体化改革除了备战奥运以外，另一个任务是将乒乓球打造为国家体育名片，“中国乒乓，世界共享”，加速中国乒乓球市场化、职业化的进程，成为国家体育产业的职业赛事名片。

（二）组织机构

中国乒乓球协会下设 6 个专项委员会，即教练委员会、裁判委员会、器材委员会、科研委员会、少年委员会、新闻委员会。

（三）职能与相关工作

1. 制定中国乒乓球运动发展方针、政策

制定中国乒乓球运动发展战略、方针、政策、中长期规划和行动计划；制定实施我国乒乓球运动文化推广计划，组织各类文化推广活动，利用各种媒体宣传乒乓球文化，指导中国乒乓球博物馆的建设和发展。

2. 推动群众乒乓球运动的发展

研究制定乒乓球项目的全民健身计划和组织实施方案，受政府有关部门委托制定实施乒乓球大众健身等级标准；宣传和普及乒乓球运动，组织广大群众和青少年积极参加乒乓球运动，以增强体质和提高运动技术水平；组织大众健身系列竞赛活动，建设协会会员竞赛积分系统，推动群众乒乓球运动的发展。

3. 组织指导全国性乒乓球竞赛工作

（1）健全和规范全国性乒乓球竞赛体系；组织指导监督全国性乒乓球竞赛

活动；制定全国性乒乓球竞赛计划、竞赛规程、竞赛指南，运动员、教练员、裁判员注册办法和等级评定标准，运动员积分排名办法；审定乒乓球竞赛规则和竞赛成绩。

（2）制定实施竞技后备人才培养中长期规划和推进体教结合的发展规划；组织各级各类全国性集训活动；对全国教练员进行培训，推行乒乓球青少年训练大纲；根据奥运备战工作需要，选定、命名中国乒乓球协会专项训练基地；指导中国乒乓球运动学校和中国乒乓球学院的建设发展。

4. 促进与国际协会交流

制定我国乒乓球项目参加国际活动计划；组织指导监督在中国境内举办的国际乒乓球比赛和活动；推荐教练员到境外任教以及运动员出国比赛和训练；代表我国参加相应的国际组织活动。

5. 推动乒乓球体育产业发展

积极通过媒体加强对乒乓球的宣传，将乒乓球融入媒体中，开展与项目发展有关的经营活动，为乒乓球事业的发展积累资金。通过乒乓球运动的便利性、普及性让更多的民众喜爱乒乓球，增加乒乓球产业总量，推动乒乓球产业发展。

思考题

1. 简述世界乒乓球运动的发展阶段及其发展情况。
2. 简述乒乓球运动在中国的发展历程，为何被称为我国“国球”？
3. 简述国际乒联有哪些主要赛事以及举办赛事的周期和比赛项目。
4. 简述中国乒乓球运动为何能在世界乒坛保持长盛不衰。
5. 简述2000年以后国际乒联有哪些重大改革，对乒乓球运动的发展有何影响？

第二章　乒乓球基本理论知识

本章导言

乒乓球运动是一项深受广大群众喜欢的体育运动，在中国乃至全世界有着众多的乒乓球爱好者。对于普通爱好者来说，只要会打就可以了，但对于即将成为体育教师、教练或体育科研人员的学习者来说，仅仅会打是远远不够的，不但要知道怎么打，还要知道为什么这样打。本章主要介绍乒乓球常用术语、制胜因素；运用物理学中相关原理对乒乓球中的速度、旋转的产生和作用进行详细的分析，探讨提高击球质量的途径和方法；以及乒乓球的各种类型打法。

学习目标

1. 准确、熟练掌握乒乓球运动常用术语。

2. 深刻理解并熟练掌握乒乓球运动基本规律、乒乓球制胜因素和衡量乒乓球击球质量的指标体系。

3. 了解旋转产生的原理、旋转的稳健性和威胁性的原理、乒乓球运动中动量传递和能量转化的过程和原理。

4. 熟悉乒乓球的各种类型打法。

第一节　乒乓球常用术语

乒乓球术语是乒乓球运动中的专门语言，是乒乓球运动中教练员、运动员、裁判员及科研人员进行专业交流的特定语言。准确理解和熟练掌握常用术语，便于世界各地乒乓球爱好者、乒乓球专业人员交流顺畅，提高交流效率，避免交流过程产生误解及歧义。

一、台面

乒乓球球台的上层表面称为台面。正式的比赛球台台面上有几条白色标识线，分别是两条边线、两条端线、一条中线。乒乓球比赛球台台面是一个长 2.74 米、宽 1.525 米的长方形台面，中间用高 15.25 厘米的球网隔分成完全对称的两部分。台面的两边沿着台面边沿各有一条长 2.74 米的边线，球台中间有一条长 2.74 米的中线，与边线平行。台面两端各有一条长 1.525 米的端线，与球网平行(图 2-1-1)。

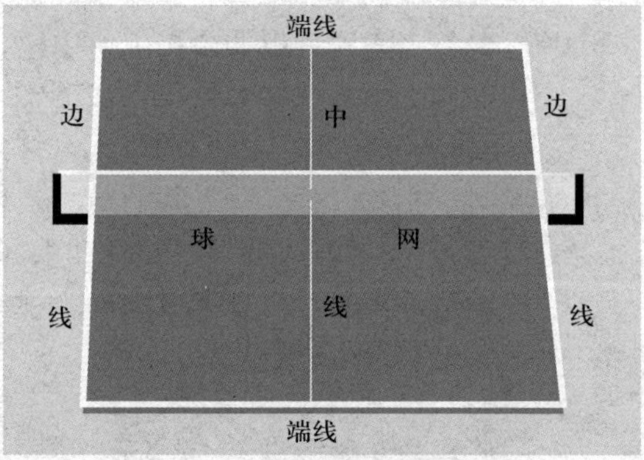

图 2-1-1　乒乓球球台标示线示意图

边线：台面的两边沿着台面边沿的白线，长 2.74 米，宽 2 厘米。

端线：台面两端与球网平行的白线，长 1.525 米，宽 2 厘米。

中线：台面中间与边线平行的白线，长 2.74 米，宽 3 毫米。

在训练和比赛中，为了描述击球落点相对于运动员的横向位置，通常对台面进行如下划分：本方运动员面向球网时，本方台面中线以左，称为左半台(区)，又称为左 1/2 台；中线以右称为右半台，又称为右 1/2 台；左侧 2/3 部分称为左 2/3 台，右侧 2/3 部分称为右 2/3 台；整个本方球台称为全台(图 2-1-2)。

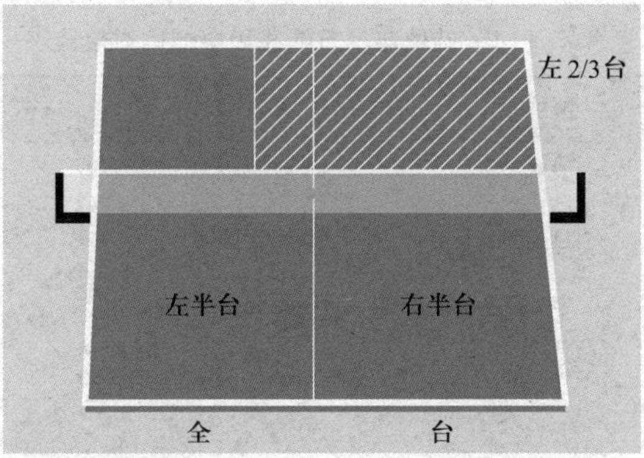

图 2-1-2　乒乓球球台横向分区示意图

在训练和比赛中，为了描述击球落点相对于运动员的纵向位置，通常对台面进行如下划分(图 2-1-3)：

近网区：靠近球网 40 厘米以内。

中区：近网区和端线区之间的区域。

端线区(底线区)：靠近端线 30 厘米以内。

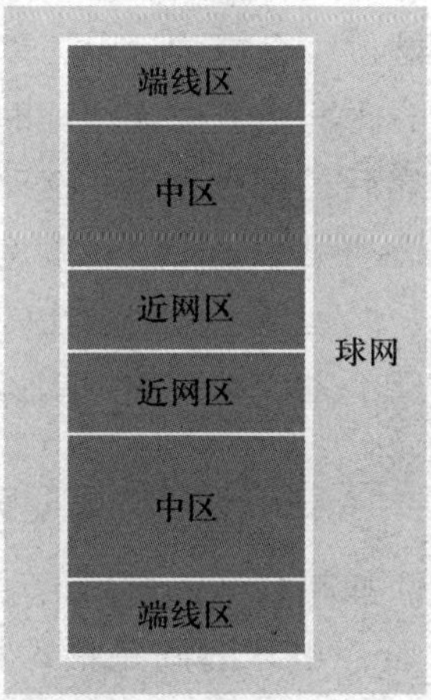

图 2-1-3　乒乓球球台纵向分区示意图

二、站位

站位是指运动员击球前，身体与本方球台端线及中线的相对位置。

（一）站位的分类及特点

通常按运动员与端线和中线的相对位置对站位进行分类（表 2-1-1）。

表 2-1-1　站位与本方端线和中线相对位置表

	站位方式	站位离本方端线距离	站位与本方中线相对位置
按与本方端线相对位置分	近台	50 厘米以内	不限
	中近台	50~70 厘米	不限
	中台	70 厘米左右	不限
	中远台	70~100 厘米	不限
	远台	100 厘米以外	不限
按与中线相对位置分	站位偏左	不限	站在中线左边
	站位居中	不限	站在中线附近
	站位偏右	不限	站在中线右边

（二）不同技术打法、技术动作的站位选择

运动员的站位和其打法类型、技术动作以及体型特征、运动机能等紧密相关。例如，传统的近台快攻运动员一般站位近台或中近台，弧圈结合快攻或快攻结合弧圈打法运动员一般站位中台或中远台，削球打法运动员一般站位中远台或远台；准备搓球或推挡时比准备攻球或拉球时站位相对要靠前；男子运动员一般比女子运动员站位要靠后，身材高大的运动员一般比身材矮小的运动员站位要靠后；移动能力强的运动员一般比移动能力弱的运动员站位要靠后；右手握拍运动员习惯站位偏左，尤其是正手进攻比较好的运动员，左手握拍运动员则反之；削球打法以及正反手进攻均衡的运动员习惯站位居中。

三、击球时间

对方回球后落到本方台面弹起并下落，其运动轨迹称为弹起弧线。在不同时间，球处在轨迹的不同时段，击球时间是指球拍触及球瞬间球所在轨迹的时段。

（一）击球时间的划分

乒乓球规则要求，合法还击必须在对方来球触及本方球台之后才能进行，球在本方球台弹起后，如果没有被干扰，其弹起弧线是一段斜抛运动弧线。可以把这条弹起弧线划分为三个不同时段：上升期、高点期、下降期，其中上升

期可进一步分为上升前期和上升后期，下降期可进一步分为下降前期和下降后期(图 2-1-4)。

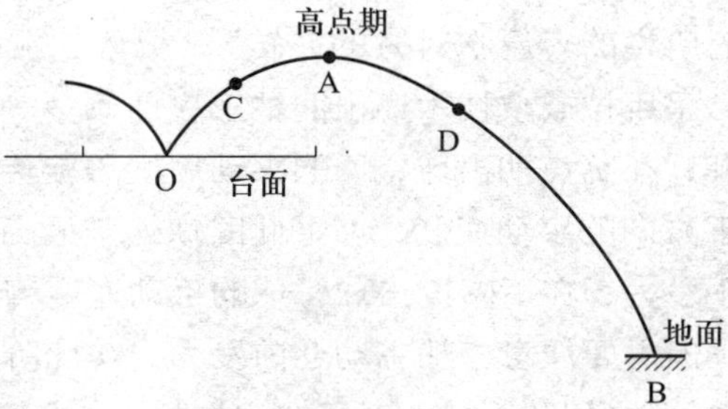

图 2-1-4　击球时间划分示意图

其中，OA 段为上升期，AB 段为下降期，A 点附近为高点期。上升前期为 OC 段，上升后期为 CA 段。下降前期为 AD 段，下降后期为 DB 段。

（二）不同击球时间的特点及作用

球在本方球台弹起后，在飞行过程中，其平动速度和旋转速度都在不断变化。不同的击球时间，球的运动特征不同，主要表现在球的平动速度和旋转速度的大小和方向上。运动员可以根据不同的情况选择合适的击球时间。通常在上升期，球的平动速度和旋转速度最大，而且平动速度既有水平方向的分量，还有竖直方向的分量；在高点期，平动速度和旋转速度都有所减小，而且由于重力的作用，平动速度中竖直方向的分量全部转化为势能，平动速度只有水平方向的分量，没有竖直方向的分量；在下降期，平动速度和旋转速度进一步减小，但由于重力的作用，平动速度中又开始有竖直向下的分量（图 2-1-5）。

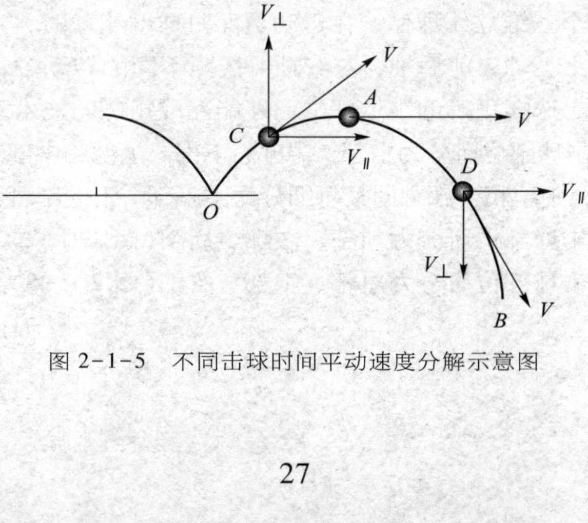

图 2-1-5　不同击球时间平动速度分解示意图

由于在不同时段球的平动速度和旋转速度都不同，因此在不同的击球时间击球，可以起到不同的效果。在上升期击球，可以加快击球节奏、增大击球的威胁性，但由于此阶段球的旋转速度和平动速度均较大，击球难度较大，不容易控制，这就是平时所说的容易吃对方的“转”。另外，在上升期球的平动速度的垂直分量较大，采用拉或攻技术还击时拍形应前倾多一些，采用削或搓还击时拍型不能太后仰；在高点期击球，球的平动速度和旋转速度都有所减小，而且此时球只有水平方向的平动速度，加上此时球处于最高点，可以增加击球的稳健性，也更利于发力；在下降期击球，球的平动速度和旋转速度进一步减小，击球难度下降，但需要注意增加主动迎前发力。在此阶段击球，还有利于运动员留出足够的时间移动身体位置，调整击球动作，从容选择击球线路，主动制造旋转。

（三）不同技术对击球时间的选择

不同的技术都有相对比较合理的击球时间，在合适的击球时间击球，可以提高击球的稳健性和威胁性。一般情况下，快搓快摆、推挡、快带快撕等技术动作选择在上升期击球，台内突击、挑打、快冲、扣杀、拧拉等技术动作选择在高点期击球，慢搓、削球、拉加转弧圈球、中远台对拉等技术选择在下降期击球。但是，随着运动水平的提高和对球的控制能力的增强，运动员有时为了加快击球节奏、增大击球威胁，可以把击球时间适当提前。例如，在一般情况下拉前冲弧圈球选择在高点期或下降前期，但很多优秀运动员有时会在上升期击球。

四、击球部位

击球部位是指运动员击球时球拍接触球体表面的具体位置。

（一）击球部位的划分

乒乓球是一个三维立体球体，在运动员面对球网和球时，我们定义三条基本的转动轴，即上下轴、前后轴、左右轴。按照不同的转动轴，可以对击球部位进行分类。只有选择正确的击球部位，才能完成正确的技术动作。

按上下轴，击球部位可分为上部、中部、下部。上部和中部之间又可细分为上中部、中上部，中部和下部之间又可细分为中下部、下中部(图 2-1-6)。

按前后轴，击球部位可分为前部、中部、后部(图 2-1-7)。

按左右轴，击球部位可分为左部、中部、右部(图 2-1-8)。

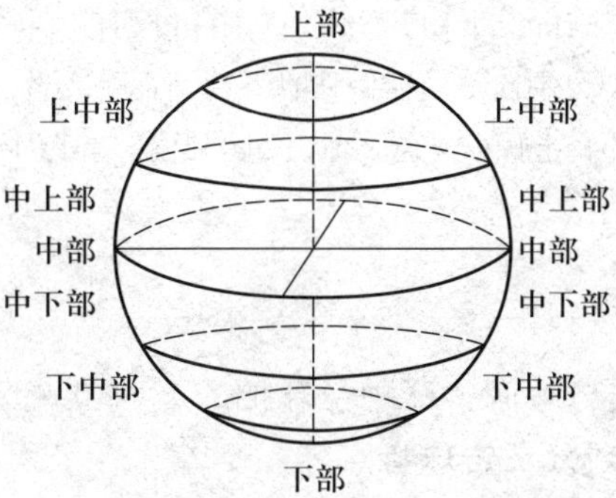

图 2-1-6　按上下轴方向划分击球部位示意图

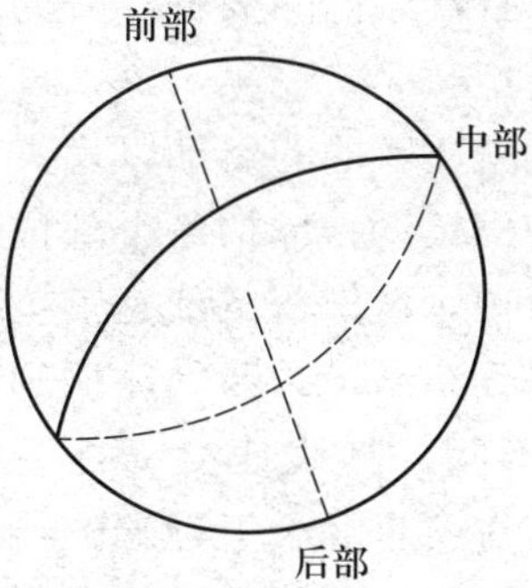

图 2-1-7　按前后轴方向划分击球部位示意图

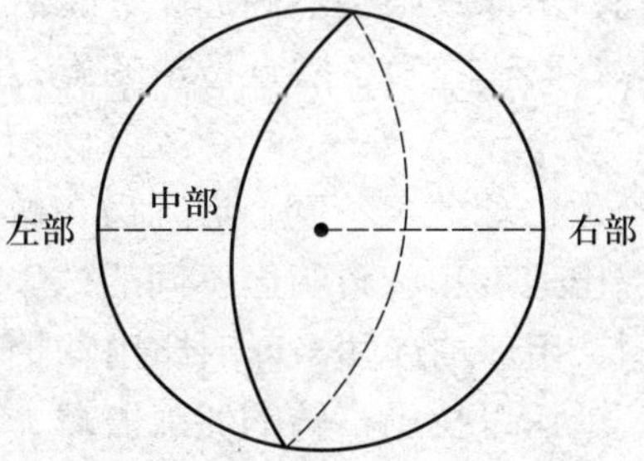

图 2-1-8　按左右轴方向划分击球部位示意图

（二）击球部位选择

击球部位的选择与击球技术种类、击球时间以及击球拍形等多种因素有关。例如，近台扣杀和拉前冲弧圈球一般选择击球的上中部，拉高吊弧圈球一般击球的中上部，推挡球一般击球的中部或中上部，削球、搓球一般击球的下中部或中下部，发侧旋球、拉侧旋弧圈球、侧拧等技术击球侧后部。此外，击球部位还受拍面角度、拍面方向的制约，如拍面前倾，就只可能触球的上中部或中上部，不可能触球的中部、下部和中下部和下中部；拍面后仰，就只可能触球的下中部或中下部；拍面垂直，就只可能触球的中部，不可能触球的左部、右部和前部。

五、触拍部位

触拍部位是指在击球瞬间，球触及球拍的大概位置区域。

（一）触拍部位的划分及击球特点

球拍击球拍面一般为椭圆形拍面，上下长度约 15 厘米，左右宽度约 14 厘米，沿着球拍的纵轴可以大致划分为远端、中端、近端，沿着球拍的横轴可分为左区、右区（图 2-1-9）。

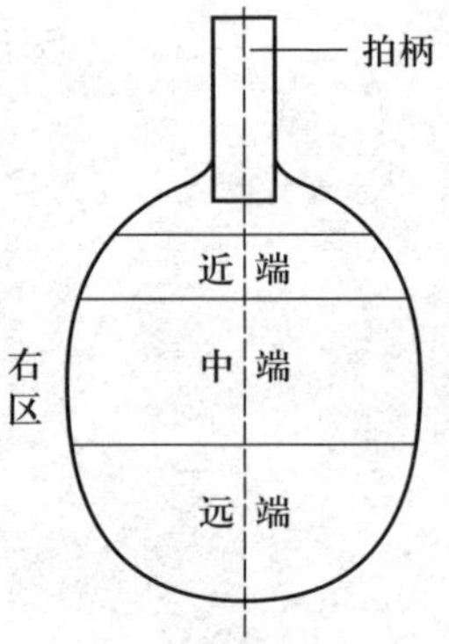

图 2-1-9　触拍部位划分示意图

在挥拍过程中，执拍手以及球拍的运动以肩关节和肘关节为圆心做近似的圆周运动，球拍各个部位的角速度相同，做圆周运动的物体各部分的线速度 v 和角速度 ω 以及旋转半径 r 满足 $v=\omega r$ 关系。球拍的不同区域，由于旋转半径 r 不同，其线速度 v 是不同的。显然，挥拍时球拍远端的线速度大于近端的线速度。球拍击球的目的是把球拍所具有的动量传递到球上，击球时触拍部位的线速度和传递给球的动量呈正相关关系。触拍部位不同，击球效果是不同的。一般情况下，如果要想增大击球速度，尽量用远端击球，同样，为了增大拉球的旋转效果，也应选择用远端的右半区触球。

正因为不同的触拍部位击球效果不同，运动员在做相同的技术动作时可利用不同的触球拍位，制造出速度和旋转明显不同的效果，从而迷惑对手致其失误。例如，在拉弧圈球时，用球拍远端击球时比用球拍近端速度快、旋转强，偶尔用近端左半区拉球，就可以拉出不转的假弧圈球。反手搓球时，突然改用球拍的左区搓球，可以搓出不转球。正手发球时，相同的动作，利用触拍部位的不同，可以发出转与不转的效果。

（二）触拍部位的选择

触拍部位的选择，主要由技术动作、战术目的以及击球位置决定。不同的技术动作，触拍部位的选择有所不同，显然搓球和攻球的触拍部位不同。触拍部位的选择还与战术目的有关，如在搓球时，为达到迷惑对方的战术目的，可以利用触拍部位不同而用相同的动作搓出转与不转的球，大力扣杀时就需要选择球拍的远端触球。此外，还与击球位置有关，如果对方打追身球，移动不及时，就可能被迫采用非常规部位触球。

六、拍面角度

拍面角度是指在击球瞬间拍面与比赛台面的夹角。

（一）拍面角度的划分及作用

当拍面与比赛台面夹角为 90°时，称为垂直；当夹角小于 90°时，称为前倾；当夹角大于 90°时，称为后仰。不同的夹角对应不同的击球部位：

拍面前倾：击球部位为上中部。

拍面稍前倾：击球部位为中上部。

拍面垂直：击球部位为中部。

拍面稍后仰：击球部位为中下部。

拍面后仰：击球部位为下中部。

拍面向上：击球部位为底部。

拍面向下：击球部位为上部。

拍面角度的主要作用是决定击球部位、发力方向以及击球弧线。

（二）拍面角度的选择

拍面角度的选择与技术动作、击球时间、击球位置等的选择密切相关。不同的技术动作有其适宜的拍面角度，如拉前冲弧圈球，拍面角度一般选择前倾；拉高吊弧圈球，拍面角度一般选择稍前倾。击球时间也对拍面角度的选择有影响，如推挡时，在上升前期和上升后期击球，拍面角度就应该小一点。另外，拍面角度还与击球位置有关，如击球位置比较高，拍面角度就要小一些；击球位置比较低，拍面角度就要大一点。

七、拍面方向

拍面方向即击球瞬间球拍拍面的指向。

（一）拍面方向分类及作用

如果以本方运动员为原点 O，指向球网方向的水平线为纵轴，平行端线的水平线为横轴，建立一个二维平面坐标系，就可以用击球拍面与纵轴的夹角来描述拍面方向。运动员面向球网时，如果击球瞬间拍面指向球网（与纵轴夹角为 0°），则称为拍面向前；如果指向运动员的左边且与端线垂直（与纵轴夹角为 90°），则称为拍面左偏 90°；如果指向运动员的右边与端线垂直（与纵轴夹角为 90°），则称为拍面右偏 90°。实际中，几乎不可能有左偏 90°或右偏 90°的情况，根据来球的旋转情况以及击球位置的不同，拍面方向可在左、右偏角 0°～

90°之间调节(图 2-1-10)。

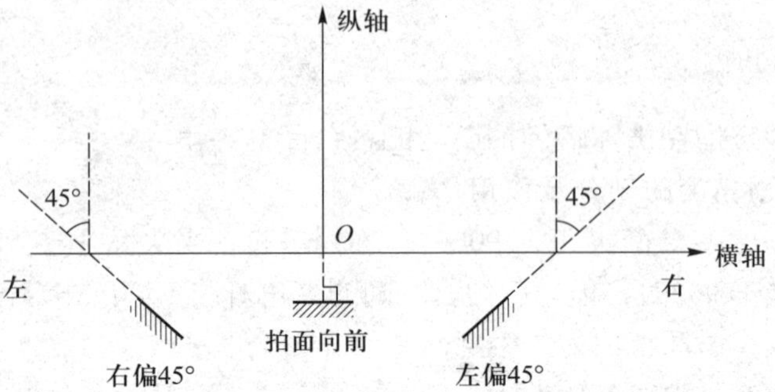

图 2-1-10　拍面方向分类示意图

拍面方向的主要作用是抵消对方来球的旋转和决定击球线路。

(二) 影响拍面方向选择的因素

决定拍面方向的因素：① 对方来球的旋转。② 对方来球的线路。③ 本方希望的还击落点及击球弧线。④ 对方来球的落点。

对方来球的旋转如果是右侧旋，回球时拍面应该右偏；对方来球的旋转如果是左侧旋，回球时拍面应该左偏。偏转的角度可根据来球旋转的强度及落点加以调整。旋转越强，偏转的角度越大。初学者如果不了解这一点，接对方的侧旋发球时特别容易从球台两侧出界。对方来球线路对拍面角度的选择也有很大的影响，如对方来球右方斜线角度很大，球落到本方台面后拐出球台右边很多，这时击球时拍面就应该向左偏，如果拍面向前，就很可能从球台右侧出界。

另外，运动员为了调动对手，需要打出不同的击球线路，这时拍面方向也应该有所不同。如本方运动员站位左半台，为了打出大角度的左方斜线，拍面就应该右偏；若打直线，拍面向前。如本方运动员站位右半台，为了打出大角度的右方斜线，拍面就应该左偏，若打直线，拍面向前。

八、球拍横度

球拍横度是指运动员面向球网时手中握着的球拍拍面纵轴与上下轴的夹角。

(一) 球拍横度的划分及作用

球拍绕前后轴左右转动时，球拍的纵轴与上下轴之间的夹角就会发生变化。当球拍纵轴与上下轴平行时，称横度为0°。当球拍顺时针旋转，球拍纵轴与上下轴成45°时，称左横度45°(左半横状)；继续旋转，当球拍纵轴与上下轴夹角为 90°时，称左横度 90°(左横状)。当球拍逆时针旋转，球拍纵轴与上下轴成 45°时，称右横度 45°(右半横状)；继续旋转，当球拍纵轴与上下轴夹角为 90°时，称右横度 90°(右横状)(图 2-1-11)。

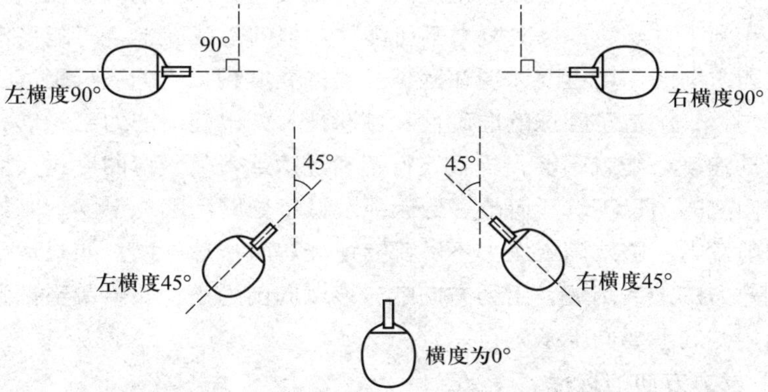

图 2-1-11 拍面横度划分示意图

球拍横度在击球中的作用：① 可以影响击球的范围。当球拍的横度为 90°时，增加了臂展，照顾的范围最大。② 影响手腕的灵活性与发力大小。如果击球动作是由下向上的，球拍横度越小，其手腕的灵活性越好，也越有利于手腕的发力。如果击球的动作是由上向下，球拍横度越大，其手腕的灵活性越好，也越有利于手腕的发力。

(二) 影响球拍横度选择的因素

决定球拍横度的因素主要有：① 握拍方式。一般情况下，横握球拍的横度的变化范围不如直握球拍。② 技术动作。不同的技术动作，对球拍横度有不同的要求。如正手拉下旋球，则需要球拍呈右半横状态；正手扣杀高球或半高球，则需球拍横度大于 90°(即拍头上扬)；反手台内拧拉，则需要球拍横度几乎为 0°；反手拉下旋球，则需要球拍呈左半横状态。③ 对方来球落点与身体相对位置。当对方来球落点与身体位置比较远时，要求球拍横度较大；当对方来球落点位置与身体位置比较近时，则要求球拍横度较小。

九、发力方向

发力方向是指球拍触球瞬间球拍给予球作用力的方向。球拍和球接触的瞬间，不同于简单的物体碰撞，因为球拍是握在运动员的手中，接触瞬间运动员还可以利用肌肉收缩通过球拍对球施加力量。如果触球瞬间运动员不施加力量，球和球拍碰撞时作用力的大小和方向就由两者碰撞前瞬间的相对速度的大小和方向决定。但是，在实际击球过程中，在触球瞬间运动员会发力从而改变球拍对球的作用力的大小和方向。

（一）发力方向的分类

以运动员面向球网为参照，把发力方向粗略地分为向前、向后、向左、向右、向上和向下。当然，每次发力不可能绝对地向前或向上，可能是向前上或前下。发力方向的作用主要体现在回球弧线的高度和弧线的飞行距离上。发力方向正确与否，决定了回球的准确性和威胁性，如果向前的力量不够，球获得的水平平动速度可能就不够，导致飞行距离过短或者弧线弯曲度过大而不能过网。如果向上的力量不够，可能导致因弧线低于球网而回球下网。比如拉下旋球时，向前发力不够或向上发力不够都有可能导致拉球下网。如果运动员希望把球打到对方的端线附近，用力方向就应该以向前为主；如果希望把弧线打高一点，用力方向就要向上多一点。

（二）发力方向的选择

发力方向的选择主要和技术动作、战术目的、击球落点密切相关。如果使用推挡、攻球等技术时发力向前较多；使用搓球和削球技术动作时，发力向斜下方较多；拉高吊弧圈球比拉前冲弧圈球发力向上较多。通过发力方向的调节可以控制回球落点，从而达到贯彻不同战术的目的。比如在压左调右战术中，压左时就要多向左方用力，调右时就多向右用力。希望回球飞行弧线短，落点近网时少向前发力；希望回球飞行弧线长，落点近端线时多向前发力。

十、发力方法

发力方法是指挥拍击球时运动员身体各部位的发力顺序和主次关系以及用力方向，特别是大小臂的发力顺序和主次关系以及用力方向。

（一）发力方法的分类

1．按击球瞬间球拍是否加速以及加速的方向分类

（1）主动发力。击球前，球拍达到较大挥拍速度，当球拍接触球瞬间，利用收小臂和手腕继续通过球拍给球施加作用力，使球得到较大的加速度和速度。

（2）借力。击球瞬间，主要靠球拍和球的相互碰撞，击球前挥拍动作不大或几乎不动，击球瞬间执拍手不对球拍继续发力，球受到球拍给予的作用力由碰撞前球拍和球的相对速度决定。

（3）减力。击球前，球拍随着来球飞行的方向回收，减少球拍和球之间的相对速度，接触瞬间，执拍手给予球拍向后的加速度，以达到继续减少球拍和球之间的相对速度，进而减小球受到球拍的撞击力。

2. 按发力方向与球心的垂直距离进行分类

球拍和球接触瞬间，球拍给球的作用力可以通过球心，也可以不通过球心，但是可以把这个力分解成过球心的力和与球相切的力。过球心的力称为撞击力，与球相切的力称为摩擦力。如果过球心的力比较大，则是以撞击发力为主，如果切线方向的摩擦力比较大，则以摩擦发力为主。如图 2-1-12 所示。

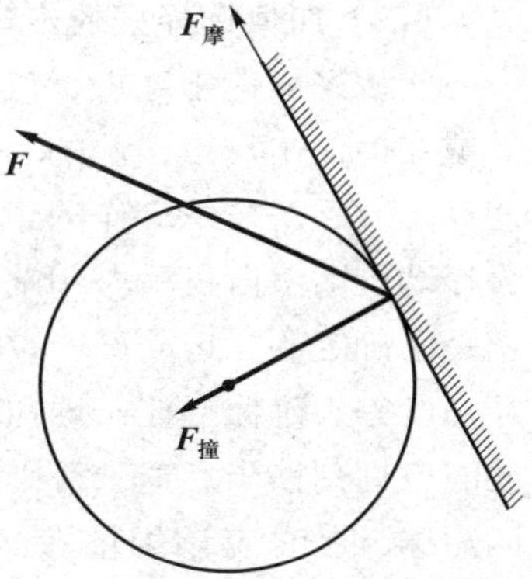

图 2-1-12　球拍给球的作用力的分解示意图

（二）不同技术动作的发力方法及作用

不同技术要求有不同的发力方法，发力的效果也不同。扣杀和冲杀可以发大力，搓球、摆短宜用轻力，拉加转弧圈球宜用中等力量；推挡、扣杀撞击成分多，拉球、削球、拧球摩擦成分更多。发大力情况下球速快，落台后弹起速度也快；摩擦成分多的情况下，球的旋转强烈。

十一、击球点

击球点是指球拍与球接触瞬间球所处的空间位置。

（一）击球点位置参数及选择正确击球点的重要性

以运动员（面向球网）自身重心为原点，建立三维坐标系，击球点在该坐标系中对应坐标参数。实际中，很少去精确测量其坐标参数，而是按照三条坐标的方向，根据击球点相对重心的前后、左右、上下相对位置进行描述，如偏左、偏右、偏前、偏后、偏上、偏下、右前方、左前方等（图 2-1-13）。

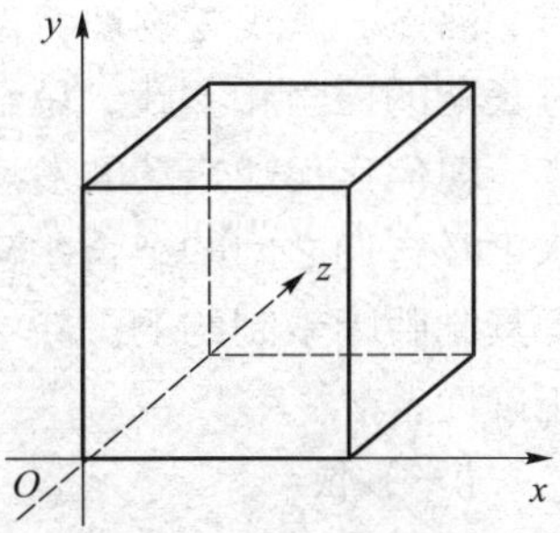

图 2-1-13　击球位置三维空间示意图

选择正确的击球点，对提高击球准确性和威胁性具有重要的作用。一般情况下，能使球拍挥拍速度达到最大速度，同时又能控制球的点被认为是最佳击球点。根据对方来球的落点、旋转、速度不同，运动员选择击球点也有所不同。但对于同一击球技术，都有最佳击球点，运动员都会通过移动、弯腰、下蹲等调节自身重心，使击球点大概固定在某一范围内。某些特殊情况下，如运动员特殊的习惯、非常规技术动作以及在失去重心或者来不及还原的情况下，运动员往往选择最合适的击球点而不一定是最佳击球点。

（二）如何选择好的击球点

要找好最佳击球点，首先要树立正确的击球点意识，并在训练中有意识地养成在最佳击球点击球的习惯。其次是要准确掌握各技术动作的最佳击球点，避免因缺乏对技术动作的了解而养成错误的击球点习惯。最后是提前预判、积极移动、调整自身重心和站位。由于对方来球的落点、弹起弧线、弹起速度等都是不确定的，运动员一定要通过预判、步伐移动、调整重心、调整挥拍幅度和速度等来确保最佳击球点。如站位比较近时，如果预判对方来球接近端线，此时应立刻移步后退，否则就可能导致击球点偏后。如站位比较远，如果对方回短球，这时应该提前预判落点并迅速移步向前，否则就可能导致击球点偏前。

第二节　乒乓球的制胜因素

我国乒乓球之所以能取得迅速、巨大的进步，并且在几十年里保持长盛不衰，与我国不断探索、深刻把握乒乓球运动的制胜因素分不开。

一、乒乓球的制胜因素分析

在乒乓球竞技比赛中，要认识其独特的制胜因素，并通过击球的速度、旋转、落点、弧线等物理特性来实现。我国乒乓球教练员、运动员、科研人员通过长期的探索和实践，总结出了乒乓球运动的制胜因素，即快、准、狠、转、变。现代乒乓球运动的发展，从特定含义上讲，就是如何提高制胜因素的单个水平及它们之间的组合水平的过程。换言之，乒乓球运动发展的本质特点，是受其制胜因素制约的。新中国乒乓球 70 多年发展的实践，证明了这一认识的正确性。

（一）快

乒乓球运动是一项“短兵相接”的对抗运动，在多数情况下，比赛双方相距不过 3～4 米，因球体小而轻，球速快，来回多，球性变化多，对方击球后，要求运动员在短时间内完成判断来球的速度、旋转、落点，并移动到最合适的击球位置，选择合适的技术动作，调整好拍形及发力方向，完成击球动作，这对运动员提出了很高的要求。如果球速很快，留给运动员的时间就会更少，击球难度就会更大，失误率就会更高。因此，在乒乓球运动中，“快”是制胜因素中的最重要因素。快慢是通过对方来球落到本方球台上开始到被本方回击并落到对方球台上这一过程所用的时长来衡量的。这一过程耗时长，则称之慢；

耗时短，则称之快。

这一过程可以划分为两个部分：第一部分为从对方来球落到本方球台开始到球和本方球拍接触，称为弹起阶段；第二部分为从球和本方球拍接触开始到落到对方球台，称为飞行阶段。要想缩短整个过程用时，可以从这两个阶段来考虑：① 通过调节击球时间来达到缩短弹起阶段用时的目的，击球越早，耗时越少。对方来球时，提前预判落点，并迅速移动到位，在来球的上升前期或上升后期击球，是实现“快”的重要手段之一。② 通过加大挥拍速度以及击球瞬间继续用力，增大球拍对球的作用力，从而使球具有更大的平动速度是缩短飞行阶段用时的方法之一。另外，压低飞行弧线高度，选择合适的击球线路，缩短飞行弧线的长度，也可缩短飞行阶段用时(图 2-2-1)。

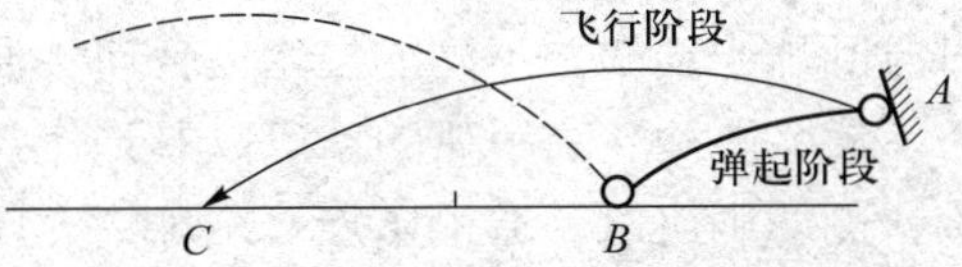

图 2-2-1　提高击球速度分段示意图

（二）准

乒乓球比赛是采取每球得分制，仅仅追求速度和力量而导致命中率下降的打法是不可取的。20 世纪 50 年代中国队成绩不尽如人意的主要原因是打球速度、力量有余而准确性不足。后来中国队及时认识到任何技术、战术离开了准确性，就毫无意义，并提出了在快速的前提下，加强有一定力量的准确性训练。

“准”是指本方击球不失误，而且能够弧线合适、落点到位，每一拍都能实现自己的战术目的。“准”的基本要求是“稳”，首先要保证自身回球不失误。其次是弧线和落点。回球能打出合适的弧线，也是“准”的重要体现。击球弧线如果能够确保弧线的最高点出现在球网正上方，过网后逐渐下降，落台后反弹弧线低是最理想的，既能保证顺利过网，又能给对方以威胁。“准”不仅仅满足于低质量的“稳”，而是要在保证有一定威胁性前提下的“稳”，要有一定的速度、旋转的“稳”，要有一定变化的“稳”。

（三）狠

“狠”主要体现在击球力量大、角度刁钻上。自 20 世纪 90 年代起，乒乓球技术发展越来越向凶狠、积极主动的方向发展。要求运动员在比赛中敢于抢先上手、敢于搏杀、凶狠泼辣、速战速决、发力充分、角度刁钻。“狠”还体现在自信、勇猛、坚决上，尤其是水平相当的运动员对阵时，狭路相逢勇者胜，要敢打敢拼，不畏强敌。

（四）转

“转”是指回球除了具有平动速度外，还具有旋转速度。球的旋转，可以增加对方还击的难度。20 世纪初期，胶皮拍的出现，使得旋转成为可能并逐渐被运动员所利用，并初步显现出旋转的威力。因此，胶皮拍的出现被称为乒乓球第一次技术革命。20 世纪 50 年代海绵胶皮拍的出现，大大增强了回球的速度和旋转，因此称为乒乓球第二次技术革命。20 世纪 70 年代弧圈球技术的出现，旋转的威力更加体现得淋漓尽致，因此称为乒乓球第三次技术革命。

“转”主要从回球旋转性质和旋转强度方面来体现。回球旋转性质可简单地分为上旋、下旋、侧旋，还可以既有上旋又有侧旋(即侧上旋)，或者既有下旋又有侧旋(即侧下旋)。上旋易使对方回球出高球或出底线，下旋易使对方回球下网，侧旋易使对方回球出边线。不同的技术动作可以制造不同的旋转，如搓球、削球可以制造下旋，前冲、高吊弧圈球可以制造上旋，侧拐弧圈球、拧拉则可以制造侧上旋，侧切则可以制造侧下旋。发球时亦可以利用球拍挥拍方向和发力方向制造上旋、下旋、侧上旋和侧下旋。回球旋转强度是通过球绕旋转轴旋转的速度(即转速)来衡量的，转速越快，旋转越强。

（五）变

“变”是指在规则允许范围内，运动员根据比赛进展情况，灵活运用技战术达到取得比赛胜利的目的。“变”是技战术运用成功的基础，包括技术动作的变化、旋转的变化、落点的变化、速度的变化、弧线的变化、节奏的变化以及战术的变化。例如，接发球不能采用同样的技术动作，而要变化运用摆、搓、挑、拧、晃、撇等多种技术；旋转不但要有旋转性质的变化，还要有旋转强度的变化；落点的变化既要有左右变化，还要有前后变化；速度上也不一定要一味求快，偶尔变化节奏也可能取得意想不到的效果。战术的变化可以根据对方的技战术变化而及时转变，可以在比赛中不同局分、不同比分、发球轮和接发球轮等进行变化，还可以在关键球时突然变化等。随机应变要求运动员在临场中能细心观察、准确判断、迅速决策、坚决执行，要求运动员要有丰富的比赛经验，有全面而扎实的技战术基础。

二、我国对乒乓球制胜因素的认识历程

20 世纪 50 年代，中国乒乓球队刚刚进入国际乒坛，面对开始日本进攻型打法和欧洲的防守型打法，中国乒乓球技术朝什么方向发展？中国队反复讨论，初步归纳出“快、狠、准、变”4 个制胜因素。当时的中国运动员确实能打出不少精彩球，但失误多，准确性不行，成绩不理想。经过再三反复推敲，

把“准”提到“狠”的前面，最终将“快、准、狠、变”确立为中国的主流打法，这也是近台快攻的指导思想和发展方向，并将其贯彻到日常训练和竞赛中，接下来取得了长足的进步，在很长一段时间里执国际乒坛之牛耳。

20 世纪 70 年代，欧洲球队重新崛起，他们把弧圈球进攻技术和中国的快攻速度结合起来，给我国选手造成了很大威胁。面对挑战，徐寅生等人提出，能否在坚持原有的“快、准、狠、变”的基础上，增加一个“转”字，以丰富原有的传统打法。弧圈球的兴起和发展，反映了旋转在乒乓球中的重要地位，它符合乒乓球运动的发展规律。经过一场全国范围内的大讨论，特别是通过实践检验，才逐渐对“快、准、狠、变、转”的技术风格有了比较统一的认可，增加“转”，抓住了乒乓球运动的制胜因素。从此，我国乒乓球运动面目一新，进攻打法实现了多样化：直拍快攻有了明显的变化，谢赛克、陈龙灿、张立等使用正胶的传统快攻，掌握了拉上旋球的技术，打法更具变化和威胁；一批使用反胶进攻型打法的优秀选手如郗恩庭、郭跃华、曹燕华、齐宝香等掌握了弧圈球，使进攻的范围和时机扩展，杀伤力更强。同时，横拍进攻打法也从过去作为陪练的从属地位脱颖而出，成为又一种主要打法。20 世纪 80 年代的第 36 届世界乒乓球锦标赛上，中国队首次囊括了全部金牌。为了使各种打法都能攀登世界高峰，中国乒乓球界又提出了“特长突出、技术全面、没有明显漏洞”的要求，进一步丰富了制胜规律。

进入 21 世纪，针对我国直拍选手正手进攻强、反手进攻弱的特点，我国运动员大胆创新，发明了“直拍横打”技术，刘国梁、马琳、许昕等优秀直拍运动员在充分发挥正手进攻强的基础上，弥补了反手弱的短板，先后都登上了世界乒乓球的巅峰。

由于中国乒乓球界一直重视对乒乓球运动竞技制胜规律的研究，总是能够及时、系统、全面地认识制胜规律，大胆创新，因此我国乒乓球保持长盛，并引导着世界乒坛的发展潮流。

第三节　衡量乒乓球技术质量的指标

乒乓球技术质量是指运动员采用某一技术动作回击的球在速度、旋转、弧线、落点等方面的综合体现。乒乓球运动中有各种各样的技术动作，不同技术的效果明显不同。不同运动员采用同一技术回击，其回球技术质量也可能不同。本节主要介绍衡量乒乓球技术质量的指标。

一、击球弧线

(一) 击球弧线的概念

击球弧线是指乒乓球被本方运动员击出后至被对方运动员击中前的飞行轨迹。它可以分成两个部分，第一部分指球离开本方球拍后至落到对方球台上这一段轨迹，称之为飞行弧线(亦称第一弧线或出手弧线)；第二部分指球从对方球台弹起至被对方球拍击中这一段轨迹，称之为弹起弧线(亦称第二弧线)。如图 2-3-1 所示。

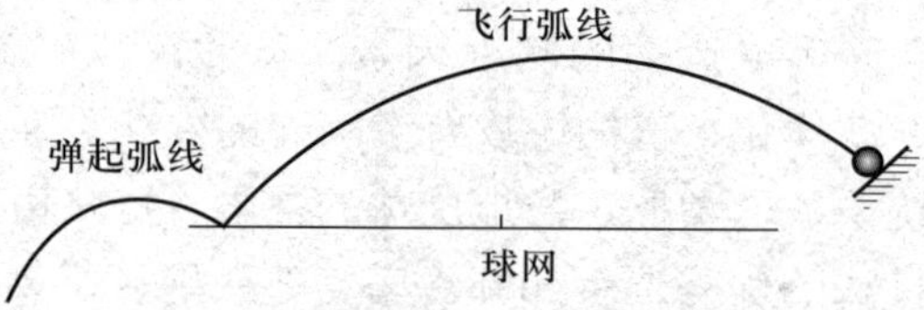

图 2-3-1　击球弧线的组成

发球是一个例外，要求球离拍后先落到本方球台，弹起后再落到对方球台，因此发球弧线包括三个部分，第一部分指球离开本方球拍至落到本方球台这一段轨迹，称之为出手弧线；第二部分指球从本方球台弹起至落到对方球台这一段轨迹，称之为飞行弧线；第三部分指球从对方球台弹起至被对方球拍击中这一段轨迹，称之为弹起弧线。如图 2-3-2 所示。

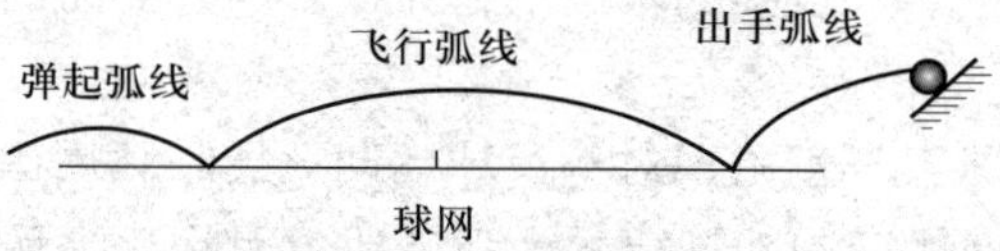

图 2-3-2　发球弧线的组成

(二) 击球弧线的描述参数

描述击球弧线通常选取以下几个参数：

弧线高度：指弧线最高点至台面的垂直距离，用 H 表示。

弧线距离：指弧线在水平方向飞行的距离。用 L 表示。

弧线弯曲度：描述弧线弯曲程度的参数，与弧线高度成正比，与弧线距离成反比。用 C 表示，$C=\frac{H}{L}$，C 值越大，弧线弯曲程度越大；C 值越小，弧线弯曲程度越小(图 2-3-3)。

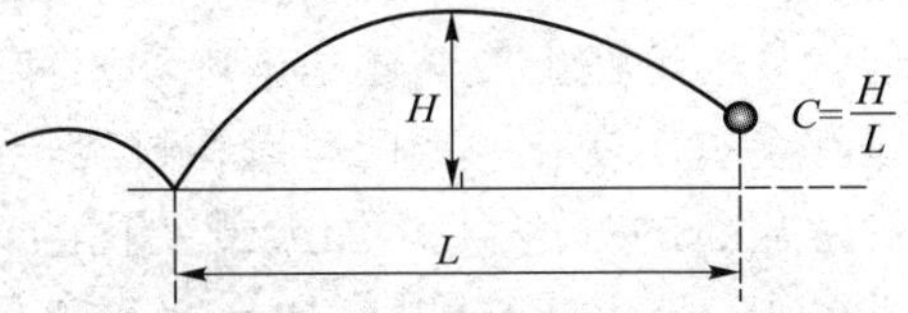

图 2-3-3　描述弧线的参数示意图

对于对方运动员来说，本方击球弹起弧线高度越低，对方回击的难度越大，失误率越高。弹起弧线高度与飞行弧线的弯曲度有密切关系。球在落台并弹起的过程中，近似遵循物理学中的反射定律，即反射角等于入射角。在球的平动速度大小一致的情况下，飞行弧线弯曲度越小，弹起弧线弧高就越低，飞行弧线弯曲度越大，弹起弧线弧高就越高。因此，为了降低弹起弧线高度，就有必要尽可能减小飞行弧线弯曲度。飞行弧线弯曲度：$C=\dfrac{H}{L}$，可以通过降低飞行弧线高度或者增加飞行距离来实现减小飞行弧线弯曲度。但在降低飞行弧线高度时，必须要保证球能够顺利过网。另外，在增加飞行距离时，必须要考虑球的落点，尽量让对方不容易主动上手，要么飞行距离足够长，追身对方，让对方难以发力；要么回球不出台，让对方不易上手(图 2-3-4)。

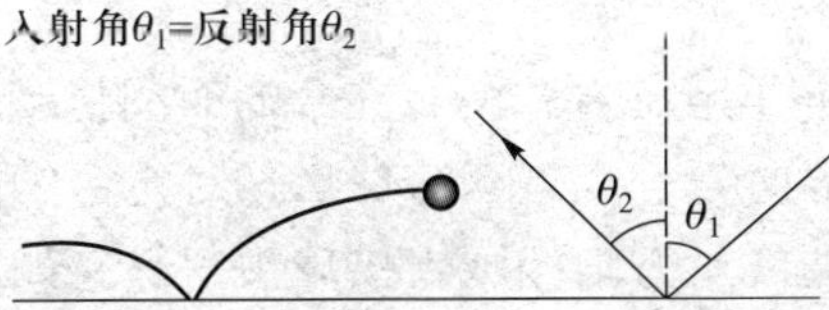

图 2-3-4　球落台弹起前后弧线示意图

弹起弧线高度除了与飞行弧线弯曲度有密切关系外，还受到球的旋转的影响。在不考虑旋转的情况下，球落台并弹起近似遵循反射定律，但在球有一定的旋转时，其弹起弧线会发生明显的改变。

合理的弧线以及弧线的变化在乒乓球运动中具有重要作用：① 合理的飞行弧线是击球稳定性的基本保证，也是增加回球威胁性的重要手段。合理的飞行弧线，一方面要确保回球顺利过网并落在对方正确的比赛台面区域；另一方面，还要尽量不能因为飞行弧线弯曲度过大而导致弹起弧线过高。理想情况是飞行弧线的最高点刚好在球网的正上方，略高于球网。② 利用飞行弧线长度控制对方，增加对方主动上手的难度。通常追身球和第二跳不出台球会使对方难以上手，因此可以通过对飞行弧线长度的控制和变化，击出追身和不出台球，让对方不能主动上手。③ 利用球的旋转，使飞行弧线和弹起弧线发生变化，增加对方判断的难度。不论是上旋球还是下旋球，其飞行弧线和弹起弧线与不带旋转的回球弧线都会有所变化。因此可以通过旋转性质的变化以及旋转强度的变化，来增加对方判断的难度。④ 加大或变化回球弧线向左或向右偏的角度，增大对方跑动的范围。在回球时，加大飞行弧线向左或向右偏的角度，如果再附加侧旋，会使弹起弧线偏角更大，对方跑动的范围会大大增加，从而增大对方的失误率。

二、击球速度

击球速度可以用对方来球落到本方台面上开始到被本方回击并落到对方台面上这一过程所用的时长来衡量。这段时间越短，表示击球速度越快。击球速度包括击球动作速度和击球飞行速度，击球动作速度由对方球落到本方台面开始到球离开本方球拍这段时长来决定，击球飞行速度由球离开本方球拍到落到对方台面或被对方阻挡这段时长来决定。

（一）击球速度的作用

击球速度快的第一个作用是使对方在相对较慢的击球速度训练习惯下形成的技术动力定型难以适应，无法准确地完成技术动作。如 20 世纪我国的直拍近台快攻技术，一度使国外长期习惯慢节奏击球的选手手忙脚乱、顾此失彼，来不及反应。

击球速度快的第二个作用是对方没有充分的时间移动和还原，造成对方直接失误或被动。如本方给对方一个近网短球后，对方台内回摆或挑打，本方运动员快速回底线长球，造成对方阻挡或者接球失误。又如对方侧身位正手拉本方正手位，本方快带或快速反拉对方正手大角度，造成对方移动不到位而失误或被动。

击球速度快的第三个作用就是留给对方的判断、反应时间短。每一次击球都是一个复杂的反应过程，运动员要判断速度、旋转、落点、弧线，需要从对方的击球动作以及来球的运行速度、运行轨迹等方面加以分析，这无疑需要时间。击球速度慢，对方就有足够的时间判断和选择并执行最有利的应答动作，可以游刃有余。击球速度快，留给对方的时间短，增加了对方判断的难度，往往使对方出现反应不及时甚至无反应的现象。

（二）提高击球速度的方法

1. 缩短对方来球弹起阶段用时

要求运动员要提前判断对方来球的落点，并且迅速移动到最佳位置，在球的上升期击球。

2. 缩短飞行阶段用时

飞行阶段用时主要是由飞行弧线的长度和平动速度决定的。飞行弧线长度一定，平动速度越大，用时越短；平动速度越小，用时越长。平动速度一定，飞行弧线长度越长，用时越长，飞行弧线长度越短，用时越短。提高平动速度和减短飞行弧线的长度均可以增加击球的速度。

（1）提高平动速度的方法。① 预留挥拍距离，保证挥拍速度。在击球前，要预判来球落点，预留出足够的挥拍距离，以确保触球瞬间球拍具有一定的平动速度。② 适当减少动作幅度，确保在触球瞬间依然还能持续用力加速。引拍动作小、快、有力，触球瞬间发力集中即发挥最大爆发力，球离拍后迅速制动，迅速还原，整个动作干脆有力。③ 遵循正确的发力顺序原理，充分利用脚、腿、髋、腰等部位和关节的力量。④ 用球拍的合适部位击球。在挥拍击球的过程中，球拍远端部位线速度最大，靠近拍柄部位线速度最小。但是，用最远端击球，容易造成失误，因此尽量选择中区略偏远端的部位触球。⑤ 选用弹性较大的球拍。在符合规则要求的前提下，尽量选择海绵较厚的球拍。⑥ 动作协调流畅，整个击球动作过程中不能有犹豫或停滞。这就要求运动员的每一动作都形成肌肉记忆，达到动作自动化。⑦ 重视体能训练，提高力量素质，尤其是专项力量素质，并使之与技术密切结合。

（2）减短飞行弧线的长度。① 在保证过网的前提下，用力尽量多向前。尤其是在拉弧圈球时，即使摩擦，也要尽量向前摩擦，避免向上摩擦太多。② 在对方来球弹起弧线较高的情况下，遵循两点之间直线距离最短的原理，尽量选择直接扣杀，以减短飞行距离。

三、击球旋转

现代乒乓球运动中，除了强调速度外，还强调旋转，实战中，通过旋转的性质以及强度的变化，可以起到扰乱对方判断、增加对方回球难度的作用。

（一）乒乓球运动中的旋转轴

乒乓球运动中乒乓球没有固定的旋转轴，因此任意一条通过球心的直线均可以成为它的旋转轴。

乒乓球运动中，用得最多的旋转主要是绕左右轴、上下轴和前后轴三个旋转轴旋转，以面向球网的运动员为参照。

左右轴：球绕左右轴顺时针旋转，称为下旋；逆时针旋转，称为上旋。

上下轴：球绕上下轴顺时针旋转，称为左侧旋；逆时针旋转，称为右侧旋。

前后轴：球绕前后轴顺时针旋转，称为顺旋；逆时针旋转，称为逆旋。

旋转可能只是绕一个旋转轴旋转，也可能绕两个或三个轴旋转，是一种复合旋转，如侧上旋球、侧下旋球、侧拐弧圈球。

（二）旋转产生的原理

乒乓球与球拍作用的瞬间，如果球拍对球的作用力不通过球心，则这个力相对于球心产生一个力矩，这个力矩会使球产生一个角加速度，从而使球获得旋转。如图 2-3-5 所示。

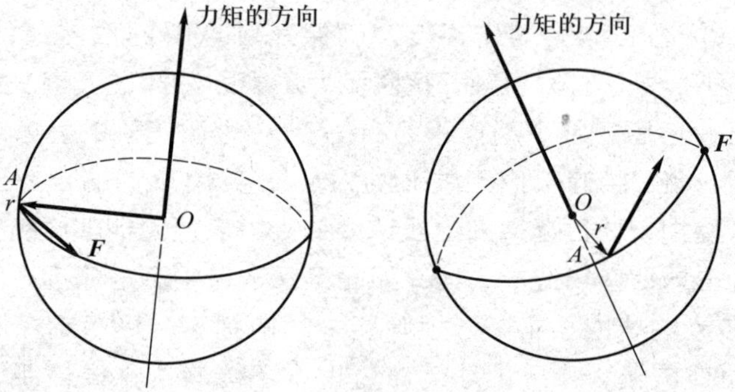

图 2-3-5　作用力对球心 O 的力矩示意图

从图 2-3-5 可以看出，力矩的方向总是垂直球心到作用点的连线和力的作用方向所决定的平面，也就是说这个力矩所产生的旋转，其旋转轴和旋转方向是由力的作用点的位置和作用方向决定的。球拍给予球的作用力，只要不通过球心，必将产生力矩，从而产生角加速度，角加速度在时间上的累积就会产生旋转速度。

（三）旋转的作用

不同的旋转能够产生不同的效果，合理运用旋转可以增加回球的稳定性或者威胁性。旋转的效果主要体现在以下方面：

1. 影响球的飞行弧线

球在飞行过程中，如果还有旋转，因为球的旋转会带动球的表面的空气，造成球的不同表面空气的流速不一致。根据流体力学原理，流速大，压强小，流速小，压强大，会造成压强差，从而形成压力差，改变球的平动速度的方向，进而改变飞行弧线。

对于上旋球，在球的上升期，旋转会增加水平速度，减慢上升速度，造成飞行弧线降低，而过了最高点后；球在下降期，旋转会减慢水平速度，加快下降速度，使弧线弯曲度增大，不易出台。对于下旋球，正好相反。

2. 旋转改变落台后的弹起弧线

球落台后由于球的旋转，会使球和台面之间产生一个附加相对速度，从而产生摩擦力，这个摩擦力会改变球的弹起弧线。还是以上旋球为例，如图 2-3-6 所示，如果球没有旋转，球落台后近乎遵守反射定律。但由于旋转，球在落台时，球和球台的接触点附加了一个相对运动趋势，既然有相对运动趋势，在有正压力的情况下，球就会收到一个如图 2-3-7 所示的摩擦力 F，这个摩擦力 F 就会增大球弹起后的水平速度，从而改变弹起弧线，使弹起弧线变得扁平，前冲速度加快。下旋球恰好相反，使弹起弧线弯曲度更高，前冲速度减缓。

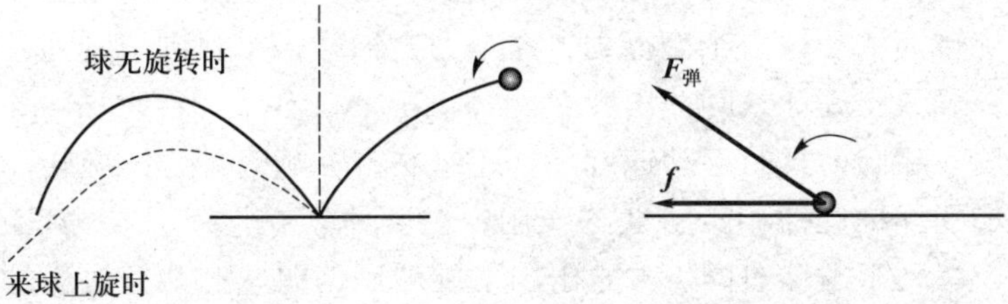

图 2-3-6　上旋球落台瞬间受力分析示意图

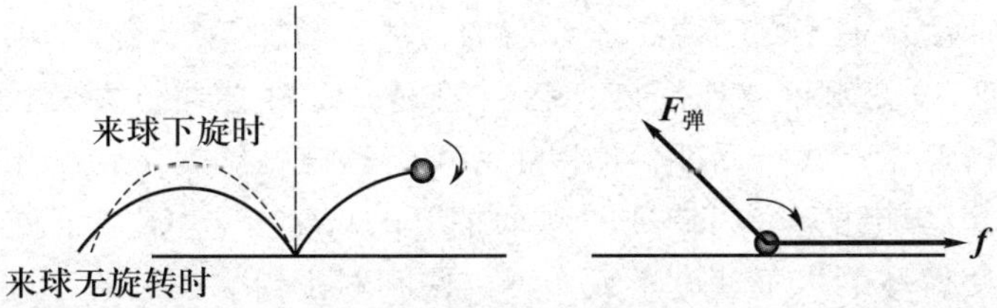

图 2-3-7　下旋球落台瞬间受力分析示意图

3. 对方回球时球拍对球产生额外的摩擦力，增加对方回球难度

回击旋转球时，球在和球拍作用的瞬间，接触点因为旋转线速度会与球拍表面有一个相对运动，受到一个额外的摩擦力，这个摩擦力会导致回球下网、出高球或从边线出界。以下旋球为例，如图 2-3-8 所示，球在和球台接触瞬间，接触点的旋转线速度使得球拍和球之间有一个相对运动，这个相对速度会产生一个沿着拍面斜向下的摩擦力，这个摩擦力很容易导致回球下网。

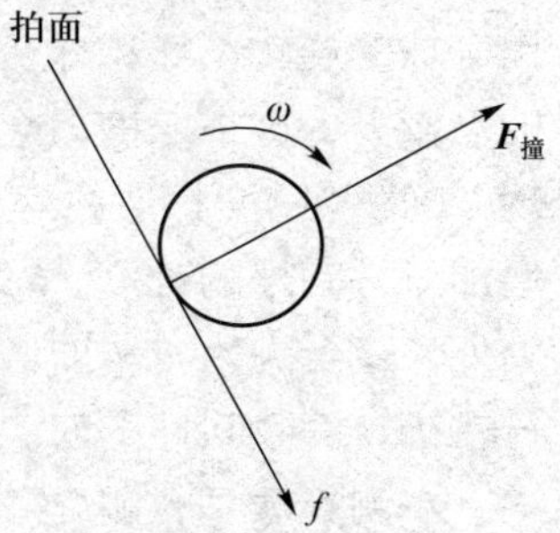

图 2-3-8　回击下旋球时触拍瞬间球的受力示意图

下面对几种常见的不同旋转性质的球的主要作用进行总结：

上旋球：除向前具有平动速度外，还绕左右轴逆时针方向旋转。上旋球具有增加回球稳健性和威胁性的作用，主要作用体现在以下几个方面：① 改变球的平动速度、压低飞行轨迹、减短飞行弧线的飞行距离。飞行前期，加快水平飞行速度；飞行后期，减缓水平飞行速度，给对手快慢不定的感觉，不容易准确判断落点。② 改变弹起速度和弹起轨迹。球在落台后的反弹过程中，由于球的旋转，球落台时受到球台给予的摩擦力，这个摩擦力会增加球反弹后的平动速度，一方面，球的反弹速度突然加快，使对方措手不及；另一方面，会增加弹起弧线长度，减小弹起弧线弯曲度。③ 球拍给予球的摩擦力，增加对方回球的难度。对方回球时，球拍和球接触瞬间，除了碰撞产生的作用力外，还会因为旋转而给予球一个摩擦力，这个力会给球一个斜向上的力，改变球的飞行轨迹，导致出高球或回球出界。

下旋球：除向前具有平动速度外，还绕左右轴顺时针方向旋转。下旋球同样具有增加回球稳健性和威胁性的作用，主要体现在以下几个方面：① 抬高飞行弧线，有利于击球过网。本方击出下旋球后，在球的飞行过程的前期，尽管因为重力作用，球在竖直向上的速度会衰减，但由于旋转而出现的马格纳斯力会抵消这种衰减，如果旋转够强烈，马格纳斯力甚至可能大于重力，使球在竖直向上的速度不但不会下降，还会增加，从而增加飞行弧线的弧高，有利于回球过网。② 改变水平飞行速度，忽快忽慢，让对方判断失误。飞行前期，减缓水平飞行速度；飞行后期，加快水平飞行速度，给对手快慢不定的感觉，尤其在后期突然加速，容易造成“球顶拍”的现象。③ 制造下旋球时击球的力量和方向使得球的水平速度不大，不易使回球出台。在制造下旋球时，球拍给予球的切线方向分量(摩擦力)较大，向前的分量(撞击力)较小，因此球获得的水平平动速度不会很大，因此飞行距离不会很大，不容易出台。但由于马格纳斯力会抬高飞行弧高，因此要尽量压低弧高，避免出高球。④ 下旋球落台后弹起的水平速度会急剧减慢，甚至出现回跳。球在落台后的反弹过程中，由于球的旋转，球和球台之间会产生一个相对的滑动速度，从而受到球台给予的摩擦力，这个摩擦力会减慢球反弹后的平动速度，如果旋转强烈，还可能出现“回跳现象”，造成对方上移不及时而发不上力。⑤ 球拍给予球的摩擦力，增加对方回球的难度。对方回球时，球拍和球接触瞬间，除了碰撞产生的作用力外，还会因为旋转而给予球一个摩擦力，这个力指向斜下方，会改变球的飞行轨迹，导致回球下网。

左侧旋球、右侧旋球：球除了向前具有平动速度外，还绕上下轴顺时针或逆时针方向旋转。侧旋球最显著的作用就是改变球的飞行轨迹，打出类似于足球中的“香蕉球”，有时感觉对方回球已经明显越过边线，看似不可能再落到台面上，但由于侧旋，球拐了个弯又回到球台上来了，起到出其不意的作用。另外球在落台后由于侧旋，其弹起弧线也会发生变化，让对方难以判断。

顺旋球、逆旋球：球除了向前具有平动速度外，还绕前后轴顺时针或逆时针方向旋转。顺旋、逆旋最显著的作用就是明显改变弹起弧线的轨迹，而且也会一定程度上影响飞行弧线的轨迹。在正手拉侧拐弧圈球时，球的旋转其实就既有上旋，又有侧旋，同时还有顺旋或逆旋，因此球的飞行弧线明显会拐弯，落台后弹起弧线更是发生很大的偏拐。

（四）如何增大击球旋转效果

1. 增大撞击力度

欲提高摩擦效果，增加旋转强度，首先要保证有足够的正压力。一方面要增加接触前的迎球挥拍速度，并用球拍的远端触球；另一方面在球拍和球接触瞬间，一定要主动迎前发力，才能保证有足够的正压力。

2. 增大球拍和球的摩擦

球拍和球之间的摩擦系数是由球拍和球的性能决定的，一方面尽量选用黏性强的胶皮，另一方面要选用比较新的球。

3. 增大摩擦力作用的时间和作用距离

应尽可能增加球拍和球摩擦的时间和距离，一方面要尽量“吃住球”，避免球和球接触时间过短；另一方面要让球拍有足够的距离使球在拍面上滚动，因此选择触拍位置非常重要。在拉上旋球时尽量用球拍的上边沿附近触球，在搓（削）下旋球时尽量用球拍的下边沿附近触球。

4. 借助对方来球的旋转

如果对方来球带有旋转，可以通过不同的技术，在原有旋转的基础上加强它的旋转并有效回击。如对方拉过来的上旋球，可以采用削球的方法回击，顺着对方来球的旋转方向施加摩擦，使旋转速度更大，回击的球旋转就会更加强烈。这也就是拉球选手和削球选手对阵时，拉球选手拉球越转，削球选手削过去的球越“沉”的原因。

（五）如何对付旋转球

强烈的旋转容易造成回击失误，正确回击旋转球应注意以下几点：

1. 仔细观察、准确判断、正确选择

一定要仔细观察对方击球动作和来球的飞行轨迹，准确判断对方来球的旋转性质和旋转强度，然后再选择正确的技术动作予以还击，尤其是在接发球环节。如今，优秀运动员在发球时可以用非常相似的动作发出截然不同的上旋或下旋球。但不管动作怎么相似，在球拍触球瞬间是有区别的。因此在回击球时要做到以下几点：① 仔细观察、准确判断。回击前，首先一定要紧紧盯住对方的击球动作，尤其是触拍瞬间，这样才能判断对方来球旋转的性质。其次要通过观察对方触拍瞬间球拍加速的情况来判断来球旋转的强度，如果触拍瞬间对方球拍突然明显加速，来球的旋转就会比较强烈。再次要观察对方来球的飞行弧线和弹起弧线。一般情况下，对方来球速度比较快，落台后突然加速的都是上旋球；来球速度比较慢，落台后突然减速甚至回跳的都是下旋球；落台后加速明显则上旋强烈，落台后减速明显则下旋强烈。② 在观察清楚、判断准确的基础上，选择正确的技术动作。如果不能选择正确的技术动作，也会“吃转”。如对方发出强烈的上旋球，本方却采用搓球动作，就很容易出高球或出台；对方发出右侧旋，本方拍面方向却向左，回球很可能从左边出边线。

2. 根据旋转的性质和强度适当调整拍形

采用同样的技术回击同样旋转性质的来球，还要根据来球的旋转强度调整拍形。推挡上旋球时，如对方旋转强烈，拍形就应该前倾多一些；搓接下旋球时，如果对方旋转不是很强烈，球拍就不宜后仰太多；拉下旋球时，如果对方旋转强烈，球拍就不宜前倾太多。

3. 根据旋转的性质和强度适当调整用力大小和方向

在拉球时，遇上旋，多向前用力，遇下旋，多向前上方用力；在削球时，遇上旋，多向下用力，遇下旋，多向前用力。对方旋转强烈，本方用力就大一点，对方旋转不强烈，用力就小一点。

4. 避开旋转强区触球

球绕旋转轴旋转时，球上某一点的线速度 ω 和角速度之间的关系满足公式 $v=\omega r$，其中 r 表示该点到旋转轴的距离。显然，球的不同部位的角速度一致，但线速度不一致，某一点到旋转轴的距离 r 越小，其线速度也越小，到旋转轴距离越大，线速度也越大。如对方回过来的上旋球，从本方运动员来看，球是绕左右轴顺时针旋转的，在球中部的 A 点，球的线速度最大，旋转最强，在球左面的 B 点线速度为 0，旋转最弱，因此为了避开球的旋转最强区，可以侧挤球的左边(图 2-3-9)。

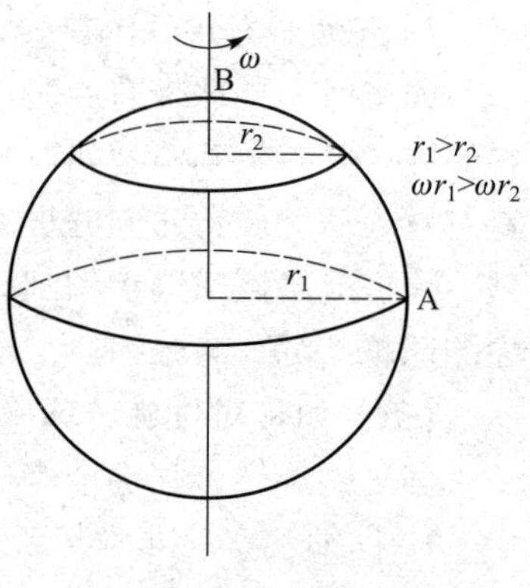

图 2-3-9 乒乓球旋转时不同部位的线速度示意图

5. 减小撞击力

对方旋转强烈的球，在和球拍接触瞬间，如果受到正压力越大，受到的摩擦力也越大，因此对付对方旋转强烈的球，在保证能够提供足够的向前的加速度和速度的条件下，应尽量减少撞击力。如快带或推挤强烈上旋球时，都不宜用拍面正对迎球，以免增大撞击力。

黏性系数小、弹性小的球拍不易吃转，如长胶、正胶、生胶、防弧胶皮，但这些胶皮同时也不易制造旋转。

四、击球落点

球被本方运动员击出后，落在对方比赛台面的几何位置，称为击球落点。从击球位置到击球落点之间的连线称为击球线路。击球位置和击球落点千变万化，根据击球点与击球落点的大概位置归纳出 5 条基本击球线路：右方斜线、左方斜线、右方直线、左方直线、中路直线(图 2-3-10)。

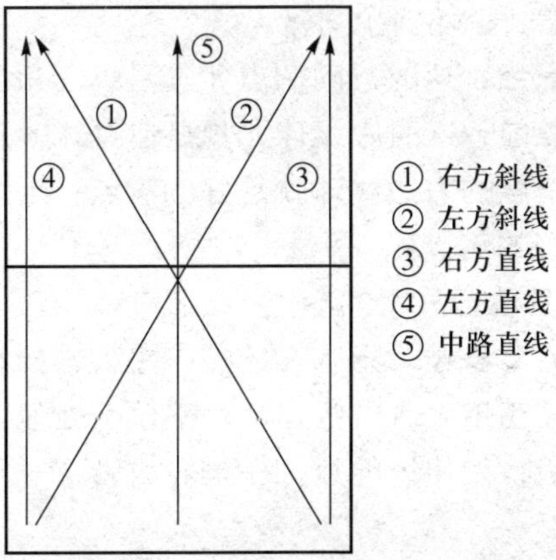

图 2-3-10　击球线路示意图

(一) 击球落点的作用

1. 通过落点的无规律变化，增加对方判断的难度如果本方击球落点变化不定，对方就会没有足够的时间提前判断、移动和引拍，从而降低回球的威胁性。

2. 扩大对方跑动范围，增加对方击球难度

通过左右大角度、前后大范围的落点变化，让对方大范围地前后左右跑动，导致重心不稳，增加击球难度和失误率。

3. 针对对方的弱点，限制对方特长技术的发挥

每个运动员都有其特长技术，也有其相对薄弱的技术，通过有针对性的落点，让对方运动员被迫只能采用其薄弱技术而不能采用其特长技术。

4. 声东击西，让对方顾此失彼

利用假动作或接触球瞬间手腕的变化，使回球的落点出乎对方意料，从而使对方措手不及、顾此失彼。

5. 利用落点控制对方，不让对方主动上手

现代乒乓球运动已经发展到了积极主动、全台无死角的阶段，落点控制，能降低对手上手质量，给本方留下反攻的机会。因此如果能够利用摆短、劈长等技术控制好落点，可以起到以逸待劳的效果。

（二）落点的表现形式

判断击球落点的好坏，没有一个绝对的标准，需要根据对手的技术特点、身体位置、比赛心理状态以及本方击球的质量来判断。一般情况下，满足以下条件的落点被认为是好的落点：

1. 远离对方运动员身体位置的落点

当对方站位比较靠后，这时近网落点尤其是小三角区的落点是比较好的落点；当对方站位比较靠前，这时底线球尤其是追身球就是比较好的落点；当对方站位靠左，这时大角度的右边线球就是好的落点；当对方站位靠右，这时大角度的左边线球就是好的落点。

2. 逼迫对方使用其薄弱技术的落点

薄弱技术包括对方本身技术上存在的技术短板，如有些运动员反手强正手弱，有些运动员反手弱正手强，有些运动员不善于处理台内小球，和离开特定位置后形成的技术短板，如传统的直拍左推右攻者，一旦扑正手后，其反手位就成了明显的短板。

3. 利用对方的心理特点，打重复落点

如对方在某一落点接球失误，心理上对这一落点的球产生恐惧心理，可抓住对方的心理特点，连续重复该落点。

第四节 乒乓球的各种类型打法

根据弧线、速度、旋转、力量及落点等制胜因素的制约和各项技术的组合，乒乓球打法可分为五大类型 11 种(表 2-4-1)。据不完全统计，目前乒乓球技术共有发球、接发球、攻球、推挡、弧圈、削球、搓球等 8 类 80 余项技术。一般乒乓球会掌握几种具有制胜威力的技术作为技术主体，并与其他技术配套、组合，形成适合自身特点的打法。不同的打法因其具有相同或相似的战术、风格融合而形成一定的类型。

表 2-4-1　五种类型 11 种打法

类型	打法
快攻	1. 近台左推右攻　2. 两面近台快攻　3. 两面攻结合推挡
快攻结合弧圈	快攻结合弧圈
弧圈	1. 单面拉弧圈　2. 两面拉或冲弧圈　3. 弧圈结合快攻
削球	1. 逼角反攻　2. 转与不转削球
削攻	1. 有削攻结合　2. 削攻结合推、倒拍

区分类型的主要标志是战术特点或战术方法，如以速度为主、以快打慢、以近制远的快攻类，以旋转为主、以转制快、以转破转的弧圈类。区分打法的主要标志是技术特点或技术方法，那些在比赛中使用率和得分率最高的技术，决定着打法特点，如近台两面攻、左推右攻。

一、快攻类打法的发展简况及特点

（一）发展简况

直拍快攻打法是我国最早的传统打法。1959 年，在第 25 届世乒赛上，中国运动员容国团为我国夺得了第一个男单世界冠军，使我国的乒乓球运动开始步入世界先进水平的行列。

20 世纪 60 年代，我国创造了直拍近台快攻打法，以庄则栋、容国团、李富荣、徐寅生为主要代表人物，在第 26 届世界乒乓球锦标赛上，他们为我国夺取男团世界冠军立下了汗马功劳。

20 世纪 70 年代，随着欧洲乒乓球运动的快速发展，出现了以速度与旋转相结合的弧圈型打法，对中国的直拍快攻打法构成了较大的威胁。当时，国内就关于我国直拍快攻打法如何再发展问题产生争论。有一种观点认为：中国传统的直拍近台快攻打法应坚持以“快”为主，体现我国直拍快攻打法的特点。而作为当时国家乒乓球队总教练的徐寅生则认为：“我国近台快攻打法不该是一成不变的模式，应增加‘转’，必须形成‘快、准、狠、变、转’的技术风格，才能使我国的直拍快攻打法有新的发展空间”。

在不同的历史时期，我国曾涌现出一大批优秀的直拍快攻选手，如容国团、庄则栋、李富荣、李景光、许绍发、李振恃、张立、张德英、江嘉良、谢赛克、陈龙灿、戴丽丽、高军、刘国梁、杨影，他们各自具有不同的技术特点，在世界乒乓球锦标赛上，为中国队取得骄人战绩立下了赫赫战功，为我国乃至世界乒乓球运动的发展作出了巨大的贡献。

近年来，随着乒乓球竞赛规则的不断修改，世界各国弧圈球技术的快速发展，给我国直拍快攻打法带来了巨大的冲击。直拍快攻打法的前三板优势不再明显。在中国，这类打法也越来越少，已逐渐走向衰败。

（二）打法特点

我国传统直拍快攻打法的主要特点是“快速、准确、凶狠、多变”。速度快，落点好、攻击力强是快攻打法的主要特点。“快速”是直拍快攻打法的灵魂。其技术风格是“快、准、狠、变、转”。其指导思想是“积极主动、以快为主、抢先上手、先发制人”。

乒乓球比赛规则的改革，从某种程度上加大了我国直拍快攻打法的难度，速度受到了抑制。只有更新技术，不断创新，才能继续保持我国传统直拍快攻打法的优势。

二、快攻结合弧圈类打法的发展简况及特点

（一）发展简况

快攻结合弧圈打法出现于第 26 届世乒赛之后。快攻结合弧圈类包括直拍快攻结合弧圈和横拍快攻结合弧圈两种打法。

1961 年，第 26 届世乒赛上，我国首次获得男团世界冠军，日本男队获得亚军。在打法上，中国队与日本队表现出不同的技术特点。第 26 届世乒赛之后，我国学习了日本运动员的弧圈球技术，把快攻与弧圈技术紧密地结合起来，形成了“以攻为主、配合以拉为辅”的新打法，使我国的直拍快攻打法有了新的突破。

20 世纪 60 年代中、后期，许多欧洲选手弃守为攻，创造了以近台两面攻为主结合弧圈球的新型打法。以瑞典优秀选手本格森为主要代表，他获得了第 31 届世乒赛的男单冠军。两面弧圈打法很快风靡欧洲乃至世界各国。

在 20 世纪 70 年代后期，欧洲两面弧圈打法的迅速崛起，给我国直拍快攻打法带来了新的难题。为了寻找新的突破后，我国大胆尝试让一些直拍正胶打法的优秀运动员改反胶打法，以郗恩庭、郭跃华为主要代表人物。郗恩庭获得了第 32 届世乒赛的男单冠军。郭跃华获得了第 36 届、37 届连续两届世界乒乓球锦标赛的男单冠军，他们成了改革创新的成功者。

横拍快攻结合弧圈打法是以正手快攻或拉弧圈球作为主要得分手段，以反手快拨力争主动，体现“快、转、全”等特点。在不同的时期，我国也涌现出一大批快攻结合弧圈打法的优秀运动员，如施之皓、耿丽娟、陈静、王涛、邓亚萍，他们大多采用的是一面反胶、一面生胶。由于胶皮具有不同的特性，常

令对手感到难以适应。他们在各种世界性大赛中，为我国争得了荣誉。

（二）打法特点

快攻结合弧圈打法的基本站位在中近台，以近台速度为主，配合旋转为辅。这种打法主要把速度与旋转较好地结合起来。其技术风格是“快、转、准、狠、变”。其技术特点是近台快攻快速凶狠，中近台以拉弧圈作为相持或过渡，反手以快拨为主，利用快、慢不同节奏的变化，将速度与旋转紧密相结合，取得主动。

我国不同时代出现的直拍快攻结合弧圈打法的优秀运动员，如郗恩庭、郭跃华、曹燕华、吕林、马琳、王皓、许昕。横拍快攻结合弧圈打法的优秀运动员，如施之皓、耿丽娟、王涛、陈静、邓亚萍，他们具有不同的技术风格与打法特点，给世人留下了十分深刻的印象。

三、弧圈球结合快攻类打法的发展简况及特点

（一）发展简况

弧圈球作为一项新技术，于20世纪60年代初问世。1960年，当匈牙利和南斯拉夫乒乓球队访日时，日本运动员首次运用弧圈球技术，获得了成功。1961年，在第26届世乒赛上，日本运动员荻村、星野等，他们充分运用弧圈球技术，显示出较大的技术威力。

进入70年代后，随着欧洲弧圈球打法的出现，使世界乒乓球运动格局发生了变化。欧洲出现了一大批优秀的横拍两面弧圈选手，如瑞典的瓦尔德内尔、佩尔森、阿佩伊伦，匈牙利的克兰帕尔、约尼尔，比利时的赛弗，克罗地亚的普里莫拉茨、白俄罗斯的萨姆索洛夫，人们看到了弧圈球带来的巨大威力。

20世纪80年代后期到90年代初期，弧圈球技术又得到了新的发展。欧洲运动员学习了中国乒乓球的技术与理论，把中国快攻运动员的特长技术——发球抢攻和速度融合到了他们的技术中，将速度与旋转较好地结合起来，使他们的打法体系更趋完善，形成了凶狠、快速、全面的强攻趋势。

当前，横拍弧圈结合快攻打法已成为世界乒坛的主流打法，无论在亚洲还是欧洲国家，这种打法占绝大多数。各国选手更注重乒乓球旋转、速度、力量的完美结合。中国新一代的优秀年轻选手，如马龙、张继科、樊振东、李晓霞、丁宁、刘诗雯，他们的打法更为先进、快速、凶狠、全面，正、反手的进攻能力较强，攻防转换好，体现了当今世界乒坛的最高水平。

（二）打法特点

弧圈结合快攻打法是以旋转为主，其中包括横拍弧圈结合快攻和直拍弧圈

结合快攻两种打法。其主要特点是站位中近台，以正手弧圈作为主要得分手段，有较好的快攻能力，以前冲弧圈代替扣杀。与攻球相比，弧圈球有更多的击球时机，稳健性好，杀伤力更大。

弧圈结合快攻打法在比赛中常以转制快、以转破转作为战术指导思想，利用弧圈球的上旋冲力，迫使对手离台击球，打乱对方的节奏，破坏对方的进攻战术，为自己的主动进攻创造有利条件。

目前，世界各国的弧圈结合快攻打法又有了新的发展趋势，特别是在旋转与力量方面有了新的突破。如张继科式的中国弧圈打法是“稳中见凶，以快为主，快中见狠，快狠结合”；萨姆索诺夫的弧圈打法是“全面均衡，狠快兼备，稳中带凶”；奥恰洛夫的欧洲弧圈打法是“以狠为主，狠中见快，狠快结合”。世界各国优秀弧圈运动员，如波尔、萨姆索诺夫、格林卡、梅兹、水谷隼、吴尚垠，他们的弧圈打法都具有不同的技术特点，将乒乓球的速度与旋转完美地结合起来，充分体现了当今世界乒坛弧圈结合快攻打法的新趋势。

四、削球和削攻类打法的发展简况及特点

（一）发展简况

削球始于欧洲，是欧洲运动员20世纪50年代之前用以称霸世界乒坛的技术。削球打法的形成与发展，比其他类型打法更具有悠久的历史。

胶皮拍的出现，使乒乓球开始有了旋转。由于当时球网较高，台面较窄，有利于防守打法，欧洲各国迅速形成了以削为主的新打法。

削球打法中有直拍削球和横拍削球两种。最早我国只有直拍削球打法。欧洲基本都是横拍削球打法。在我国运动员初登世界乒坛时，遇到了大量的欧洲横拍削球运动员，为了攻破欧洲的削球关，我国开始学习横拍削球打法。

20世纪50年代末、60年代初，我国出现了一批具有较高水平的削球选手，如横拍削球选手王志良，他以加转与不转的削球变化，使对方难以进攻，威胁较大。我国优秀直拍削球运动员张燮林，采用的是颗粒长胶，被世人称为“乒坛魔术师”。在第27届世乒赛男团决赛中，他运用变化多端的削球，很快赢下了日本运动员。我国优秀女运动员，如林慧卿、郑敏之，她们采用的是两面不同性能的球拍，削球的旋转变化大，令对方难以适应。在第28届世乒赛中，为我国荣获女团冠军立下了汗马功劳。

20世纪70年代，随着欧洲弧圈技术的快速发展，削球打法曾一度遇到了较大的困难。我国又创新了利用两面不同性能的球拍，进行倒拍发球、搓球与削球，以提高削中反攻的能力，使削球打法有了新的发展，形成了具有中国特色的、以削为主结合反攻、攻削结合及挡、攻、削相结合等多种削球打法。

20 世纪 80 年代后，削球打法逐渐趋于成熟化，出现了削中反攻型和攻削结合型两种打法。削中反攻型打法的代表人物，如陈新华、童玲、王浩，他们的削球打法是以转为主，以狠为辅，转狠相结合，攻守兼备。而世界优秀的攻削结合型打法的运动员，如中国的丁松、韩国的朱世赫、日本的村松佑都，他们以狠为主、以转为辅、狠转结合、攻削结合。后者的削球打法更为先进。攻削型打法的出现，标志着削球打法完成了由量变到质变的过程，实现了削攻结合打法真正意义上新的突破。

（二）打法特点

削球打法是乒乓球运动中打法类型的一种。其站位较远，以中远台结合远台。它是以削球为主，结合各种技术的组合与变化，配合反攻得分的一种打法。其主要特点是“转、稳、低、变、攻”。削球打法可分为以削为主，逼角反攻、转与不转反攻、削攻结合、削攻推结合倒板等多种打法。

削球技术有两大主要特点：一是稳健性，二是积极性。稳健性主要表现在站位离台较远，削球有较充裕的准备时间，能减弱对方来球的速度与旋转，以减小击球的难度。积极性主要表现在旋转变化与落点变化上，通过削出不同旋转与落点的变化球，为主动进攻创造有利条件。

目前，世界各国的削球打法越来越少，削球已逐渐淡出世界乒坛舞台。乒乓球的任何一种打法，不创新技术，都会被历史所淘汰。因此，削球打法必须要有创新。只有丰富削球打法的技术内含，加强全方位的进攻能力，才能有更好的发展空间。

思考题

1. 如何理解击球的准确性和威胁性的关系？
2. 击球位置、击球部位、拍面角度之间有什么关系？
3. 如何理解平时所说的击球力量？击球力量如何体现在击球质量上来？
4. 旋转在乒乓球运动中有哪些作用？怎样才能增强击球旋转？
5. 速度在乒乓球运动中有哪些作用？怎样才能提高击球速度？
6. 试述乒乓球的各种类型打法。

第三章　乒乓球技术

本章导言

乒乓球技术始终在乒乓球竞技中占据主导地位，乒乓球技术也随着乒乓球竞赛规则的变化与器材的革新在不断的发展。乒乓球作为以技能为主导的持拍隔网对抗性项目，技术的作用不可替代。拥有过硬的技术是乒乓球运动员获取好成绩的基础，更是组织实施各项战术的保障。本章从乒乓球握拍、基本站位开始，详细地介绍了乒乓球步法、发球、接发球、攻球、弧圈球、推挡球、直拍横打技术、搓球技术、削球技术及常见结合技术，并总结概括了 21 世纪乒乓球技术呈现出的新特点，使学习者能够掌握乒乓球技术的基本知识和各项技术。

学习目标

1. 掌握乒乓球握拍、站位、步法、发球、攻球、推挡、弧圈球等基本技术，熟练各项技术的组合运用。

2. 了解 21 世纪乒乓球技术新特点，具备一定的乒乓球竞技水平。

第一节　握拍法、基本站位和准备姿势

初学乒乓球基本技术时，掌握基本握拍方法、站位与准备姿势，是学习乒乓球基本技术的前提。

一、握拍法

握拍法是学习乒乓球的入门和基础技术之一。正确的握拍法可提高手、臂及手腕的灵活性，是击出高质量球的重要环节；学习握拍法可为技术的提高打下良好的基础。因此，对乒乓球初学者来说学习握拍法尤为关键。

乒乓球的握拍法分为直握拍法和横握拍法两种，横握拍法又分为深握和浅握。各种握拍方法有其自身的特点和作用效果，从而产生了不同类型的打法。选用哪一种握拍方法，因人而异。可根据个人的身体条件、兴趣爱好、技术特点等选择一种适合自身的握拍法。

（一）直握拍法

1. 握拍方法

直拍握法根据拇指和食指间的距离大小，分为大钳式、中钳式、小钳式三种握法。在直拍握法中，现在主流的握法是中钳式握法。

（1）大钳式握法。与握笔相似，拇指和食指自然弯曲，拇指第二指节和食指第三指节压住球拍的两肩，两指间的距离为 2~3 厘米。中指、无名指和小指自然弯曲重叠，以中指第一指关节偏右侧紧贴球拍背面；或中指、无名指和小指都微屈，同时贴在球拍的背面。由于此种握法影响手指和手腕的灵活性，已经很少见。

（2）中钳式握法。握拍动作大致与大钳式相同，不同点是拇指和食指间的距离为 1~2 厘米。此种握法适合直拍近台快攻打法选手采用，也是直拍握法在各种打法中采用的主要握法（图 3-1-1）。

图 3-1-1　直握拍法（中钳式握拍法）

（3）小钳式握法。握拍动作与中钳式近乎一样，不同点是拇指和食指间的距离不足 1 厘米，有时候甚至两指贴近而连在一起。这种握拍法有利于正、反手攻球，但不利于发力。在直拍握法的反手攻球很少使用的现在打法中，这种握法也失去了它的有利之处，所以也很少采用。

对于喜欢用直握拍的初学者，建议使用中钳式握拍法，以便于掌握和提高乒乓球技术。

2. 直握拍法特点

（1）直拍快攻型握法。直拍快攻型握法手腕比较灵活，主要包括左推右攻和两面攻两种打法。此握法可以在发球时利用手腕动作，发出动作相似而旋转、落点不同的球，也可以很灵活地打出不同线路的球，对台内球的处理也较有利。

（2）直拍弧圈型握法。此握法手腕比较灵活，正、反手和推挡的结合比较容易，处理台内球也较好。缺点是拍形不易固定，对正手大角度球和扣杀较高的球较难处理。这种握拍法很自然地将手臂、手腕和球拍连成一条线，拍呈横状，扩大了右半台的照顾范围。在正手拉弧圈球和扣杀时，容易发挥手臂的力量。正、反手结合运用时，主要靠前臂带动手腕做回旋动作。缺点是手腕不灵活，处理台内球、追身球比较困难(图 3-1-2)。

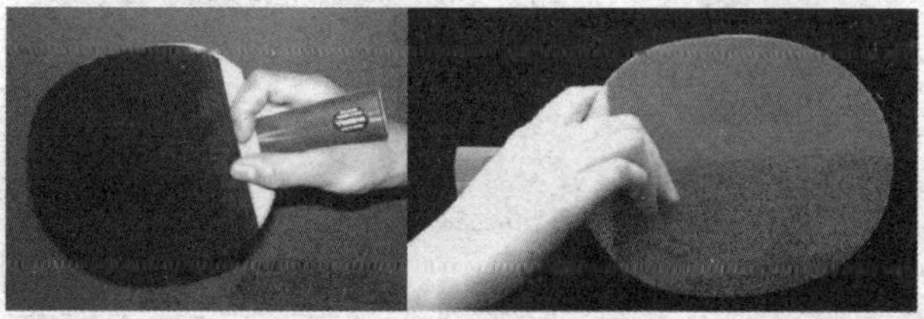

图 3-1-2　直拍弧圈型握法

（3）直拍削球型握法。这种握法削球的照顾面较大，正、反手削球时以手臂的转动调节拍型。削中转攻或推挡时，食指可迅速移到前面，第二指节压住球拍右肩；拍后三指则改为自然弯曲托住拍底。此种握拍现在已很少有人使用(图 3-1-3)。

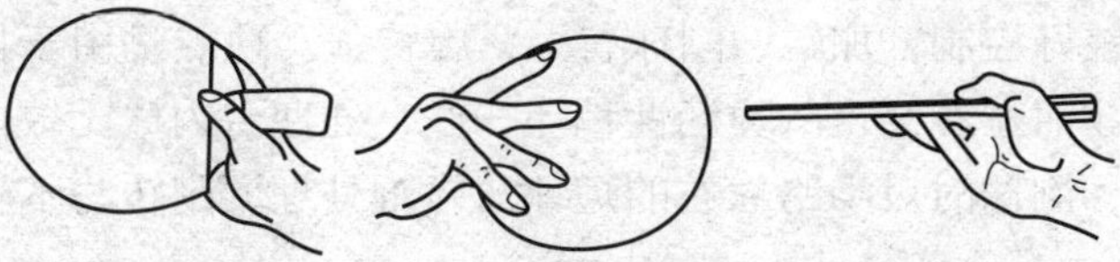

图 3-1-3　直拍削球型握法

（二）横握拍法

1. 握拍方法

（1）深握拍法。虎口贴紧拍肩，中指、无名指和小拇指自然弯曲握于拍柄，拇指贴在球拍正面，食指自然伸直斜贴于球拍的反面。整个握拍的动作就像是握手一样(图 3-1-4)。

图 3-1-4　横拍深握拍法

（2）浅握拍法。浅握以中指、无名指、小指自然地握住拍柄，拇指在球拍的正面轻贴在中指旁边，食指自然伸直斜放于球拍的背面，虎口轻微贴拍肩(图 3-1-5)。

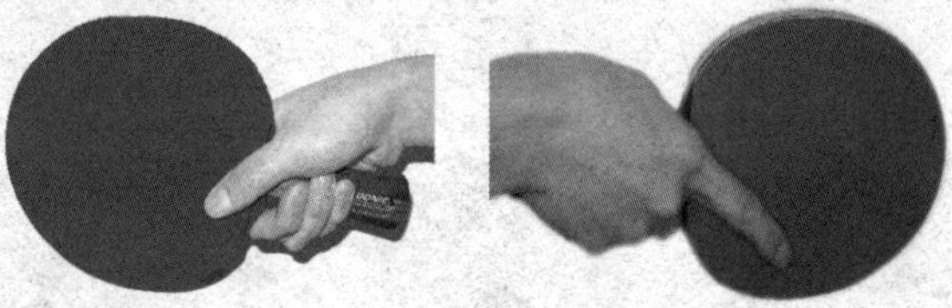

图 3-1-5　横拍浅握法

深握与浅握的握法基本相同，这两种握法，正手攻球时食指要用点力，也可将食指往上移动一些，帮助压拍。反手快拨时，拇指要用点力，也可将拇指往上移动一些来帮助压拍。正反手削球时，手指基本不动。但是，不管使用深握拍还是浅握拍法，都要注意握拍不宜过紧或过松。

2. 横握拍法特点

（1）深握拍法。握拍较紧，拍形比较固定。进攻时上臂、前臂的力量能集中到手腕上，发力比较集中。拉高吊、前冲弧圈球比较转、凶，扣杀球比较有力。弧圈球比较好控制，加转、削球有力，旋转强。缺点是由于握法紧，手腕不够灵活。对攻时左右结合的灵活性稍差一些，处理台内球比较困难，正手追身球比较难打，削球时对中路靠右的短球比较难处理，削转与不转球动作差别较明显。

（2）浅握拍法。握拍较松，手腕灵活，对台内球的处理方法较多，既可用拉，也可用”撇”“摆短”等方法回击。进攻时，对低球起板较容易。左、右结合较灵活协调。削球、搓球、发球时，旋转不同的球，变化动作小，对方不易判断。缺点是攻击时，上臂、前臂的力量较难全部集中到手腕上，因而发力略受影响。削球时，因手腕较活，拍型不易固定，特别是削弧圈球较难控制。

握拍方法示范

拓展知识

你知道乒乓球项目自 1988 年进入奥运会来，直拍与横拍运动员分别获得了多少次单打冠军吗？

答案是：自 1988 年第 24 届奥运会来，至今（2019 年）共产生了男、女共 16 名乒乓球单打奥运冠军，其中 8 名女单奥运冠军，全部为横拍运动员。在 8 名男单冠军中，有 3 名运动员为直拍运动员。

二、基本站位

站位是指运动员与球台之间所处的位置。基本站位是指一个范围，而不是某个固定点。乒乓球练习者的站位各不相同，是一个较灵活的技术。 除了根据个人打法和特点站位外，对手的发球特点也是站位时需要考虑的因素。

不同类型打法选手基本站位的范围各不相同。比赛中运动员站位是否合理，对其技战术水平的发挥有着直接影响。正确的站位，有利于保持稳定的击球姿势和向任何一个方向迅速移动。

（一）左推右攻打法和两面攻打法的站位

左推右攻打法选手和两面攻打法选手的站位在近台（身体距离球台 30~50 厘米的范围）中间偏左或中间的位置。此站位可将击球时间提前，缩短击球距离。在还击发球、推挡球、一般的上旋球时，可使对方措手不及，在对攻中将线路、落点变化相结合，调动对方伺机扣杀。在这个位置可照顾正、反手的击球，有利于快速启动充分发挥正、反手的进攻手段。

（二）以弧圈球为主打法的站位

以弧圈球为主打法的选手，其站位在中台（身体距球台 70 厘米左右）中间偏左的位置。此站位在中台，由于动作幅度较大，在此位置可充分发挥弧圈球技术及正手弧圈球威力；在处理台内球或近台球后可发挥单步或小跨步的作用，及时发动进攻。

（三）以削球为主打法的站位

以削球为主打法的选手，其站位在中远台（身体距球台 70~100 厘米）中间偏左的位置。此站位离台较远偏左的位置，可与单步、并步、跨步等多种步法结合使用，有利于充分发挥削球技术在防守中的作用。由于结合的步法，重心起伏较大，此站位可保持稳定的击球姿势，进而向任何一个来球方向移动，将削球技术的防守能力充分体现出来。

（四）横拍攻削结合打法的站位

横拍攻削结合打法的选手，其站位在中近台（身体距球台 50~70 厘米）中间偏左的位置。此站位可进可退，可攻可守；结合步法有利于保持稳定的击球姿势，充分发挥正、反手的攻、削能力，以及削中反攻的技术手段。

以上站位是根据不同打法来分的。不管采用何种站位，必须根据技术特点和打法类型以及自己的身高来确定。对于初学者而言，建议站位在近台中线偏左的位置。

三、准备姿势

乒乓球每次击球前都必须集中注意力，判断清楚来球的落点、速度和旋转性质，然后迅速移动步法，选择合理的击球位置，采用相应的击球动作，将来球准确有效地回击过去。这就要求在击球前保持良好的准备姿势。良好的准备姿势应当有利于快速启动，有利于照顾全台，能够采用各种合理的技术回击来球（图 3-1-6）。

图 3-1-6　乒乓球的准备姿势

（一）准备姿势的动作要领（以右持拍手为例）

两脚开立与肩同宽，两膝微屈，前脚掌着地，主要以脚内侧蹬地为主，脚趾轻微用力压地，脚跟微离地面，重心置于两脚之间，上体略前倾、收腹，持拍手臂自然弯曲，直握拍的肘部略向外张，球拍置于腹部右前方，手腕自然放松，拍头指向右斜前方；横握拍的肘部向下，前臂自然平举，手腕自然放松，拍头向斜上方；非持拍手臂自然弯曲于身体左侧，两眼注视来球。

当然，不同打法的选手在选择站位时还必须考虑个体自身的特点，如个子高大的选手，可两脚开立大些，膝关节弯曲多些；个子矮的，则两脚开立小些。总之，要做到注视来球，上体前倾，屈膝，重心居中。

（二）准备姿势的目的与作用

准备姿势是指击球员准备击球时或还击时的身体各部位姿势。准备姿势的目的有：① 保证在击球时击球的节奏与对方基本一致。② 为接球步法的启动获得初速度。准备姿势的作用在于：有利于脚、腿的蹬地用力和腰腹、躯干各部位的协调配合与迅速启动，保持合适的击球姿势，提高击球的命中率。

第二节　步法

步法被誉为乒乓球运动的“生命”。正确的步法有助于在击球时拥有较为稳定的击球节奏与击球成功率。步法也是完成组合技术的前提，优秀的运动员都拥有出色的步法。

一、步法的种类

乒乓球步法从移动范围来说有大、中、小三种不同范围；从移动方向来说，有向前、后、左、右、斜前方、斜后方等不同移动方向；从移动方法来说，有单脚、双脚、交叉移动；从移动形式来说，有平动、滑动、跳动等。乒乓球步法的种类有单步、跨步、并步、跳步、交叉步、侧身步、小碎步等，这些是乒乓球移动步法中比较常用的步法。对于乒乓球选手来说，应该熟练掌握以上步法，并能够熟练地组合运用各种步法。

（一）单步

单步一般在来球离身体不远的小范围内运用。单步具有移步简单、灵活、重心平稳等特点，在还击近网短球或追身球时常采用此步法。

动作方法：以离来球远的脚用力蹬地，并以此脚前脚掌为轴，另一只脚向右前方、左前方、右后方、左后方不同方向移动（图 3-2-1），当移动完成时身体重心也随之落到摆动脚上。支撑腿向摆动腿方向蹬地，移动幅度可大、可小；可移动半步，也可一步，但要做到脚落地、移重心、引拍击球同步进行。

（四）跨步

跨步的移动幅度较大，常会降低身体重心。 进台快攻打法在还击正手位大角度来球时用此步法较多，削球选手有时也会用它来对付对方突然攻击。

动作方法：以远离来球方向的脚用力蹬地，靠近来球的脚向来球方向跨一大步，身体重心移至该脚，另一脚迅速跟上一步(图 3-2-4)。为了保持重心稳定，应在靠近来球脚落地的同时，远离来球脚跟进一小步。若来球落点较远或较近，其移动方向可偏后或偏前。

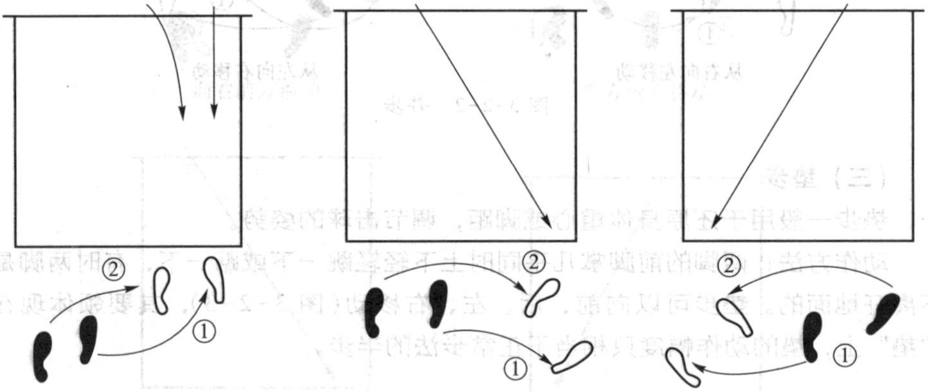

图 3-2-4　跨步

（五）跳步

跳步移动时，常会有短暂的腾空时间，因此，通常是依靠膝关节的缓冲来减少重心的上下起伏。在来球较快、角度较大时采用它，跳步是弧圈球打法在中台向左、右移动或侧身移动时常用的步法。

动作方法：距来球方向远的一只脚首先启动并用力蹬地，身体重心迅速移过另一只脚，两脚几乎同时离地向左或向右移动，先蹬地脚先落地，另一脚再跟着落地(图 3-2-5)。跳步时，两脚不一定完全离地，它与并步和滑步在移动方法上很相似，只是双脚移动交换的速度和向上跳动的幅度有所不同。若来球落点较远或较近，其移动方向可偏后或偏前。

（六）滑步

移动范围较大，身体重心平稳，重心转换迅速便于发力，是实战中运用较多的一种步法。

动作方法：移动方向的异侧腿脚首先蹬地发力，与此同时，移动方向同侧腿脚外侧用力蹬地，然后迅速向同侧脚靠拢，靠拢后异侧腿先落地，最后同侧脚再落地(图 3-2-6)。

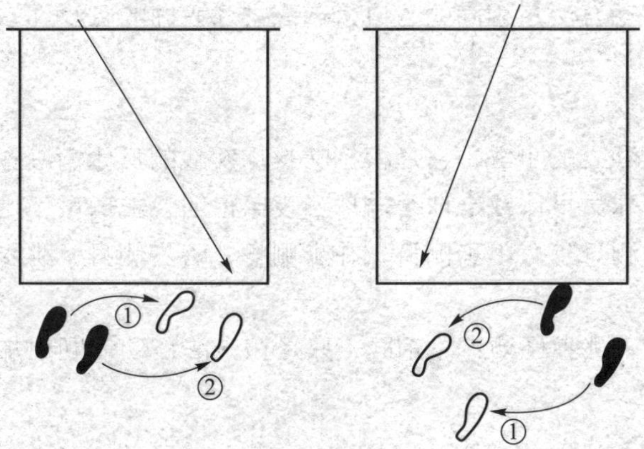

图 3-2-5　跳步

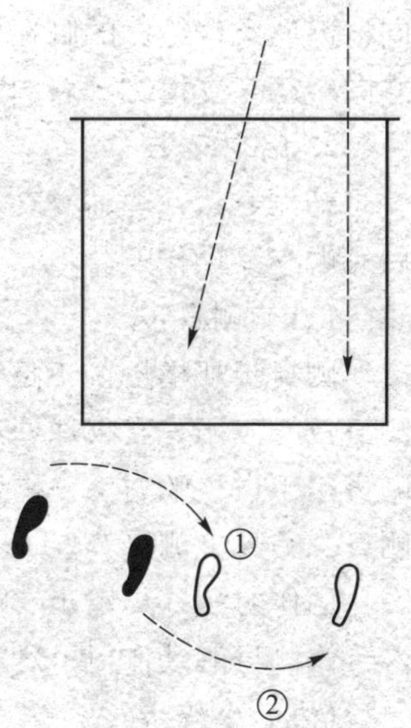

图 3-2-6　滑步

(七)交叉步

交叉步分为前交叉步和后交叉步，它主要是用来回击离身体比较远的来球。交叉步的移动幅度和范围都比较大。弧圈球和快攻型打法在侧身进攻后扑正手位大角空当，或从正手位返回到反手位大角度，还有削球选手在做前、后移动时均可使用此种步法。交叉步移动如图 3-2-7 所示。

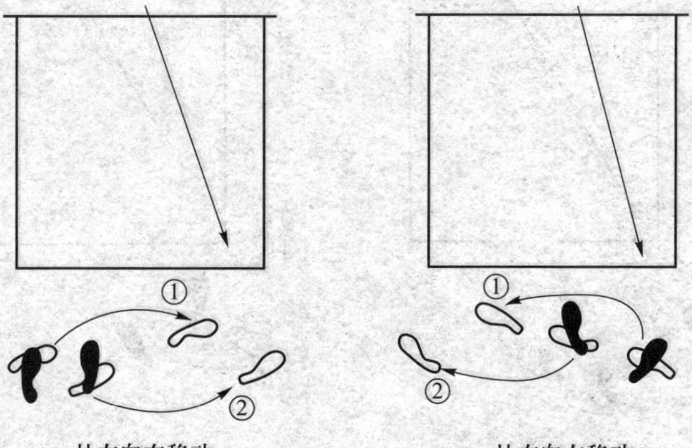

图 3-2-7　交叉步

1. 前交叉步

动作方法：以靠近来球方向的脚作为支撑脚，脚尖迅速调整指向移动方向，远离来球方向的脚在体前交叉，向来球方向跨出一大步，身体随之向来球方向转动，支撑脚跟着向来球方向再迈一步。

2. 后交叉步

动作方法：与前交叉步移动方法是相同的，只是远离来球方向的脚是在身后完成交叉动作的。

（八）侧身步

侧身步严格地说不是一种独立的步法，它是根据乒乓球实战的具体情况在侧身位的应用。当来球逼近击球员身体或来球至击球员反手位时，击球员采用侧身正手进攻的方法。常用的侧身步有单步侧身、并步侧身、跨步侧身、跳步侧身、交叉步侧身等。

动作方法：与单步、跨步、跳步移动步法相同，只是在步法移动的同时加入转体侧身的动作（图 3-2-8）。

（九）小碎步

小碎步是一种使用频率较高的步法，常用于以上步法的连接，起着调节身体重心、接球位置和时间的作用，同时对各种技术动作、战术运用也都起着承上启下和衔接的作用。小碎步是步法中非常重要的步法，也是衡量步法运用是否合理、协调的一个重要因素。

动作方法：前脚掌着地，做小范围、不停地快速移动，便于调整站位，寻求最好的击球姿势。有时是高频率的原位小垫步。这种步法只是一个过渡和预动，其主要作用是与其他步法的配合使用。

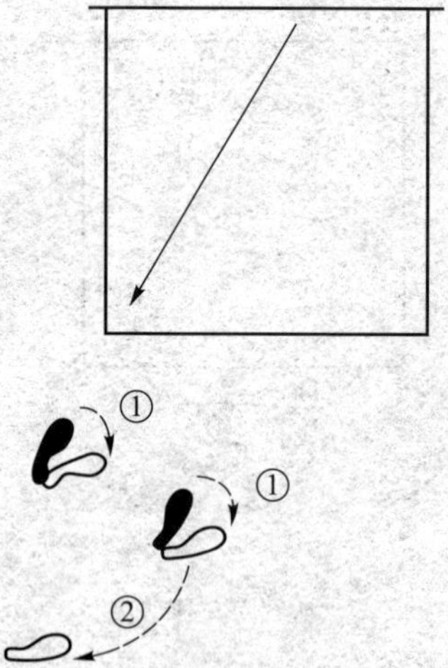

单步侧身

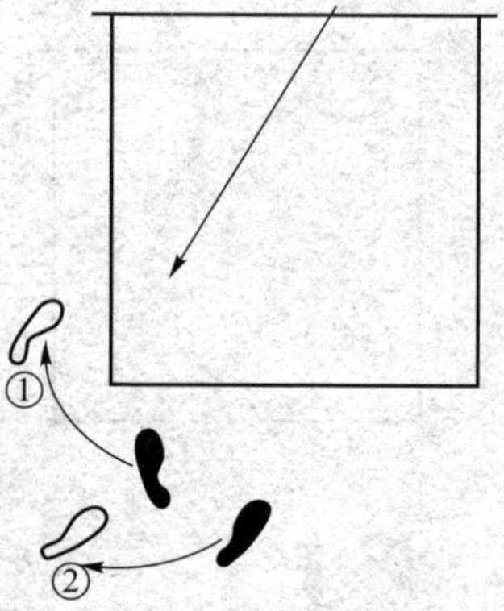

跨步侧身

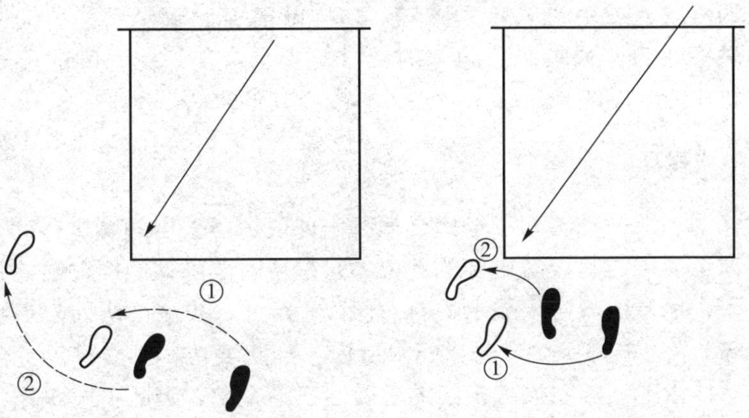

图 3-2-8　侧身步

二、不同打法类型的常用步法

每一次击球，几乎都是从移动开始的。许多情况下，就是因为回球质量不高而导致比赛失利。然而，人们却总是考虑手法的问题，容易忽略步法的问题。如果步法不好，就难以保证上肢以正确的击球动作回击来球，这样，击球的准确性和质量就会大大降低，甚至难以发挥出技术特长。

（一）直拍近台快攻打法（包括左推右攻打法和两面攻打法）的常用步法

直拍近台快攻打法站位在近台偏左的位置，通常左脚在前，右脚稍后，这样能随时准备发挥正手攻球和侧身攻球的威力。左右半台小范围快速移动最多，根据来球性质，也配合较大范围的左右移动和前后移动。因此，近台快攻打法主要以跳步、跨步为移动步法，结合单步、并步、侧身步与交叉步。

（二）两面拉弧圈球打法的常用步法

两面拉弧圈球打法站位在中台的位置，击球动作幅度大，进攻或防守时需要照顾较大的范围，因此步法以并步、跳步为主，配合跨步、交叉步等其他步法。

（三）快攻结合弧圈球打法的常用步法

此种打法，快攻时离台较近，主要以跳步、跨步为主，同时结合其他步法；转为弧圈球打法时，则需要以并步、跳步为主要步法，结合跨步等其他步法。

（四）削攻结合打法的常用步法

削攻结合打法一般站位在中远台，多数时候在球的下降期击球，同时还可以防守转为进攻，或由进攻转为防守。这样就需要照顾全台，移动范围就较大，故步法移动的方式较多。防守时，以跳步、跨步为主，同时配合其他步法；由守转攻时，以跳步、并步为主，并配合其他步法。

三、步法移动的要求

步法移动是指击球者为了选择合适的击球位置所采用的脚步移动方法。步法在乒乓球运动中占有极其重要的地位。它是及时准确地使用与衔接各项技术动作的纽带，也是执行各项战术的有力保证，因此，步法被认为是乒乓球运动的“关键环节”。在打乒乓球时，要求反应、判断要快，脚步移动速度要快。随着乒乓球技术的不断发展，步法的重要性日渐突出，因此下肢肌肉力量、身体的灵活性和柔韧性成为影响步法移动的重要因素。对于初学者，更需要强化乒乓球是全身运动的意识，不能只重视手法练习而忽视步法练习。步法移动的基本要求有：

1. 及时起动

在准备姿势正确的基础上，观察和判断对方来球路线的瞬间，及时启动步法，做到不错失击球时机。

2. 准确到达击球位置

能迅速移动到合适位置，提前做好击球的准备。为寻找有利的击球位置，做好击球前的准备。

3. 还原及时

及时调整重心，尽量做到不影响下一次击球动作。

4. 保持重心

腰、髋配合移动，在移动过程中，身体起伏不要过大，以保证移动的速度和质量，为下一板击球做好充分的准备。

第三节　发球

发球作为每一回合的开始，是学习乒乓球技术时首先要掌握的一项技术。发球方式多样，旋转丰富，掌握高质量的发球技术，不但在比赛中可以直接得分，也可以占据主动。学习者通过学习本节，能够更清楚地了解乒乓球发球的旋转，掌握基础发球，学习侧旋等多种类型的发球。

在乒乓球技术中，发球是唯一不受对方来球制约的技术。其本身具有极强的主动性，可以选择自己最合适的站位，按照自己的意图把球发到对方球台的任何位置。运动员通过发球，可以有效地发挥技术特长，可通过发球的变化来实施发球抢攻战术。好的发球，可以直接得分，也可以破坏对手的接发球节奏及比赛节奏。

按形式来划分，发球可分为低抛发球、高抛发球和下蹲式发球；发球按方位来划分，可分为正手发球、反手发球和侧身发球；按性质来划分，发球可分为速度类发球、落点类发球和旋转类发球。

发球作为乒乓球技术中的一项主要技术，要想发出高质量的球，必须将速度、旋转、落点有效地结合才能使发球更具威胁。发球时，可以以速度与落点为主，旋转作为配合。例如，发对方正手近网短球配合反手底线长球，通过落点的变化干扰对方接发球的判断，降低对手的接发球质量，为发球抢攻创造机会。也可以以旋转与落点为主，速度作为配合。再如，结合落点通过旋转差异的变化，针对接发球技术漏洞，破坏对方接发球节奏等，也可以为发球抢攻创造机会。

一、平击发球

平击发球分正手平击发球和反手平击发球两种，它是一种运动速度慢、力量轻、旋转弱的一般上旋球，是初学者最基本的发球方法，也是掌握其他复杂发球的基础。

（一）正手发平击球

动作方法：站位近台中间偏左处，抛球同时向右侧上方引拍，大臂带动前臂向前平行挥动，拍形稍前倾，在球的下降期击球的中上部向前方发力，使球的第一落点在球台的中段附近（图 3-3-1）。

正手发平击球示例

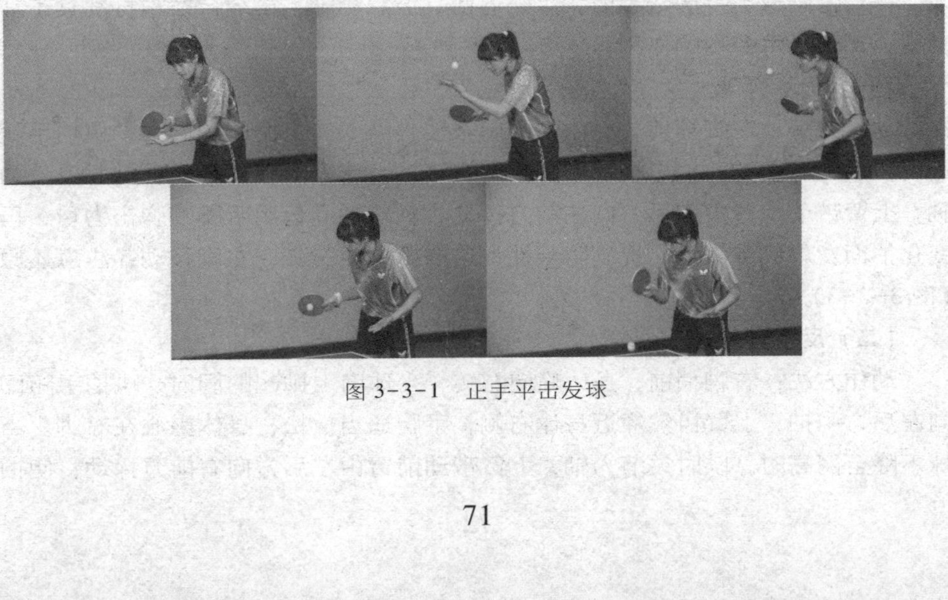

图 3-3-1　正手平击发球

（二）反手发平击球

反手发平击球示例

动作方法：站位于球台中间偏左处，右脚稍前或平行站立，身体略向左转，含胸收腹，将球抛至身体左侧前方的同时，向左后方引拍。右臂外旋，拍型前倾，在球的下降期击球的中上部向右前方发力，使球的第一落点在球台的中段区域(图 3-3-2)。

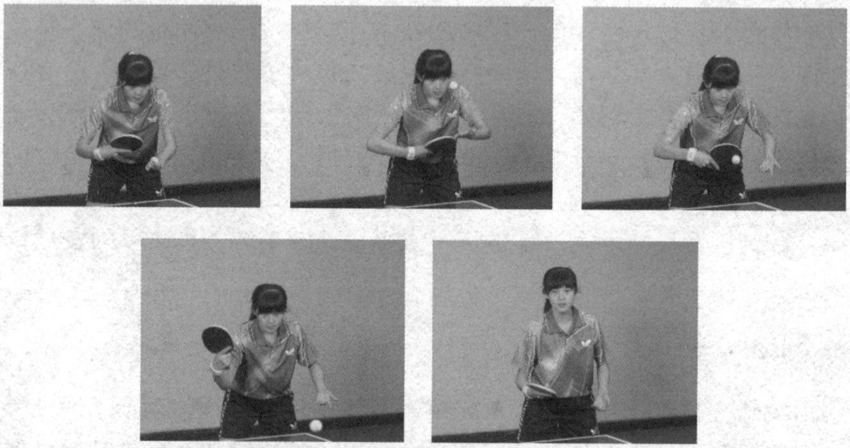

图 3-3-2　反手平击发球

二、奔球

奔球分正手奔球和反手奔球两种，它的特点是球速快、落点长、冲力强，球的飞行弧线低。在比赛中，可运用奔球的速度和落点变化干扰对手，伺机抢攻。在对付削球类打法选手时，可先迫使其退后防守，再结合摆短打乱其击球节奏，起到战术多变的作用。

（一）正手奔球

正手奔球示例

动作方法：左脚稍前，身体略微向右转，当球向上抛起的同时，执拍手随即向右后上方引拍，拍形稍前倾，腰向右转。当球下降至网高时，以肘关节为轴，上臂带动前臂由右后方向左前方挥动，触球瞬间运用手腕的弹击力量，再变化拍面发斜线或直线，提高隐蔽性，这时重心由右脚向左脚移动，注意还原(图 3-3-3)。

（二）反手奔球

动作方法：右脚稍前，身体略向左转，当球向上抛起的同时，执拍手随即向左后方引拍，上臂自然靠近身体右侧，手腕适当放松，身体重心在右脚。当球下降至网高时，以肘关节为轴，上臂带动前臂由左后方向右前方挥动，使拍面稍前倾，摩擦球的左侧中上部(图 3-3-4)。

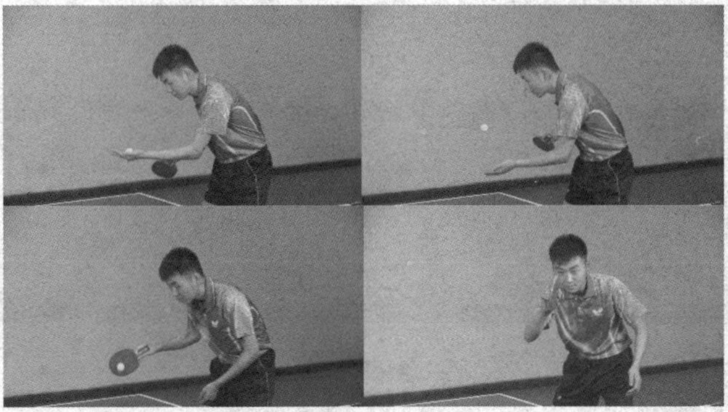

图 3-3-3　正手奔球

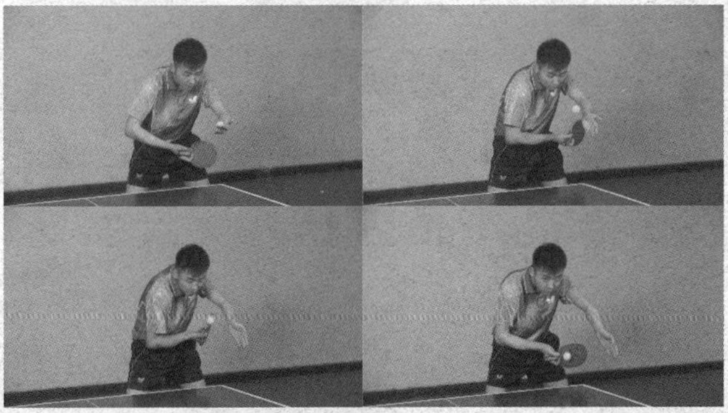

图 3-3-4　反手奔球

三、正手发转与不转球

正手发转与不转球是指发球员用正手以相似的动作发出旋转强弱差异较大的球。在比赛中，转与不转配套使用，以旋转变化来迷惑对方，破坏对方接发球战术，造成对方判断错误，发球员可伺机抢攻或直接得分。

动作方法：站位时左脚在前，右脚在侧后，抛球的同时执拍手向后上方引拍。拍面后仰，手腕适当外展，手臂放松，腰向右转便于发力。当球降至网高时，执拍手迅速用力向前下方挥动，发球后，挥拍动作尽可能停住，以利于还原。

正手发下旋球示例

发下旋球时，用球拍的下半部去摩擦球的中下部，拇指、食指、手腕在触球瞬间加强爆发力，尽量多摩擦球，注意体会球拍“吃”住球的感觉(图 3-3-5)。

图 3-3-5　正手发下旋球

发不转球时，用球拍的中上部去碰击球的中下部，拍面后仰的角度小些(图 3-3-6)。

正手发不转球示例

反手发下旋球示例

反手发不转球示例

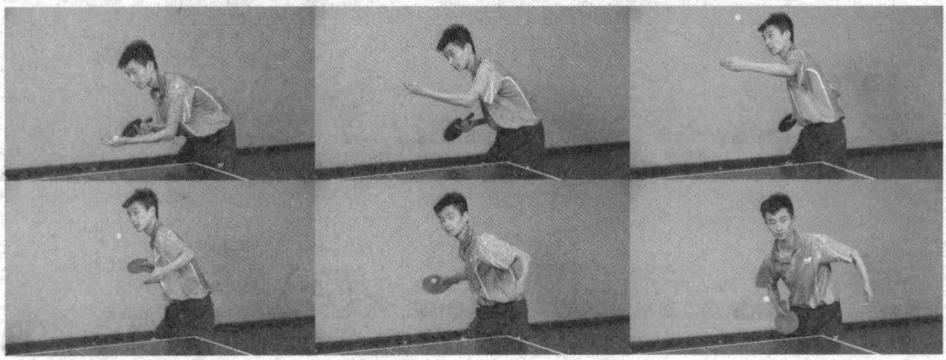

图 3-3-6　正手发不转球

四、反手发转与不转球

与正手发转与不转球基本相同，一般横拍选手在战术需要变化时多采用此种发球。在落点上运用斜、直线，长、短球的巧妙配合，有利于发球后抢攻。

动作方法：右脚稍前或两脚平行，重心稍低，执拍手的肩部略低于对侧肩。抛球时，执拍手向后上方引拍，拍面后仰，同时身体向左侧适当转动，以便于发力。

发下旋球时，用球拍的前半部去摩擦球的中下部，在触球瞬间手腕用力摩擦球(图 3-3-7)。

图 3-3-7　反手发下旋球

发不转球时，用球拍的后半部去碰击球的中部，手腕和前臂多向前送球(图 3-3-8)。

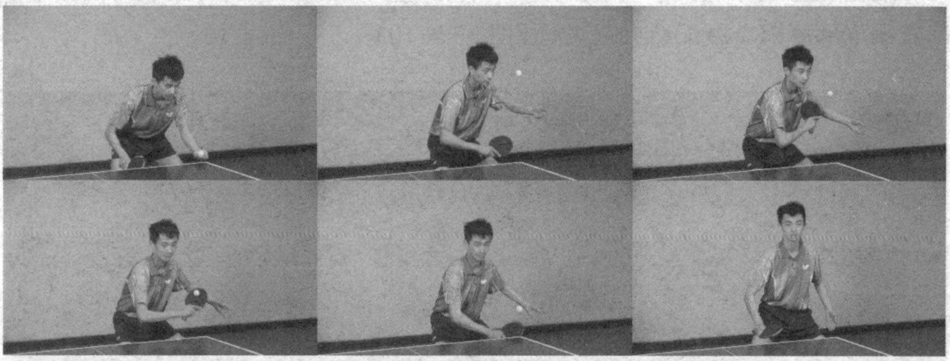

图 3-3-8　反手发不转球

五、正手发左侧上(下)旋球

这种发球以旋转变化为主，飞行弧线向对方左侧偏拐，对方用平挡回击则球向左侧上(下)反弹。它的动作幅度较小，出手快，两种发球动作相似，有一定隐蔽性，是一种运动员在比赛中运用较多的发球方法。

动作方法：左脚在前，右脚在侧后，当球向上抛起的同时执拍手向右后上方引拍，身体随之向右转动，球拍稍后仰，手腕外展。当球下落时，手臂自右上方向左下方挥摆，在球拍触球的瞬间加大小臂、手腕的爆发力，增强球的旋转。随势挥拍的动作幅度要小，以便快速还原。

发左侧上旋球时，球拍从球的右侧中下部向左侧面摩擦，并微微勾手腕以

正手发左侧上旋球示例

加强上旋(图 3-3-9)。

图 3-3-9　正手发左侧上旋球

发左侧下旋球时，手臂自右上方向左前下方挥摆，球拍从球的右侧中下部向左侧下部摩擦，腰配合向左转动(图 3-3-10)。

正手发左侧下旋球示例

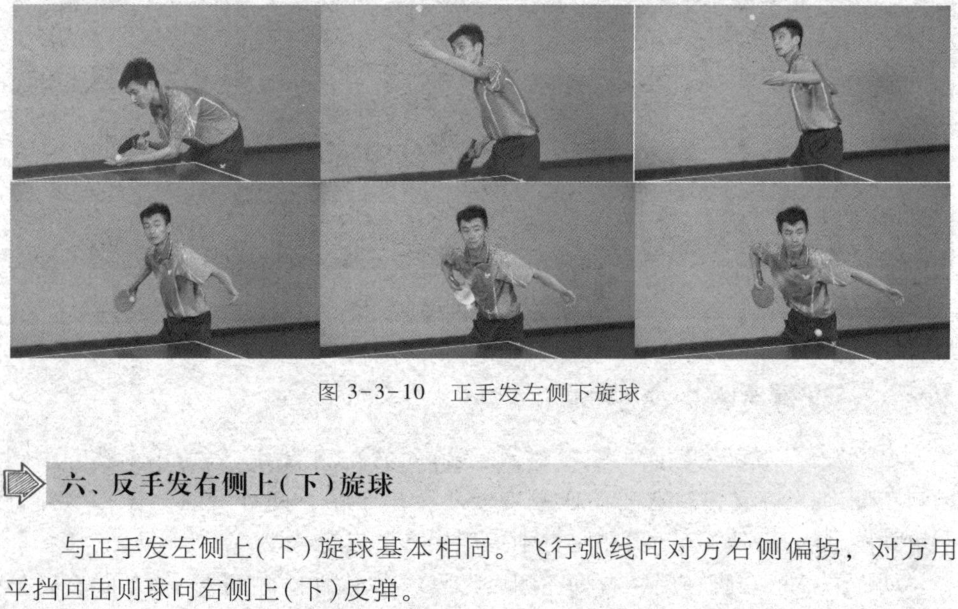

图 3-3-10　正手发左侧下旋球

六、反手发右侧上(下)旋球

与正手发左侧上(下)旋球基本相同。飞行弧线向对方右侧偏拐，对方用平挡回击则球向右侧上(下)反弹。

动作方法：右脚稍前，重心在右脚上。抛球的同时向左后方引拍，腰略向左转，拍面稍后仰，手腕适当内旋，当球下落时手臂自左上方向右下方挥摆。在触球瞬间加大小臂、手腕的爆发力，同时注意配合转体动作，使腰、臂协调用力，有利于增大发球的速度和力量，以增强球的旋转。

发右侧上旋球，触球时拍面从球的中下部向左侧上部摩擦。

发右侧下旋球，触球时拍面从球的左侧中下部向右侧摩擦(图 3-3-11)。

图 3-3-11　反手发右侧下旋球

七、反手发急下旋球

球速较快并带有下旋，飞行弧线低，落点长。对方用推、拨回接容易造成下网失误，用搓球回接容易出现机会球，此种发球在比赛中只能作配合及牵制使用。

动作方法：右脚稍前或两脚平行，腰略向左转，抛球的同时右臂微做内旋，拇指压拍使拍面稍后仰，向后上方引拍。当球降到低于网高时，前臂迅速用力向前下方推球，用边碰撞边摩擦球的动作击球的中下部，球击出的第一落点接近端线(图 3-3-12)。

图 3-3-12　反手发急下旋球

八、高抛发球

高抛发球是1964年我国选手创新发明的一种重要的发球技术。发球时发球员将球向上抛2~3米甚至更高，利用球下落时的加速度增大对球拍的压力，从而加快了出手的速度和突然性，增大对方接发球的难度。它具有出手快、旋转强、变化多的特点，目前多被欧亚等世界优秀选手所采用。高抛发球有正手高抛发球(亦称侧身正手高抛发球)和反手高抛发球两种。各种高抛发球的动作方法、触球部位和发力方向等与低抛发球基本相同。为提高发球质量，在发球时应有旋转、落点和线路的变化。

下面介绍几种常用的高抛发球。

(一)侧身正手高抛发球

动作方法：首先要将球抛稳，抛球手的肘部要贴近身体左侧，尽量让球抛起时接近垂直，使球在身体的右侧前方降落。当球下降至头部高度时，执拍手由右上方向左下方挥动。其次要注意击球点不要离身体过远，一般在右腰前15厘米左右为宜(图3-3-13)。

正手高抛发球示例

发左侧上旋球时，球拍从球的右侧中下部向左侧上部摩擦。

发左侧下旋球时，球拍从球的右侧中下部向左侧下部摩擦。

图3-3-13 侧身正手高抛发球

发直线长球时，拇指要适当地压球拍的左肩使拍面撞击球的右侧面。第一落点应在本方台面的端线附近。发力方向和挥拍路线对准对方右角使球呈直线前进。这种发球常常和侧身正手发侧上(下)旋结合在一起，作为增强发球的落点变化来运用。

（二）反手高抛发球

反手高抛发球是20世纪80年代我国选手在反手低抛发球的基础上创新的发球技术，尤以前女单世界冠军曹燕华最为突出。常见的有反手高抛发右侧上旋球和反手高抛发右侧下旋球，两者通常结合起来变化运用。

反手高抛发球示例

动作方法：右脚在前，左脚稍后，持球手用力向上抛球，当球从最高点下降时，执拍手向左上方引拍，上体略向左转，以增大击球的距离。

发右侧上旋球时，是在球下降到头部高度时执拍手从左上方经身前向右下方挥摆，球拍触球的左中下部并向右侧上部摩擦。球拍触球瞬间手腕由左向右抖动，以增大球的旋转。

发右侧下旋球时，执拍手从左后上方向右前下方挥摆，球拍从球的左侧中下部向右侧下部摩擦。球拍触球瞬间手腕由左向右抖动，以增大球的旋转。

九、下蹲式发球

下蹲式发球在摩擦球的部位、方向与站立式发球不同，下蹲式发球时球拍多摩擦球的上半部，发出的球的旋转性能和常规发球不同。因此具有旋转变化多、突然性、新异性等特点，在关键时刻可起到出其不意的效果，一般多为横拍选手采用。

（一）下蹲发右侧上（下）旋球

动作方法：左脚稍前，右脚稍后，身体略向右偏斜，球向后上方抛起，将球拍上举至肩高。同时两膝弯曲呈深蹲状，当球下降至头部高度时，执拍手迅速由左向右挥摆，手腕放松，挥拍路线呈半圆形（图3-3-14）。

下蹲式发球示例

发右侧上旋球时，拍面触球的左中部并向右侧上部摩擦，球越过网后向对方左边偏斜前进。

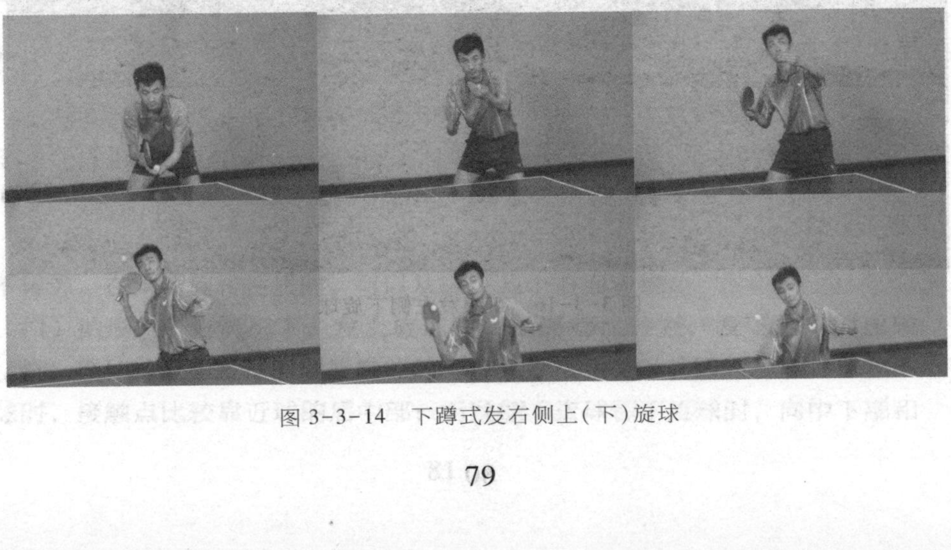

图3-3-14　下蹲式发右侧上（下）旋球

底部摩擦球才可能比较转。

（2）动作轨迹：发上旋球和不转球时，球与球拍接触的一瞬间，手腕摆动的幅度一般不是很大，并时常与假动作配合；在发侧下旋球和下旋球时，手腕摆动相对大一点，这样容易“吃”住球，动作也比较固定，击球后常有一个停顿，即使加上假动作，也不会像发侧上旋和不转球那样连贯。

（3）弧线：上旋球运行一般较快，常有往前“窜拱”的感觉，发短球时容易出台；下旋球运行比较平稳，弧线平稳，短球不容易出台。

（4）出手：发上旋球和不转球一般出手比较快，并且突然动作模糊；下旋球的出手相对要慢一些，因为要给球以足够的摩擦时间，才能使球产生强烈的下旋效果。

2. 对速度和落点的判断

（1）对长球的判断：一般情况下，发球者如果想把球发得很长，第一落点多在本方台面的端线附近。如果力量差不多，侧上旋球和不转球的运行速度明显要快于侧下旋球和下旋球；如果是发侧上球、侧下旋球斜线长球，要注意球的第二弧线有侧拐的特点。如果是直线长球，要特别注意平推过来，或者是略带外拐的球，因为这种发球除了有很快的速度外，还容易发出线路比较直的球，客观上增加了球的角度，给接发球者造成较大的难度。

（2）对短球的判断：由于发球者想要把球发短，手上就不能使很大的力，要收住一点，所以短球比较难发挥速度的优势，比较多的是考虑球的落点和旋转。可根据这一特点判断来球的长短。在接短球时，要特别注意不要过早地伸入台内，以免侧上旋短球的第二弧线往前“拱”，顶在板上，使手上失去对球的控制，以及来球可能是“小三角”位置，球是从近网的边线出台，手来不及拿下来，对不准球。

（3）对半出台球的判断：对半出台球的判断是接发球判断中难度比较大的一项技术。因为这种球往往容易造成接发球者的犹豫，使其思路混乱，影响整场比赛的发挥。在判断这种球时，一是视其旋转性质而定，侧上旋球和不转球比侧下旋球和下旋球容易出台。二是根据发球者的特点而定，要仔细研究发球者在发半出台球时，到底哪种容易出台，哪种不容易出台，如是正手容易出台还是反手容易出台，这样可以针对性地选择接半出台球的手段。另外，在接半出台球，对长短的判断不是很清楚时，一定要有意识地“等”几个长球，并且出手要果断，用接长球的办法回击。这样，可能会增加失误的风险，但可以给发球者造成较大的心理压力，使他不敢发模糊的半出台球，手上就要适当控制发力的程度，球的质量也会随之下降，从而使接发球从容一些。

三、接发球的方法

接发球的方法很多，它由点、拨、推、拉、搓、削、摆短、撇侧旋、挑等多种综合性技术组成。进入 20 世纪 90 年代后期，原有的接发球技术手段和质量有所提高，而且还出现了不少新的接发球技术，如晃接、撇接、劈长、拧、反撕、台内抢拉、抢冲。接发球技术是综合运用各项基本技术。所以，只有比较全面地掌握接发球方法，才能在比赛中减少被动并力争主动。

本节介绍几种常用的接发球技术。

（一）搓接

搓接一般多用于接短球，不提倡长球用搓接，搓球动作小，出手快，隐蔽性强。在长期实践中，搓球又细分为快搓、慢搓、摆短、搓长、晃接等。

1. 摆短

摆短是快搓短球的一种方法(图 3-4-1)。它最大的特点是出手快，突然性强，能有效限制对手的拉、攻上手。在用摆短接发球时，有三点要特别注意：① 在上升期接触球的中下部，以体现速度。② 手臂离身体要近一些，离得远就很难控制这种精细的技术，影响击球的准确性和质量。③ 手臂不要过早伸入台内，这样不能形成较合理的节奏感，难以体现摆短出手快的特点。

接发球摆短

图 3-4-1　瓦尔德内尔台内摆短

2. 搓长

现在优秀运动员一般运用搓长技术，它是和摆短配合运用的快搓底线长球。搓长是以速度和突然性取胜。在搓长时，重要的是手法要尽可能与摆短相似，以前臂发力为主，手腕的摆动不要过大，以免影响手上对球的感觉。

一、正手攻球

正手攻球具有站位近、动作幅度小、击球稳定性强、多借力还击等特点，是学习乒乓球正手技术的基础。

正手攻球示例

动作方法：左脚稍前，身体离台约 40 厘米，引拍至身体右侧方，右肩稍沉，重心移至右脚，拍形稍前倾呈半横状，在上升期击球的中上部，配合前臂做旋内转动，向左上方挥拍，身体重心由右脚移至左脚。击球后，随势挥拍至前额，并迅速还原（图 3-5-1）。

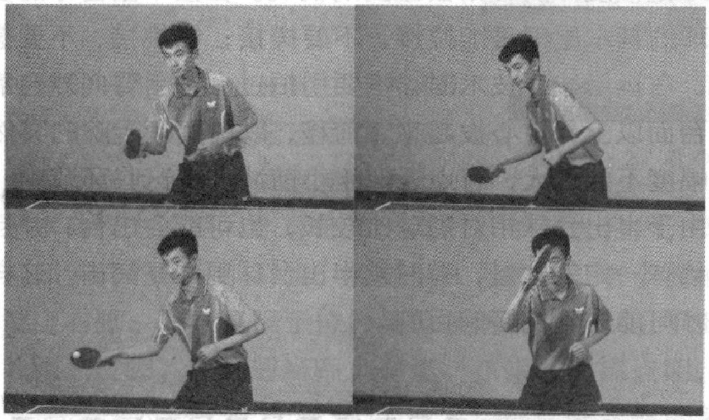

图 3-5-1　正手快攻

二、反手快拨

反手快拨具有站位近台、动作小、球速快、攻击性强等特点。在比赛中，它能扩大主动进攻范围。反手快拨是直拍、横拍握法两面攻选手常用的一种技术。

反手快拨示例

动作方法：反手攻打上旋球时，右脚稍前，同时身体左转，右肩前顶略下沉，肘关节靠近身体，上臂与前臂夹角约为 130°。向左侧方引拍，使拍略高于来球，以上臂带动前臂由左后方向右前方挥动，手腕配合外旋，在来球的上升后期或高点期击球的中部或中上部（图 3-5-2）。

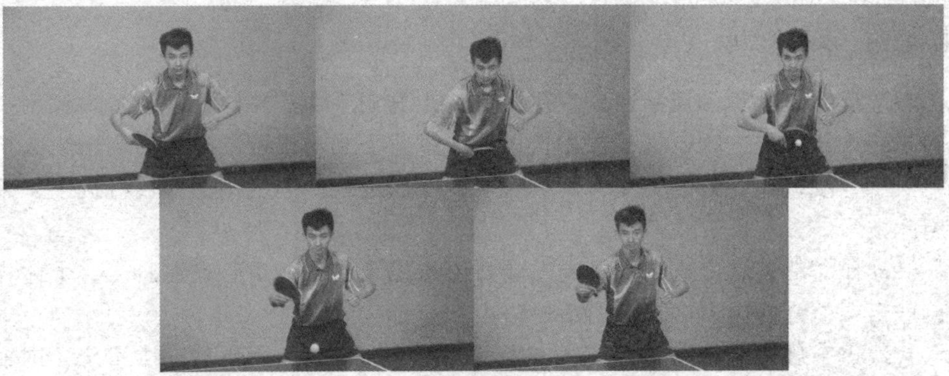

图 3-5-2 反手快拨

三、正手快点

正手快点也称正手台内攻球，具有站位近、动作小、球速快、线路灵活的特点。它回球的难度虽然较大，但突然性强，在接发球时可运用此技术直接抢攻或在比赛中由被动变为主动。它是直、横拍快攻选手的一项必备技术，一般多用于接近网的下旋球。

动作方法：站位靠近球台，右脚向右前方上步插入台下，重心在右脚上，前臂伸向台内，手腕稍外展(图 3-5-3)。

快点下旋球时，拍形垂直或稍后仰，在下降前期球拍触球的中部或中下部，以手腕发力为主，向前上方摩擦。击球后，迅速还原。

如果来球是一般上旋球时，拍形稍前倾，在高点期球拍触球的中上部，手腕多向前发力，少摩擦多撞击。击球后，迅速还原。

图 3-5-3 正手快点

四、反手快点

反手快点也称为反手台内攻球，其特点与正手快点相同。它较多地运用在前三板中，如接近网短球。在相互用摆短进行控制与反控制时常会利用它来抢先上手，以破坏对方的节奏，伺机进攻。横拍进攻型选手和直拍横打选手多采用此技术。

动作方法：站位近，左脚向左前方上步插入台下，重心在左脚上，上体靠近球台，前臂伸向台内迎球(图 3-5-4)。

快点下旋球时拍形稍后仰，手腕稍下垂，在下降前期击球的中下部，前臂和手腕向前上方发力。击球后，迅速还原。

快点上旋球时，拍形稍前倾，在高点期击球的中上部，前臂和手腕向前下方发力。击球后，迅速还原。

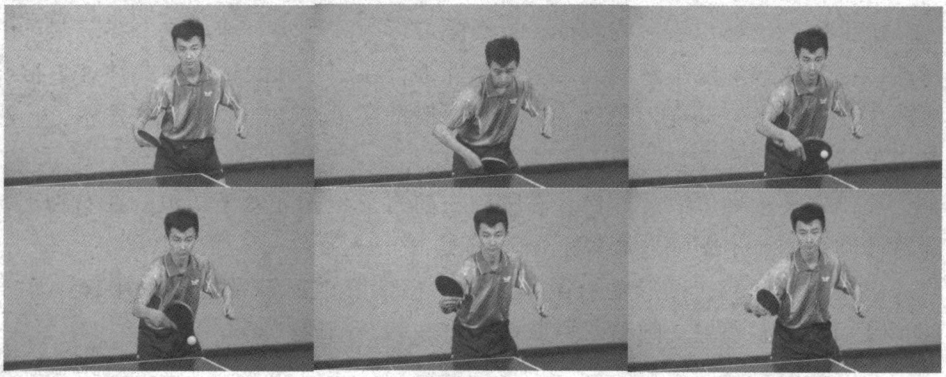

图 3-5-4　反手快点

五、正手快带

正手快带具有速度快、弧线低、落点变化多、借力还击的特点，是防守弧圈球的一项重要技术。在比赛中，它能够减弱对方来球的旋转、力量和速度，改变球的运行节奏，有利于从相持或被动中转为主动。

正手快带示例

动作方法：左脚稍前，站位离台约 40 厘米，手臂自然弯曲在身体的右前方，拍稍高于来球。拍形前倾，手腕保持相对稳定，借助腰和髋的转动，前臂向前迎球，在来球的上升期击球的中上部。击球后，手臂继续随势前送，并迅速还原(图 3-5-5)。

图 3-5-5 正手快带

六、正手突击

正手突击具有动作小、球速快、突然性强、有一定攻击力量的特点。在比赛中，处理好下旋来球，进行低球突击抢攻可以直接得分或为扣杀创造机会。它是直拍正胶快攻型选手和横拍正胶快攻型选手回击削球或搓球的主要得分技术。

动作方法：站位近台，左脚稍前，前臂引拍至身体的右前方，同时腰向右转，重心在右脚上。在来球比网稍高时拍形垂直或稍后仰，上臂带动前臂加速向前上方发力，在来球的高点期击球的中下部。当来球下旋强时，球拍向上摩擦时间长一些，回球弧线应稍高；若来球为一般下旋球时，则应触球中部偏下些，摩擦时间短，弧线应稍低，球击出后迅速还原(图 3-5-6)。

图 3-5-6 正手突击

七、正手扣杀

正手扣杀具有动作幅度大、力量重、球速快、攻击性强的特点。扣杀较多是在其他技术取得主动或对方回出高球时运用，是比赛中得分的重要手段。

正手扣杀示例

动作方法：站位须根据对方来球的落点长短调整。来球落点靠近球网时，站位应在近台；来球落点靠近端线时，站位应在中远台。击球前，左脚稍前，腰和髋向右转动并带动手臂向体侧后方引拍，拉大球拍与来球的距离，便于加大挥拍速度和手臂击球力量。击球时，拍形前倾，在来球的高点期击球的中上部，上臂和前臂同时加速向左前下方发力挥动，同时腰和髋转动配合发力(图 3-5-7)。

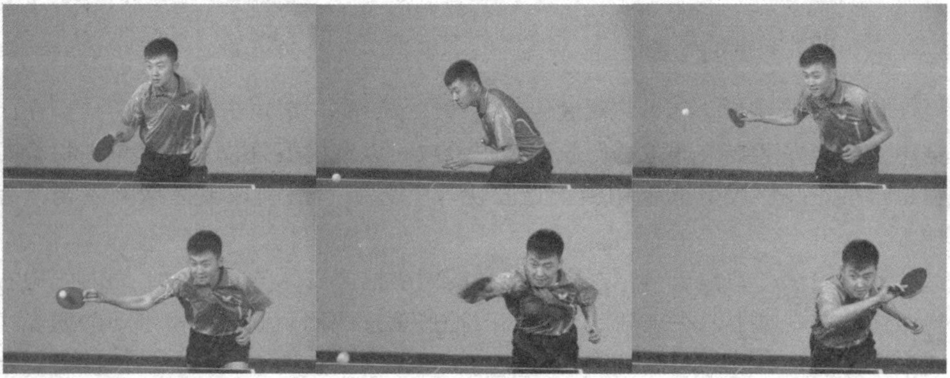

图 3-5-7　正手扣杀

八、反手扣杀

反手扣杀具有站位稍远、动作较大、球速较快、力量较重等特点。当发球后，如对方回球较高或当左半台出现半高球时，采用反手扣杀来得分，横拍选手采用此技术较多。

动作方法：扣杀时，直握拍选手的上臂应靠近身体，右脚稍前同时前臂做旋外动作，拍形稍垂直。拍触球瞬间身体重心上提，食指压拍，拇指放松使拍形稍前倾，在来球的高点期击球的左侧中上部，前臂快速向右前方发力。

横握拍选手上臂将拍提至来球高度，拇指略竖压拍，前臂迅速向前下方发力，手腕转动拍面做边打边摩擦的击球动作(图 3-5-8)。

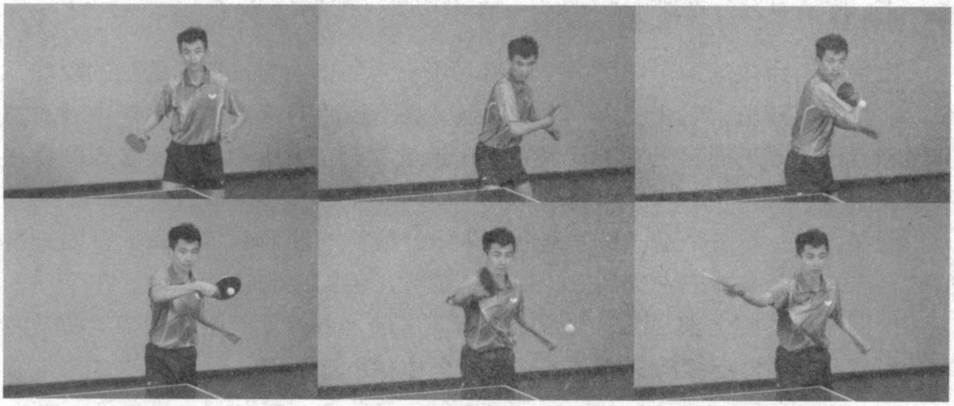

图 3-5-8　反手扣杀

九、正手中远台攻球

正手中远台攻球具有站位远、动作幅度大、主动发力击球、进攻性较强的特点，它是攻球选手在相持阶段时常用的一种基本技术。

动作方法：左脚稍前，身体离台约 1 米，前臂自然弯曲，约与地面平行。随着腰、髋向右转动，手臂将球拍引至身体的右侧后方，同时上臂拉开和上体的距离。在来球的下降前期拍形前倾，击球的中部并向上摩擦。上臂带动前臂加速向左前上方挥动，腰和髋转动配合发力。击球后，手臂继续向左前上方随势挥动，并迅速还原(图 3-5-9)。

图 3-5-9　正手中远台攻球

十、反手中远台攻球

反手中远台攻球指击球员站位远台采用反手还击对方高而长的球的攻球方法。它具有力量重、球速较快、攻击力强、线路较活的特点。在比赛中当对方突然回击过来高球而自己来不及侧身用正手进攻时，或由相持阶段转入侧身正手抢攻时常用此技术。

动作方法：右脚稍前，身体离台约 1 米，前臂与地面略平行，上臂靠近身体，将球拍引至身体的左侧后方。拍形稍前倾，手腕控制拍面角度，在来球的下降前期击球的中上部，以前臂带动上臂向右前上方挥动，腰和髋转动配合发力。击球后，手臂继续随势挥动，并迅速还原(图 3-5-10)。

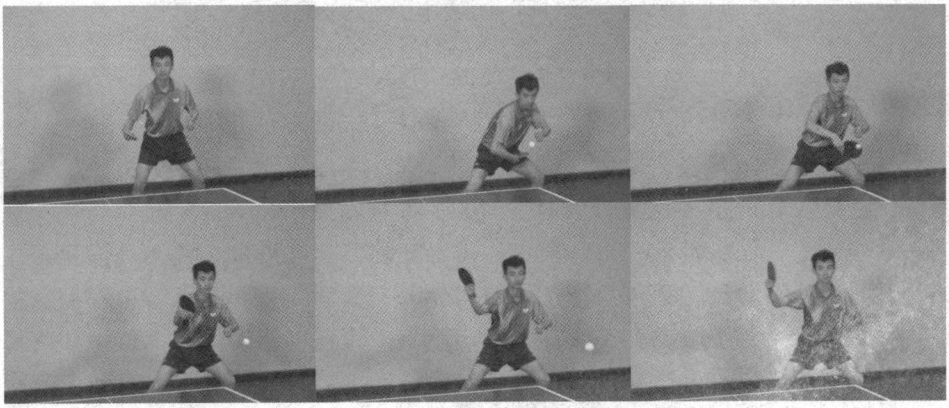

图 3-5-10　反手中远台攻球

十一、正手杀高球

正手杀高球指击球员回击高于球网 2～3 米来球时的正手攻球动作。它具有动作幅度大、力量重、击球点较高的特点。在比赛中，正手杀高球可直接得分或压制对方攻势。

正手杀高球示例

动作方法：左脚在前，身体离台约 1 米。手臂随着腰和髋向右转动，尽量向身体右后方引拍，增大球拍与来球的距离。击球时，拍面前倾击球的中上部，手臂加速向左前下方挥动，腰、髋、腿同时配合发力。击球后，迅速调整身体重心，立即还原(图 3-5-11)。

图 3-5-11　正手杀高球

十二、正手滑板球

滑板球是乒乓球的一项非常规技术，具有站位近、动作小、突然性强的特点。它主要是以手腕控制拍型角度和拍面方向，调节击球部位来突然变化球路，使对手难以判断。滑板球可直接得分或迫使对方回击高球，有利于本方抢攻，是我国直拍快攻型选手擅长的高级技术。

动作方法：站位近台，右脚稍前，球拍引至身体的右侧前方，前臂伸至台内。拍形稍前倾，手腕外展使拍面方向向右方，快速摩擦球的中部向侧面滑动，球斜拐飞向右侧前方。击球后，迅速还原(图 3-5-12)。

图 3-5-12　正手滑板球

第六节　弧圈球技术

弧圈球技术是在正手攻球与反手快拨基础技术之上发展起来的一项技术，弧圈球拥有旋转强、力量大等特点，是现代乒乓球运动员必须要掌握的一项技术。

弧圈球是一种将力量、速度和旋转结合为一体的进攻性技术，是比赛中的主要得分手段。弧圈球的发展历史不算长，但其发展速度却非常快，如运用正反手两面弧圈球力争主动，直接得分，进一步提高了弧圈球在比赛中的作用。弧圈球技术的出现和发展也促进了快攻打法、削球打法以及其他打法的变化和发展。

根据弧圈球技术的旋转特征可将其分为加转弧圈球、前冲弧圈球和侧旋弧圈球。本节主要介绍加转弧圈球、前冲弧圈球、正手快拉、反手快拉、正手拉侧旋弧圈球、反手拧拉等技术。

一、加转弧圈球

加转弧圈球具有飞行弧线较高、球速较慢、上旋力很强的特点。加转弧圈球在着台后下滑速度较快，击出的球第一弧线较高，第二弧线较低。 它是对付下旋球的有效技术。在相持中，可以变化击球节奏。

（一）正手加转弧圈球

动作方法：左脚在前，身体重心较低。手臂自然下垂向右后下方引拍，身体随之向右转动，右肩下沉，重心在右脚上。拍触球时拍面稍前倾，大臂带动前臂向前上方挥动，手腕配合发力，身体向左侧转动。在来球的下降前期击球的中部或中上部，在摩擦球的瞬间迅速收缩前臂加大摩擦力。击球后，身体稍向上抬起，随势挥拍至头部高度，重心移至左脚，并迅速还原(图 3-6-1)。

正手加转弧圈球示例

图 3-6-1　正手加转弧圈球

（二）反手加转弧圈球

动作方法：两脚平行或右脚稍前，两膝微屈，重心在两脚间。右肩下沉，球拍引至腹前下方，腹部内收，肘关节稍向前顶出，手腕内旋，拍面稍前倾，以肘关节为轴前臂快速向右前上方挥动。在来球的下降前期用力摩擦球的中上部，两腿向上蹬伸，身体稍后仰以辅助发力。击球后，随势挥拍并迅速还原（图 3-6-2）。

反手加转弧圈球示例

图 3-6-2　反手加转弧圈球

二、前冲弧圈球

前冲弧圈球具有出手快、球速快、弧线低、上旋强、着台后前冲力大等特点。它是一种将力量和旋转结合得较好的进攻性技术，常在发球抢攻、主动进攻、相持对拉中使用。

（一）正手前冲弧圈球

动作方法：左脚稍前，根据来球选择站位远近。向右后方引拍时腰向右转动，重心移至右脚。击球时拍面前倾，在上臂带动下前臂加速向前上方挥动，手腕配合发力，在来球的上升后期或高点期摩擦球的中上部。随势挥拍后迅速调整身体重心，并还原（图 3-6-3）。

正手前冲弧圈球示例

图 3-6-3　正手前冲弧圈球

（二）反手前冲弧圈球

反手前冲弧圈球示例

动作方法：两脚平行或右脚稍前，两膝微屈，重心在两脚间。右肩下沉，球拍引至大腿内侧，肘关节稍前顶，手腕内旋。击球时拍面稍前倾，以肘关节为轴前臂快速向前上方发力。在来球的高点期摩擦球的中上部，同时两腿向上蹬伸，身体略向前上方顶以辅助发力。随势挥拍后，迅速还原(图 3-6-4)。

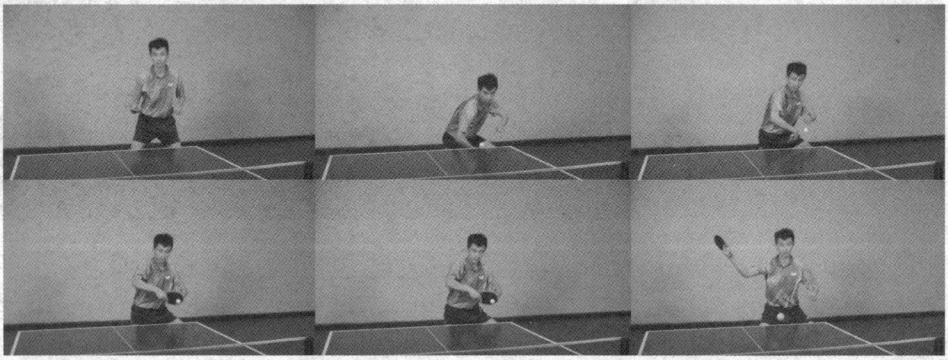

图 3-6-4　反手前冲弧圈球

三、正手快拉

正手快拉具有速度较快、动作较小、线路较灵活的特点。在比赛中，用正手拉出各种不同落点和轻重力量相结合的上旋球，伺机进行突击或扣杀。正手快拉是一项常用的技术组合。

动作方法：站位近台，左脚稍前，向后下方引拍的同时转腰、沉肩，重心在右脚上。拍形稍前倾，在来球的高点期或下降前期击球的中部或中上部。以前臂和手腕发力为主，向左前上方挥动，向上的力量略大于向前的力量，同时腰和腿协调配合，重心由右脚向左脚转移。由于发力大，随势挥拍动作应稍大一些，球击出后，迅速还原(图 3-6-5)。

图 3-6-5　正手快拉

四、反手快拉

反手快拉具有站位近、动作小、速度较快、落点变化多的特点。它是横拍选手对付下旋来球的一项重要技术，也是直拍进攻型选手为加强反手位的进攻，用反手反面常采用的一项技术。

动作方法：站位较近台，一般多采用单步或跨步向左前方、左方或左后方移动。拍形稍前倾，前臂和手腕自然放松，迎前加速挥动，在高点期或下降前期摩擦球的中上部。若来球下旋较强，球拍触球时多以摩擦为主，向上的力量稍大些；若来球下旋较弱，则多以碰撞为主，向前的力量稍大些(图 3-6-6)。

反手快拉示例

图 3-6-6　反手快拉

五、正手拉侧旋弧圈球

正手拉侧旋弧圈球具有飞行弧线向侧偏拐、带有强烈的侧上旋、着台后急速向侧下滑落的特点。它多用于处理正手位大角度的来球。

动作方法：左脚稍前，腰向右转动，重心在右脚上，球拍引至身体的右侧后方，拍头稍下垂。击球时右脚蹬地，腰向左转，大臂带动前臂快速挥动，在来球的下降前期摩擦球的右侧中部或下部向外侧并向前上方挥拍，使球拍划一个横向的半弧形。击球后，上体要随势向内扭转以加大侧旋力量(图 3-6-7)。

图 3-6-7　正手拉侧旋弧圈球

六、反手拧拉

随着乒乓球技术的发展，进攻越来越犀利，从接发球开始进攻，无论直板还是横板，反手拧拉都是一项非常重要的技术。反手拧拉技术特点是摩擦球比较充分，容易克服来球的旋转，使回球稳定性好并且带有强烈的旋转，从而使得乒乓球选手在接发球过程中变被动为主动。

反手拧拉示例

动作方法：根据来球调整步法，右脚上步并将重心调整至右脚，同时左脚稍向后撤步。引拍时确保来球与前臂保持一定的距离，然后上半身收腹前倾，降低重心，从而使得手臂在击球时保持一定的稳定性，最后手腕大幅度内敛并确保球拍与球台为近似水平状态。此时球拍头部应指向己方腹部位置。

在来球的上升期或最高点击球，击球点位于胸部正前方。在挥拍的过程中小臂以肘为轴心向右前方展开并将手腕打开向前发力，手腕打开时一定要有爆发力，这样可以增加对球的摩擦力(图 3-6-8)。

图 3-6-8　反手拧拉

第七节　推挡球技术

推挡是我国直拍快攻打法的基本技术之一，它具有站位近、动作小、球速快、稳定性比较高等特点。在对攻中可以用快推或加力推结合落点变化来调动对方，争取主动。有时也可用它来牵制对方弱点，为正手进攻或侧身进攻创造有利的时机。在被动和相持时，推挡还可以起到积极防守和从相持变为主动的作用。

推挡技术是直板左推右攻打法必须掌握的一项基础技术，本节会介绍由推挡技术发展而来的快推、加力推减力挡、推下旋、推侧旋等技术。

一、平挡球

平挡球指借助对方来球反弹力进行挡击的一种技术。它具有球速慢、力量轻、旋转变化小等特点。由于动作简单，容易掌握，平挡球是初学者的入门技术。

动作方法：左脚稍前或两脚平行约与肩宽，两膝微屈，身体离球台 30 ~ 50 厘米。手臂自然弯曲，球拍置于腹前，前臂与台面几乎平行，将球拍引至身体的前方，拍形呈半横状，约与台面垂直，在来球的上升期击球的中部，食指用力，拇指放松，前臂和手腕稍向前迎击，以借助来球的反弹力将球击回。击球后手臂、手腕随势前送，并迅速还原成击球前的准备姿势(图 3-7-1)。

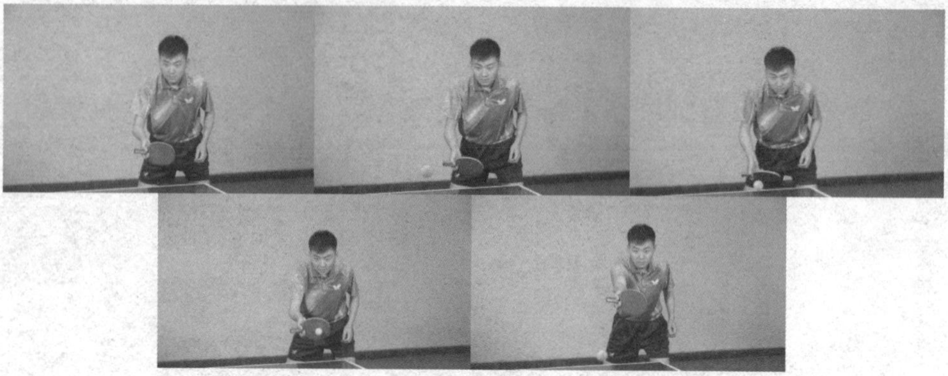

图 3-7-1　平挡球

二、快推球

快推球具有动作小、回球速度快、变化多、稳定性比较好等特点。在比赛中，可用落点变化控制对方起到助攻作用。

反手推挡示例

动作方法：左脚稍前，上臂内收自然靠近身体右侧，击球前手臂适当后撤引拍，前臂稍外旋，在来球的上升期拍形前倾，手腕外展，击球的中上部，食指用力，拇指放松，击球后手臂、手腕继续向前随势挥动，距离要短，并迅速还原成击球前的准备姿势(图 3-7-2)。

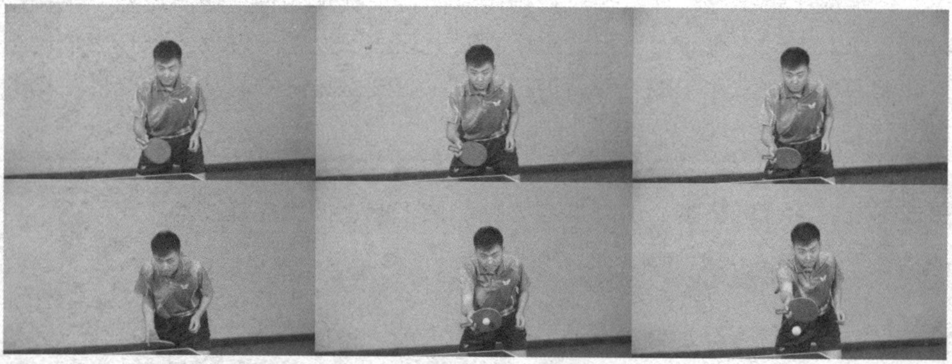

图 3-7-2　反手快推

三、加力推

加力推具有回球力量大、速度快、落点长等特点。在比赛中运用加力推能压制对方攻势，迫使对方后退离台，陷于被动防守的局面。加力推与减力挡配合使用能更有效地控制对方，是反手相持时由被动转为主动的技术之一。

动作方法：左脚稍前，身体离台 40～50 厘米，手臂自然弯曲并作外旋。在击球时，前臂提起，上臂后收，肘部适当贴近身体。引拍位置稍高，触球瞬间拍形前倾，食指用力，拇指放松，在上升后期或高点期击球的中上部，前臂和手腕加速向前下方推压，腰、髋顺势转动配合发力。击球后，手臂和手腕继续向前下方随势挥动，并迅速还原成准备姿势(图 3-7-3)。

反手加力推示例

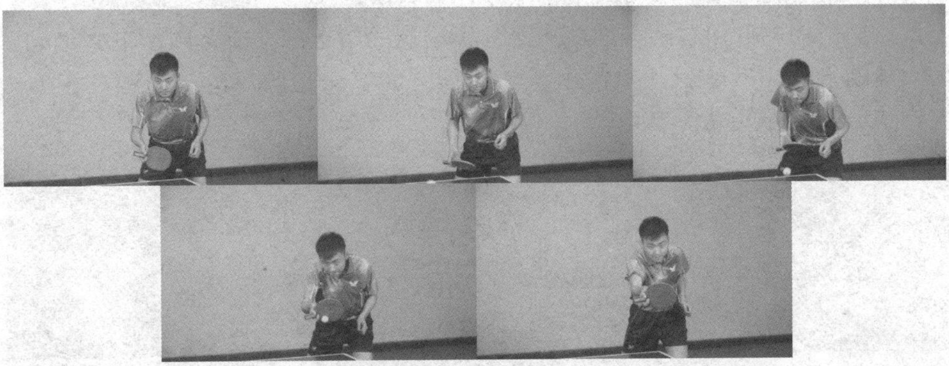

图 3-7-3　反手加力推

四、减力挡

减力挡具有回球弧线低、线路短、力量轻、球速慢等特点。在比赛中，使用减力挡破坏对方的击球节奏，伺机为本方抢攻创造条件。它与加力推配合使用，是我国直拍快攻选手对付弧圈球的有效战术之一。

动作方法：左脚稍前或两脚平行，身体离台约 40 厘米，击球时，手臂外旋，前臂稍做上提，拍形稍前倾，在来球上升期触球的中上部。拍触球瞬间手臂和手腕稍向后收，缓冲来球的反弹力，重心应略向前上移动。击球后，手臂和手腕继续向后随势回收，并迅速还原成准备姿势(图 3-7-4)。

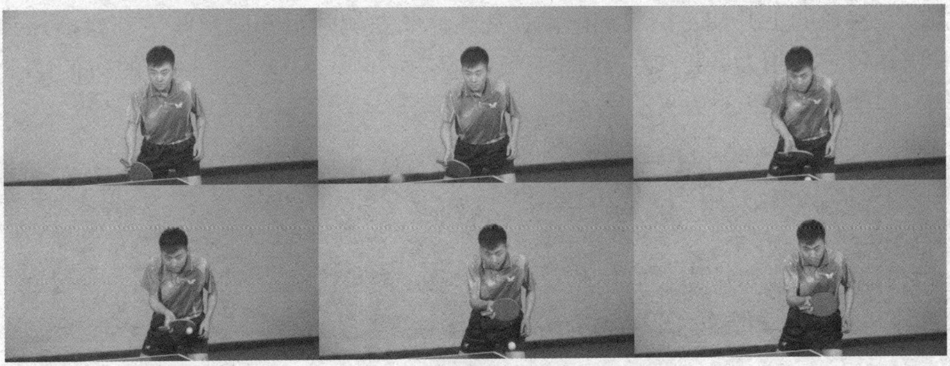

图 3-7-4　减力挡

五、推下旋球

推下旋球具有弧线低、回球落点长、球呈下旋、落台后下沉快等特点。在对攻中使用推下旋改变回球的旋转性能，能使对方攻、推下网或对推时对方不易发力而被动，可直接得分或为进攻创造机会。

动作方法：左脚稍前，身体离台约 40 厘米，重心偏高，上臂后引，前臂上提，拍型稍后仰。在高点期或下降前期击球的中下部，前臂向前下方推切以增大球的下旋。击球后，手臂和手腕继续向前下方随势挥动，但距离不宜太长，并迅速还原成准备姿势(图 3-7-5)。

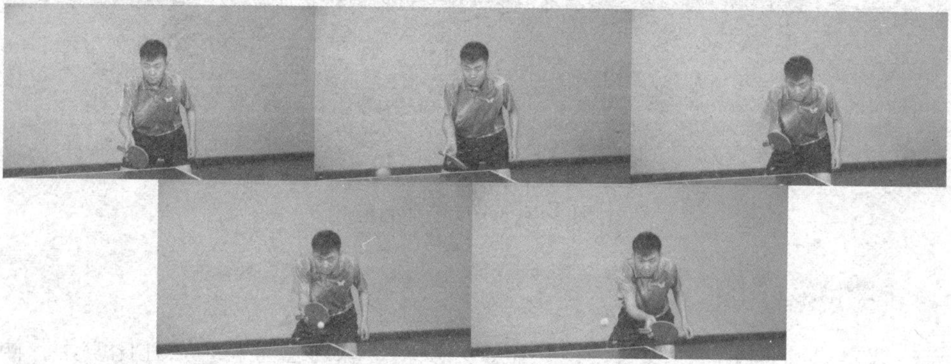

图 3-7-5　推下旋球

六、推侧旋球

推侧旋球具有弧线低、角度大、回球的线路短、有些拐弯等特点。由于击球部位是来球的弱转区，因此推侧旋球是防守弧圈球的一种有效方法。

动作方法：左脚稍前，身体离台约 40 厘米，前臂上提将球拍引至身体前方。在来球的上升期，拍面稍前倾，从球体的左侧中上部向左侧下部摩擦球，并向左前下方用力。推变直线时手腕内旋使拍面方向朝前，触球的右侧中上部，向前发力(图 3-7-6)。

图 3-7-6　反手推侧旋球

第八节　直拍横打技术

直拍横打技术源于 20 世纪 80 年代末，发展于整个 90 年代，经过刘国梁、马琳、王皓三个代表人物的淬炼，现在逐步趋于完善。直拍横打改变了原有直拍单面击球的状况，它是在球拍的另一面粘上覆盖物，使球拍正反面都可以击球。直拍横打丰富、完善了直拍反手位技术，通过拨、拉、打、带、挑、撕等技术的运用，极大程度地弥补了直拍反手位的不足，拓宽了快攻打法的球路，使传统的左推右攻打法朝着“两面开弓”的方向发展，使直拍反手位的“死角”变活，并且带动了一场全方位的直拍对抗横拍的技术革命，是直拍的创新技术。

直拍横打技术是为了解决直拍反手推挡进攻能力较弱的问题，大胆地将直拍反面技术进行创新后发展而来的一项技术。直拍横打的出现，解决了直拍反手被动防守的局面，为直拍选手技术发展注入了活力。本节将介绍直拍反面快拨、弹打、拉弧圈球、攻、挑打等技术，为学习直拍反面技术提供帮助。

一、直拍反面快拨

直拍反面快拨技术是在相持中常用的技术。它和推挡结合能起到变化击球节奏的目的，是反手位进攻得分的辅助手段。

动作方法：站位近台，两脚开离约比肩宽一点，左脚稍前，肘关节稍前顶，前臂外旋，手腕稍内屈，自然向左后上方引拍，臂的夹角约为 45°。击球时拍形稍前倾，主要用拇指和中指发力，食指自然放松，在来球的上升期击球的中上部，向前方挥动。击球后，手臂随势前送，然后迅速还原成准备姿势（图 3-8-1）。

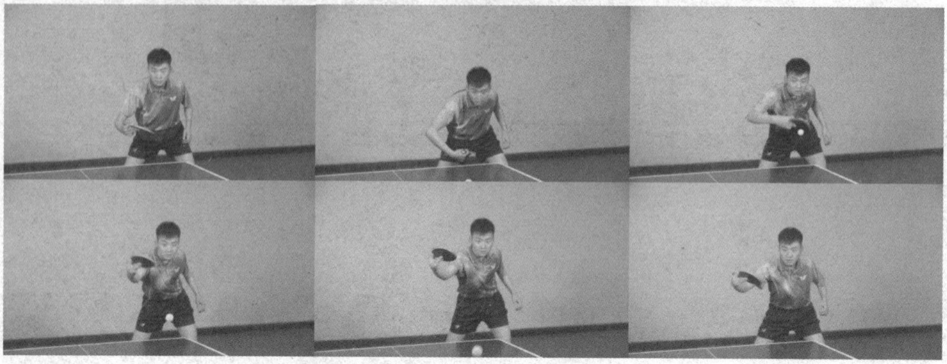

图 3-8-1　直拍反面快拨

二、直拍反面弹打

直拍反面弹打技术具有动作小、速度快、突然性强等特点，是直拍选手在相持中转为主动进攻的重要手段，也是运动员必须掌握的反面主要技术之一。

直拍反面弹打示例

动作方法：站位近台，两脚开立约比肩宽一点，左脚稍前。上臂抬起，身体重心略高一点。肘关节稍前顶，前臂外旋，手腕稍内屈，拇指压拍，食指放松，使拍形前倾。身体前迎，在来球的上升后期或高点期击球的中上部，触球瞬间要短促有力，以撞击为主，向前下方用力弹压。向下的力量越大，旋转越强；向前的力量大一些，旋转就稍弱。击球后，手臂随势前送的动作不宜过大，然后迅速还原成准备姿势(图 3-8-2)。

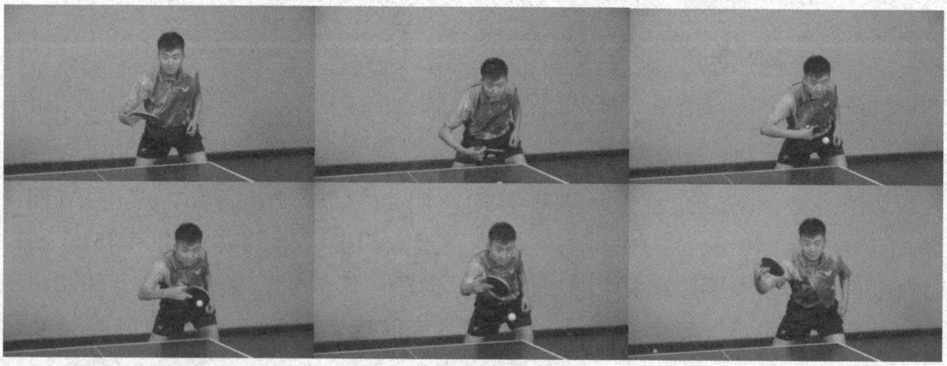

图 3-8-2　直拍反面弹打

三、直拍反面拉弧圈球

直拍反面拉弧圈球具有身体发力充分、球体旋转较强、带有侧上旋的性质等特点。它是直拍回击反手位来球的比较有效的进攻技术。

动作方法：两脚开立略比肩宽，重心在两脚之间，含胸收腹，身体重心下降。腰略向左转，肘关节略前顶。前臂外旋，手腕稍内屈，手臂下沉引拍至腹前下方。拇指压拍，食指放松，拍形稍前倾，在高点期或下降前期摩擦球的中部偏上位置，向前上方挥拍。击球后，随势挥拍的动作稍大一些，然后迅速还原成准备姿势(图 3-8-3)。

直拍反面拉弧圈球示例

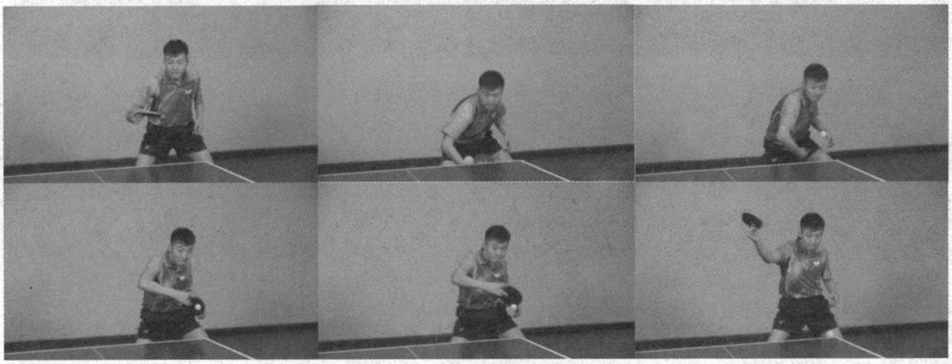

图 3-8-3　直拍反面拉弧圈

四、直拍反面攻

直拍反面攻技术主要用于反手位扣杀半高球，或扑正手后还原时回反手位大角度的击球，具有动作较大、力量较重等特点。

动作方法：站位中近台，右脚稍前，身体重心在左脚上。肘关节略前顶。前臂外旋，手腕稍内屈向左后上方引拍。击球时，拇指和中指用力，食指自然放松，在来球的高点期或下降前期摩擦球的中上部向前方挥动，利用腰部和挺腹的力量协助发力。击球后，手臂随势前送，并迅速还原成准备姿势。

直板反面攻示例

五、直拍反面挑打

直拍反面挑打主要用于左方台内的近网下旋短球，是“前三板”争抢阶段常用的一项技术。

直拍反面挑打示例

动作方法：站位近台，左脚稍前，两脚开立略比肩宽。击球时，左脚向左前方插入台内，手腕自然下垂，拇指和中指用力，食指自然放松，在来球的高点期摩擦球的中部偏上位置，同时手腕外展，制造一定的弧线。击球后，随势挥拍的动作稍小一些，然后迅速还原成准备姿势(图 3-8-4)。

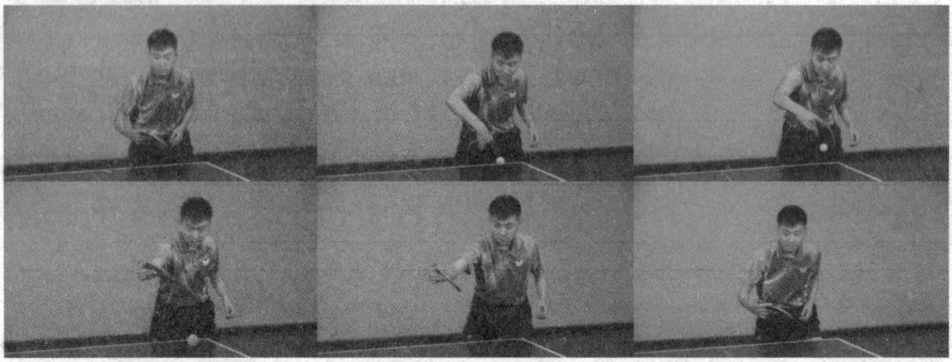

图 3-8-4 直拍反面挑打

第九节 搓球技术

搓球是台内还击下旋球的一种基本技术，它的技术特点是动作幅度较小，出手较快，过网后球的弧线较低，旋转与落点变化较丰富。用搓球来回击下旋球是一种比较稳妥的方法，搓球也是初学者必须掌握的入门技术之一。搓球常用于接发球或控制球，为进攻创造机会。

按搓球的时间不同，搓球分为慢搓和快搓；按搓球的旋转性能不同，分为搓转与不转球，搓侧旋球；按搓球的落点不同，分为搓长球和搓短球等。搓球技术是接发球中常使用的一项基础技术，根据接发球目的不同，搓球技术又发展为摆短球与劈长球，其目的都是为了更好在搓球后占据比赛的主动。在比赛中，只有把以上这些变化巧妙地结合起来，才能使搓球达到更好的效果。

本节将介绍慢搓、快搓、搓转与不转球等技术。

一、慢搓

慢搓具有动作幅度较大、回球速度较慢、稳健性强的特点。它适用于回接旋转较强、线路稍长的来球。如果慢搓与快搓结合，能变化击球的节奏。

（一）正手慢搓

动作方法：右脚稍前，站位近台，前臂和手腕外旋使拍面稍后仰，身体略向右转，向右上方引拍。在来球的下降前期用球拍的下半部摩擦球的中下部，前臂加速向前下方用力的同时手腕内旋配合用力。击球后，前臂随势前送，立即放松并迅速还原(图 3-9-1)。

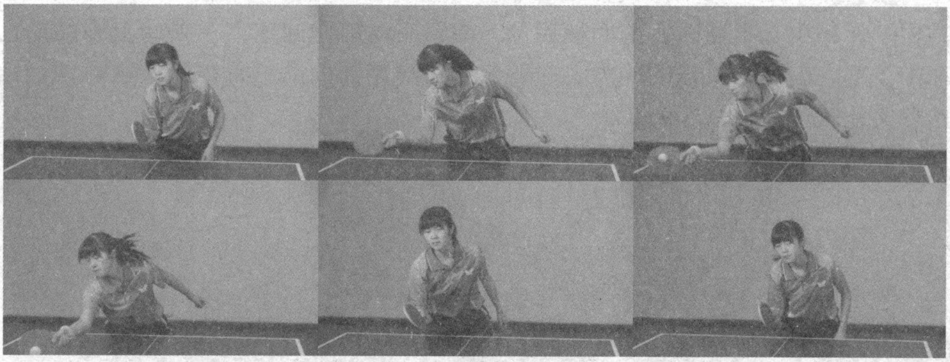

图 3-9-1　正手慢搓

(二) 反手慢搓

动作方法：左脚稍前，站位近台，前臂和手腕内旋将球拍引至身体左上方，拍面后仰，在来球下降前期用球拍的下半部摩擦球的中下部，前臂加速向前下方用力的同时手腕外展配合用力。击球后，前臂随势前送，立即放松并迅速还原(图 3-9-2)。

慢搓示例

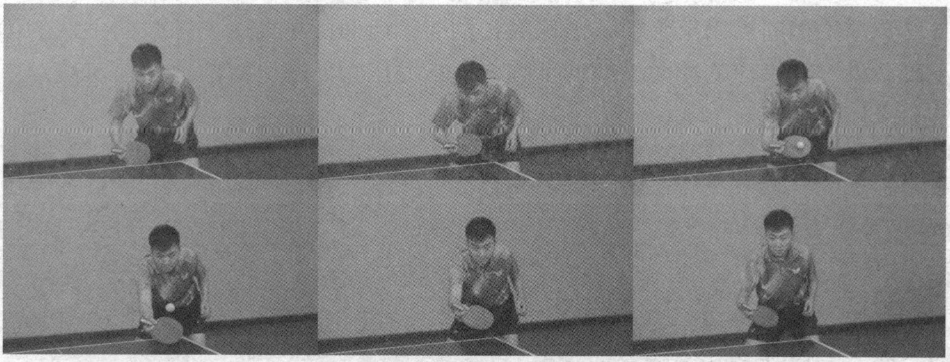

图 3-9-2　反手慢搓

二、快搓

快搓具有击球动作幅度较小、回球速度快、弧线低、借助对方来球的前冲力进行回击的特点。它常用于接发球或削过来的近网下旋球。快搓与其他搓球结合能改变击球节奏，缩短对方准备击球的时间，为争取主动创造条件。

（一）正手快搓

动作方法：站位近台，身体重心前移靠近来球，前臂外旋向右上方提起，后引动作稍小。击球时，拍面稍后仰，前臂主动前伸迎球，在来球上升前期击球中下部，借对方来球的冲力，前臂手腕适当用力向前下方挥动。随势挥拍动作尽可能短一些(图 3-9-3)。

图 3-9-3　正手快搓

（二）反手快搓

快搓示例

动作方法：站位近台，身体重心前移靠近来球，手臂自然弯曲，手腕适当放松，球拍稍向后引至腹前。击球时，拍面稍后仰，在来球上升前期击球的中下部，借对方来球的冲力，前臂手腕向前下方用力。随势挥拍动作尽可能短一些(图 3-9-4)。

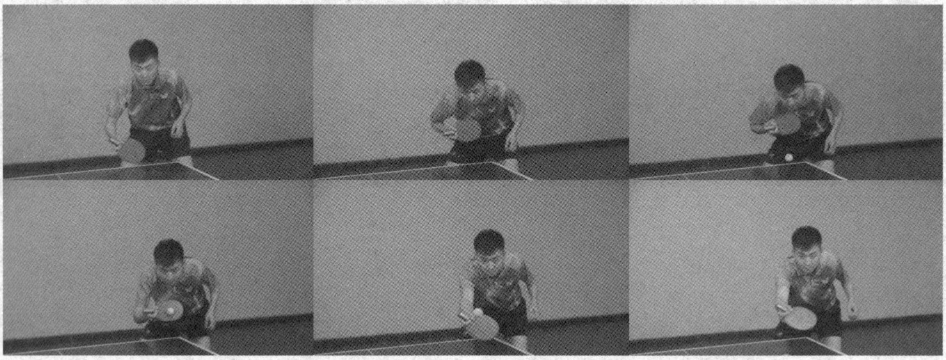

图 3-9-4　反手快搓

三、搓转与不转球

用相似的手法搓出转与不转两种旋转的球来迷惑对方，它和其他搓球技术结合使用，是各种类型打法选手争取主动抢攻的重要手段，也是组成搓攻战术的主要技术，搓转与不转球具有旋转强度差异大的特点。

动作方法：根据击球的旋转原理，搓转与不转球主要取决于作用力线是远离球心还是接近球心。若在搓球时加大引拍距离和拍面后仰角度，前臂、手腕加速用力向前下方切球，用球拍的下半部摩擦球薄一些，使击球时的作用力线远离球心，则为加转球。若在搓球时缩短击球距离，减小拍面后仰角度，用球拍的上半部和中部碰撞球，使击球的作用力线接近球心，则为不转球。

四、搓侧旋球

搓侧旋球具有动作小、速度较快、旋转变化大的特点。在接发球或对搓过渡中，运用正、反手搓侧旋，使回击过去的球向左(右)侧拐弯，能干扰对方的击球节奏或使对方回球质量降低，为抢攻创造条件。

(一) 正手搓侧旋球

动作方法：站位近台，右脚和身体重心前移。击球时手臂略提起，手腕稍外展，拍面后仰，在高点期或下降前期手臂向左侧挥动发力，同时手腕稍内旋辅助发力，摩擦球的左侧中下部。

(二) 反手搓侧旋球

动作方法：站位近台，右脚和身体重心前移，手臂自然弯曲，略向左后方引拍，手腕稍内旋，拍面后仰。在高点期或下降前期手臂向右侧发力，同时手腕稍内旋辅助发力，摩擦球的右侧中下部。

五、搓球摆短

搓球摆短具有动作幅度小、出手快、回球短的特点。它是抑制对手发球抢攻的有效技术。

(一) 正手搓球摆短

动作方法：右脚向前移动，身体靠近球台，球拍向右侧后方引，拍面稍后仰，在来球的上升前期击球的中下部，前臂向前下方挥动，同时手腕适当发力。击球后，随势挥拍动作不宜过大，迅速还原(图3-9-5)。

正手搓球摆短示例

图 3-9-5　正手搓球摆短

（二）反手搓球摆短

反手搓球摆短示例

动作方法：身体向前移动，靠近球台，球拍略向左后引至腹前，拍面稍后仰，在来球的上升前期击球的中下部，前臂向前下方挥动，同时手腕适当外展发力。击球后，随势挥拍动作不宜过大，迅速还原(图 3-9-6)。

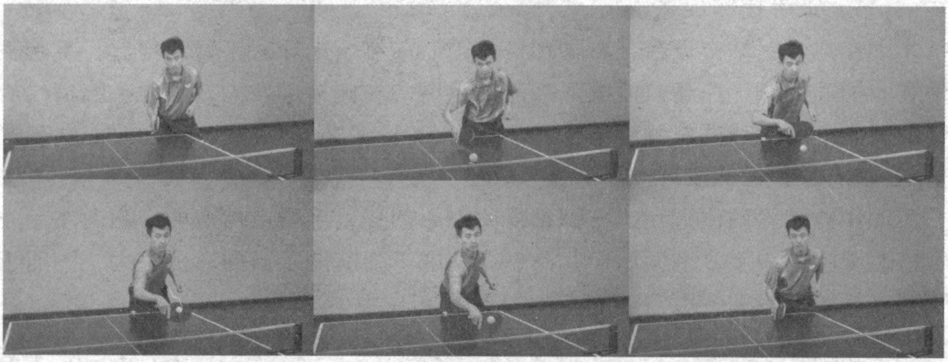

图 3-9-6　反手搓球摆短

第十节　削球技术

削球是削攻型打法的一项主要技术，它是通过旋转和落点变化来控制对方，使对方直接失误或为自己创造进攻机会。在乒乓球运动的发展历程中，削球打法作为一种主要的打法类型，曾经在世界乒坛占有重要的地位。

削球打法的技术发展基本上取决于两个方面，一是器材(主要是胶皮性能)的改进，二是乒乓球技术的整体发展。20 世纪 90 年代中期，我国运动员丁松在继承老一辈削球打法的基础上发展了削中反攻技术。他是在相持阶段中将中远台的削球和弧圈球技术进行了合理的融合，使比较强烈的下旋球和上旋球结合起来，为削球打法的发展开拓了新的方向。在第 47 届世乒赛上，韩国选手朱世赫的成绩也证明了这一点。

我国削球打法在技术上经历了由以“稳、低、转、攻”为指导思想，到以“转、稳、低、变、攻”为指导思想的发展过程，逐步明确了在削球打法的技术指导思想中旋转变化和落点变化的重要作用，这一指导思想代表了削球打法在技术上的发展方向。

削球技术是削球防守型打法所必备的技术，也是比赛中主要运用的技术，根据来球质量的不同，削球分为削下旋球、削弧圈球等技术。本节主要介绍远台削球、中台削球、削突击球、削追身球、削加转弧圈球、削前冲弧圈球等。

一、远台削球

远台削球具有离台远、动作较大、弧线长、击球点低、球速慢且旋转强等特点。它是削球运动员以旋转变化来回击大力扣杀和弧圈球的有效技术。

（一）正手远台削球

动作方法：站位离台 1 米以外，左脚稍前，两膝微屈，身体略向右转，重心下降移至右脚。前臂向右后上方引拍(约与肩高)，拍形后仰，在来球的下降后期击球的中下部。上臂带动前臂向左前下方挥动，身体重心移至左脚，随势挥拍前送的动作稍大，然后迅速还原(图 3-10-1)。

图 3-10-1 正手远台削球

（二）反手远台削球

动作方法：站位远台，右脚稍前，两膝微屈，身体略向左转，重心在左脚上。手臂自然弯曲，向左后上方引拍(约与肩高)，拍形后仰，在来球的下降期击球的中下部。上臂带动前臂向右前下方挥动，身体重心移至右脚。击球后，手臂继续向右前下方随势挥动，然后迅速还原(图 3-10-2)。

图 3-10-2　反手远台削球

二、中台削球

中台削球站位在中台附近，具有击球点较高、回球速度较快、弧线较低等特点。配合落点变化能调动对手，增加对手回球难度，能为削中反攻创造机会或直接得分。

(一) 正手中台削球

动作方法：左脚稍前，身体略向右偏斜，重心在右脚上。手臂自然弯曲，前臂外旋引拍至肩高处，拍形稍后仰，在来球的高点期或下降前期击球的中下部。以前臂发力为主，并带动手腕内收向左前下方摩擦球，身体重心随着移至左脚。击球后，手臂继续向左前下方随势挥拍，然后调整重心迅速还原(图 3-10-3)。

图 3-10-3　正手中台削球

(二) 反手中台削球

动作方法：右脚稍前，身体略向左转，重心在左脚上。手臂自然弯曲，前臂向左后上方引拍至肩高处，拍形稍后仰，在来球的高点期或下降前期击球的中下部。前臂带动手腕向前下方摩擦球，身体重心移至右脚。击球后，手臂继续向右前下方随势挥拍，然后调整重心迅速还原(图 3-10-4)。

图 3-10-4　反手中台削球

三、削突击球

削突击球具有回球难度大、挥拍动作小、左右让位快、借力还击较多的特点。由于来球速度快，突然性强，力量重，因此，削球是有效控制对方连续进攻的一项重要技术，俗称“顶重板”。

(一) 正手削突击球

动作方法：根据来球迅速选位，左脚稍前，含胸收腹，身体略向右转。前臂引拍至身体的右前上方，拍形接近竖立，重心移至右脚。击球时，拍形稍后仰，在来球的下降前期上臂带动前臂向左前下方摩擦球的中部或中下部。击球后，手臂向前下方随势挥拍，身体重心移至左脚，迅速还原(图 3-10-5)。

(二) 反手削突击球

动作方法：根据来球迅速选位，右脚稍前，身体略向左转。手臂自然弯曲，前臂内旋引拍至身体的左前上方。击球时，拍形稍后仰，在来球的下降前期上臂带动前臂向右前下方摩擦球的中部或中下部。击球后，手臂向前下方随势挥拍，重心稍前送至右脚，迅速还原(图 3-10-6)。

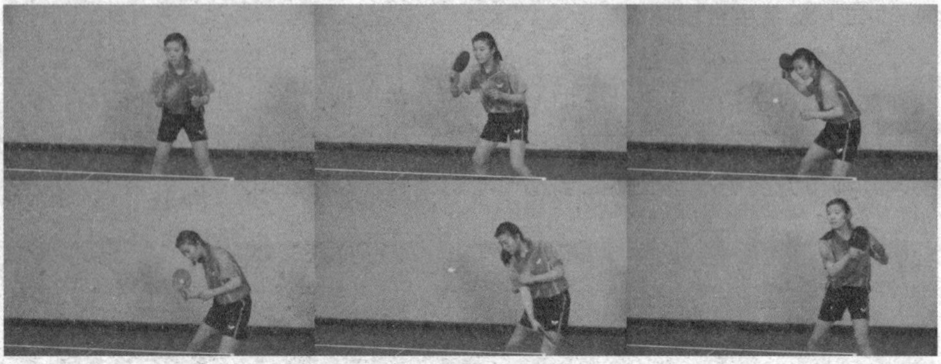

图 3-10-5　正手削突击球

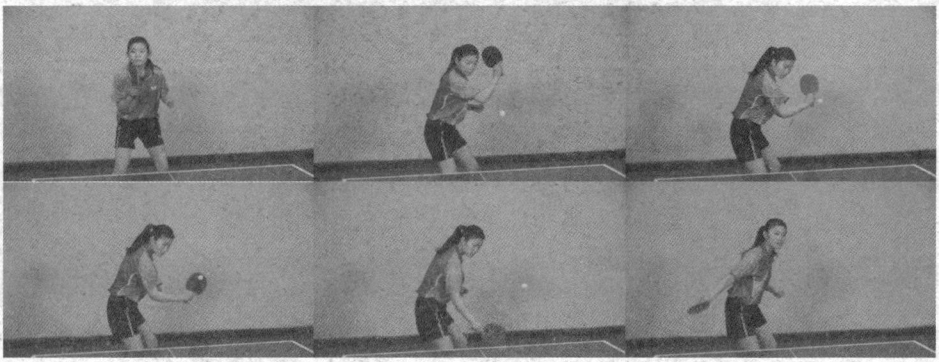

图 3-10-6　反手削突击球

四、削追身球

削追身球具有判断准确、让位及时、出手快、落点活的特点。由于来球紧追身体，常会因身体的阻碍而影响手臂的活动，必须通过快速的移动和让位给击球留出空间。削追身球是削球技术中难度较大的一项技术。

（一）正手削追身球

正手削追身球示例

动作方法：当来球在身体中间偏右时，右脚后撤，含胸收腹，向右后转腰。上臂靠近身体，前臂稍外旋向右上方引拍，拍面竖立。在下降前期击球的中部或中下部，上臂带动前臂向下用力压球，控制球的弧线。击球后，手臂随势向下挥拍，放松后迅速还原(图 3-10-7)。

图 3-10-7　正手削追身球

（二）反手削追身球

动作方法：当来球在身体中间偏左时，左脚后撤，含胸收腹，向左后转腰。上臂贴近身体，前臂稍内旋向左上方引拍，拍面竖立。在下降前期击球的中部或中下部，前臂带动手腕向下用力摩擦球。击球后，手臂随势向下挥拍，然后迅速还原(图 3-10-8)。

反手削追身球示例

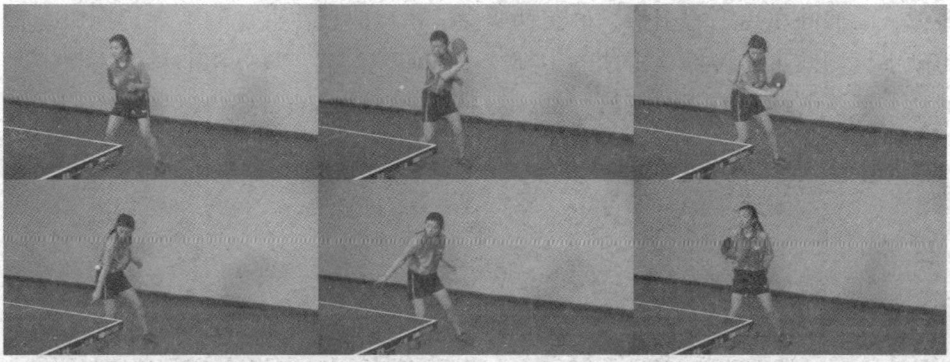

图 3-10-8　反手削追身球

五、削加转弧圈球

削加转弧圈球具有击球点低、动作幅度大、飞行弧线长、旋转变化多等特点。它是削球打法抵御加转弧圈球进攻的一项重要技术。

（一）正手削加转弧圈球

动作方法：左脚稍前，身体略向右转，重心在右脚上。手臂自然弯曲，将球拍引至身体的右后上方，引拍幅度较大。击球时，拍面稍竖立，在来球的下降后期以上臂带动前臂向前下方发力，先压后削再送，击球的中部或中部偏下位置，身体重心移至左脚。击球后，手臂继续向前下方随势挥拍，然后迅速还原成准备姿势(图 3-10-9)。

图 3-10-9　正手削加转弧圈球

(二) 反手削加转弧圈球

动作方法：右脚稍前，身体略向左转，重心在左脚上。手臂自然弯曲贴近身体，前臂向左后上方引拍，拍面稍竖立。击球时，在来球的下降后期以上臂带动前臂向前下方摩擦，击球的中部或中部偏下位置，身体重心移至右脚。击球后，手臂继续向前下方随势挥拍，然后迅速还原成准备姿势(图 3-10-10)。

图 3-10-10　反手削加转弧圈球

六、削前冲弧圈球

削前冲弧圈球具有动作幅度大、击球时间较晚、回球速度较快等特点。它是削球打法抵御前冲弧圈球的一项重要技术。

（一）正手削前冲弧圈球

动作方法：左脚稍前，身体略向右转，重心在右脚上。手臂自然弯曲向右后上方引拍，拍面稍竖立或后仰。在来球的下降后期以上臂带动前臂向前下方用力，先压后削再送，击球的中部偏下位置，同时弯腰屈膝辅助向下发力，并借助来球的前冲力进行回击。击球时，手腕保持相对稳定。击球后，手臂继续向前下方随势挥动，然后用小跳步还原成准备姿势(图 3-10-11)。

图 3-10-11　正手削前冲弧圈球

（二）反手削前冲弧圈球

动作方法：右脚稍前，收腹屈膝，身体略向左转，重心在左脚上。手臂自然弯曲并内旋，前臂向左后上方引拍，拍面竖立或后仰。在来球的下降后期以上臂带动前臂向前下方用力摩擦，击球的中部或中部偏下位置，身体重心移至右脚。击球后，手臂继续向下随势挥动，然后用小跳步还原成准备姿势(图 3-10-12)。

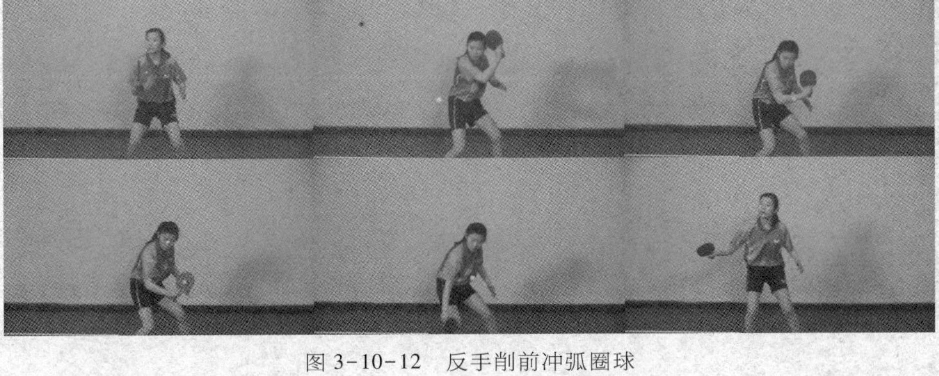

图 3-10-12　反手削前冲弧圈球

七、削加转球与不转球

削加转球与不转球具有动作相似、旋转变化大的特点。它是用相似的动作削出旋转差异较大的加转球与不转球，是削攻型打法争取主动的一项重要技术。

（一）削加转球

正手削加转球示例

反手削加转球示例

动作方法：拍形后仰，用球拍的左（右）侧偏下部位触球，击球的中下部。前臂带动手腕向前下方用力摩擦击球（图 3-10-13）。

图 3-10-13　削加转球

（二）削不转球

正手削不转球示例

反手削不转球示例

动作方法：拍形竖立或稍后仰，用球拍的左（右）侧偏上部位触球，击球的中下部或中部偏下位置。多撞击，少摩擦，向前下方推送出去（图 3-10-14）。

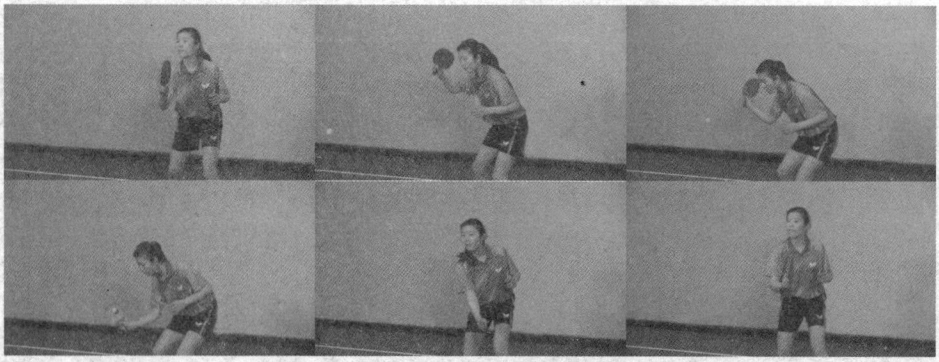

图 3-10-14　削不转球

八、扑接近网短球

扑接近网短球具有反应快、脚步移动灵活、动作幅度较小、控球能力较强的特点。扑接近网短球的质量对于削球打法能否由被动变主动是一个重要环节，也是削球打法的一项重要技术。

扑接近网短球，首先要根据自己站位离台的远近来调整位置。如离台较近，可用单步向前跨一大步或用跳步去回接；如离台较远，就要用组合步法上前去接球。当身体靠近球台时，要注意用前脚掌蹬地，并以屈膝来控制向前的冲力，保持身体的稳定。

扑接近网短球的方法较多，有快拨、快点、快拉、劈长、撇侧旋等。在战术上运用得比较多的有以下两种方法：

一种是以短制短，即用搓球配合落点来控制对方。采用搓球来接短球时，手臂伸进台内动作要柔和，拍触球瞬间球拍要停止前进，利用来球的反弹力将球回到对方近网处。

另一种是以长制短。用搓底线长球来回接时，拍形后仰，在下降期击球的中下部，前臂带动手腕向前下方摩擦击球。用劈长回击时，引拍位置要高于球，拍形稍后仰，在来球的上升后期或高点期向前下方砍击球的中下部。

回球的方向主要靠手腕的内旋和外展来调节拍面的偏斜角度，用以控制是回斜线还是直线。击球后，用小跳步移动，使身体放松，迅速还原成准备姿势(图 3-10-15)。

图 3-10-15　扑接近网短球

第十一节　常用结合技术

结合技术是把单项技术有效地组合起来，通过不断地练习来提高各项技术的结合使用能力。结合技术通常辅以步法，以提高单项技术之间的衔接能力和各项技术之间转换的流畅程度。本节主要介绍正、反手结合技术，推挡（拨或反手攻）结合侧身攻后扑正手和削中反攻等结合技术。

一、正、反手结合技术

正、反手结合技术示例

正、反手结合技术是乒乓球结合技术中最为基础的一种技术结合，正、反手技术的结合可以回击左、右半台不同落点的来球，是提高比赛相持能力的一种基础性练习。正、反手技术结合练习，不但可以使正、反手衔接左、右半台的来球，还可以提高正、反手技术的衔接速度。

动作方法：在衔接左、右半台正、反手技术时，通常采用并步连接正、反手技术，步法移动的同时配合正、反手击球动作完成身体重心转换，使正、反手技术的结合更加流畅、自然。直拍在进行正、反手（左推右攻）技术结合时，须注意手掌配合拇指与食指完成推挡与攻球的转换。

二、推挡（拨）结合侧身

推挡（拨）结合侧身示例

推挡（拨）结合侧身主要通过反手的相持为正手侧身进攻创造机会，正手侧身进攻是进攻型打法常在比赛中采用的一项技术。

动作方法：推挡（拨）结合侧身同样需要步法的移动来连接正、反手技术，在侧身时则需要使用垫步加小跳步的步法组合来协助完成侧身，以便正手可以充分地侧身，完成推挡（拨）结合侧身的技术组合。在推挡（拨）结合侧身时，可以通过反手击球节奏的改变为正手侧身创造时机，要求步法移动要快，正手侧身转腰引拍充分。

三、推挡（拨或反手攻）结合侧身攻后扑正手

侧身扑正手示例

推挡（拨或反手攻）结合侧身攻后扑正手是体现正手全台进攻能力的一项组合技术，也是运动员在比赛中常采用的一种正手进攻方式。由于正手进攻的威胁较大，比赛中强调积极主动地使用正手进攻一直是乒乓球技术的主要特点。

动作方法：推挡（拨或反手攻）结合侧身攻后扑正手，完成此项结合技

术，需要在推挡侧身的基础上加入扑正手的步法，这就要求推挡侧身后要迅速还原身体重心，使用并步或交叉步带动身体完成转腰引拍，顺势完成扑正手的击球。在扑正手击球时，尽量保证在身体前方击球，以便保持好身体重心。

四、搓中突击(包括搓拉)

搓中突击是通过搓球控制对方抢攻，为自己抢攻(拉)创造机会占据比赛主动或通过抢拉直接得分的一项技术组合。在进攻型运动员接发球时或针对削球运动员时，搓中突击技术组合常被运动员所采用。

控短后抢冲示例

动作方法：搓中突击中，搓球是整个技术组合的关键。可通过摆短球或搓球调动对方大角度，控制对手不能主动上手进攻或降低回球质量，为突击(抢拉)创造机会，要求在突击时坚决果断，动作流畅，一气呵成。

五、削中反攻

削中反攻是削球与攻球(包括拉弧圈球)的结合，是提高削球选手反攻能力与攻削结合能力的一项结合技术，是削球运动员所必备的一项技术。

削中反攻示例

动作方法：削中反攻时，通常有两种情况出现：一是削球后对手搓球，进行反攻；二是削球后对手抢攻，直接进行反攻。上述两种情况都需要通过削球的变化为反攻创造机会，在削球时可以通过削球旋转的变化抑制对手进攻质量，也可以通过削球落点的变化调动对手移动，来为反攻创造条件。在第一种情况下，须注意前后步法的移动，反攻时果断有质量。在第二种情况下，反攻时需要注意身体的重心调整，保证反攻时身体重心稳定，反攻要有一定质量。

第十二节　21 世纪乒乓球技术新特点

进入 21 世纪后，乒乓球技术发展日新月异，伴随着规则的变化，技术有了新的发展与突破，如直拍横打技术、反手台内拧拉技术、强相持中正手弧圈球，推动着乒乓球技术的不断发展。乒乓球比赛也呈现出回合增加、节奏加快、竞争更加激烈的新特点，这些新特点的呈现，都是由技术的不断发展带来的变化。本节介绍 21 世纪以来规则变化给技术革新带来的新变化。

一、“大球”带来的技术变革

2000 年，国际乒联推动了乒乓球器材的改革，将直径 38 毫米乒乓球改为直径 40 毫米乒乓球(图 3-12-1)，“大球”的出现降低了球体的速度与旋转，增加了乒乓球比赛的回合，大大地增加了乒乓球比赛的观赏性。速度与旋转的改变，降低了击球的难度，击球回合的增加，要求乒乓球运动员技术实力更加全面，正、反手实力更加均衡，身体素质尤其是专项身体素质更加过硬，上旋球的争夺逐渐成为新的焦点。

图 3-12-1　“小球”与“大球”

二、11 分制带来的技术变革

国际乒联将原有的每局比赛 21 分改为每局 11 分，缩短了每局比赛的时间，加快了比赛的节奏。11 分赛制的实施要求运动员投入比赛更快，更加强调在比赛中积极主动地进行抢攻，只有抢先上手、抢先发动才能在比赛中占据主动。乒乓球技术的发展也随着赛制的变化而发生了变化，尤其是在接发球阶段，对接发球主动性的要求不断提高，例如，“拧拉”技术的出现、抢攻半出台球的技术日趋完善。运动员的技术能力也有较为明显的提高，尤其是优秀运动员正手弧圈球的实力更加突出。

三、无遮挡发球带来的技术变革

为了增加比赛的观赏性，国际乒联修改了竞赛规则中对发球的规定，要求运动员发球时，球不能被发球员身体或所穿戴的任何物品挡住。这一规则的实施，降低了接发球的难度，增加了比赛的回合，并且提高了比赛获胜的随机性。接发球难度的降低，给接发球抢攻提供了更好的机会，运动员在接发球阶段也不满足用搓、控来抑制发球方的发球抢攻，而是更加积极地在接发球时使用挑、拧、台内拉球等技术取得主动，接发球技术逐渐由控制性技术向主动性技术转变。这次技术变革使依靠发球、前三板技术为主的我国传统直板正胶快攻型打法受到了极大的考验。

四、无机胶水带来的技术变革

从2008年北京奥运会之后，国际乒联宣布禁止在国际比赛中使用具有膨胀作用的有机胶水。从此，职业乒坛进入无机胶水时代。考虑到环保及运动员身体健康，国际乒联对乒乓球器材提出了新的要求。无机胶水的使用降低了海绵的张力和球拍的弹性，球拍击球后球体飞行的速度较以前有所减缓。球速的变慢，降低了击球的难度，比赛中多拍相持的回合明显增加。回合增加对运动员技术能力提出了新的要求，中远台技术、相持球能力的提升是此阶段技术发展的主要特点，而削中反攻型打法也在击球质量减弱后看到新的希望。

五、新材料球带来的技术变革

为了运输的安全与便捷，国际乒联在40毫米球后再次对乒乓球进行了更换，以高分子聚合物为原料的“新塑料球”替代了原来硝化纤维材质的危害性强的“赛璐珞球”。新球的直径标准由原来的39.50~40.50毫米上调到40.00~40.60毫米，如此微小的尺寸调整，却足以让乒乓球的旋转、速度与弹性发生明显变化。新材料球的出现，进一步降低了球体的旋转与速度。原有的击球质量无法在新材料球中体现，这就对运动员的身体素质提出了新的要求，身体素质成为提高击球质量的重要保障。乒乓球技术的发展，要求对运动员体能越来越重视，技术要求更加全面，没有明显的技术短板，正、反手两面实力也更加均衡。要求运动员既可在近台突出速度优势，也可在中远台进行周旋，各类打法对运动员综合素质的要求达到了前所未有的高度。

思考题

1. 直拍与横拍握拍有哪些区别？

2. 乒乓球常用的步法有哪些？举例说明各种步法在乒乓球击球中该如何运用。

3. 简述前冲弧圈球和加转弧圈球的区别。

4. 简述直拍反手与横拍反手技术的区别。直拍横打与直拍反手推挡技术各有哪些优缺点？

5. 应该如何发好不同旋转的发球？针对各种不同旋转的发球，具体的接发球方式有哪些？

第四章　乒乓球战术

本章导言

任何运动项目都离不开战术，从广义上理解，乒乓球战术是指技术、意志、智能和身体素质在乒乓球比赛中有针对性的综合运用。从狭义上讲，乒乓球战术是指在比赛中运动员根据对方的打法、类型及技术特点而采用的各种技术手段与方法。乒乓球的战术多种多样，运动员需要建立自己的战术体系，在乒乓球教学中也需要掌握战术教学的常用方法。本章从军事谋略学的角度阐述战术的概念，分析乒乓球战术的构成；介绍常用的乒乓球战术、战术的常用教学方法以及各种类型打法的战术运用方法。

学习目标

1. 了解乒乓球战术的具体含义以及战术的构成。

2. 掌握常见的乒乓球战术和这些战术的教学方法，并能够熟练运用到比赛和教学活动中去。

第一节　乒乓球战术概述

在乒乓球比赛中，运动员必须将技术组合成有目的的战术行为才有可能取得比赛的胜利，了解战术行为的本质有助于更好地运用合理的战术行为。本节从军事谋略学的角度重点介绍战术的概念，并分析战术的构成要素。

一、战术的概念

战术的概念来源于军事谋略学，由于乒乓球比赛具有强烈的竞争性，从比赛的胜负角度上讲，是典型的零和博弈过程。从广义上理解，战术是指技术、意志、智能和素质在比赛中有针对性的综合运用。从狭义上讲，战术是指在比赛中运动员根据对方的打法、类型及技术特点而采用的各种技术手段与方法。

运动员在比赛中，根据具体情况，有意识地把自己所掌握的各种技术组合起来，充分发挥自己的技术风格特点，有效制约对方的长处，抓住对方的弱点，为战胜对手而采用各种合格、有效的手段和方法，从而形成了战术。战术以技术为基础，只有技术掌握全面、实效、有质量，才能更好地完成比赛中的战术实施，取得良好的比赛效果。在乒乓球比赛中，进攻与防守、主动与被动、进攻与反击等各种情况经常在短时间内交替出现并相互转换。因此，平时的技术训练要在一定的战术要求下进行，要带着战术意识和比赛的观念练技术，这样才能达到技术训练与战术训练相结合的目的，以适应比赛的需要。技术与战术，既有明显的区别，又有密切的联系，两者相互依存又相互促进，它们是辩证的统一。技术的发展、提高必然有利于新的战术产生；而战术的全面发展和需求又将促进技术的进一步提高。

从战略和战术的定义来看，战术包含于战略之中，它们是全局与局部的区别。在乒乓球运动实际中，一支队伍参加大型比赛，如何确定参赛队员，出场人选的排兵布阵等，这都属于战略研究的范畴。比赛过程中运动员为了求取胜利所采用的各种手段和措施，均属于战术研究的范畴。

二、战术的构成

（一）战术观念

战术观念是指运动员对战术的概念、战术的形成与内容、战术的原理与规律等进行认识后产生的思维。认识程度高，战术观念则强。战术观念的强弱，对于运动员在比赛中战术能力的表现有着重要作用。

战术观念的形成与运动员的知识结构、竞赛经验、认识特点和思维方式有密切的联系。从某种意义上讲，它带有个人的主观成分，并随着个人认识上的变化而发生改变。当一个人形成某种战术观念时，就会在战术思考、战术训练、战术计划、战术决策以及战术行为等一系列与战术有关的活动中表现出战术观念对他的影响和约束。在个人对战术的整体认识尚未发生根本改变的时候，很难摆脱原有观念对他活动所产生的影响和约束。例如，乒乓球团体赛的排阵，本方的主力一般都应在第 1、4 场或第 2、4 场出场，以保证本方的第一主力能上 2 场。如果放在第 1、5 场或第 2、5 场的位置，有可能第一主力的第二场打不了。在双方势均力敌的情况下，教练员一般不会将主力放在第 2、5 场或第 1、5 场的位置。在竞技比赛中，战术运用的结果具有双重性，即可能成功，也可能失败。

（二）战术指导思想

战术指导思想是指根据比赛具体情况提出的战术运用的活动准则。

乒乓球战术指导思想是随着技术的不断发展、革新，新的打法的形成和逐步发展而变化的。现代乒乓球战术指导思想的发展方向是运动员力争积极主动、加快速度、加强旋转和加大力量，速度和旋转相互结合渗透，技术结合更完善，技术更快、更新、更狠。

（三）战术意识

战术意识是指运动员在比赛中为达到特定的战术目的而决定其战术行为的思维活动过程。它包含两方面内容：一是运动员在比赛中对其所采取的战术方法有充分的认识和理解；二是在复杂多变的比赛环境中，及时观察各种情况，适应环境，随机应变，迅速正确地决定战术行为。战术意识支配战术行为，战术行为的效果又决定战术意识的评价。通常情况下，战术意识强的运动员，战术行为所获得的战术效果较为理想。但也有战术意识很强而战术行为效果不够理想的，此主要是由于战术质量较差造成的。因此，战术意识能支配运动员在不同的情况下，采用不同的战术，但不能确保比赛获胜。只有全面提高战术能力，才使运动员具有取得比赛胜利的实力。

在培养运动员战术意识的过程中，教练员必须深刻地认识到了解战术意识的真正含义及具体表现形式，才有助于运动员更深入地理解战术意识。

首先，应让运动员清楚其采取的战术行为的目的是什么，要解决什么问题，同时预测所采取的战术行为可能产生的结果。运动员缺乏战术意识，一般是指其战术行为缺乏行动目的，不清楚当前的战术行为任务，对战术行为的结果也不清楚。因此，战术意识的培养应从战术行为的目的与战术行为的关系上着手。

第二，战术行为表现在运动员对比赛形势的能动反应上。如运动员在比赛中意识到对方正手位弧圈球对自己威胁很大的时候，就会迅速改变自己的回球落点以压住对方反手或使球不出台。因运动员清楚地意识到，一旦回球至对方正手或让其有拉球机会，就会对自己产生威胁。由此可见，由于不同运动员之间对某种形势所产生的后果有所预测，才有可能设法采取某种战术行为，使形势朝着有利于自己的方向发展。因此，对运动员战术意识的培养还应发展其对战术情境的识别能力和预测能力。

第三，教练员要向运动员传授战术意识的经验，要求运动员学会总结战术经验。

第四，要将战术意识的培养贯穿于乒乓球训练的全过程中，根据运动员在不同训练阶段的特点，确定训练任务、制订计划、安排内容，在整个训练过程中要体现战术意识培养，坚持理论与实践相结合，训练与比赛相结合，使运动员的战术意识与战术行为同步增长。

（四）战术知识

知识是人们在认识和改造世界的实践中所获得的经验的总和。从这个意义上讲，战术知识是在战术实践活动中，人们可获得的经验的总和；也可以说是指有关战术的各种经验和抽象化信息的总和。

战术知识的存在形态主要有两种：一种是经验性知识，一种是理论性知识。经验性知识主要是靠运动员在长期比赛实践过程中逐步认识和积累起来的，由于不同运动员之间存在认识过程和掌握技能等各方面的差异，导致所掌握的经验性知识也有所差别。如削攻型、弧快型、快攻型三种打法的运动员对发球抢攻战术的理解是不相同的，他们可采取的进攻手段也不一样。所以，经验性战术知识往往带有局限性和个体差异性。理论性知识是以一种抽象化信息形式来表现的，理论性知识通常是在无数个体经验性知识的基础上，抽取它们之中的共同要素和成分而形成的。它反映了客观事物发展和运动的一般性规律，具有普遍意义。在实际运动中，两种知识都是十分重要的。

在实践过程中，战术知识又可分为一般性战术知识和专项性战术知识，一般性战术知识是指战术规律、战术原理、战术方法和谋略思考原则以及战术功能、战术结构体系等带有普遍意义方面的知识。专项性知识则是指战术方法、战术形式、战术运用的条件以及战术行为效果等有专项特征的知识。两种知识相互依存，缺一不可。当运动员具有一定战术知识后(经验性的和理论性的)，会利用其战术知识对战术活动作出判断。所以，战术知识对于教练员和运动员都具有十分重要的意义。

（五）战术行为

在乒乓球比赛中运动员为了取胜，有目的地将不同的技术通过各种方式组合并运用到实战中，稳定之后就形成了战术行为。

战术行为是指为达到某个战术目的而采用的具有战术意义的动作系列或动作组合，即战术是通过战术行为来表现的，战术行为是运动员的战术概念、思想、知识和意识的具体表现，是完成战术任务的具体方式。战术行为带有强烈的目的性。运动员在比赛中通过与对手的博弈，不断调整技术使用的组合方式和组合顺序，达到制胜的最终目的。

为了解决某个战术问题，完成某个战术任务，就必须付诸行为，而这个行为必须有利于解决问题和完成任务，才会具有实际意义。

第二节　乒乓球常用战术

乒乓球比赛中有一些常用的战术方法，如发球抢攻战术、对攻战术、拉攻战术、搓攻战术、接发球战术，这些战术方法是所有战术的基础，由这些常用战术能够构成整个乒乓球战术体系。

一、发球抢攻战术

发球抢攻战术是运动员在比赛使用的主要战术之一。运动员通过高质量的发球来抑制对手的进攻，同时为本方的进攻创造机会。发球抢攻战术能充分发挥进攻技术，实施抢攻得分，或发球直接得分。

（一）长、短球结合发球抢攻战术

以发侧下旋短球为主配合侧上旋至对方右方近网处，发出的球在对方台面上弧线低、离网近，使对方难以抢攻，为自己抢攻或抢拉创造机会。在此基础上配合以急下旋为主的长球（端线）至对方左方台面，使对方难以发力拉或攻，为自己侧身或正手位抢拉创造机会（图 4-2-1）。

以发侧下旋短球为主配合侧上旋至对方左方台面近网，迫使对方难以抢攻，为自己抢攻制造机会，再配合以急上（下）旋球为主的长球至对方右方台面，为自己进攻创造机会（图 4-2-2）。

（二）发近身球（底线）的抢攻战术

以发急下、侧上（下）旋长球为主至对方左方台面，迫使对方难以侧身，或回球质量不高，自己抢先上手进行抢攻（图 4-2-3）。

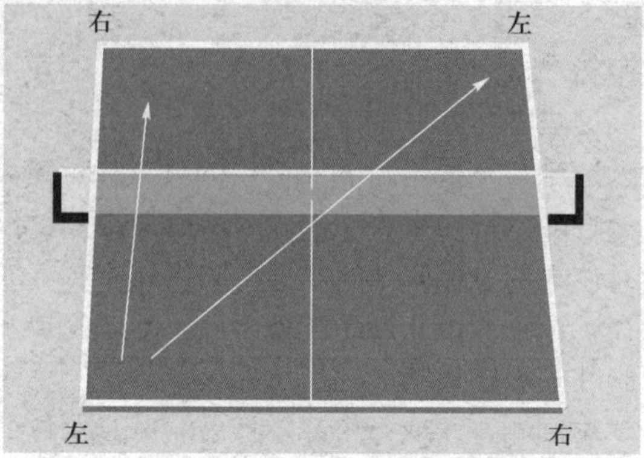

图 4-2-1　长、短球结合发球抢攻战术(一)

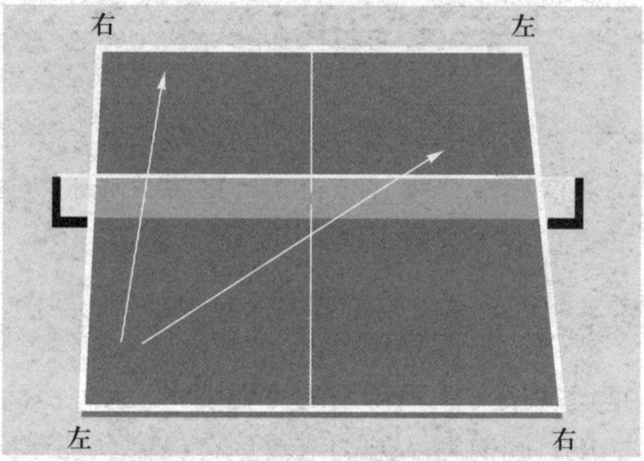

图 4-2-2　长、短球结合发球抢攻战术(二)

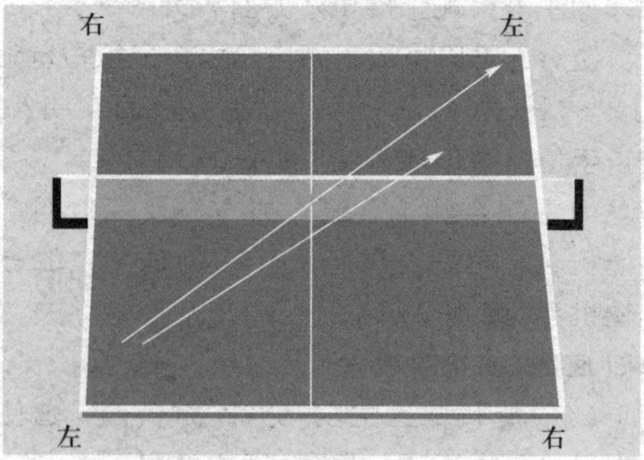

图 4-2-3　发近身球(底线)的抢攻战术(一)

以发侧上(下)旋球长球至对方左方台面，配合奔球到对方右角，伺机抢攻(图 4-2-4)。

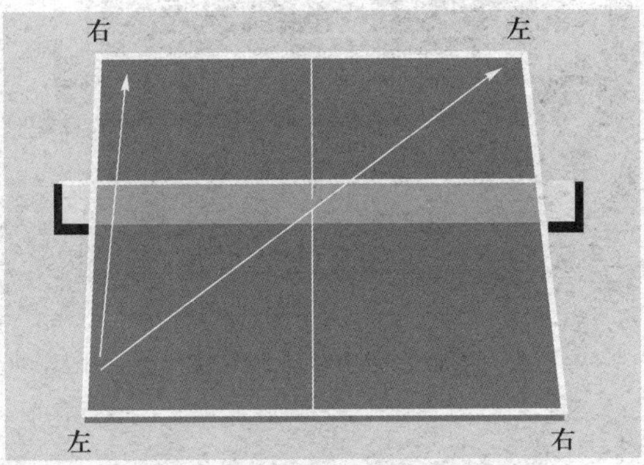

图 4-2-4　发近身球(底线)的抢攻战术(二)

(三)旋转、落点变化的发球抢攻战术

以发球不出台球为主，可先发转而后发不转或先发不转球后发转球进行抢攻(图 4-2-5)。

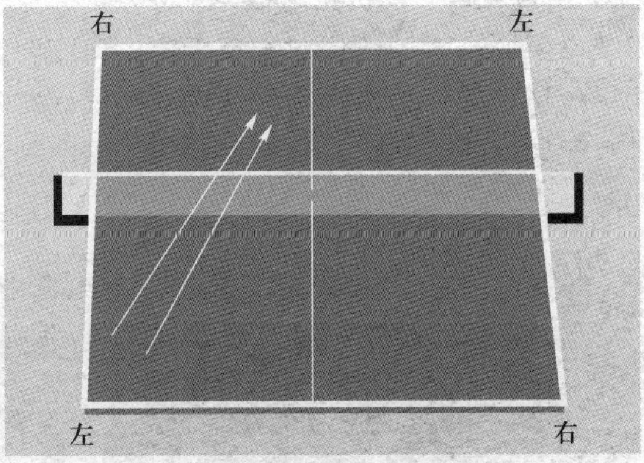

图 4-2-5　旋转、落点变化的发球抢攻战术(一)

在比赛过程中以连续发转与不转短球，突发长球或连续转与不转长球，突发短球，伺机抢攻(图 4-2-6)。

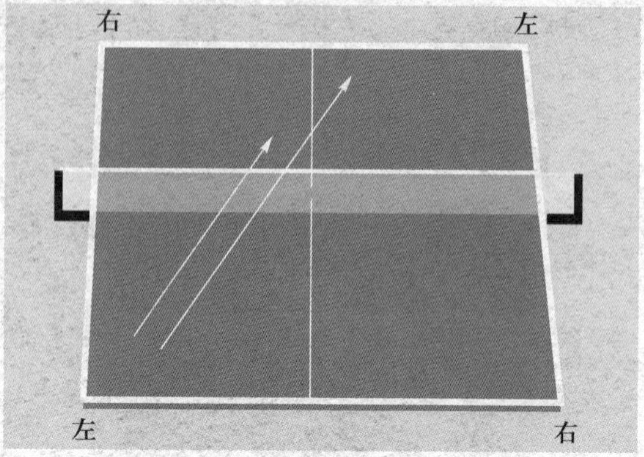

图 4-2-6　旋转、落点变化的发球抢攻战术(二)

二、对攻战术

对攻战术主要适用于快攻结合弧圈类以及弧圈类打法的运动员，快攻弧圈类打法依靠正手攻球和反手快拨等技术，充分发挥速度的优势，调动压制对方以达到攻击的目的。弧圈类打法依靠正、反手的弧圈球技术，发挥旋转的作用牵制对方，达到攻击的目的。

(一) 压制反手，结合变线，伺机抢攻战术

先用反手快拨或反手撕技术，压住对方反手位，角度要大，迫使对方不能侧身抢拉或被动侧身拉球，并连续压反手后快速变直线到对方右边空当，伺机侧身抢攻。如果对方侧身抢冲，则要灵活配合变线，以牵制调动对方，自己伺机抢攻(图 4-2-7)。

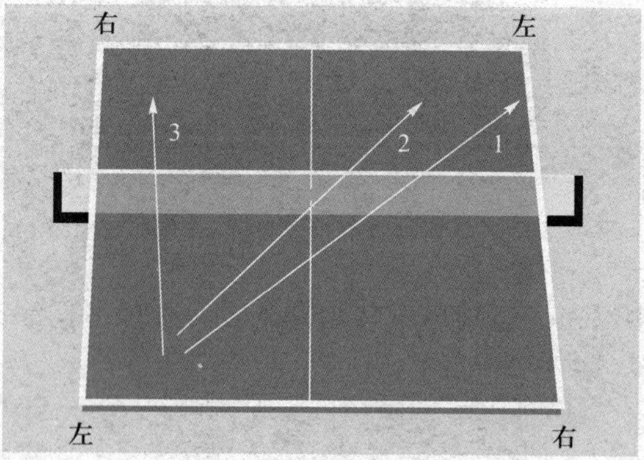

图 4-2-7　压制反手，结合变线，伺机抢攻战术

（二）加、减力压中路，攻两角，伺机抢攻战术

比赛中击球力量的轻重调节对战术变化有非常重要的影响。变化击球节奏，时常会收到事半功倍的效果。

以加、减力的推挡或拨球压对方中路，伺机攻击两角。

以不同线路的轻、重球结合运用，先以轻拉或挡迫使对方靠前回接，再以突击或加力推攻击对方相反方向。

三、拉攻战术

拉攻战术是快攻类打法对付削球类打法的主要战术。首先弧圈球的基本功要扎实，要拉得稳，有落点、旋转、力量的变化，才能制造机会赢得战机。而且必须拉中有突击或拉中结合冲，有连续扣杀和前冲的能力，才能达到良好的效果。

（一）拉两角，攻击中路的战术

以稳健的拉球攻击两角，从中抓住机会扣或冲中路(近身球)得分。

（二）拉中路，压两角的战术

以拉中路(近身)为主，扣杀左角或右角并连续扣杀或抢冲得分。

（三）拉反手，突击正手战术

在拉球的过程中，压住对方反手位，突然扣或冲杀正手直线，取得主动。

（四）长、短结合，拉、吊结合战术

以加转弧圈和前冲弧圈相结合，拉加转球吸引对方靠前削球，然后以前冲弧圈迫使对手后退，为连续冲或扣杀创造条件。

以前冲弧圈迫使对手退台削接，再以搓球放小球，使对方近台回球，再冲杀近身或空当得分。

以“真、假”弧圈的交替运用，伺机冲杀或扣杀。

四、搓攻战术

搓攻战术是进攻型选手的一项辅助战术。它主要是利用搓球的旋转、落点的变化控制对方、为进攻创造条件。这一战术搓球的次数不能过多，一般快搓一两板就须寻找机会主动进攻，否则将使自己陷入被动。

（一）快搓、摆短为主，结合搓长球至对方反手，伺机抢攻战术

快搓、摆短至对方中路近网小球，伺机侧身扣杀或冲直线。

搓转与不转的长球至对方反手位底线，使其不容易侧身，伺机抢攻或冲右方大角。

（二）搓转球与不转球结合落点变化，伺机抢攻战术

搓转与不转的长（短）球至对方左侧或右侧，伺机抢冲、扣杀。

搓下旋球和侧旋球至对方反手位，伺机抢冲或扣杀。

五、接发球战术

接发球战术包括前三板战术运用的范围，它对整个战局能否获得主动起着主要作用。比赛中，双方都力争积极主动。如果接发球处理不好，很快就会陷入被动。因此，运动员在运用接发球战术时，要树立抢先争主动的思想，运用不同的技术手段去接发球，并与自身特长技术密切结合，才能在比赛中争得主动。

（一）接发球抢攻战术

以快打快拉、快拨、快推等手段，回击所有长球，并能抢先上手，连续进攻。

（二）快搓、摆短回接战术

用快搓、摆短等手段回接，使对方难以发力抢攻或抢拉，自己抢先上手取得主动进攻。如我国选手马琳、许昕、马龙等在国际比赛中，常以娴熟的快搓、摆短技术回接对方的发球，破坏其发球抢攻或抢拉弧圈的战术意图，为自己争取主动。

（三）“快点”回击战术

用“快点”回击各种侧旋、上旋或不转的短球，伺机进攻，争取主动。

在比赛中应根据具体情况灵活运用接发球战术，才能达到破坏对方发球抢攻或抢拉的战术意图，争取主动，创造机会。

（四）反手拧拉回接战术

用反手拧拉进行回接，自己抢先上手，争取主动。

目前，反手拧拉技术已经非常成熟，将以前只能防守的球转变为进攻，争取最大的主动。在比赛中可以在反手位甚至移动到正手位使用反手拧拉技术回接近网短球，获取比赛的主动。反手拧拉抢先上手是目前优秀男子运动员如樊振东、马龙、张本智和主要使用的接发球战术。

第三节　不同类型打法的战术运用方法

乒乓球的打法类型包括快攻类打法、弧圈结合快攻类打法、快攻结合弧圈类打法等，下面介绍两种常见乒乓球打法的具体战术运用方法。

一、弧圈结合快攻类打法的战术

弧圈类打法包括横拍弧圈球打法和直拍弧圈球打法。这类打法一般以拉弧圈球进攻为主，辅以一定的快攻。

横拍弧圈球结合快攻打法站位中台，以弧圈球为主要得分手段，用前冲弧圈球代替一般扣杀，既有强烈的旋转，又有较快的速度，充分发挥了旋转的作用，同时也具有一般的快攻能力作为辅助手段。这类打法的战术策略是以旋转变化来控制对方，攻击对方，无论是对攻球还是对守球，其主要战术都是以弧圈球和扣杀来攻击对方，并利用发球、搓球、快拨等手段为拉弧圈球和扣杀创造条件。这类打法可分为两面拉和单面拉两种，但从目前发展趋势来看，一般在向两面拉的方向发展，这是攻击力较强的打法之一。

弧圈球结合快攻类打法的主要战术大致分为发球抢攻、对攻、拉攻、搓攻和接发球 5 项。

(一) 弧圈结合快攻类打法的发球抢攻战术运用

弧圈球结合快攻类打法近年来在加强弧圈进攻的同时，也开始重视提高发球质量和抢攻(包括抢冲)的能力。把发球抢攻作为其力争主动进攻的主要战术之一，并不断吸取直拍快攻选手发球抢攻战术的经验，同时还结合其他打法的特点，创造了一些有效的发球抢攻战术，如发下蹲球和发不转、侧旋短球抢攻，因而在主动进攻能力方面有了明显的加强。这类打法在发球后大都以拉弧圈球来争取主动，而发球往往迫使对方用搓下旋球去回接，只要对方搓球出台，抢拉的命中率一般都比较高。弧圈球结合快攻类打法的发球抢攻战术主要有 4 套。

1. 反手发右侧上(下)旋短球至对方正手(中路)，结合发强烈侧上(下)旋长球至两角后抢攻或抢冲(图 4-3-1)

这是弧圈类选手普遍运用的一套发抢战术。发短球的目的是迫使对方用搓或轻拉回接，以利于抢攻。而当对方站位靠近球台准备抢先拉攻时，又配合发强烈侧上(下)旋长球至底线两角，使对方来不及后退发力拉攻，起到牵制对方站位的作用。这套反手发球战术在对付削中反攻打法时，可发至对方正手(中路)刚出台处，配合突然性的反手斜线急球后进行抢攻，效果较好。

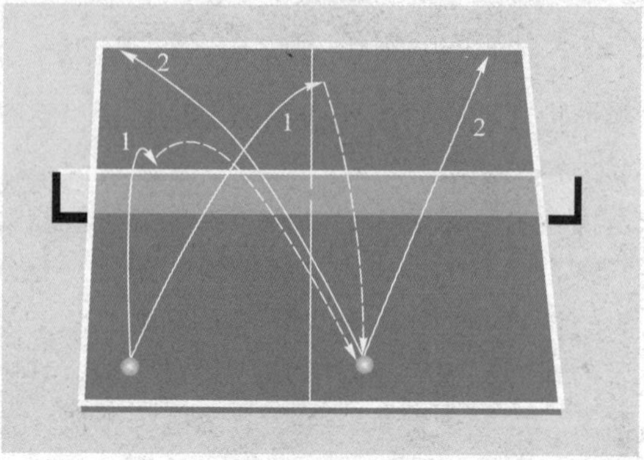

图 4-3-1　反手发侧上(下)旋短球至对方正手(中路),
结合发强烈侧上(下)旋长球至两角后抢攻或抢冲

2. 正手发左(右)侧上(下)旋球后抢攻或抢拉

正手发下蹲式的左(右)侧上(下)旋球后，进行抢攻抢拉。下蹲式发球是横拍选手独特的发球之一。它可以利用球拍正、反两面来摩擦球，发出的球旋转强，变化多，向左(右)侧偏拐，在关键时刻运用此球效果尤佳。运用这套发球战术要求能发出的球要有强烈的下旋(侧下旋)和侧旋(侧上旋)不同的旋转变化，落点要左与右、长与短相结合，一般以发对方反手短球和正手长球为好，关键时刻尤以发至正手容易直接得分，发球后，要能迅速起立准备抢冲，这一点比发其他的球抢攻难度要大些。有运动员在发下蹲球后退半步，然后用正(反)手上前抢冲，在比分关键时刻常以发下蹲侧上旋球为主至对方正手位刚出台处，此时对方往往不大敢发力拉攻，如用搓球或轻托回接，则两面均可以抢冲。

3. 侧身发转与不转直线短球后侧身抢冲(图 4-3-2)

一般先发加转下旋短球至对方正手，迫使对方用搓回接，以便抢先拉起。如果对方轻轻拉起亦可反冲对方。关键时刻可发不转球进行抢攻。发球的落点可根据对方情况而定，若对方正手快点差，可多发至正手；若对方反手快点差或推挡差，则发至反手。运用这套发抢战术，如站在球台右方发球，可两面抢攻，比较主动；如站在球台的左方发球，则以侧身抢攻为主。直拍弧圈球选手一般以侧身正手发球为主，以便于发球后侧身抢冲，发球落点以近网左右配合并偶尔发长球至反手，使对方不敢靠近球台去回接。

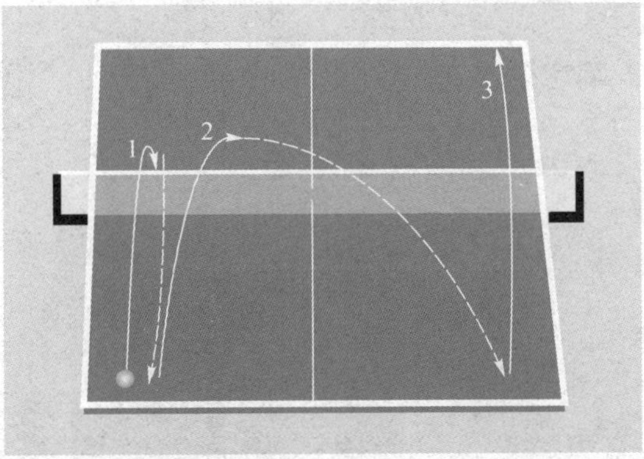

图 4-3-2　侧身发转与不转直线短球后侧身抢冲

4. 正手发左(右)侧下旋至正手(反手)后抢攻正手大角

正手在发左侧下旋球时，一般情况下接发球方在触球时，受到左侧旋球的影响，接发球后球体会向发球者的左半台区域飞行，发球者可以准备侧身使用正手发力冲接发球者的正手大角度。因接发球技术的不断革新，台内主动进攻能力越来越强，如果接发球方拥有较强台内主动进攻的能力，在正手发左侧下旋球后还需时刻准备抢攻接发球台内拧拉或正手挑短球后形成的上旋球。正手发球后抢攻上旋球战术已成为现代乒乓球发球抢攻战术中比较常见的一种战术(图 4-3-3)。

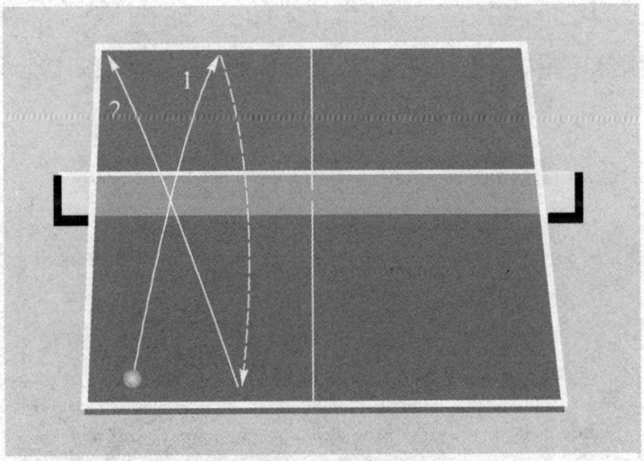

图 4-3-3　正手发左侧下旋至正手后抢攻正手大角

正手发右侧下旋球时，接发球方接球后，球体一般会向发球者的右半台区域飞行。发右侧下旋球后，在正手位利用正手弧圈球抢攻接发球者的正手也是比较常见的一种发球抢攻战术。在正手抢攻时，为了充分调动接发球方，高水平运动员通常采用正手拉侧旋球的方式，将角度拉得更大，以增大接球方的回球难度。同样，为避免接发球方在接发球时采用高质量的拧拉破坏发球抢攻战术，发球方利用好右侧旋转的特点，发正手位右侧下旋短球后进行发球抢攻战术被很多运动员在比赛中所采用(图 4-3-4)。

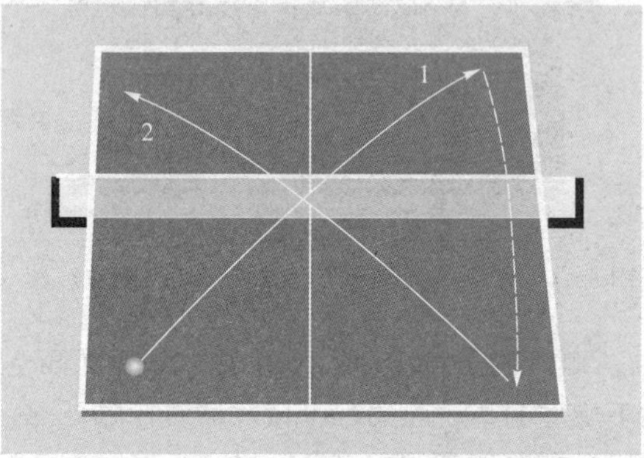

图 4-3-4　正手发右侧下旋至反手后抢攻正手大角

(二) 弧圈球结合快攻类打法的对攻战术运用

弧圈球结合快攻类打法的对攻战术是利用弧圈球为主要进攻手段，配合速度和落点变化与对方展开阵地战，力争主动。弧圈球结合快攻类打法对付快攻打法的战术策略主要是运用强烈旋转的特点配合速度变化来牵制对方，使其难以发挥快速的特长，从而达到攻击对方的目的。弧圈球结合快攻类打法对付弧圈球打法的战术策略主要是抢先用强烈旋转来压住对方，迫使对方难以发挥旋转与速度的作用，从而达到争取主动的目的。

1. 加转弧圈球拉反手后伺机抢冲或抢攻(图 4-3-5)

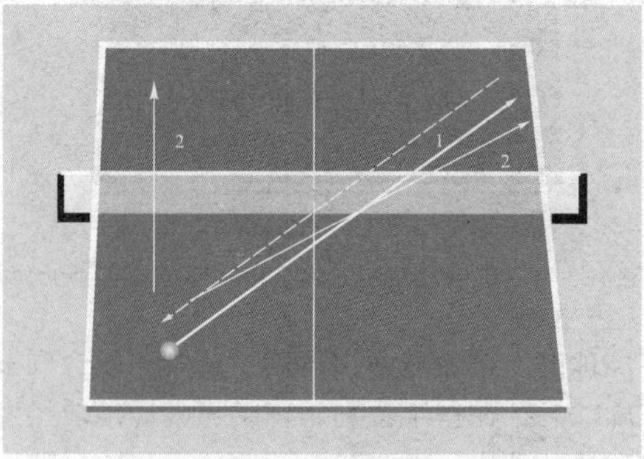

图 4-3-5　加转弧圈球拉反手后伺机抢冲或抢攻

这是弧圈球打法的基本战术之一。横拍弧圈型选手主要用反手或侧身拉加转弧圈至对方反手，然后用侧身或反手抢冲两角，此战术在前三板中抢先运用容易取得主动。直拍弧圈型选手主要以正手单面拉为主，故在侧身抢拉对方反手时，要求具有一定的速度和力量，落点的角度要大，否则容易被对方主动变线，反而造成自己被动的局面。

2. 右方突破伺机抢攻和扣杀

近年来，弧圈球选手也越来越多地采用从对方正手突破的战术，特别是用来针对直拍快攻打法。因对方反手推挡接弧圈球能力一般都较强，而正手接弧圈球则相对较差，故从右方突破比较容易。近几届世界比赛，欧洲一些弧圈球运动员在与中国直拍选手时经常配合运用此战术，如先把对方调到正手位离台后，再拉对方反手使对方难以发挥近台快攻的威力。

3. 拉中路后伺机前冲(扣杀)

若对方正、反手两面回击弧圈球能力都较强，可拉速度略快的加转弧圈球从对方中路追身突破，迫使对方在移动回击中露出一方空当，然后伺机袭击。一般在运用拉中路追身战术时往往同拉右方战术结合起来。因为对方在侧身回接中路球时，容易露出空当，而且正手回击动作幅度也较大，易出机会。但若对方已集中精力注意中路和右方时，可采用突然拉快速前冲弧圈球袭击其左大角，则效果亦相当好。此战术直拍、横拍弧圈型选手均可采用。

（三）弧圈球结合快攻类打法的拉攻战术运用

弧圈球打法对削球类打法，主要是运用拉攻战术，先用拉加转弧圈球变化落点和旋转，伺机拉前冲弧圈球或扣杀，配合用短球和搓球把对方引上球台，然后再拉前冲弧圈球取胜。弧圈球结合快攻类打法的拉攻战术主要有以下三套：

1. 拉两角伺机前冲或扣杀

这是对付一般以削为主打法的常用战术，比较稳健。先以加转弧圈球拉对方两大角，迫使其在走动中削出机会球，然后加力前冲或扣杀。要求拉得稳，前冲、扣杀要有自己的特长线路(如以斜线为主配合直线或中路)作为主要得分手段。这套战术直拍、横拍弧圈型选手均可采用。

2. 拉中路为主，伺机前冲或扣杀两大角

当遇到对方正、反手两面削球控制较好时，应从其中路突破，拉强烈加转弧圈球或中等力量前冲弧圈球至对方中路，伺机冲、杀两角。如果对方后退侧身让位削球控制较好时，可再转拉两大角伺机冲、杀中路。如此反复运用。这是对付高水平削球选手的一种较凶狠的拉攻战术。运用此战术要特别注意出机会后的连续冲、扣，不给对方喘息之机。

（四）弧圈球结合快攻类打法的搓攻战术运用

弧圈球结合快攻类打法的搓攻战术是利用搓球的旋转和落点来控制对方，力争抢先拉加转或前冲弧圈球。由于从搓转成拉弧圈的命中率较高，故在比赛中搓攻已成为弧圈球打法的一项重要进攻手段。但必须注意尽量避免连续搓球，搓后要力争抢先拉起形成主动局面。搓攻战术可分为两大套，一套对付攻球，一套对付削球。

1. 摆短结合搓加转底线两角长球后伺机拉加转和前冲弧圈球

这是对付攻球打法的搓攻战术。横拍弧圈型选手以搓加转为主，使对方不能起板突击或拉前冲弧圈球，落点以搓近网短球和底线长球相结合。一般先搓短球控制对方，然后抢先用正、反手两面拉加转弧圈球，伺机冲、扣或直接拉前冲球。当对方站位靠近球台时，可结合搓加转长球到对方反手大角，有时配合搓正手大角，使对方不能发力拉攻，如对方轻拉或搓回，则都是冲、扣的好机会。直拍弧圈型选手以快搓加转短球为主，尽量控制对方不能发力拉攻，然后用正手或侧身拉前冲或加转弧圈球，同时也配合突然搓底线两角长球调动对方，伺机抢冲。

2. 以搓对方反手、中路为主，结合搓正手短球，伺机拉加转和前冲弧圈球

这是对付削球打法的搓攻战术。遇到反手攻势较弱的选手可以搓对方反手为主、伺机拉前冲或加转弧圈球，当对方企图用侧身抢攻时，则可配合搓正手短球牵制对方，伺机先拉。遇到反手攻能力较强的选手，应以搓中路为主，如对方侧身则配合搓两大角，这样既把对方引近台前，又控制了对方的攻势，然后伺机拉快速前冲球到中路，可直接得分，或拉加转弧圈球后转为拉攻。对付攻势较强的削球选手，应以搓正手近台短球为主，结合搓长球至两大角，落点控制要严密些，搓后力争抢先拉起转为拉攻占据主动。

（五）弧圈球结合快攻类打法的接发球战术运用

在与快攻类打法的较量中，弧圈类打法在接发球方面曾吃过不少亏。从日本创立的直拍弧圈球打法到欧洲兴起的横拍弧圈球打法都曾因在接发球上处理不好，而陷入被动挨打的局面。因此，近年来欧洲的弧圈球选手都在钻研接发球战术问题。在他们的接发球技术中，充分发挥了旋转的特长，运用拉弧圈球、搓加转球、控制落点和撇侧旋等手段，尽量避免接发球后形成被动局面，力争形成相持或主动局面。接发球战术主要有下列几套：

1. 以拉加转弧圈球至对方反手为主，形成主动拉、冲的局面

这是对付各种出台长球所采用的主要方法。横拍弧圈型选手正、反手均能拉弧圈球，故在接发球方面更为主动些，尤其是对付对方侧身发的高抛斜线

球，正好用反手抢先拉起，形成相持甚至主动局面，破坏对方的发抢战术。运用这套接发球战术时，一要判断好对方的发球旋转变化，以确定拉球的发力方向；二要步法移动快，以便能及时到位拉起。

2. 反手快拨或快推控制落点形成相持局面

对付各种侧上旋及下旋较弱的反手位来球，可用快拨或快推(包括推挤下旋)至两大角，使对方不能发力拉、冲，形成相持局面。

3. 以摆短为主，结合搓两角长球，或用撇一板侧下旋球至对方反手大角

这是直拍、横拍弧圈型选手对付各种下旋、侧下旋加转短球的回接方法。用摆短使对方难以发力进攻，同时配合突然搓加转长球至两角，搓后力争抢先上手。在回接正手及靠近中路的短球时，还可配合用正手撇一板侧下旋球至对方左大角，使对方难以侧身抢拉，然后抢先拉起。运用这套接发球战术要注意避免连续搓，搓只是为了控制对方，为抢先上手制造机会。

4. 接发球抢攻或抢冲

这是对付各种侧旋、上旋或下旋较弱的发球所采取的凶狠的回接方法。回接短球，横拍弧圈型选手可用正、反手“快点”回击，直拍弧圈型选手则可用正手侧身“快点”回击，接长球横拍可用正、反手拉前冲弧圈球，直拍则可用正手侧身抢冲。抢拉和抢冲的落点以中路和右方较好。运用此战术的关键在于判断对方发球旋转要快，出手果断，切忌犹豫不决，要连续攻。运用接发球抢攻既要避免盲目性，也要防止过分小心谨慎，失掉时机。

二、快攻结合弧圈类打法的战术

快攻结合弧圈类打法包括横拍快攻结合弧圈和直拍快攻结合弧圈两种。这两种打法都是在原有快攻特点的基础上吸取了弧圈球的技术而发展起来的。

横拍快攻结合弧圈打法，站位中台、近台，反手以快攻为主，正手能拉能扣，有的以拉前冲弧圈球为主，有的则以快攻为主，特点是快速。弧圈球是用以进攻的一项重要技术，并在被动时用来相持、过渡，伺机反击，充分发挥了速度与旋转的作用。

(一) 快攻结合弧圈类打法的发球抢攻战术运用

快攻结合弧圈类打法的发球抢攻战术与弧圈结合快攻类打法的发球战术基本相同，主要有 4 套。

1. 反手发右侧上旋短球至对方正手(中路)，结合发强烈侧上(下)旋两角长球后抢攻或抢冲

这套发球抢攻战术的运用方法与弧圈类打法基本相同。但在抢攻方面，横拍快攻结合弧圈类打法还可发挥其反手攻球的特长，尤其是一部分反手使用生

胶海绵的选手，反手攻球速度较快，利用发球后反手突击起板往往能直接得分。这种打法还可以利用反手生胶球拍配合反手发急下旋球至对方反手或中路后，主动用反手发力攻先压对方取得主动。

2. 正手(侧身)发转与不转斜线短球后抢攻或抢冲(图 4-3-6)

这是快攻结合弧圈类打法比较擅长的一套发球抢攻战术。以正手发转与不转短球至对方反手和中路为主，配合发反手长球，伺机抢冲两角。运用这套发球成功的秘诀在于，发不转球与发转球的动作很相似，使对方判断不清而回出高球，甚至造成接球失误。

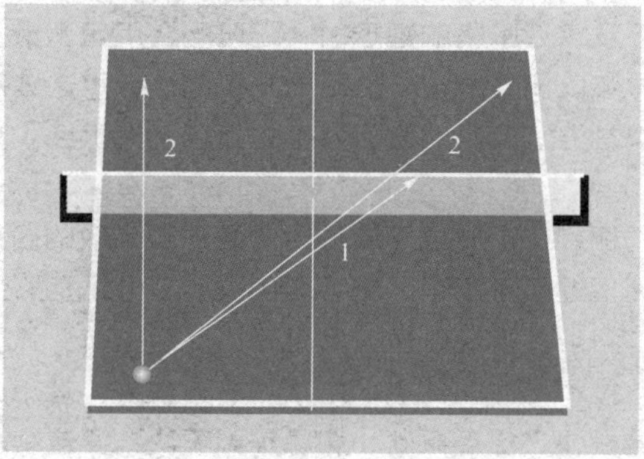

图 4-3-6　正手(侧身)发转与不转斜线短球后抢攻或抢冲

3. 侧身（正手）发左侧上(下)旋短球后伺机侧身抢攻或抢冲

此战术运用方法与弧圈结合快攻类打法基本相同。具有反手突击起板能力的选手，还可以站在正手位发左侧上(下)旋短球后用正、反手起板抢攻，特别是反手抢攻，速度快，可攻其不备，使对方难以提防。

(二) 快攻结合弧圈类打法的对攻战术运用

快攻结合弧圈类打法的对攻战术以发挥速度为主，旋转为辅，结合落点变化和轻重力量，用以控制对方，赢得主动。这种打法在对付以快攻为主的打法时，其战术策略是以快压快，以转制快；对付弧圈球为主的打法时，其战术策略是以快破转，以转制转。横拍快攻结合弧圈打法的具体战术主要是依靠正、反手快攻，正手拉弧圈球结合扣杀以及变化落点和速度来实现。直拍快攻结合弧圈类打法的具体战术主要是依靠反手推挡，正手拉弧圈球结合快攻以及变化落点和轻重力量来实现。常用的对攻战术与快攻打法的对攻战术比较接近。

1. 连压反手，突变正手，伺机抢攻或抢冲(图 4-3-7)

这是快攻结合弧圈类打法在对攻中最常用的战术。横拍快攻结合弧圈类打法先用反手快拨连压对方反手再变线，然后用正手或侧身抢攻或抢冲。有些反手攻球力量较大的选手，常会采用反手发力攻对方两角的战术。直拍快攻结合弧圈类打法先用反手加力推挡压住对方反手再变线，然后正手或侧身抢攻或抢冲。

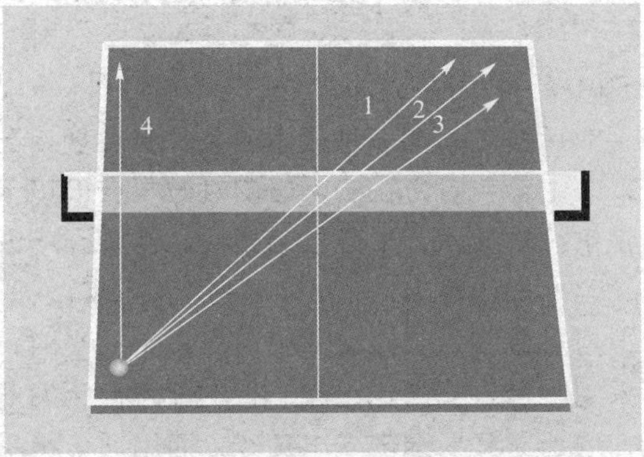

图 4-3-7　连压反手，空变正手，伺机抢攻或抢冲

2. 压两角，变中路，伺机抢攻或抢冲(图 4-3-8)

当对方左右摆速较快且忙于应付两角来球时，便可用反手快拨或快推突然变中路找机会抢攻或抢冲，对方准备侧身回击时，再压其两角或空当，如此交替变化，调动对方左右移动而漏出空当。直拍快攻结合弧圈型选手在对付两面攻或两面摆速较快的左推右攻选手时，也可采用此战术，目的是迫使对方在移动中出现漏洞，乘机进攻。

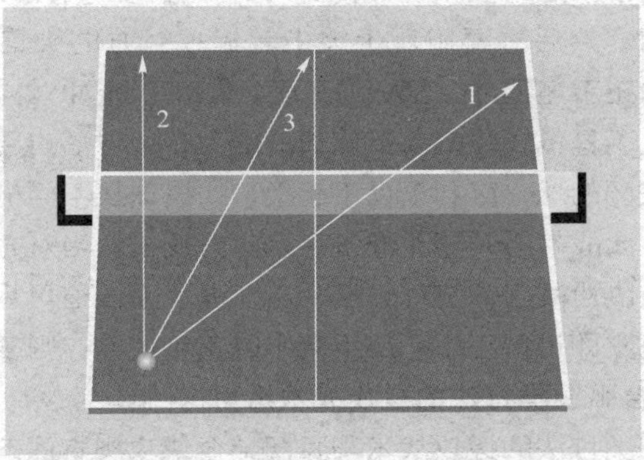

图 4-3-8　压两角，变中路，伺机抢攻或抢冲

3. 加、减力推压对方中路及两角，伺机抢攻或抢冲

这种战术运用方法与快攻打法基本相同。其目的是调动对方前后左右奔走，然后伺机进攻。横拍快攻结合弧圈型选手在对付两面拉弧圈球打法的选手时，也经常采用此战术。当对方主动拉弧圈球时，可先用快拨两角与其相持，再突然用反手减力挡至对方中路左右，对方托起时再用正、反手加力进攻或反冲。

4. 正手打回头和中台对拉过渡

这是在相持中采取后发制人的一种战术手段。当发现自己反手与对方反手相持不利时，就可采取主动变对方正手，迫使对方与自己正手较量。运用此战术必须具备过硬的正手拉攻技术，反应出手要快，否则弄巧成拙，反而变成被动防御。

此外，在相持中当对方发力变线或偷袭自己正手空当时，直、横拍快攻结合弧圈型选手均可采用中台拉弧圈球过渡一板的战术。因为此球来得很快，用快攻回接已来不及，用挡球又易漏击或出高球，而用后退半步拉弧圈球回接比较稳健，如落点控制得好，则有可能转被动为主动。这是一种比较积极的过渡手段。

（三）快攻结合弧圈类打法的拉攻战术运用

快攻结合弧圈类打法的拉攻战术与弧圈结合快攻类打法的拉攻战术基本相同，大多通过正手拉弧圈球创造机会，然后发力冲、扣，故在此不再重复介绍各种拉攻战术的具体运用方法。这里着重介绍横拍快攻结合弧圈类打法中一些反手使用生胶球拍并擅长反手突击起板的选手，如伊腾美诚在对付削球打法中所采用的搓、拉突击战术的运用方法。

搓、拉突击战术就是把搓和拉结合起来，伺机突击后连续冲、扣。此战术可把对方引至台前，然后主要用反手突击起板攻对方的中路，使对方措手不及，出机会后再用正手连续冲、扣；亦可配合用正手快冲对方中路后连续冲、扣。此战术要求反手具备较强的攻下旋球的能力，搓球落点要尽量控制对方，使对方搓回旋转较弱的球，以利于反手起板。如搓球找不到机会，可先拉一板调动对方。但运用此战术必须随时准备迎接对方反击。当对方反攻或拉弧圈球时，应以正、反手快挡截回，使对方难以连续进攻而被迫再后退削球。此时，如能抓住这一战机立即进行正手、反手突击或正手快冲，则多半能取得成功。

（四）快攻结合弧圈类打法的搓攻战术运用

快攻结合弧圈类打法的搓攻战术与弧圈结合快攻类打法的搓攻战术基本相似，主要是通过搓球控制对方，力争抢先拉弧圈球以形成主动进攻的局面。这里补充两点：① 横拍快攻结合弧圈类打法的搓攻战术除在搓中力争抢先拉弧

圈球外，还应充分利用反手突击起板的特点。一般以搓短球至对方中路靠右结合大角长球，搓后用反手突击斜线、直线(对付削球打法可以突击中路)。此球速度快、突然性强，常能攻其不备而直接得分。② 直拍快弧打法的搓攻战术，应尽量多用搓中拉前冲弧圈球，以发挥快速的特点。要极力避免运用侧身拉慢的加转弧圈球，因为遇到对方用快拨控制两大角时，很容易陷于被动。

(五) 快攻结合弧圈类打法的接发球战术运用

快攻结合弧圈类的接发球战术可分为用拉回接，用推、拨回接，用搓回接，用抢攻、抢冲回接。其运用方法与弧圈结合快攻类打法的接发球战术运用基本相同，这里补充两点：① 横拍快攻结合弧圈类打法中具有反手突击起板能力者应充分发挥反手起板的特点。遇到对方发过来反手位的侧上(下)旋球和一般下旋较弱的球时，应积极采用反手中等力量突击去回接，其落点以打中路右方最佳。这种回接方法速度快，有突然性，不仅能破掉对方的发球抢攻战术，有时还可以直接得分或创造出机会后连续进攻。② 直拍快攻结合弧圈类打法除应采用以拉回接为主的战术外，还应尽量发挥反手推挡的特点。反手位对付各种侧上(下)旋较弱的来球时，均可采用反手快推或推挤去回接，落点应以对方反手为主，结合变线。这样可以尽量减少用搓球回接或勉强用侧身拉球回接而陷入被动。此外，用侧身拉弧圈球回接时应以快拉前冲球为主，尽量少用加转弧圈球。

第四节　乒乓球战术练习方法

在进行战术练习时，有一些固定的练习方法，这些练习方法着重从技术与技术的衔接入手，有非常强的实用性，能够为学生提供不同组合类型的练习方法，同时介绍战术教学训练中应该注意的一些问题。

一、发球抢攻战术练习方法

发球抢攻战术是指运动员发球后立即采用进攻的手段和方法，是乒乓球战术中最重要的战术之一。在教学训练中要让学生意识到发球作为乒乓球所有技术中唯一不受对手回球制约的技术，围绕发球组织发球抢攻战术是乒乓球所有战术中最容易得分且战术效果最直接的战术。

随着规则的变化，战术内含也有不同的变化，无遮挡发球的实施，降低了发球抢攻直接得分的概率。因此，对于发球抢攻战术，只要在发球后实现了积极的上手进攻，占据主动，就可以说发球抢攻战术训练是成功的。发球抢攻战术具体的练习方法有：

（一）发转与不转球后进行抢攻

发转与不转球后进行抢攻示例

发转与不转球进行抢攻，要求练习者在发球时以发短球为主，通过发球旋转的变化给接发球者制造难度，为抢攻创造机会。

在教学与训练中，练习者在发不转球后，需要准备以下几种情况：抢攻对手因判断失误出现的半高球，准备回接对手判断准确进行的挑打，准备回接对手回搓的不转球。

对于接发球落点的判断顺序为：短球、半出台球、长球。对于接发球回球线路的判断，需要根据发球落点进行预测与判断，判断原则为先盯斜线球，再盯直线球。

发转与不转球后进行抢攻战术的练习方法有：发正手位（短球）转与不转球（不转、下旋）抢攻，陪练者搓球、挑打；发反手位（短球）转与不转球（不转、下旋）抢攻，陪练者搓球、挑打；发正手位（长球）转与不转球（不转、下旋）抢攻，陪练者搓球、正手弧圈球；发反手位（长球）转与不转球（不转、下旋）抢攻，陪练者搓球、反手快拨或弧圈球。

1. 发不转短球抢攻（陪练者搓球）

在教学与训练中可以发正手位、中路、反手位不转短球抢攻，陪练者搓球或挑打斜线。如果陪练者选择了搓球接发球，练习者应该注意回球是否出现了有利于抢攻的机会球。通常情况下，接发球回球冒高、出现半出台的回球，练习者都可以进行下一板球的抢攻。如果陪练者进行摆短，练习者可以通过挑短球或者反手拧拉的方式进行抢攻，辅以落点的变化争取主动。

2. 发正手位（短球）不转球抢攻（陪练者正手挑打）

在练习者准备发正手不转短球抢攻时，如果陪练者使用正手挑打，练习者应该首先注意保护正手位，可以在正手位进行抢攻直线的战术。因为利用了陪练者在接发球正手挑打时步法需要向右侧上方移动，练习者通过抢攻直线压制陪练者的反手，通过调动陪练者的击球重心，完成抢攻战术。这套抢攻战术在比赛中经常被优秀运动员使用。

3. 发下旋短球抢攻

发正手位、中路、反手位下旋短球配合抢攻，是目前优秀运动员当中比较流行的一项发球抢攻战术。发下旋短球后，抢攻的注意力更多的是集中于接发球方所回接的半出台球，陪练者由于步法、摆短球等出现控制球不严密时，往往是发球抢攻的机会。

4. 发转与不转长球进行抢攻

在教学与训练中让练习者发长球后进行抢攻，这样在扰乱陪练者接发球节奏的同时，还可以训练发球者通过抢攻长球直接得分或主动进行相持。但是在教学与训练中要注意发长球的质量，这是此战术的关键。

在教学与训练中让练习者训练发速度快、落点深的长球，为发球抢攻创造机会。如果发出的球速度较慢且落点又不能牵制接发球方，这无疑会增大发球抢攻难度，发球抢攻战术自然失去了威胁。

（二）正手发左侧上（下）旋球后抢攻

正手发左侧上(下)旋球后进行抢攻也是乒乓球战术教学训练中一种常用的方法。练习者通过发左侧旋转球，利用旋转与落点牵制接发球方的回球线路，为发球抢攻创造机会。

正手发左侧旋球抢攻示例

在练习过程中要求练习者正手在发左侧旋球时，发球的落点集中于中路偏正手、中路、中路偏反手以及反手小三角位置。因为练习者发球若带有强烈的左侧旋，陪练者接发球触球后球体会向练习者的左半台方向飞行。

正手发左侧上(下)旋球后抢攻战术教学训练方法有：正手发左侧上旋球(短球、长球)抢攻，接发球者搓球、挑打、弧圈球；正手发左侧下旋球(短球、长球)抢攻，接发球者搓球、挑打、弧圈球。

1. 正手发左侧上旋球抢攻

练习者在练习发左侧上旋球抢攻时，不论是发短球还是长球，在发球后都要求准备进行上旋球的抢攻。在陪练者进行挑打或拉弧圈后，回球可能会带有侧旋球的旋转，练习者在抢攻时需要注意，回球有可能向自己身体方向飞行，需要在抢攻时运用步法调整好抢攻的击球位置。

因此，建议在练习过程中，练习者正手发左侧上旋球后，使用正手进行左2/3 台的抢攻。例如，发正手左侧上旋短球后，使用正手抢攻陪练者反手大角度。

2. 正手发左侧下旋球抢攻

发正手左侧下旋球抢攻，一般要求练习者发陪练者的反手底线长球后进行抢攻。当然练习者发左侧下旋短球也可以进行抢攻，不过要注意，由于侧旋球的旋转性质，陪练者在接左侧下旋短球时，通常可借来球旋转控短球，在触球后球体因为侧旋的原因会产生侧拐，使球体不容易出台，给练习者抢攻引拍增加了难度。

对于左侧下旋球的抢攻，目前比较流行的抢攻战术训练方法为发左侧下旋半出台球抢攻。由于短球利于接发球方控制弧线，发半出台球就被优秀运动员所充分利用。半出台球便于抢攻的原因在于，发出侧下旋的半出台球，接发球者如果进行摆短球，由于比短球更长一点，会增加控短球的技术难度，出现半出台回球的概率会增加，可为发球抢攻创造条件。接发球者如果拉弧圈球，侧旋球产生的旋转不易使球拍正对来球，而且出现半出台球时球台对引拍的限制，此时不易拉出高质量的弧圈球，回球质量降低，就给发球抢攻带来了机会。

德国著名运动员波尔在对阵我国优秀运动员王励勤时就在发球时频频采用此战术，运用反手反撕、反拉弧圈球进行抢攻，并取得很好的战术效果。此战术也被很多运动员在对阵与自己执拍手不同的运动员比赛中使用。

二、接发球抢攻战术练习方法

接发球抢攻战术是最积极主动的接发球方法，通过积极主动的上手破坏对手的发球抢攻，是接发球抢攻战术的主要目的。在教学与训练过程中要注意，由于接发球本身就存在一定的难度，判断在接发球抢攻战术中就显得尤为重要。因此，要着重训练练习者的判断能力，包括判断发球的旋转性质与落点。然后训练其采用合理的技术抑制发球抢攻，或直接进行抢攻。练习时要注意第二、四板的技术衔接是接发球抢攻战术的主要组成部分，只有将第二、四板技术连为一体，发球抢攻战术才能更好地实施。

在进行接发球抢攻战术练习时，注意对发球出现的半出台球要进行积极的上手抢攻。而练习在半出台积极抢先上手时，前提条件为先要保证练习者的接发球成功率，若不是出现绝对的机会球，建议练习者接发球抢攻时，以控制好回球落点和弧线为主。加快与加强第四板球衔接击球的质量，是接发球抢攻战术实施的关键。

抢拉半出台球战术练习方法有：接转与不转抢拉半出台球（正手位半出台、反手位半出台），接侧旋球抢拉半出台球（正手位半出台、反手位半出台）。

（一）接转与不转抢拉半出台球

接转与不转抢拉半出台球战术示例

在训练接转与不转的短球时，练习者需要时刻注意陪练者发球出台情况，如果出台，就积极抢拉。从乒乓球战术的角度出发，在抢拉转与不转球时，抢拉直线的威胁要大于斜线，当然抢拉直线的难度也大于斜线。抢拉半出台球时，如果有条件将球抢拉至发球方的反手位，练习者可以尽量将球抢攻至发球者的反手，再通过第四板达到连续进攻得分或压制对方的目的。

具体的练习方法有：

（1）使用正手抢拉正手位半出台球至陪练者的反手，待陪练者使用反手防守后，继续使用正手弧圈球发力抢冲陪练者的正、反手大角度。

（2）使用正手侧身抢拉中路或反手位半出台球，将球拉至陪练者的正手位，待发球方回球后，继续使用正手抢拉发球方的正、反手大角度。

（3）使用反手抢拉反手位半出台球至陪练者反手，待陪练者回球后，侧身使用正手抢拉陪练者中路或反手。

（二）接侧旋球抢攻半出台球

在进行接侧旋球抢攻半出台球的训练时，练习者首先要判断侧旋发球的性质，然后根据来球的旋转性质，选择合适的接发球技术。接发球的手段可以选择反手拧拉、正手拉球等。

接侧旋球抢攻半出台球示例

具体的练习方法有：

（1）使用反手拧拉抢拉反手位半出台左侧下旋球至陪练者反手，待陪练者回球后，侧身连续抢拉陪练者中路偏反手或正手大角度。

（2）使用正手抢拉反手位半出台左侧上旋球至陪练者正手，待陪练者回球后，使用正手抢拉陪练者正、反手大角度。

（3）使用正手抢拉反手位半出台左侧上旋球至陪练者反手，待陪练者回球后，侧身抢拉陪练者正、反手大角度。

（4）使用正手抢拉正手半出台左侧下旋球至陪练者正手，待陪练者回球后，使用正手抢拉陪练者正、反手大角度。

抢拉半出台球战术是在接发球阶段比较常用的一项战术，在教学与训练时的重点是对接发球落点的判断。不论是抢拉转与不转球还是侧旋球，都需要在练习接发球时养成盯球、预判落点的习惯。只有养成良好的接发球习惯，在接半出台球时才能上手占据比赛主动的机会。

三、相持战术练习方法

在乒乓球战术中，可以把对攻战术、拉攻战术、搓攻战术统称为相持战术。无遮挡发球与40+塑料球的使用，降低了发球的质量，使比赛更容易进入相持阶段，相持阶段的战术多是围绕击球线路的变化展开的。在进行相持战术的教学与训练时，需要练习者通过节奏和线路的变化来为下一板进攻创造机会，具体的练习方法有：

（一）压制反手，结合变线，伺机抢攻

在训练过程中，如果进入了相持阶段，尽量压住陪练者的反手位，而且要求在压制对手反手的过程中，通过节奏的变化为侧身正手进攻创造机会或通过线路的改变为正手抢攻创造机会。

压制反手，结合变线，伺机抢攻示例

战术练习示范：

• 使用正手发球抢攻至陪练者反手，双方进入反手多拍相持阶段，练习者连续通过左右、长短、快慢节奏变化压制陪练者反手，待陪练者回球质量降低后，侧身抢拉得分。

• 使用反手拉下旋球至陪练者反手，双方进入反手多拍相持阶段，练习者通过节奏变化调动陪练者的击球重心，伺机变直线，待陪练者回球后，抢攻反手大角度得分。

（二）压制中路，抢攻正、反手大角度

相持阶段中，中路位置往往是正、反手技术衔接的薄弱点。因此，可以训练练习者在相持过程中，通过压制中路，让陪练者回球质量下降，从而创造机会进行抢攻。

压制中路，抢攻正、反手大角度示例

战术练习示范：

• 接发正手挑短球至陪练者反手，双方进入反手相持对抗阶段，练习者通过节奏变化压制陪练者中路，待陪练者回球后，使用正手抢攻陪练者正手大角度得分。

• 接发反手抢拉半出台球，双方进入反手相持对抗阶段，练习者变对手中路偏正手，陪练者回球后，练习者正手抢拉陪练者正手，陪练者平挡或快带回球，练习者抢拉陪练者的反手位得分。

相持阶段的战术都是伴随着击球线路的变化而变化，要想具备较强的相持能力，并在相持对抗中占据主动，就需要在平时练习中，注意培养落点意识，注重单线与辅线的练习。

四、乒乓球常用技术组合练习方法

乒乓球战术的最小单元就是技术组合，这种技术组合是带有战术目的的组合。因而，乒乓球技术组合练习在乒乓球战术教学与训练活动中占有重要的地位。下面介绍几种常用的技术组合练习方法。

（一）正手拉下旋球后接正手拉上旋球

对于正手拉下旋球后进行正手拉上旋球的技术衔接，练习时可根据本人对单项技术的掌握情况，采用多球或单球的形式进行练习。对于刚开始进行拉正手下旋球衔接上旋球的练习者来说，采用固定落点多球练习较为适宜。下面介绍定点正手拉下旋球接正手拉上旋球。

正手拉下旋球后接正手拉上旋球示例

正手拉下旋球接正手拉上旋球关键在于正手拉下旋球后与正手拉上旋球的技术衔接。击球时，在完成正手拉下旋球后迅速还原身体重心，同时转腰向身体斜后方引拍，蹬地转腰向前发力，完成正手拉上旋球动作。

要想流畅地完成正手拉下旋球接正手拉上旋球的技术组合，需要在练习时注意以下几个技术要点：

1. 两项技术的完成度和身体紧凑

两个技术衔接顺畅，首先需要单项技术完成得准确、干净而身体紧凑不松散，是技术完成的提前。

2. 正手拉上旋球的引拍与发力方向

第一板正手拉下旋球后，再衔接第二板拉上旋球时，需要注意正手拉上旋球的引拍与发力方向。其由第一板拉下旋球时的向上、向前发力变为由后至前的发力。

3. 身体重心与击球动作的还原

为保证两项技术能够衔接流畅在第一板正手拉下旋球时，应特别注意身体重心与击球动作的还原。切忌第一板拉球甩手动作过大，影响动作的还原速度，不能为第二板衔接拉上旋球创造足够的引拍时间，而造成第二板拉上旋球动作不完整，影响击球质量与后续技术衔接的流畅性。

（二）反手拉下旋球后接反手拉上旋球

反手弧圈球的技术衔接也是目前乒乓球技术衔接中比较重要的一个部分。优秀运动员往往通过反手拉下旋球上手进攻争取主动，然后通过反手快拉、快撕或快抽等技术辅以落点变化而直接或间接得分。乒乓球技术的发展，对反手弧圈球技术的全面性、连续性的要求也越来越高。目前，随着多拍回合的增加，反手可以连续拉弧圈球已成为乒乓球运动员所必须掌握的一项技术。

反手拉下旋球接反手拉上旋球示例

练习反手拉下旋球后接反手拉上旋球的方法，在刚开始阶段，推荐练习者使用多球进行练习，有助于更快地掌握两项技术的衔接要领以及培养正确的击球节奏。

反手拉下旋球后接反手拉上旋球时，要注意在第一板拉下旋球时，如不是出现绝对的机会球时，为保证两板球的衔接，大臂与前臂的动作幅度不宜过大。以右手为例，拉第一板下旋球时，先引拍至腹部左前方略低于来球，以腰、髋、前臂为支撑向右前上方发力摩擦，完成拉下旋球后，垫步或小跳步迅速还原，向腹部位置引拍，在回球上升期时，以腰、髋、肘关节为支撑向右前方发力。

在练习反手拉下旋后接反手拉上旋球技术时，需要注意以下几点：

1. 身体还原

与正手拉下旋球衔接正手拉上旋球类似，反手第一板拉下旋控制好击球动作的幅度，保证身体与击球重心的迅速还原，是成功衔接第二板上旋球的关键。

2. 充分引拍

第二板反手拉上旋球的引拍至关重要，因为反手拉球引拍空间受引拍位置的影响，反手引拍的空间位置没有正手引拍的空间位置大。因此，含胸收腹为引拍创造空间。充分引拍是反手拉出高质量弧圈球的关键。

1. 上步搓球控制抢攻

不论是正手搓球接正手弧圈球还是反手弧圈球，在正手搓球时，脚下步法上步非常关键。上步的作用在于身体重心更靠近来球，以便于正手搓球时更好地控制过网弧线，提高正手搓球的质量。一般情况下，使用正手搓球时，来球较多为短球，压低重心，第一板上步搓球就成为正手搓球与弧圈球衔接的关键，只有通过搓球控制对手抢攻，才能有第二板弧圈球的衔接。

2. 还原重心，准备衔接

要在正手搓球完成后，及时还原重心，准备衔接第二板弧圈球。切忌在正手搓球完成后，没有还原身体重心，直接向来球方向移动，导致第二板弧圈球没有质量。所以在正手搓球完成后，身体重心还原至两膝中间，然后根据来球方向，运用步法衔接弧圈球。

五、乒乓球战术练习注意事项

（一）技术教学训练与战术教学训练要紧密结合

技术教学训练要在一定的战术要求下进行，使技术逐步达到战术的要求，做到练以致用。但是战术又是以技术为基础的，技术质量是战术质量的保证。技术的教学、训练与战术的教学、训练不能互相代替，技术和战术的教学、训练安排比例要合理，并且在不同教学、训练阶段有所侧重，通过反复练习，技、战术才能达到熟练并逐步提高。

（二）要练得“活”

乒乓球运动具有强烈的对抗性和高度的灵活性特点，因而对运动员的神经系统要求较高，既要能及时迅速地兴奋，又要能及时地抑制，兴奋与抑制过程的转换迅速，要求运动员变化快，控制能力强。乒乓球训练中的灵活性训练，不但有提高大脑皮质兴奋与抑制转换能力的作用，还有强化各种条件反射的作用。这种训练有利于运动员掌握比赛所需要的技、战术。因此，在练习结合性技术时必须练得“活”，即使在练习单项技术时也要注意，如近台、中台结合（步法移动灵活，始终处于移动中的击球状态），轻、重力量结合，上旋球、下旋球相结合，快慢节奏变化。例如，练习手法（步法）时，不应忽视提高步法（手法）；练习单线时，要适当地结合变线；练习左（右）方时，不忘右（左）方；练习推挡时，要注意结合侧身攻；练习拉球时，有机会也要发力攻；拉弧圈球时，有了机会要注意发力冲或扣杀。这样才符合乒乓球运动灵活多变的特点，有利于提高技、战术训练的质量。

（三）抓好结合性技术和单个战术的训练

在乒乓球训练中，有时容易将结合性技术与单个战术混淆，所以要了解二者的相同之处和区别点。二者的区分主要视它们的训练目的和要求。例如，推挡侧身抢攻作为技术训练内容，它要求的是从推挡到攻球的步法移动，要求挥臂自如，腰、臂发力协调，两个技术之间的动作衔接恰当，对某一板推挡或侧身正手攻没有特殊要求。结合性技术是从技术范畴提出要求的，其以达到一定的数量指标和熟练技术为主要目的。而单个战术训练则是从战术角度提出要求的。首先是战术意识，一旦拿起球拍就想象成比赛并带着战术意图进行训练。其次是对某一板推挡或侧身攻，在落点和力量方面提出带战术性的特殊要求。如找机会的一板推挡，要求角度大或重压对方中路追身，或轻、重力量相结合，迫使对方露出破绽；侧身攻这板球，也是从战术效果出发，要果断、大胆地把侧身的位置让开，力争一记重板置对方于死地。当然，也不是一侧身就必须重扣，有时也可以根据对手防守的特点，进行中等力量结合大力连续进攻及落点变化的训练。这种训练是以提高关键战术性的一板或两板球为主要目的，力争自己在这些方面不失手，达到制胜的结果。对此，还要注意两点：① 各种不同打法有着不同的结合性技术和单个战术，千万不能生搬硬套，否则会产生不良的后果。② 在不同的训练阶段要有所侧重。如准备期应多进行结合性技术训练，接近比赛期则应着重单个战术、综合战术方面的训练。

（四）重视常用技术组合和综合战术的教学训练

技术是战术的基础，常用的技术组合组成了战术的最小单元，进一步将这些单元灵活运用就是战术教学与训练最主要的目的。

1. 将不同的技术组合成最小的战术单元

例如，不同弧圈球技术的衔接、搓球与弧圈球技术的衔接。

2. 将同一单项战术中的单套战术有机地组合起来练习

例如，快攻型打法选手在分别掌握对攻战术中“紧压反手，结合变线，伺机抢攻”与“调右压左，伺机抢攻”两种单套战术的基础上，进一步将两套战术结合起来练习，提高对攻战术的水平和效果。又如，弧圈型打法选手在掌握拉攻战术中“变拉两角，伺机发力冲、扣追身或空当”与“连拉追身，伺机发力冲、扣两角”两种单套战术的基础上，进一步将两套战术结合起来练习，提高拉攻战术的水平和效果。

3. 将不同单项战术中的单套战术有机地组合起来练习

例如，将发球抢攻战术与对攻战术或拉攻战术中的单套战术结合起来练习；将接发球战术与对攻战术、拉攻战术或搓攻战术中的单套战术结合起来练习；将搓攻战术与对攻战术或拉攻战术中的单套战术结合起来练习。

4. 针对不同类型打法，将各种基本战术结合起来进行全面综合练习

例如，快攻型打法对快攻型打法的全面综合战术练习；快攻型打法对弧圈

型打法的全面综合战术练习；弧圈型打法对弧圈型打法的全面综合战术练习；快攻型打法对削攻型打法的全面综合战术练习；弧圈型打法对削攻型打法的全面综合战术练习；削攻结合型打法对削攻结合型打法的全面综合战术练习。

思考题

1. 什么是战术？战术的本质是什么？
2. 什么是战术意识？它对运动员的战术行为有什么样的影响？
3. 按技术使用的顺序，如何进行战术分类？
4. 影响乒乓球战术的因素有哪些？
5. 请设计一套相持战术的训练方法。

第五章　乒乓球双打

本章导言

乒乓球双打包括男子双打、女子双打与混合双打三个项目。男子双打、女子双打作为首批进入奥运会(1988 年)的乒乓球单项，在乒乓球项目中有着非常重要的历史地位。我国首枚乒乓球奥运金牌就在男子双打中产生，双打项目历来是我国传统优势项目，双打以其独特魅力屡屡成为我国乒乓球项目在大赛中成绩突破的关键。本章通过介绍乒乓球双打的特点与配对、乒乓球双打的移位与基本战术、乒乓球双打的练习方法等内容，帮助学习者了解双打项目和练习双打。

学习目标

1. 学习乒乓球双打特点与配对，掌握双打的移位方法。

2. 熟悉乒乓球双打基本战术与练习方法。

第一节　乒乓球双打概述

本节介绍乒乓球双打的基本特点及配对、站位、移位，其中乒乓球双打的移位是本节重点内容。通过学习本节，有助于全面地认识乒乓球双打，有助于提高双打技术水平。

一、乒乓球双打的特点

1. 发球区域的限制

竞赛规则规定，双打发球必须从本方的右半台将球发至接发球者的右半台。双打对发球区域进行了限制，就降低了接发球方的难度。随着近年来发球规则的变化及球体直径的改变，发球质量的降低，使双打中接发球方在主动抢攻及战术实施方面占据先机。

2. 比赛的状态与心态

双打比赛时，同伴间可以互相鼓励，相互配合，通过鼓励与配合完成比赛。比赛中，当一方竞技状态有起伏时，可暂时依靠同伴发挥及时调整比赛状态，继续投入比赛。

3. 比赛比分波动较大

双打比赛中常出现比分大起大落的现象，连赢几分或连输几分。这是受双打发球、接发球次序的变化，以及击球线路与打法风格不同的影响。如在某一轮出现了制约对方发挥的线路或战术，比分就会出现起伏。尤其是在混合双打比赛中，因男、女队员击球质量有较大的差异，男队员高质量的回球对女队员击球冲击较大，比分较容易出现波动较大的情况。

4. 移动能力与跑动范围

乒乓球双打除要求运动员具备较全面的技术能力外，还对运动员的步法及跑动范围提出很高的要求，尤其是同侧手配对时，两名运动员轮流交替击球跑动范围要大于单打运动员。双打中，良好的步法移动是自身击球质量的保障，同时能及时为同伴让开击球位置与空间，且不影响同伴下一板击球，进而使配合更加流畅。

二、乒乓球双打的配对及站位

（一）乒乓球双打的配对要求

（1）两人要有团结、协作的思想基础，不但在技术、战术层面有统一的思想，还要力争在心理上达到默契。

（2）两人在打法和技术上有突出的特点并能相互补充。

（3）两人跑位有一定的原则及默契，避免相互冲撞，尽可能地加快脚步移动速度并及时让位，保证两人击球的流畅性。

（二）乒乓球双打的配对方式

若以持拍手配对，主要有同侧手配对与异侧手（一人左手，一人右手）配对两种方式。

若以握拍方式配对，则有两人均为直拍或横拍，和一人直拍、一人横拍的配对。

若以打法类型配对，可以将相同打法类型的运动员配对，也可将不同打法类型的运动员配对。例如，直拍左推右攻型打法与横拍两面弧圈型打法的配对；同为横拍快攻弧圈型打法的配对；同为削中反攻型打法的配对。在双打配对中，一般情况下，不建议将进攻型打法与防守型打法进行配对，因为两种打法类型有明显的差异，无论从击球节奏与跑位方式上讲，都不便于配对运动员技术水平的发挥。

（三）不同配对方式的站位

1. 快攻型选手或异侧手弧圈型选手的配对及站位

异侧手两名选手配对时，通常采用的站位为左手执拍运动员站在球台的右半台区域，右手执拍运动员则站在左半台区域。这种站位便于两人充分发挥正手弧圈球的优势，移动范围相对较小，而且在移动时减少对同伴击球的干扰。因此在乒乓球双打比赛中，从移动范围、便于跑位角度考虑，异侧手选手配对是最佳的一种配对方式。图 5-1-1 所示是从正面、背面、俯视三个角度示范异侧手选手配对的站位。

图 5-1-1　异侧手选手配对的站位示范

2. 两面弧圈选手和左推右攻选手的配对及站位

两面弧圈选手和左推右攻选手配对时，基本站位是左推右攻选手偏前。左推右攻选手在近台能够充分利用落点变化调动对方，给同伴创造进攻的机会，而两面弧圈选手则能够充分发挥两面进攻的威力，两面弧圈选手在被动离开的情况下还能用正手和反手进行反击。图 5-1-2 为两面弧圈选手和左推右攻选手配对的站位示范。

图 5-1-2　两面弧圈选手和左推右攻选手配对的站位示范

3. 弧圈型选手与快攻型选手的配对及站位

这种配对的站位为一前一后，快攻型选手可在近台用落点调动对方和快速进攻，弧圈型类选手在稍远的位置拉出强烈的上旋球为同伴创造扣杀机会。图 5-1-3 为弧圈型选手与快攻型选手配对的站位示范。

图 5-1-3　弧圈型选手与快攻型选手配对的站位示范

4. 弧圈型选手的配对及站位

弧圈型打法选手配对，可充分发挥正、反手弧圈球都可主动进攻的特点，不论是同侧手配对还是异侧手配对，在配合时可由一名运动员作为主动进攻发起者，为同伴后续击球创造机会或占据主动，另一名运动员则通过高质量的弧圈球直接得分或进一步扩大优势。两名弧旋球运动员配对时，正、反手实力平均，比赛周旋能力强，近台、中台、远台都可发挥弧圈球制造旋转强的特点（图 5-1-4）。

图 5-1-4　弧圈型打法选手配对的站位示范

5. 削球型选手的配对及站位

这种配对站位为一个在前，一个在后，站在近台的以逼角为主，站位稍远的以运用转与不转球为主，或者两个人都运用转与不转球为主，以此得分或者为其同伴创造进攻机会。比赛中以削为主，遇到机会及时反攻。图 5-1-5 为削球型选手配对的站位。

图 5-1-5 削球型选手配对的站位

6. 以攻为主选手和以削为主选手的配对及站位

攻球选手和削球选手配对的基本站位为攻球手在近台，削球选手在中远台。削球选手削转与不转球，为本方攻球选手创造进攻机会。攻球选手在近台，以左右移动为主；削球选手在中远台，以前后移动为主。图 5-1-6 为以攻为主选手和以削为主选手配对的站位示范。

图 5-1-6 以攻为主选手和以削为主选手配对的站位示范

三、乒乓球双打的移位

乒乓球双打比赛中，要求运动员脚步移动灵活，移动时须注意：不能影响同伴的视线和判断来球，不妨碍同伴抢占击球位置和还击来球，有利于本人下次还击来球。

双打运动员脚步移动的方式和路线是根据对方击球的不同力量、速度、旋转和落点，以及本方运动员不同类型打法的配对而决定的。双打运动员脚步移动的方式有左右移动、前后移动和曲线移动三种。

在乒乓球双打中，脚步移动的具体线路如下：

（一）“八”字形移动

异侧手配对时，可采用“八”字形移动方式回球。此种脚步移动方式是异侧手选手配对时常用的一种跑位方式，即左手执拍选手站位靠右半台，移动时可以从右至左移动，还原时可退至球台右后方；右手执拍选手站位靠左半台，移动时由左至右移动，还原时可退至球台左后方。这样的移动最大限度地缩短了移动距离，也避免了移动时给同伴击球带来干扰（图 5-1-7）。

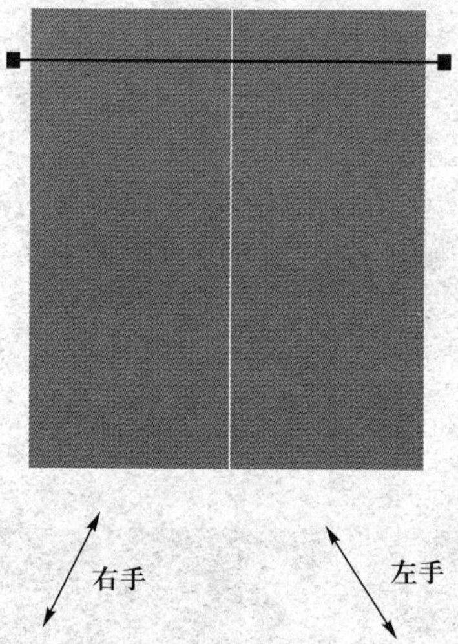

图 5-1-7　“八”字形移动

（二）“T”字形移动

当同侧手选手配对时，“T”字形移动是较为常见的一种移动方式，即移动时，一人在近台向左或向右移动，一人在中台向前或向后移动。此种移动方式主要运用于快攻型打法与弧圈型打法配对时，一人在近台发挥速度优势创造抢攻与得分机会，一人伺机完成得分或补板进攻。因移动路线呈“T”字形，故称为“T”字移动(图 5-1-8)。

(三) 环形移动

两名同侧手选手配对时(一般为右手)，多采用环形移动方法。在右半台移动时，常使用“顺时针”移动方式，一名运动员击球完成后，迅速按“顺时针”方向移动，为身后的同伴让开击球空间。在左半台移动时，常使用“逆时针”移动方式，即击球完成后按“逆时针”方向移动。此种按顺时针、逆时针移动的方式，称为环形移动(图 5-1-9)。

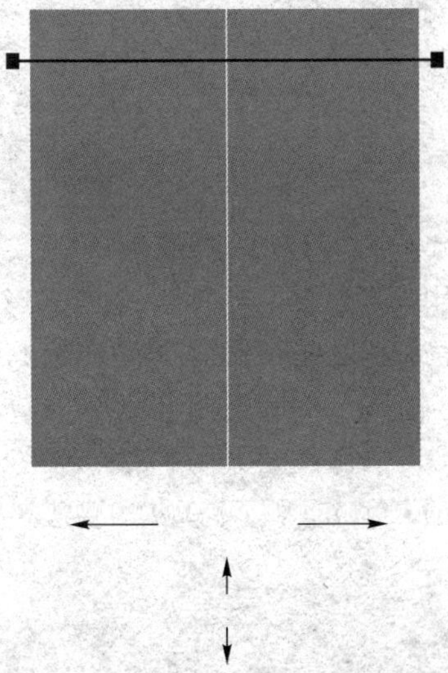

图 5-1-8　“T”字形移动

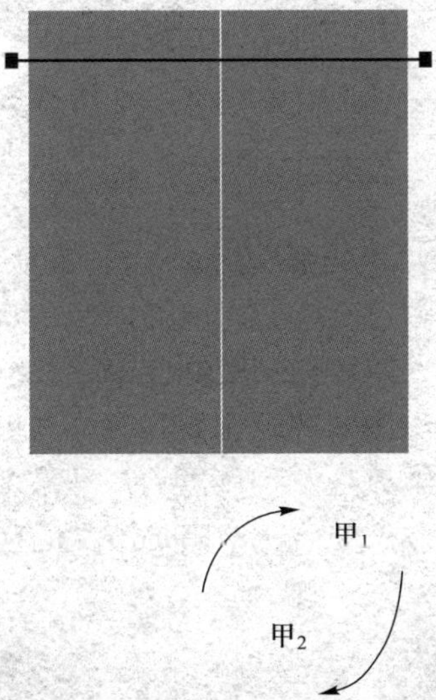

图 5-1-9　环形移动

(四)“∞”字形移动

同侧手选手配对时，被对手左、右两边大角度调动是常出现的一种情况。为避免顾此失彼，同时不影响同伴移动击球，在进行左、右两边击球时，移动需尽量向左、右两边近台移动，在击球后应向击球位置后方移动还原，以便后续击球出现大角度回球时，及时移动步法。此种移动路线近似于“∞”字形，故称为“∞”字形移动(图 5-1-10)。

(五) 交叉步移动

交叉移动多见于进攻型选手配对。在对方逼两大角的情况下或在相持中的交叉变线时运用交叉步(图 5-1-11)。

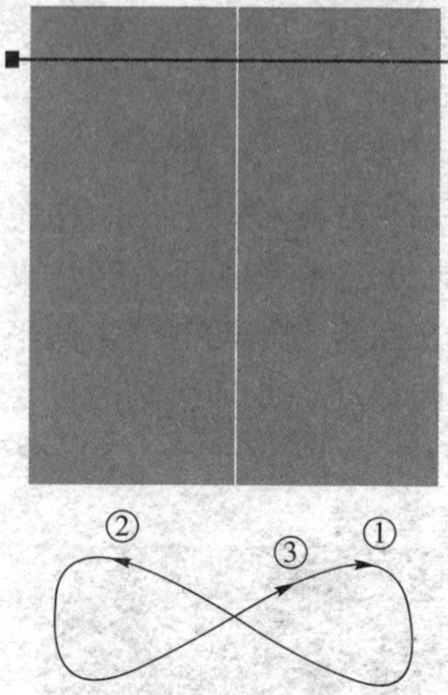

图 5-1-10　“∞”字形移动

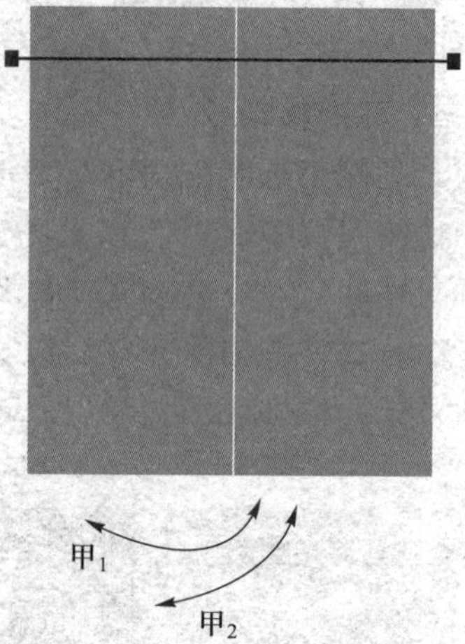

图 5-1-11　交叉步移动

（六）“应急”移动

双打比赛中，有时会出现一些意想不到的“应急”动作，这需要运动员反应敏捷，灵敏性和柔韧性很好，才能化险为夷。这些“应急”动作只有通过长期的训练和比赛才能得到锻炼与提高。

以上只是双打移位的几种基本方法，实践中常常是几种方法结合运用。比赛中情况千变万化，固定不变的移位方法是没有的，练习者应灵活运用步法。

第二节　乒乓球双打战术

乒乓球双打中，运动员要配合默契，战术思想要统一，才能获得胜利。本节将从发球与接发球次序、发球抢攻、接发球抢攻等常用战术出发，介绍各战术的主要实施目的与方法。

一、选择有利的发球或接发球次序

乒乓球双打比赛，接发球方在比赛开始前可根据发球员选择接发球员，即在击球次序选择方面有优先选择权，而且规则对发球员的发球区域进行了限制，接发球难度降低。因此，选择有利于自己的击球次序，往往成为双打比赛中运动员考虑的第一要素。一般情况下，在选择发球权、接发球权时，运动员更愿意选择接发球一方，这样就拥有了优先选择击球次序的权利。当然，如果运动员对自己的发球以及同伴抢攻战术有较强的信心时，可以选择发球权，这也是一种掌握比赛主动权策略。

在选择发球与接发球次序时，可考虑以下事项：

1. 在选择接发球后，根据发球员情况决定击球次序

在男双或女双比赛时，选择击球质量较高队员作接发球员，给予发球员压力，迫使其降低发球质量或造成发球失误。或者针对发球方的打法特点与技术漏洞，安排与之打法相克，能抓住其技术缺陷的队员进行回击，以扰乱其击球节奏，为同伴抢攻创造机会。

在混双比赛时，女队员因击球质量与男队员相比尚有差距，所以容易在比赛中被针对。在混双接发球时一般有两种选择：① 用接发球方男队员压制发球方女队员，即男队员通过高质量的击球压制女队员，使其失误或回球质量降低，为同伴得分创造机会。② 通过接发球方男队员击球质量压制发球方男队员，给予对发球方男队员压力，女队员因回球质量偏低，容易被男队员抓住机会，此种选择通常发生在接发球方男队员拥有超强的技术实力或发球方女队员实力较弱的情况下。

2. 选择发球后，积极实施发球抢攻，占据比赛主动权

当不了解对方技术情况时，可以先选择发球权，利用发球旋转、节奏等变化来制约对手接发球，积极主动抢攻，占据比赛主动权。乒乓球双打比赛中，首先选择发球，是一种以我为主的战术选择，建立在两人拥有过硬的综合实力，且抢攻能力强、上手速度快的基础之上。如果对自己实力有充分的信心或对手实力不强时，首先选择发球也是一种比赛策略。

二、不同类型打法的主要战术

（一）快攻类打法对快弧类打法的主要战术

1. 发球抢攻的战术运用

双打发球的总体要求是“短、旋转变化大、对同伴有暗示”。抢攻以对方空当和两人结合部为主(图 5-2-1)。

2. 接发球抢攻的战术运用

接发球力争以快点为主或用快拉去回击，亦可运用摆短、切、撇等过渡一板。要求落点好，具有突然性，使对手不容易抢攻，为同伴下一板进攻创造机会。

3. 连续攻对方某一点后变线的战术运用(图 5-2-2)

4. 从中路突破再变线的战术运用

应严格控制台内短球，伺机抢先突击，力争主动打至对方中路，使对方处于被动防守的局面后，突击变线，从而为扣杀创造更多的机会。

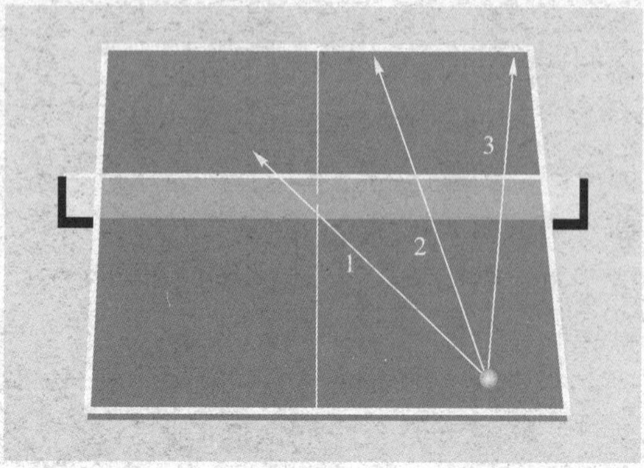

图 5-2-1 发球抢攻战术示例一

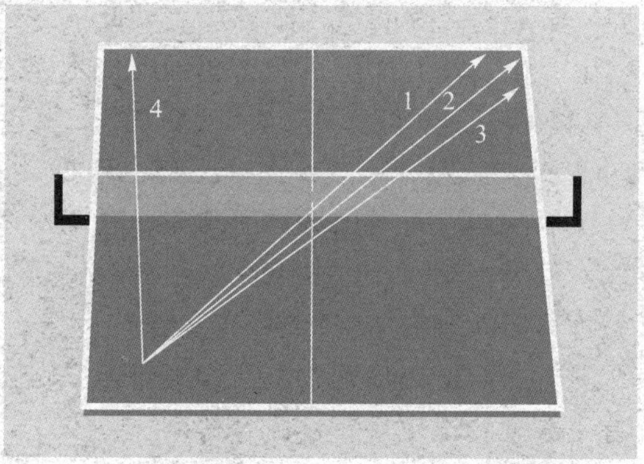

图 5-2-2 连续攻对方某一点后变线示例

5. 连续攻击追身球的战术运用(图 5-2-3)

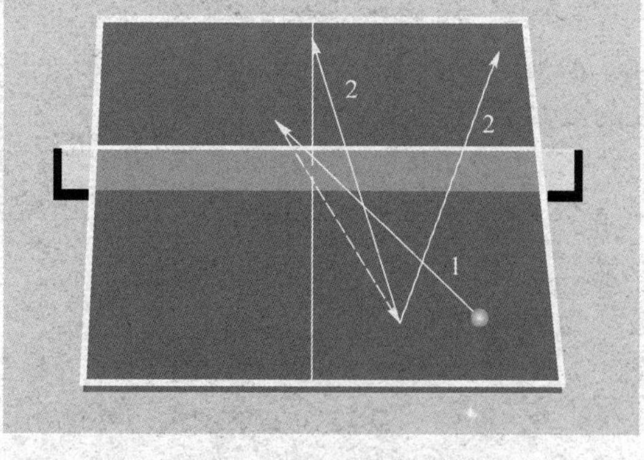

图 5-2-3 连续攻击追身球战术示例

图 5-2-3 中虚线为对方回球路线。

6. 以近网短球控制为主突击变各条线路的战术运用

针对削球或中台防御型选手所采用的战术。发球建议以侧上旋为主，伺机攻击各条线路。

（二）弧圈类打法对快攻类打法的主要战术

1. 发球抢攻的战术运用

力争使对手只能以搓球回接发球，以利本方充分发挥弧圈球的威力。

2. 接发球抢攻的战术运用

以快拉、撇、挑等技术回接，造成对攻的形势，再伺机拉弧圈球去争取主动。

3. 防守反攻的战术运用

削球选手应积极运用逼两大角和削转与不转球，迫使对方拉高吊弧圈球或放短球过渡，伺机进行反攻(图 5-2-4)。

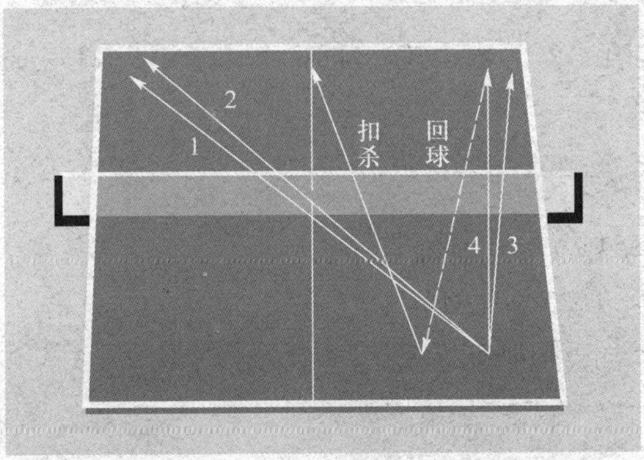

图 5-2-4　防守反攻战术示例

（三）弧圈类打法对弧圈类打法的主要战术

1. 发球抢攻的战术运用(图 5-2-5)

2. 接发球抢攻的战术运用

抢先上手，用滑板、快拉、挑、拧等打对方的空当，为同伴进攻创造机会。

3. 对拉中交叉攻击两大角的战术运用

充分运用拉两条斜线，迫使对方大范围跑动，造成回球质量不高，从而有利于本方进攻。

4. 对拉中拉一点突然变线的战术运用

即用强烈的前冲弧圈球连续攻击对方的一条线路然后突然变线的战术。

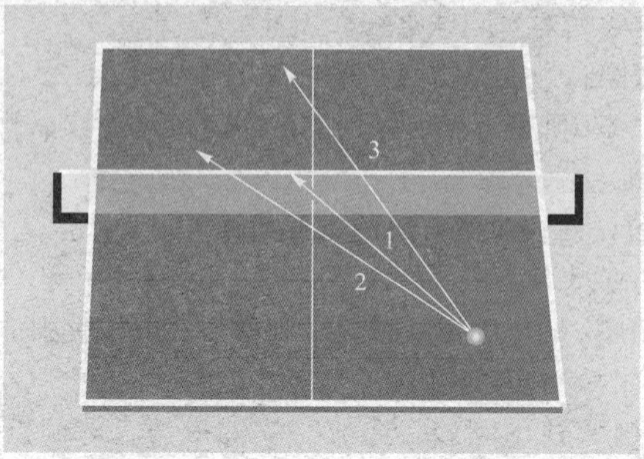

图 5-2-5　发球抢攻战术示例

第三节　乒乓球双打的练习方法

乒乓球双打常用的练习方法有单球练习、多球训练等。这里主要介绍单球练习和多球训练用。

一、单球练习

（一）一人对两人的定点训练

1. 定点击球练习(图 5-3-1)

2. 一点打两点，可限制在左半区域或右半区域练习(图 5-3-2)

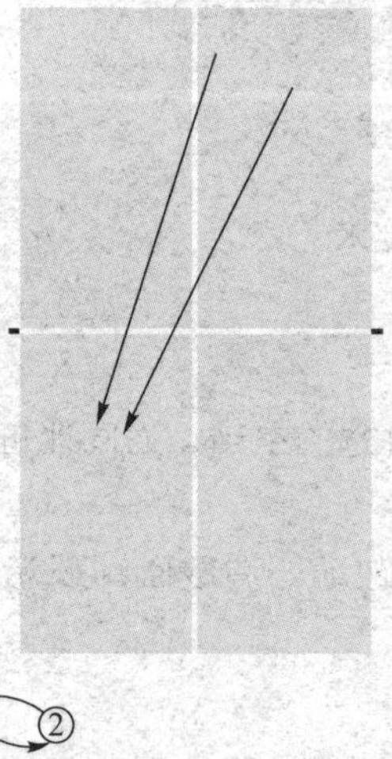

图 5-3-1　定点击球

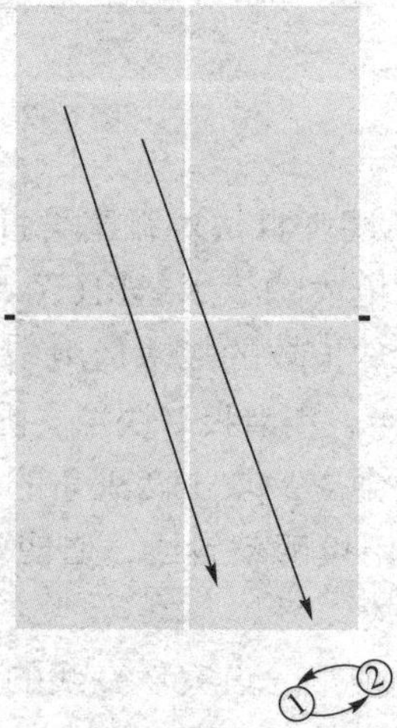

图 5-3-2　一点打两点

3. 半台对全台

陪练方在左半台(右半台)回击到主练方的全台。

4. 实战演练

(二)两人对两人的定点训练

陪练方两名选手、主练方两名选手的对练。陪练方方法有:

1. 有序对无序

陪练方不受双打击球次序的限制,可任意一人连续击球。

2. 一点对两点

3. 两点对两点

4. 两点对一点

(三)两人对两人的不定点训练

此类练习是双打技、战术训练的主要方式之一。

1. 攻对攻练习

2. 守对攻练习

二、多球训练

1. 双人移动中攻下旋(图 5-3-3)

2. 双人移动中两面攻

练习者在移动中以正手或反手还击,可结合推、攻内容进行练习(图 5-3-4)。

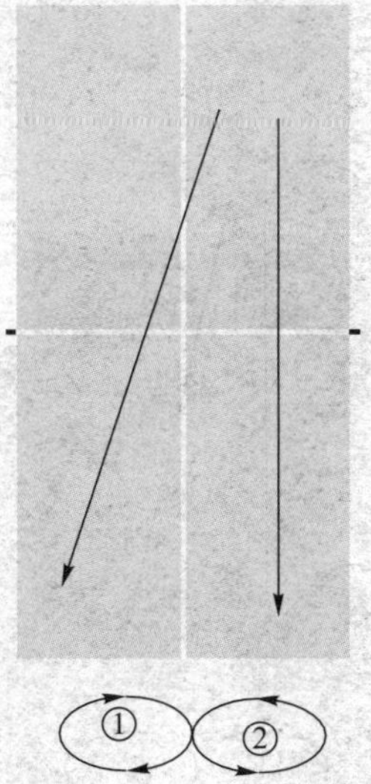

图 5-3-3　双人移动中攻下旋

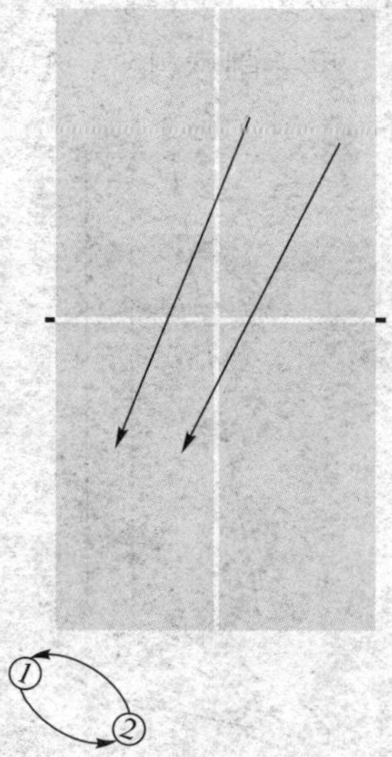

图 5-3-4　双人移动中两面攻

3. 双人移动中扑攻(图 5-3-5)

4. 双打走位

练习者轮流在移动中进行还击，主要任务是练习走位。

(1) 打目标(图 5-3-6)。

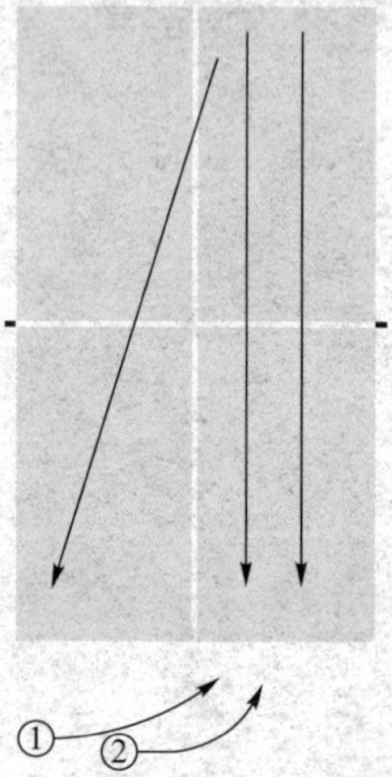

图 5-3-5　双人移动中扑攻

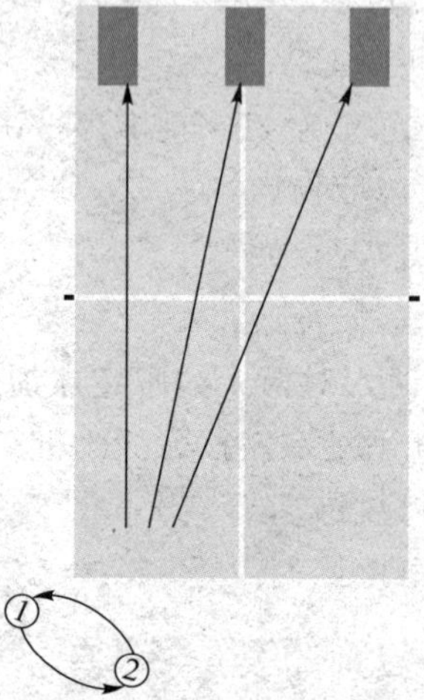

图 5-3-6　打目标

(2) 综合练习。使用各种手法供出不同落点、不同节奏的球。练习者根据来球的不同性能，采用相应的技术轮流进行还击。

(3) 削中反攻(图 5-3-7)。

(4) 正、反手削球(图 5-3-8)。

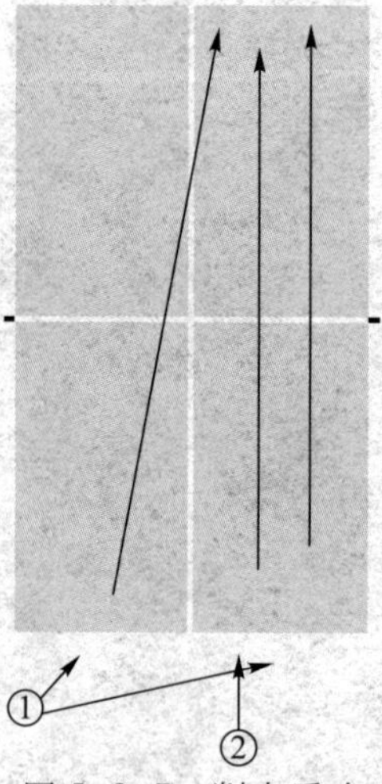

图 5-3-7　削中反攻

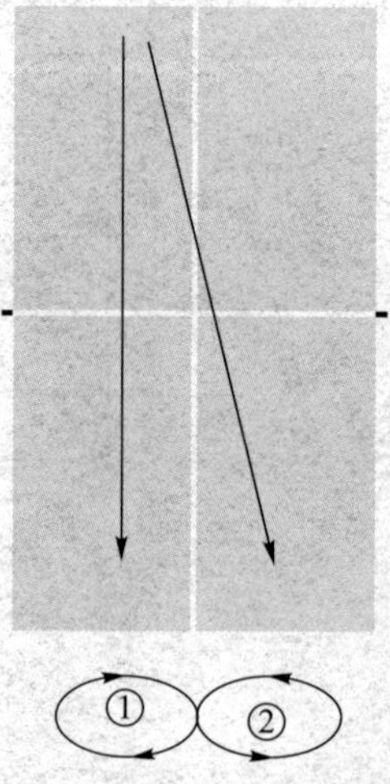

图 5-3-8　正、反手削球

（5）搓中突击转连续攻。

（6）接长、短球(图 5-3-9)。

（7）扩大防守(图 5-3-10)。

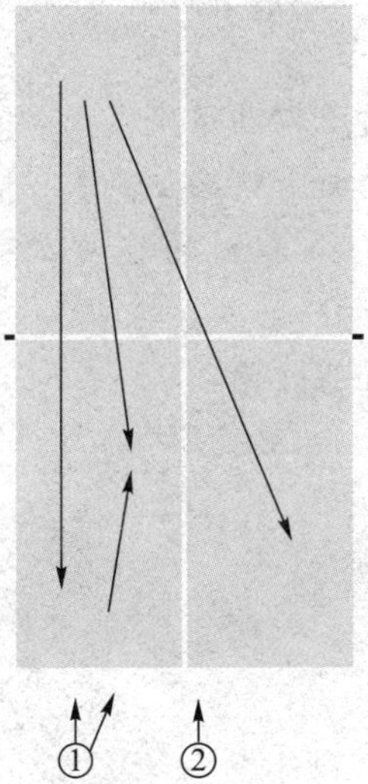

图 5-3-9　接长、短球

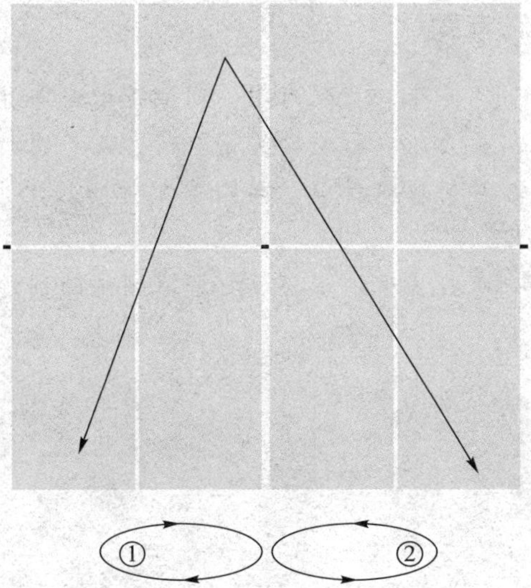

图 5-3-10　扩大防守

（8）发球练习。

大多采用单人多球发球，要求旋转、落点、弧线和速度质量高，威胁大(图 5-3-11)。

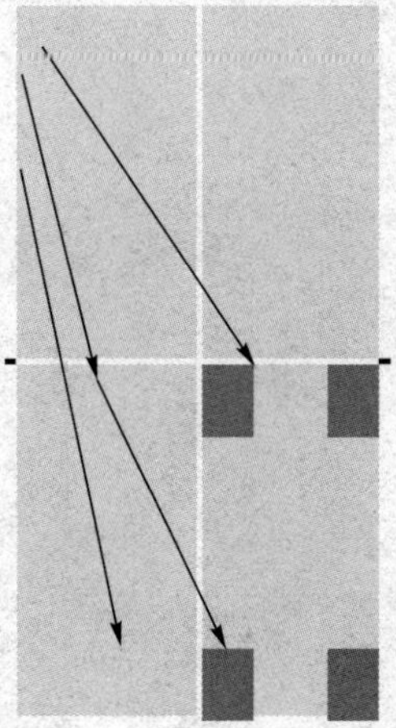

图 5-3-11　发球练习

（9）接发球练习。

大多采用一人发球、一人接发球的方法。要求判断旋转、落点，采用摆短、挑、撇、点等技术。

思考题

1. 乒乓球双打配对中，同侧手配对与异侧手配对有哪些区别?

2. 乒乓球双打中，男子双打、女子双打与混合双打有哪些区别?

3. 乒乓球双打中，同侧手配对的移动方法与异侧手配对的移动方法区别在哪里?

4. 双打多球训练与单打多球训练的训练原则有哪些异同?

第六章　乒乓球的教学与训练

本章导言

乒乓球的教学与训练工作既有区别，又有联系，不应将二者截然分开，而应根据具体情况抓住不同的侧重点，将乒乓球的教学与训练工作辩证统一起来。本章通过讲述乒乓球教学与训练中需要把握的教学原则和训练原则、常用的教学方法和训练方法以及乒乓球教学组织等内容，使学习者对乒乓球的教学和训练达到一个新的认识高度，进而有效指导教学和训练实践。

学习目标

1. 深入理解乒乓球的教学原则和训练原则，理解各项原则的贯彻要点。

2. 掌握乒乓球教学和训练的常用方法，并能够根据不同情况合理地选择方法来有效完成教学或训练。

3. 学习乒乓球教学中从准备到具体教学以及课后总结等全过程中的要点，为教学实践做准备。

4. 深入理解乒乓球训练中数量与质量、多球与单球、有序和无序等关系，培养学生根据实际情况灵活安排训练的能力。

第一节　乒乓球教学

教学是教师的“教”与学生的“学”相互作用的过程。为了提高教学效果，需要针对不同情况合理地贯彻教学原则，选用适当的教学方法，进行合理的教学安排，从而让学生快速建立相关概念，有效掌握各项技术，最终提高教学效果。

一、乒乓球的教学原则

教学原则是有效进行教学的基本要求，它既指导教师的教，也指导学生的学，贯彻于教学过程的各个方面和始终。乒乓球的教学原则是乒乓球教学过程客观规律的反映，是长期乒乓球教学实践中成功经验的概括和总结，它对乒乓球的教学工作具有普遍的指导意义。同时，乒乓球的各项教学原则是相互联系、相互促进的，在教学工作中要全面贯彻执行，才能获得良好的教学效果。

（一）直观性原则

1. 直观性原则释义

直观性原则是主要的教学原则之一。它反映了从感性到理性认识的发展规律。直观性原则在教学中引导学生直接感知，使学生获得感性认识。在教学过程，教师利用直观手段，通过引导学生开展多种形式的感知，丰富学生的感性认识，发展学生的观察力和形象思维，并为形成正确而深刻的理性认识奠定基础。

2. 直观性原则贯彻要点

在乒乓球教学中，要贯彻直观性原则，调动和引导学生的多种感觉器官，如视觉、听觉、触觉、本体感觉等，充分感受和体会乒乓球的知识、技术等内容。贯彻直观性原则时应注意：

（1）选择直观性教学手段。乒乓球教学中常用的直观性教学手段有技术动作示范、看技术动作挂图、观看比赛录像、教具模型演示等。

（2）直观手段的选用要符合乒乓球教学的目的、要求和特点，关于直观对象的选取，如动作规范者的示范或优秀运动员的视频录像也要始终围绕乒乓球教学的目标、要求特点来进行。

（3）合理使用直观教具，注意示范的时间和地点。各种直观手段的使用（如技术动作示范、实战录像播放）均需注意适当的时机和时长，不能为了刻意营造“热烈的课堂氛围”而脱离教学任务和要求。

（4）重视运用语言法和示范法，引导学生将直观与思维相结合。授课所用语言最好与学生的乒乓球经验和知识相结合，通过“想练结合”方式获得明显的教学效果。

（二）启发性原则

1. 启发性原则释义

启发性原则是指在教学中教师要始终坚持学生是学习主体，调动其学习的主动性，引导其独立思考，积极探索，生动活泼地学习，自觉地掌握科学知识，提高分析问题和解决问题的能力。

2. 启发性原则贯彻要点

在乒乓球教学中不仅要教授乒乓球基础理论、竞赛方法、裁判法等理论知识，还要对技战术进行指导。在教学中，要让学生能够自觉地学习乒乓球知识和练习乒乓球技术、战术等相关内容，提高分析问题与解决问题的能力。在乒乓球教学实践中，贯彻启发性原则需要注意：

（1）树立正确的学生观，坚持在教学活动中以学生为主体，让学生成为学习活动的主人，体现学生的主体地位，避免“灌输式”教学。

（2）充分调动学生学习的积极性和主动性。学生在教师有效的启发中更容易感受到“探索与思考”的乐趣，进而能够对学习内容做到活学活用，更具创造力。

（3）创设问题情境，引导学生质疑问题和学会思考。如对乒乓球制胜因素中“旋转”的理解，可以启发学生从不同胶皮的性能、不同击球技术、旋转产生的原因等多方面进行思考，并创设“接发球问题情境”等，引导学生步步推敲，培养思维的连续性。

（三）自觉积极性原则

1. 自觉积极性原则释义

自觉积极性原则是指让学生在充分理解乒乓球的目的、意义基础上，自觉、主动、积极地进行乒乓球理论知识学习和运动实践。乒乓球教学工作是教师和学生的双边活动，只有当学生具备了高度的自觉性和积极性以后，才能主动地去学，收到真正的效果。若学生学习没有自觉积极性，学习效果就会大打折扣。

2. 自觉积极性原则贯彻要点

学生学习的自觉积极性受许多因素影响，如好奇心、兴趣、爱好、求知欲、获得优良成绩或得到表扬、奖励的愿望、为实现某个远大理想。在乒乓球教学中，要启发学生明确学习目的，调动学习主动性，培养独立思考能力和创新精神，引导学生融会贯通地理解和掌握教学内容，并能在实践中加以运用。

发展学生学习的自觉积极性应注意以下几点：

（1）提高学生对学习目的的认识，端正学习态度。

（2）确定学生应达到的教学要求。所提出的教学要求应是完成教学任务必不可少的，是学生经过努力可以达到的，要紧扣“跳一跳，摘桃子”的理念，避免任务过于简单而导致学习枯燥无味，也要避免任务过于困难而导致学生常受挫。

（3）激发学生学、练的愿望和兴趣。教学活动应有效将启发性、知识性、变异性、游戏竞争性相结合。

（4）合理组织教学活动。应根据教学内容、学生特点、季节气候和场地设备条件等实际情况，使教学活动常有变换，防止千篇一律。同时，还应使教学过程张弛相兼，各有侧重，既严肃紧张，又生动活泼。

（四）循序渐进与突出重点相结合原则

1. 循序渐进与突出重点相结合原则释义

循序渐进与突出重点相结合原则是指乒乓球教学过程中既要遵循学习的规律，同时又不拘泥于某一特定序列，能够灵活安排内容。总体上要层层积累，某些内容则集中突破，让教学主次分明，量的积累与质的突破相结合。

2. 循序渐进与突出重点相结合原则贯彻要点

（1）安排教学内容、教学步骤、训练强度、练习难度时，遵循由易到难、由简到繁、由表及里的原则。将乒乓球运动的理论与技战术内容体系按照学生认识发展的规律来编排，使学生由易到难地系统地掌握基础知识、基本技术、基本技能，培养其严密的逻辑思维能力。

（2）加强计划性，充分考虑教学内容中纵向与横向的联系。某项技术的教学程序是纵向的联系，与其他技术的关系是横向的联系。前课应是后课的准备，后课对前课应起到巩固、补充和提高的作用。如为了让学生较快地掌握技术和提高身体素质，遵循由低到高、由主及次的顺序合理安排运动量，根据学习、提高、巩固，再学习、再提高、再巩固的方式进行教学，稳步前进。

（3）全面系统与重点突出相结合，切勿平均主义。乒乓球的技术、战术和身体素质的提高应遵循事物发展的一般规律，没有绝对的平衡，而且学生的接受能力、技术水平、体质基础各不相同，因此在教学过程中，一方面要注意有系统、有计划地组织教学，另一方面也要注意在不同时期、不同阶段和不同情况下抓住关键，突出重点。

（五）因材施教原则

1. 因材施教原则释义

因材施教原则是指教师从学生的实际出发，使教学的深度、广度、进度适合学生的知识水平和接受能力，同时考虑学生的个性特点和个体差异，使每个学生的知识、技能和情感得到充分的发展。

2. 因材施教原则贯彻要点

（1）注意统一安排和区别对待。在乒乓球教学过程中，既要考虑学生整体的共性问题，又要从学生的不同情况出发，有针对性地解决个性问题。例如，在教学过程中，根据学生的打法类型、技术特点、训练水平和身体条件的不同，可在练习内容、练习方法、练习负荷方面等区别对待。

（2）采用体现以学生为主体的教法和学法。例如，乒乓球理论课教学可以采用翻转课堂的形式进行，先让学生根据自身情况事先预习，教师再讲授和引导，通过线上线下的互动激发学生的创造性和自觉性。在技术练习课上，可多引入包括技术指导、陪练、教学实践等实训内容，让学生学会从“教师”的角度思考，从而提升其能力。

（3）以学生特点为依据因材施教。从实际出发，教学安排力求符合学生的身体、技术、技能和知识水平等，同时要看到学生未来的发展潜力，给予不同的引导。例如，有的学生身高臂长，适合削球型打法，教学中可以在基本要求的基础上，为其设计削球技术练习；再如，有的学生属于典型的多血质人格特征，在教学中可以多培养其战术思维的活跃性。

（六）理论联系实际原则

1. 理论联系实际原则释义

理论联系实际原则是指教学必须坚持理论与实际的结合与统一，用理论分析实际，用实际验证理论，使学生从理论和实际的结合中理解和掌握知识，培养学生运用知识解决实际问题的能力。理论联系实际原则要解决的矛盾，主要是保证所学知识与其来源和具体实践不脱节。在乒乓球教学中，就是让学生将掌握的乒乓球理论知识能够运用到乒乓球各项实践中去。

2. 理论联系实际原则贯彻要点

在乒乓球教学中，应充分发挥理论知识对技术、技能学习的指导作用，而在学习与掌握技术、技能时又应不断加深对理论的理解。贯彻此原则时应注意以下要点：

（1）结合循序渐进原则。全面分析教材内容，合理安排教学进度，以利于理论和实际的相互促进。既要发挥理论对技术教学的指导作用，又要在技术教学中加深对理论的理解。

（2）结合启发性原则。在理论教学中，注意联系技术教学中的实际；在技术教学中，充分运用所学理论进行讲解、示范和分析。

（3）结合直观性原则。在进行技术教学时，应充分利用现代教育技术，利用多学科理论来解决乒乓球教学中出现的疑点和难点问题，使学生学会运用理论思维来分析问题、解决问题。

（七）练习与比赛相结合原则

1. 练习与比赛相结合原则释义

练习与比赛相结合原则是指在乒乓球教学中，既要进行各项技术、战术的练习，又要使练习的内容适应比赛实战的需求，把两者有机地结合起来。

2. 练习与比赛相结合原则贯彻要点

在乒乓球教学中，单纯的练习往往导致所学内容在比赛中无法正确使用，无法正常发挥，出现“练习与比赛脱节”的现象。因此，在教学中应贯彻练习与比赛相结合原则。贯彻此原则应注意以下要点：

（1）正确理解练习与比赛的关系。练习与比赛是学习、提高技术水平的两个不可分割的基本手段，比赛不仅是练习的主要目的之一，也是进一步安排练习的依据。在练习过程中，除了将球打上台，还要融入落点、弧线、旋转等各项乒乓球竞技要素不同组合所产生的战术效果，在技术练习中注入战术意识；而比赛中又要尽可能将练习时较稳定的技术水平充分发挥出来，做到练习与比赛互相促进。

（2）根据学生技能发展的规律，选取安排比赛。例如，为强化基本技术，在基本技术练习到一定阶段后可以安排攻球比赛、搓球比赛等基本技术比赛；而综合实战性比赛一般在学生已经掌握基本技术和战术的情况下安排，以防止破坏形成的正确动力定型，引起不良的后果。

（3）比赛目的要明确、方法要周密，并应提出具体的要求。只有以严肃认真的态度参加比赛，才能收到良好的效果。即便是教学比赛也应充分重视，否则会影响教学效果。

（4）乒乓球教学课中比赛一般安排在课的末段，除了专门的实战比赛课外，一般比赛的时间不宜过长。乒乓球教学课中，让学生在课的前段巩固基本技术，在课的末段安排比赛可以适当激发学生对基本技术的实战运用。

二、乒乓球的教学方法

教学方法是教师和学生为了实现共同的教学目标、完成共同的教学任务在教学过程中运用的方式和手段的总称。乒乓球常用的教学方法有语言法、直观法和实践法三大类。教学方法的选择与运用是否切合实际，对能否完成教学任务、提高教学质量有重要意义，正如著名哲学家笛卡尔所说“方法学的知识是最有用的知识”。

（一）语言法

1. 语言法释义

语言法，就是运用各种形式的语言，在乒乓球教学中指导学生掌握学习内容，进行练习的方法。语言是人类传递信息最主要的方式之一，正确合理地运用语言对于教学来说不可或缺。语言法的具体形式有讲解、口令和提示、默诵和自我暗示、口试和口头评讲等。

2. 语言法的具体形式及运用要点

（1）讲解法。讲解法是乒乓球教学工作中最常用的语言法，即教师通过讲解，向学生阐明动作的名称、作用、要领、做法、要求等，帮助学生建立技术动作的正确概念，便于在练习时更快地掌握技术、技能。运用讲解法要注意以下几点：

① 讲解目的明确，符合教学需要。根据教学任务和学生的实际情况，有针对性、有区别地进行讲解。在理论课、专门分析技术动作或纠错时，可以较详细地讲解，但在技战术练习课上，特别是学生练习情绪很高时，则应精讲多练。

② 讲解内容清晰准确。在乒乓球教学中，要求教学内容正确、具有科学性，同时清楚地表达出来，防止因词不达意而误导学生。

③ 讲解内容有组织性、逻辑性。讲解时，不要一次讲解多个概念、知识点，而是逐层铺开，便于学生紧跟讲解内容，有疑惑时也可及时提出。

（2）口令和提示。口令和提示是教师进行教学活动的方式。例如，进行准备活动、组织练习、集中讲解和集合整队时使用相应的口令。又如，技术练习中直接通过给予如“重心降低”“还原迅速”等提示。

（3）默诵和自我暗示。默诵和自我暗示是通过在脑中对相关思维进行表述而不通过口头发声表现出来的一种语言形式。由于语言和肌肉活动有一定的联系，默诵和自我暗示在头脑中产生的无声语言不仅能形成动作过程，也能在一定程度上产生具体的动作形象。因此在学习乒乓球过程中，养成“默诵”“自我暗示”的习惯，对掌握、纠正错误动作有积极作用。在指导学生编制暗示语言时，应注意目的要明确，并与个人实际密切结合，所用语言应准确、生动、形象，以最能引起相应的联想为好，如肌肉放松、小臂发力。

（二）直观法

1. 直观法释义

直观法，就是在乒乓球教学过程中，让学生通过各种感官（如视觉、听觉、肌肉本体感觉）对学习内容进行认知和体会的教学方法。直观教学法对于学生了解动作形象、结构、要领、完成方法以及时间和空间的关系都非常有效。

语言法的特点之一在于语言是一种间接认识，与学生的生活和个人经验存在一定的差距，有些甚至完全陌生。而直观法则是让学生体验最直接的亲身感受。在乒乓球教学中常用的直观法包括动作示范、教具模型演示、电视录像等媒体资料和条件诱导。

2. 直观法的具体形式及运用要点

（1）动作示范。动作示范是乒乓球教学过程中经常使用的方法之一，教师演示乒乓球技术、战术等，通过正确的示范动作，帮助学生建立正确的动作表象、结构、要领和方法。正确的动作示范，不仅有助于学生建立正确的动作概念，而且还可激发学生的练习兴趣。动作示范有完整示范和分解示范。分解示范就是把完整的动作合理地分成几个部分，按一定顺序进行示范，即先分后合。 完整示范则是将动作不做任何分割，连贯地完成示范。二者的比较如表6-1-1 所示。

表 6-1-1　分解示范和完整示范的比较

名称	分解示范	完整示范
释义	把动作合理地分成几个部分进行示范教学，最后再将这些动作串联起来	完整地示范动作
优点	分析动作细腻、重点突出	利于完整地掌握动作，尤其是掌握动作节奏
缺点	若分解不当则会割裂动作，破坏原动作节奏	不易分析、体会动作细节
注意点	划分要合理，分解与完整要相结合	简化动作要求、突出教学重点，如初学动作，应先要求掌握动作框架

改编自：苏丕仁．现代乒乓球运动教学与训练［M］．北京：人民体育出版社，2003.

乒乓球教学实践中运用动作示范时应注意以下要点：

① 明确动作示范的目的，选择合适的示范对象。选择最符合教学目的和要求的示范者，例如，初次建立正确动作概念时，教师尽可能自己做出正确示范；在纠正错动作时，则可选择出现错误动作的学生进行示范，从而有针对性地进行纠错。

② 注意示范者的位置和方向。根据学生的队形、动作特点和教学要求等确定采用正面示范，还是侧面示范、背面示范，以让学生看清示范内容为准。

③ 示范和讲解密切配合。一般学习新动作时，多采用先示范后讲解的方法。而在进一步分析动作或纠正错误动作时，宜采用边示范（慢动作示范）边

讲解的方法。

④ 选择正确的示范类型。针对学生的情况、教学内容等，正确运用完整示范和分解示范。例如，学习动作初期宜先采用分解示范，清晰展示动作的各个环节和要点，降低学习难度；待学生有一定基础后再采用完整示范让学生获得连贯完整的技术动作概念。

（2）教具模型演示。乒乓球教学中，实战示范往往一晃而过，直观教具则可以进行长时间观摩，而且还可以根据情况突出细节，尤其是讲解击球原理、球拍的构成、旋转产生的原因等知识时，充分发挥图表、模型、照片等教具的作用，可提高教学效果。例如，讲解乒乓球发球规则中非持拍手抛球后需尽快从球、球网以及球网上方的空间内移开，这个空间的界定需要学生具有较强的空间想象力，如果运用一些乒乓球桌的模型教具辅助演示，将让学生更快、更准确地掌握知识点。

（3）电视、录像和媒体资料。电视、录像和媒体资料因生动形象、调动感官能力强、有效激发学习兴趣等优点在直观教学中得到充分应用。乒乓球教学实践中，可以将电视、录像和媒体资料的使用当作一种教学辅助，在理论知识、技术学习和战术分析等方面充分利用，并对它们进行有效加工，以提高教学效果。观看电视和录像可以慢速回放，可以反复观看，进行多方面观察，从而加深印象。

（4）条件诱导。条件诱导主要指创设外部条件为引导学生学习、体会乒乓球技术的教学方法。例如，借助外力的帮助或对抗力的阻碍，使学生通过触觉和本体感觉，直接体会动作的要领和方法，多在初学、纠正错误动作或体会某一动作细节时运用。又如，利用附加装置来引导技术动作的方向、幅度和用力方法，如适当升降网的高度，以调整击球弧线的高度；在对方球台上放置一物品作为目标，提高击球的准确性。

（三）实践法

1. 实践法释义

实践法是指乒乓球教学过程中，师生以实际操作为主要途径进行知识传授和技能获取，从而达到教学目的的方法。在乒乓球教学中，实践法主要包括预防和纠正错误法、练习法和比赛法。

2. 实践法的具体形式及运用要点

（1）预防与纠正错误法。预防与纠正错误法是指教师为了防止和纠正学生在练习中出现的动作错误所采用的方法。在乒乓球技术学习过程中，教师应提前考虑学生可能出现的错误，采取预防出错的方法，并在出现错误时及时纠正，谨防形成错误的动力定型。预防与纠正错误动作，最重要的就是找出产生错误动作的主要原因，再对症下药。

① 明确练习目的。教师通过明确练习目的，使学生明确练习内容，形成正确的动力定型。要避免学生因“玩球”而产生错误动作，特别是在精神和身体感到疲劳时，放松了对技术的要求，随意挥拍，而形成了错误的动作定型。

② 明确所学动作。教师要运用合适的教法，使学生明确所学动作。可以请学生讲解并示范动作要领，发现错误，及时纠正；另外，教师也应经常检查总结，提高自己的教学水平。

③ 克服不利心理因素的影响。有的学生会因害怕犯错、失误怕同学笑话、怕技术动作“夸张”而放不开，或因学习动机过高而过分认真使动作僵硬等原因，以至形成错误动作。例如，学习拉弧圈球时，过分强调摩擦球要薄而产生了漏球的现象。此时，教师可以和学生一起正确分析不利的心理因素，有针对性地讲清理论知识并用实例说明，同时可以做相应的辅助练习或直接练习进行纠正。

④ 进行有针对性的练习以提高身体素质。有的学生可能手眼协调性较差，有的腰部和下肢配合不畅而导致打球动作僵硬，可以有针对性地安排一些身体素质训练和辅助性练习，如通过跳绳提高上肢与下肢的协调性和节奏感，通过转腰练习辅助体会正手攻球技术需要的腰部感觉。

⑤ 合理安排练习内容。乒乓球技术体系中有基础性技术和进阶性技术，在安排练习内容时要根据学生的练习水平循序渐进。例如，乒乓球初学者正手攻球过多地打斜线，容易形成站位面对球台而不会打正手直线球的缺点；又如初学攻球者过多地安排了打削球的练习，易形成拍面后仰，不善于打弧圈球的缺点。因此，教师应经常总结练习内容与掌握技术之间的关系，合理安排练习内容。

⑥ 防止教学要求过高。练习的内容若超过学生的技术水平，或在学生疲劳状态下仍要求其进行大强度练习都容易造成错误动作。因此，教师要根据教学大纲、教学进度、学生实际情况合理安排教学内容，在教学过程中注意因材施教。

（2）练习法。学习乒乓球运动，需要进行大量的练习，练习方法亦多种多样。根据常规的乒乓球技术教学阶段，可将练习法分为徒手动作练习、不上台击球练习和上台的击球练习。 乒乓球教学中练习法的内容主要包括：

① 徒手动作练习。通常在学习乒乓球基础技术的初期，教师讲解、示范相关技术动作后，需让学生进行徒手动作练习。在进行练习时，教师要随时提示动作的某些错误，到学生中进行纠正，必要时再次讲解、示范，教师也可带领学生一起做。徒手动作练习有助于学生建立正确的动作概念，清楚并纠正易

犯错误动作，同时巩固正确动作。

② 不上台击球练习。不上台进行如垫球、对墙壁击球等练习。对于初学者，如果直接上台击球，常常会让练习者过于在意教师打过来的球，以及自己的回球是否上台，容易导致动作变形。同时，由于初学者在技术动作定型、手感、击球时的时间空间感觉均较差，往往出现无法击到球或击球落点散乱等情况。所以通过这类不上台击球练习加强手感，体会动作，纠正动作。

③ 上台击球练习。对于初学者而言，通常从打一板球和自抛自打练习开始，逐步建立在球台击球的感觉。随着练习的深入，可进行正手攻球、反手推挡、搓球等基本技术的上台练习。练习形式逐渐丰富，有互发多球、一推一攻、对攻、对推等。在这一阶段，通过多球和单球练习，不断提高各项技术的稳定性、熟练度和击球质量。

在乒乓球教学中使用练习法的基本要求有：

① 提高学生练习的自觉性。练习时，要使学生明确练习的目的与要求，掌握练习的原理与方法。任何练习都以一定理论为基础，都要掌握一定的程序、规范、要领与关键。只有明确目的、掌握原理与方法，才能提高练习的自觉性，保证练习的质量。

② 循序渐进，逐步提高。对于练习的数量、质量、难度、速度、独立程度和熟练程度、综合应用与创造性上，应有计划地提出要求，由易到难，使学生逐步提高，逐渐达到熟练、完善的程度。

③ 严格要求。在进行练习时，要求学生一丝不苟、刻苦训练、精益求精。

④ 合理选用练习法。根据练习方法的不同特点、学生的情况选择相应的练习法。例如，初学者可以先用重复法练习徒手动作，随后使用多球进行重点强化，进而逐渐过渡到单球练习；待学生基本技能逐渐稳固，技术种类丰富后，可采用变换练习法、综合练习法等。

(3) 比赛法。比赛法主要强调通过不同类型的比赛实战的方式，让学生有机会在实践中运用所学技术、战术，以提高乒乓球运动技能。在教学中采用比赛法能提高学生的兴奋性、积极性，使学生具备一定的实战能力。在乒乓球教学过程中运用比赛法应注意以下几点：

① 比赛目的必须明确、具体，态度必须严肃认真。不能因为是教学比赛就态度散漫，导致教学比赛的目的无法有效达成。

② 根据不同的教学目的，设定不同的教学比赛。例如，以巩固技术和提高技术质量为主要目的的单一技术比赛，如对攻比赛、对推比赛、互相摆短比赛；在学生具备基本技术后，可以引入单一战术比赛，如正手发侧下旋短球后

抢攻战术。

③ 在学生已经掌握一定的技术和战术的基础上才能安排实战性比赛，以不破坏学生刚刚形成的正确动作定型。

④ 在整个乒乓球教学计划中比赛法所占的比例不应过高，应该侧重于在完成基本教学任务的基础上，适度使用比赛法。

三、乒乓球教学的组织

按照一堂体育课常规的阶段划分，从教学前准备、教学过程中的控制以及课后总结等不同教学阶段总结了相应的实践指导经验，为有效组织乒乓球教学，提高教学效果提供参考。

（一）教学前准备

教学前准备，即教师在上课前对教学所做的准备。通常教师要掌握授课对象和教学条件的基本情况，根据教学大纲制定教学进度，并依照进度针对每一堂课的内容进行备课以及教学资源等方面的准备。

1. 掌握授课对象和教学条件的基本情况

只有掌握授课对象和教学条件的基本情况，才能对教学任务、教授内容、组织教法、运动负荷等问题进行合理安排，使学生能够更好地掌握所学内容。为此至少应考虑以下几个主要方面：

（1）学生的不同特征。教师通常给不同年级、不同专业的学生授课，因此，需要事先了解学生的专业背景、年龄特征、性别结构、身体素质、运动经历和教学班级的规模等基本情况。

（2）教学条件。如场地大小、球台数量、器材数量等条件。

（3）合理分组。根据教学实践中发现各学生的运动基础以及性别、年龄等进行分组，注意区别对待。

2. 根据教学大纲制定教学进度并确定主要教学内容

教学大纲是根据教学计划的要求编写的教学指导文件，它以纲要的形式规定该门课程的教学内容、顺序、时数的分配、考核内容与标准、完成大纲的措施等文件。教学大纲是制定教学进度、选用教学方法、编排教学内容等的主要依据，是教师教学工作的指南。

乒乓球普修课教学大纲样例

教学进度是把教学大纲所规定的教学内容和时数，按照一定的要求和顺序，合理地分配到每次课的教学文件。教学进度是教师编写课时计划的主要依据。在安排整个教学进度中，要反映出教学计划的完整性和连贯性。在制定教学进度时应注意以下几点：

（1）教学内容的循序渐进。一般按照先学习基本知识、单项技术和结合技术，再进行战术学习的顺序，遵从循序渐进的原则。凭借这种原则教学，可以清楚地了解已经教授的内容，并能够合理把握教学进度。

（2）教学内容的温故知新。不能一味追求多项教学目标和内容而安排过多的学习内容，而要按照新授课与复习课、理论课与实践课的结构，遵循学习需要过程和时间积累的客观规律来设计教学进度。例如，通过某一次课的进度就能够分析出学生已经学习了哪些技术和战术，具体掌握的程度如何等。教师根据这种分析，将新的学习内容与复习内容紧密衔接起来，使学生学习做到温故知新。同时课程的教授内容也会紧凑、自然，有利于教师在课上组织教学。

3. 备课

乒乓球普修课教学进度设计样例

备好课是上好课的前提，对教师而言，备好课可以加强教学课的计划性和针对性，有利于教师充分发挥主导作用。备课时教师根据学科课程标准的要求和本门课程的特点，结合学生的具体情况，选择合适的表达方法和顺序，以充分发挥学生的主体作用。教学前备课一般尽可能做好以下准备工作：

（1）吃透教材。教材是教师选择教学内容、方法的基本参考用书和学生课前预习、课后复习的学习用书，因此教师要结合大纲进度熟悉教材。教材是编写教学计划不可缺少的依据。因此，教师必须熟悉教材，认真学习教材，结合学生具体情况找出每次课的技术重点和难点，以便在教学中抓住关键，确定教学方法和手段，有的放矢地把握课的深浅度，保证教学效果。

（2）确定教学任务。根据课程标准、培养方案、教学大纲等文件明确乒乓球课程的总任务，进而确定某一堂课的具体任务就比较容易了。乒乓球教学实践中，确定教学任务时应注意以下要点：

① 一次课程任务的确定应与前后课程密切联系，要根据教学进度安排以及学生具体情况确定教学任务和内容。

② 要熟悉教学内容，并考虑通过不同的教学方法使学生掌握教学内容。

③ 新授课的任务有初步学习、基本掌握、熟练运用等几个阶段，合理安排练习方法、练习形式，使教学的内容、练习形式、练习次数以及教学要求与教学任务相匹配。

④ 复习课的教学任务可分为进一步学习、改进与提高、巩固与运用自如等阶段，在不同阶段采用的教学方法不同。学习并掌握某一技术动作时，可以变化练习方法、练习形式，增加难度，不断提高要求，以完成教学任务。

4. 编写课时计划(教案)

课时计划一般也称教案，是教师根据教学进度编写的，是教师上课的具体计划。教案一般主要提出本次课的任务和要求、教学内容、教学组织形式、教学步骤和教学方法。教案要体现科学性、实用性和针对性。

(1) 编写教案的基本要求。课的任务要明确，教学要求要具体，教学内容要符合实际、突出重点，课的组织要严密，教法要科学多样，运动负荷要适宜，安全措施要落实，场地布置要合理，文字简明扼要。

(2) 编写教案的注意要点。

① 了解学生。要了解学生的知识、技术和技能基础，智力和体力的发展情况及个性特点等。在此基础上还应考虑学生学习新知识、新技术会有哪些困难、哪些问题，要采取哪些预防措施等。

② 钻研教材。包括研究教学大纲，明确本学科的教学目的及各章、节、课的教学目标，弄清教材体系及教材的范围和深度；钻研教材，明确教材的重点和难点，收集与本学科、本课题有关的材料并加以精选和组织。

③ 考虑教法。包括如何组织教材，如何确定课的类型，如何运用各种方法开展教学活动。此外，也要考虑学生的学法，课堂学习活动与课外作业等。教学中应尽可能采用多种教学方法，避免教学方法的单一化倾向。

(3) 编写教案的步骤。

① 确定课的任务。确定课的任务是备好课的首要一环，是确定教学要求、课的组织教法和运动负荷的依据。课的任务应正确、全面、具体。正确是指所提出的任务应符合教学大纲和教学进度的要求，切合学生实际，是大多数学生经过努力可以达到的；对于部分基础较好和较差的学生，要注意区别对待，提出不同要求。全面是指既有教育的任务，又有提高身体素质和技战术的任务；实践中应该根据课的类型不同，有主次之分。具体是指任务应明确，不含混、不笼统。

② 开始编写教案。教案的基本结构包括准备部分、基本部分和结束部分。准备部分通常包括开课常规和准备活动。开课常规中应含有宣布本课任务和思想动员的内容纲要，以及队列练习和注意事项等。准备活动的内容如果是较复杂的动作，最好写出做法和要领，一般常用的准备活动可只写动作名称和图示。基本部分是课的主要部分。教学内容和教法、组织一栏，应将动作名称、要领、教学要求、教学重点和难点、易犯错误等写清楚。各项内容的练习组织形式和为下一个内容安排的专门性准备活动等，都应用文字和图示详细说明。教学方法包括教师的讲解和示范，学生的练习顺序、练习方法、练习次数和练习时间等，要求用文字表述清楚，要把教学与练习有机地结合起来。结束部分所采用的游戏应写明名称、方法和要求。放松活动采用一般柔软性放松练习等，写出动作名称或图示即可。课结束后，教师要及时将本课的教学结果、优缺点、主要经验和教训等写入课后记录栏内，为教学工作积累资料，以便进行总结研究。

（二）课堂教学过程控制

乒乓球课教案样例

教学过程控制，就是教师在教学时根据课前的准备对课堂情况的把握和掌控。与其他学科课程教学相同，乒乓球课堂教学过程是从上课前就已经开始了。教师在课前的教学准备是否充分对教师在课堂教学过程中的控制起到重要作用。

1. 课前教学准备

教师需提前到达上课地点做基本的课前准备，包括：

（1）检查教学文件。如教学进度表、教案、点名册。

（2）检查场地、器材。如球台数量、场地空间、多球数量、地面是否平整以及相关的器材等是否符合要求。

（3）调整身心状态。适当热身，检查服装。

2. 课堂教学过程中的控制

课堂教学过程控制体现了教师对教授内容、课堂纪律以及学生掌握情况的控制，在整个过程中教师起到主导作用。教师是否有序地组织教学、正确地使用教学术语、规范地示范动作和保持积极的上课热情，都会影响课堂效果，在教学过程的控制中起着极其重要的作用。

课堂教学过程中的控制应注意如下几个方面：

（1）保持良好的精神面貌。精神饱满，充满自信，口令清晰，声音洪亮，展现出体育教师良好的精神风貌。

（2）严格执行课堂常规。集合整队，做好出勤记录，检查学生服装，宣布课的任务、内容以及重点和难点，提出上课要求。

（3）把握好整体时间分配。一般要求是“快速热身，精讲多练，概括总结”，即课前讲解尽可能简明扼要，让学生练习时间尽可能充分；以学习内容为主的课程，讲解示范、练习新内容的时间比例稍大；以复习内容为主的课程则安排练习时间相对较多。

（4）精讲多练，保证学生充分的练习时间。教师讲解、示范、组织调动队形等均需要占用时间，但重点是要保证学生足够的练习时间。因此，在乒乓球实际教学中，有如下经验值得参考：

① 尽量减少不必要的组织措施和队形调动，以最短的时间、最快的速度组织练习。

② 根据情况有序组织课堂教学。课堂上有时会遇到学生人数多、球台和球数量不足、学生技术水平参差不齐等情况，这给教学组织带来一定的困难，在教学和练习过程中还会有突发状况，教师平常就应该有意识地思考和培养组织能力和应变能力，对上述问题的处理要有一些预案，从而在实际教学过程中

保证课堂教学有序进行。

③ 合理编排教学内容，如徒手动作和上台有球练习的安排要合理，课的安排可以从熟悉球性—徒手练习—上台一点攻球—两点攻球，这样可减少拿放球拍、组织队形的时间，保证练习的连续性。

④ 活用巡视法，提高讲解、示范质量，做到精讲多练，提高教学效益。教师在学生练习过程中，在各球台间走动观察，掌握练习情况，必要时在某张球台进行有针对性的指导或陪练。同时，在进行个别指导或在某张球台与学生练习时，也要兼顾其他台的练习情况，严格按照教学内容进行练习，不能放任自流。

（5）积极鼓励学生。不断用语言和行动调动学生练习的积极性，将体育运动敢于试错，通过课程思政营造积极向上的课堂氛围，从而让乒乓球教学达到更好的情感教学目标。

（6）注意发挥学生的主体作用。在乒乓球教学中通过案例讲解、步步引导、随堂提问等方式调动学生学习的积极性，在此过程中帮助学生建立独立思考的能力和创新精神，让教学活动很好地在教师主导和学生主体作用上达到良性平衡。

（7）及时纠正错误动作。学生在初学技术动作时，不可避免地会出现各种各样的错误，教师要提高动作示范与讲解的质量，明确动作的易犯错误及纠正方法，具体应注意以下几点：

① 先肯定学生的进步，再指出错误动作的所在，并分析原因，提出针对个人特点的改进方法，以便提高学生的自信心。

② 遇到错误动作较多的情况时，要抓住错误动作的主要环节，进一步讲解示范。对普遍性错误，可采用集体纠正方法；若属个别现象，则应采取个别指导方式。

（三）课后总结

课后总结，即在一堂课结束后对本堂课的主要方面进行概括和评价，总结成功之处，找出失败问题并下次改进。乒乓球教学中常从课堂情况、师生表现、教学效果等方面进行小结，具体如下：

（1）教师的自我评价。如队列组织是否合理，示范动作是否正确，讲解语言是否准确，课堂秩序控制是否得当，对错误动作纠正是否及时，应对突发状况是否冷静，内容安排的可行性，时间分配科学性以及负荷强度和运动量等与教师主体相关的问题。

（2）对学生的评价。包括学生的学习态度、出勤率、课堂组织纪律性、练习积极性，每个教学内容在练习中普遍存在的问题和个别存在的问题，学生对练习形式的掌握理解和接受能力等。对表现突出的学生及时鼓励表扬，起到树立标杆和激励其他同学的作用；对表现较差的同学适当采取批评与鼓励的语言，督促其进步。

（3）教学反思和改进。从学生调查、同行评价、教学督导专家等方面广泛听取教学意见和建议，从教学方法和手段、教学组织与管理、教学文件的制定等方面积累经验，并通过不断的教学反思，找到未来教学的目标和依据，摸索出适应当前教学的有效方法，进一步提高教学质量。

第二节　乒乓球训练

乒乓球训练是一个连续、完整的培育过程，需要在乒乓球训练原则的指导下采用科学的训练方法，并针对不同的技、战术打法类型进行相应的训练。

一、乒乓球的训练原则

乒乓球训练原则是乒乓球训练工作客观规律的反映，是长期从事乒乓球训练工作实践的经验总结与概括。随着乒乓球运动训练实践的不断丰富，经验的不断积累，以及对训练过程客观规律认识的不断深化，乒乓球运动的训练原则也在不断地完善和发展。每个原则都不是孤立的，它们之间紧密联系，相互作用。乒乓球训练原则是运动员和教练员进行乒乓球训练工作必须遵循的准则和基本要求。

（一）系统训练原则

1. 系统训练原则释义

系统训练是指从训练的最初阶段开始，直到出成绩、保持成绩并不断提高技术水平的整个训练过程。本原则强调需要长时间、持续地训练，强调循序渐进，遵循事物发展从低到高的普遍规律。 由于人体发展能力的生物适应具有阶段性，训练效果具有不稳定性，而运动技能的提高过程是机体不断进行生物适应的过程，因此，训练中的各个训练阶段、训练内容都是彼此相关、相互影响和相互促进的。

2. 系统训练原则贯彻要点

（1）坚持多年系统训练。一般来讲，乒乓球运动员需要 8~10 年甚至更长的训练时间才有机会创造优异的运动成绩。要将这 8~10 年的训练时间分为若干个训练阶段，并使每个训练阶段紧密相连成为一个统一的整体。

（2）各训练周期衔接连贯。课与课、周与周、周期与周期等各训练阶段之间，在训练内容、重点、方法和运动负荷的安排上要有机地结合起来，使上一次训练(课、周、周期、阶段)成为下一次训练的准备，使下一次训练的效果在上一次训练的基础上得到提高。

(3) 合理安排各周期的训练计划。统筹规划、合理安排技术、战术、心理、运动智能和体能等训练内容，合理安排各项技术的练习与提高、技术间的衔接、战术的合理使用、技术训练与身体素质训练的比重，体现运动训练的系统性。

(二) 周期安排原则

1. 周期安排原则释义

周期性是物质运动的一个普遍规律，乒乓球训练也不例外。乒乓球运动员竞技状态的获得、保持和消失呈周期性。运动员不可能处于一直都能动员自己发挥最大潜力的这样一种状态，人体的生物性保护本能就决定了运动员获得的竞技状态保持一定时间后，必然会进入一个渐退至消失的阶段。人体机能的提高是通过负荷—恢复—提高这样一个循环往复的过程进行的，也呈现出周期性，即首先给予负荷，由此产生能量物质的消耗，然后通过能量物质恢复，人体机能恢复后，通过超量恢复提高机能。这是一个循环往复的过程，也是人体机能提高的一种模式。运动训练的直接目的是在比赛中创造成绩，比赛日程的安排与季节周期密切相关。为此，在安排训练时必须以此周期为依据，即应根据竞技状态形成的规律，合理安排训练，使运动员在预定的比赛期内表现出最佳的竞技状态。

2. 周期安排原则贯彻要点

(1) 熟悉各周期类型。如表 6-2-1 所示，将训练周期划分成不同的类型，在贯彻周期安排原则时，有必要根据训练目标，将乒乓球训练科学合理地划分成不同的周期，为进一步安排训练计划提供参照。

表 6-2-1　训练周期的类型与组成

周期类型	周期时间跨度
多年训练周期	年(如 2~4 年)
全年训练周期	阶段(准备期—竞赛期—过渡期)
阶段训练周期	大周期(1~4 个)
大周期	小周期(2~6 个)
小周期	日周期(7 天)、训练单元(3~25 个)
日周期	训练单元(1~5 个)
训练单元	小时(0.5~4 小时)

改编自：苏丕仁．乒乓球运动教程［M］．北京：高等教育出版社，2004.

（2）注意各周期之间的衔接，以比赛日期为训练周期的安排依据。

（3）统筹考虑训练周期与大赛间的衔接，周期与周期之间也要有必要的休整。

（三）适宜负荷原则

1. 适宜负荷原则释义

适宜负荷原则是指根据运动员的现实可能和人体机能的训练适应规律，以及提高运动员竞技能力的需要，在训练中给予相应量度的负荷，以取得理想训练效果的训练原则。运动员在训练中承受了一定的运动负荷后，必然会产生相应的训练效应。但并非只要施加了负荷，就一定会产生良好的训练效应。训练负荷的安排对训练效应有重要影响。机体对适宜的负荷产生适应，但负荷过小，不能引起机体必要的应激反应；而负荷过大又会出现劣变反应，过度疲劳和伤病是进行系统训练的一大障碍。

2. 适宜负荷原则贯彻要点

（1）在乒乓球训练中，应注意从实际出发，根据不同选手、不同打法、不同训练时期的任务、身体状况等条件，循序渐进、有节奏地安排运动负荷，并处理好负荷（包括生理负荷与心理负荷）与恢复的关系。

（2）把握乒乓球运动的特征。乒乓球是以技巧为主、体能为辅的运动项目，训练以加大练习密度为主要特征，在此基础上通过调节练习强度如移动速度和范围、击球力量、练习次数和组数等达到调控运动负荷的目的。要加强全面体能训练，提高机能和健康水平。同时，要加强适应乒乓球运动需要的灵敏性、移动速度、挥拍速度、击球力量等专项素质训练。乒乓球运动员进行体能训练是必要的，但是要注意和以体能为主的运动项目的区别。如果体能训练的比重过大，会影响技术训练的效果。

（3）注意训练动机的激发。运动员缺乏训练动机，就不能最大限度地动员其肌肉、神经系统和心理能力。另外，比赛胜负、训练指标完成的情况、计划执行的情况、社会因素的影响以及运动员的身体状况（包括伤、病等），都会对运动员产生不同的心理负荷。为此，需要进行有效的动机激发才能保证训练负荷达到有效的刺激。

（四）统一安排与区别对待相结合原则

1. 统一安排与区别对待相结合原则释义

统一安排与区别对待相结合原则是指在整个训练过程或训练的某一阶段，安排训练内容、方法手段以及提出要求时，既要考虑全队须解决的共性问题，又要针对运动员的不同情况解决每个人须解决的个性问题。因此，训练中既要统一安排，又要区别对待，顾及运动员的不同特点。统一安排，主要体现在对全队共通的安排上，如规定时间，按方法、步骤进行训练，以达到共同提高的目的。而区别对待，则主要侧重于训练内容、方法、步骤、手段以及要求上，根据个人情况的不同加以区别。实践证明，只有真正贯彻统一安排与区别对待原则，才能使训练取得积极的效果。

2. 统一安排与区别对待相结合原则贯彻要点

（1）统一安排与区别对待。训练过程中，教练员应善于根据不同的训练期、本队的训练水平、个人不同的技术和身体素质情况，将统一安排与区别对待有机地结合起来，并灵活运用。例如，在训练时间分配上，对少年儿童运动员或训练时间较短、训练水平较低的运动员，统一安排的时间可以多些，以便共同打好基础。而对于训练水平较高的运动员或接近比赛的运动员，区别对待的训练时间则可以多一些，以利于根据个人的不同特点形成不同的技术风格。

（2）注重运动员的个性心理特点。个性心理既有先天遗传因素，又受后天环境的影响，既受训练和比赛的锻造，又作用于运动员今后的训练和比赛。因此，要根据每一个人的个性心理特点采取针对性的训练，有目的地提高运动员的心理认识水平和心理承受能力，不断发展运动员的个性心理特征，从而形成鲜明的技术风格。

（五）全面技术训练与特长技术训练相结合原则

1. 全面技术训练与特长技术训练相结合原则释义

全面技术训练与特长技术训练相结合原则是指要全面加强运动员基本技术训练，还要在此基础上根据个人的技战术、体能及个性心理特点，大力发展个人特长技术。技术全面要求运动员在技术上没有明显的漏洞，既能对付各种不同类型的打法，又能依据不同对手，灵活运用技战术。但仅仅技术全面对于高水平竞技来说还是不够的，还需要运动员拥有独特的克敌制胜、成功率高的技战术，即特长或称作绝招。技术全面是技术适应性和战术多样化的基础，特长技术则是得分的主要手段，两者相辅相成，缺一不可。

2. 全面技术训练与特长技术训练相结合原则贯彻要点

（1）在训练初期，优先抓好全面技术的训练；随着技术水平的不断提高，基础牢固时，则应有意识地加强特长技术的训练。

（2）在以全面技术训练为主的时期，就要提前注意发现和建立运动员的特长技术；在以发展特长技术为主的训练时期，也应注意对全面技术的持续巩固和提高。

（3）技术全面与特长突出需辩证统一，不能等技术全面了再练特长；也不能过早、过多地进行特长技术训练，而忽略全面练习技术。

（4）在运动员的巅峰期，同样需要加强全面技术的训练。

（六）训练与比赛相结合的原则

1. 训练与比赛相结合原则释义

训练与比赛相结合原则是指在培养乒乓球运动员的过程中，既要重视训练，又要重视比赛，将比赛看作训练的一种特殊形式，让日常训练均围绕提高比赛实战能力来安排，从而实现“练为战”的核心目标。乒乓球比赛是全部训练工作的依据，是检查和表现训练效果的基本形式。训练是为了比赛，训练必须服从比赛。有的技术、战术、心理训练以及比赛意识的培养和适应能力的提高等要通过特定的比赛来进行。因此，比赛又是训练的一种手段。正确处理好训练和比赛的关系，对于不断提高运动员的技术水平，具有重要意义。

2. 训练与比赛相结合原则贯彻要点

（1）在训练的初级阶段、少年儿童的初学阶段或训练水平较低时，一般应以基本技术训练为主，适当安排比赛或用比赛训练法即可。随着运动员训练水平的提高，特别是到了训练后期(竞赛期或赛前期)，一般应以战术训练为主，同时增加比赛数量，借以提高运动员的战术运用能力，使运动员在各类比赛中能正常地发挥技术水平。

（2）根据情况灵活采用多种形式的比赛，如队内对抗赛、对外邀请赛以及针对特定情境的开局比赛、让分比赛、局点或赛点不同阶段的比赛等能针对性地训练运动员的技术、战术、心理能力，提高实战能力。

（3）比赛的密度要适中。练为战，但过于频繁的比赛会对训练的系统性、周期性产生影响，积累的疲劳没有适时恢复，机体对比赛的刺激敏感度下降等；而比赛太少则会降低训练的积极性，同时缺少在实战中检验训练效果的机会。所以，比赛的密度要适中。

（4）训练水平越高，越需参加更多的比赛。如果平时的训练能接近正式比赛的条件，对提高运动员的心理素质、战术意识、比赛风格等均具有积极作用。但是平时的训练很难达到正式比赛的要求，因此应给训练水平较高的运动员创造更多的比赛机会，加强实战锻炼，不断积累临场比赛经验，保持竞技状态。

（5）充分发挥比赛的诊断功能。比赛成绩、比赛过程中出现的问题等都是对训练阶段性成果的一种有效反馈，应在比赛后深入剖析队员在技术、战术、心理、智能和体能方面的问题，找出改进对策，并及时将改进方案落实到具体训练计划中，让训练和比赛形成互相促进的良性循环。

二、乒乓球的训练方法

训练方法是有效地完成训练任务的途径和办法的总称。作为隔网对抗项目的典型代表之一，乒乓球是技能主导类项目。因此，本部分的训练方法主要指乒乓球技战术的训练方法。

从一般意义上讲，乒乓球技术和战术的训练是统一的，因为技术是战术的基础，技术的多样性决定战术的多变性。我国乒乓球多年的技战术训练经验，是把技术训练与比赛中的战术要求结合起来，练以致用。因此，技战术训练方法的核心是在技战术内容中有效地体现乒乓球制胜的 5 个因素。

（一）重复训练法

1. 重复训练法释义

重复训练法是多次反复练习某项内容的训练方法。重复训练法有助于使运动员建立更加稳定的动力定型，通过不断强化，提高单个技术、组合技术以及技术之间衔接的质量。另外，通过重复训练还可以针对性地强化某一特定的战术套路。因此，可以根据不同的训练目标，将重复训练法用于单个技术、结合性技术的练习中，也可以用于形成某项特定战术的练习中。

2. 重复训练法的运用

（1）单项技术重复训练，即在相对固定的线路、相对稳定的来球状态下，进行某一项技术的反复练习，通过不断的反复强化刺激，在大脑中枢神经和运动器官之间建立稳固的神经联系，巩固该项技术的动力定型，从而提高该项技术的准确性、稳定性和击球质量等。乒乓球的各单项技术，如推挡、正手快攻、搓球、近台反手快攻、弧圈球都可通过重复训练法来强化。

（2）结合性技术重复训练，即两个及两个以上技术之间有机结合的重复练习。其击球线路和击球方式、方法相对稳定，运动员可在反复练习中提高技术衔接的准确性和熟练性。例如，左推右攻、推挡侧身攻、两面拉弧圈、两面削球等各项练习。

（3）战术重复训练，即为建立或巩固、提高某一特定的乒乓球战术而进行的战术组合重复训练。战术重复训练以多球练习的形式会取得更好的练习效果。常运用重复训练法训练的乒乓球战术如表 6-2-2 所示。

表 6-2-2　运用重复训练法训练的乒乓球战术

战术类型	具体战术练习内容参考
发球抢攻战术重复练习	侧身正手发球后正手位抢拉（冲） 反手发球后反手抢拉（冲） 反手发球后正手位抢拉（冲） 侧身正手发球后侧身位抢攻（拉或冲）

续表

战术类型	具体战术练习内容参考
接发球战术重复练习	反手台内侧拧接发球后正手位拉(冲) 正手台内挑打后回反手位快拨(拉) 侧身正手接发球抢拉后正手位拉(冲) 反手接发球抢拉后正手位拉(冲) 正手位接发球抢攻后回反手位快攻(拨)
相持转进攻战术重复练习	反手连续快拨后变直线接正手攻(拉) 中远台对拉弧圈球 正反手两面削中反攻 近网反手挑打后接反手变直线、正手位进攻

改编自：刘建和．乒乓球教学与训练［M］．北京：人民体育出版社，2004.

3. 重复训练法注意事项

（1）重复训练法用于技术练习应注意从动作方法、动作与动作间衔接的方法上加以纠正与指导，对击球的准确性、稳定性和击球质量提出要求。在学习技术的初期阶段，以有序练习为主，对运动员完成练习的数量、组数以及击球质量提出相应的要求。

（2）重复训练法用于战术练习应注意从战术的角度对运动员发球的旋转、速度和落点，抢攻(拉)的凶狠性、威胁性以及准确性提出要求。

（二）变换训练法

1. 变换训练法释义

变换训练法是根据实际比赛过程的复杂性、对抗程度的激烈性、运动技术的变异性、运动战术的变化性、运动能力的多样性以及中枢神经系统的灵活性等一般特性提出来的。乒乓球是隔网对抗的运动项目，攻防转换速度快，技术种类多样，战术变化丰富，运动员每一次击球既受对方制约也制约着对方。因此，运动员在提高阶段的训练中，要加大变换训练的比重，增加训练中的多种刺激，加强制约与反制约训练以适应比赛的要求。

2. 变换训练法的运用

（1）单面技术的变换练习，即与持拍手同侧或异侧某一侧的击球技术。在运动员的训练初期通常进行单面单项技术的练习，之后可以进行单面多项技术结合的变换练习。教练员应根据训练任务、内容和队员训练水平来安排训练内容的变换组合。例如，陪练方保持或变化回球的速度、力量、旋转和落点，主练方根据来球的变化情况或自身击球变化要求，加快步法移动，加强击球时机把握、击球点和用力方法的调节，不断提高击球变化的调节能力以及击球的准确性、稳定性和击球质量。

（2）两面技术的变换练习，即与持拍手同侧和异侧（正、反手两侧）击球技术的变换衔接练习。其能够有效提高运动员的判断能力、移动速度、挥拍速度和动作转换速度等应变能力。这类练习要根据运动员的训练水平，在技术组合上、击球线路上注意将有序与无序变化相结合，逐步加大无序训练的比重，在变换的条件下提高技术衔接的熟练性、稳定性和技术质量。

从单面与双面、单个技术与多个技术以及有序和无序等训练条件的变换出发，可以发展出乒乓球基本训练内容体系，如表6-2-3所示，以提高实战能力。

表6-2-3　变换训练法发展出来的乒乓球基本训练内容体系

面数	技术数量	具体训练内容参考
单面技术	单面单个技术	单点或两点有序移动中正手攻球练习 单点或两点有序变化中正手拉弧圈球练习 两点无序变化中正手攻球练习 两点无序变化中正手拉弧圈球练习 反手及中间位两点变化中反手削球练习 前后位移动中正手削球练习 正手或反手单点削接对方的拉冲、突击或扣杀练习
	单面多个技术	正手攻、扣变换练习 正手攻、拉变换练习 正手拉、冲变换练习 正手拉、冲、扣杀变换练习 反手快推、快攻变换练习 直拍反手反面拉球与正面推下旋球变换练习 直拍反手攻与反手拉变换练习 反手快攻、拉、冲变换练习 中近台移动中反手攻、拉变换练习 正手位中近台的攻、拉变换练习
两面技术	正、反手多个技术衔接	反手推结合侧身攻变换练习 搓球后上正手位拉、冲、扣练习 无序变化中正、反两面攻球练习 无序变化中正、反手两面拉、冲练习 无序变化中正、反手两面攻、扣练习 无序变化中正、反手两面削球练习 无序变化中正、反手削中反攻练习

改编自：刘建和．乒乓球教学与训练［M］．北京：人民体育出版社，2004.

3. 变换训练法注意事项

变换训练的主要目的和作用是在一方或双方击球不断变化的条件下，提高运动员应变能力和自变能力。在变换练习中，要求运动员适时地变换移动方式、击球方式和方法，掌握好击球的节奏、击球点和用力方法，以提高技术衔接的熟练性、稳定性和技术质量。

（三）多球训练法

1. 多球训练法释义

多球训练法是指集中一定数量的球，由喂球者根据练习的内容和要求，连续不断地给练习者供球，练习者在一定时间内根据练习目的不停地进行还击练习。乒乓球的多球训练法是在 20 世纪 60 年代从日本排球队的多球训练中移植而来的，之后我国在乒乓球训练广泛采用。

2. 多球训练法的运用

多球训练提高了运动员在单位时间内练习的密度和强度，对于掌握、改进、巩固与提高技术、战术、专项体能，磨炼意志品质等方面有重要作用。在多球练习上可以一球一击、一球多击；在供球方法上可一点位供球或两点位供球；在练习形式上可以是单人练习、双打练习，也可以是自己供球自己练习。乒乓球训练中运用多球训练法的常规训练内容以及练习目的和要求如表 6-2-4 所示。

表 6-2-4　乒乓球训练中运用多球训练法的常规训练内容以及练习目的和要求

技术	常规训练内容示例	练习目的和要求
单一技术	各类发球技术练习 平挡、快推、加力推、减力挡、推下旋球等推挡球技术 正(反)手的快攻、快点、快拉、快带、突击、扣杀、拧拉、中远台攻球、滑板球等攻球技术 正(反)手的慢搓、快搓、搓转与不转、摆短等搓球技术 正(反)手的加转弧圈球、前冲弧圈球、侧旋球等弧圈球技术 正(反)手的远台削球、中台削球、削追身球等削球技术	① 以掌握、改进、巩固基本动作方法为主 ② 以提高动作熟练性和准确性为主 ③ 以提高击球速度、力量和旋转质量为主 ④ 以提高移动速度和挥拍速度为主 ⑤ 以提高专项体能为主 ⑥ 要求运动员在快速移动过程中，调节好击球时间、击球点和用力方法，提高技术的准确性和熟练性

续表

技术	常规训练内容示例	练习目的和要求
结合技术	正(反)手的攻、扣结合练习，正(反)手的攻、拉结合练习，正(反)手挑打后的攻、扣结合练习，正(反)削球后的攻、扣结合练习等单面多个技术的结合练习 左推右攻，两面攻，两面拉弧圈球，推、侧、扑，两面削球，削中反攻等正、反手两面技术衔接的结合技术练习	① 以提高步法与手法之间、不同击球技术之间衔接的稳定性、准确性及衔接质量为主要目的 ② 训练中要通过调节供球速度、落点和旋转变化等，提高运动员的判断能力、步法移动能力、动作衔接能力及击球质量 ③ 可以供单一旋转球，加强供球的速率或变化节奏，也可以供不同旋转球、不同落点的球，可以交替供球
综合性技术	适应不同节奏、力量变化、速度变化、弧线变化、旋转变化和落点变化的练习	① 以提高运动员各种技术综合运用能力为目的 ② 通过快速变换供球方式，要求运动员快速移动，掌握技术衔接的节奏，提高攻、拉的速度、力量以及旋转质量和击球的准确性，提高移动速度、两面摆速

改编自：刘建和．乒乓球教学与训练［M］．北京：人民体育出版社，2004．

3. 多球训练法注意事项

多球训练是增大练习强度和密度，改进技术和提高专项身体素质的好方法，但是在运用多球训练法时，还必须结合其他练习。使用多球训练法时应注意以下事项：

（1）进行多球训练时，器材、设备完善与否对保证不间断地供球有较大影响。

① 球的数量。多球训练一般要能保证供球 3~5 分钟，准备 120~150 个球比较合适。

② 球盒。装球的容器以能容下 100 多个球为宜，不要过大过深，稍浅一些便于快速拿放。

③ 挡球架。为防止大量的球散落于练习场地，且考虑临时装卸和移动方便，可以用一根立柱，上面钉一横木做成的架子，高约 2 米，长 1.5~2 米，挂上网或布幕，下方配一个回收球的器皿，使挡住的球落在盒内，这样既能保持场地整洁，又能减少捡球时间，以提高练习效率。

（2）多球供球要符合练习目的并具有真实的球性。多球训练要求教练员除了常规的观察指导外，有时需要亲自供球，能够有针对性地在供出不同速度、力量、旋转、落点、弧线、节奏的球。教练员根据练习者水平、当前练习的回球成功率等因素合理供球，尽可能满足实战需要，以对练习者产生有效刺激。

（3）注意控制多球训练的强度。多球训练有助于发展专项身体素质，但是强度过大易使运动员产生局部疲劳现象，导致局部负担量过重而引起损伤。因此要注意调整多球训练的内容、负荷量和负荷强度。

（四）模拟训练法

1. 模拟训练法释义

模拟训练法主要指针对未来比赛的主要对手、环境特征等，模拟主要对手技战术特点、性格特点，或模拟比赛环境进行训练的方法。

2. 模拟训练法示例

（1）模拟对手的实战练习。根据未来比赛中的主要对手情况，选择打法、身材、长相、气质上与主要对手相近似的运动员为陪练，使参赛队员从技战术、心理上逐步适应对手的特点，掌握克敌制胜的方法，增加制胜的信心。

（2）模拟赛场实境的练习。比赛场地、器材设备、比赛日程安排、观众等都会给运动员比赛带来一定影响。因此，重大比赛前要模拟赛场实境，让运动员在特定的环境下进行训练或比赛，以提高运动员的适应能力和抗干扰能力，使运动员一旦进入正式比赛场地，就能以稳定的心态投入比赛。

（3）模拟比赛地区气候条件的练习。不同地区的气候条件存在较大差异，气候条件也会影响运动员的发挥。因此，一般在重大比赛前要安排运动员到气候条件相似的地方进行训练，使运动员逐步适应在特殊气候条件下的比赛。

3. 模拟训练法注意事项

运用模拟训练法要求有较强的针对性，如模拟主要对手的技战术特点、性格特点，模拟比赛场景、气候等条件要尽可能接近真实情况，才能使运动员在技术、战术、生理和心理上产生较好的适应性，有利于运动员在正式比赛中保持稳定的心态，充分发挥出技战术水平。

模拟比赛环境和气候，成本较高。一般主要通过邀请观众、设置比赛场馆等模拟相对可控的条件，以提高运动员的适应性。

模拟训练法运用最多的是模拟主要对手的技战术情况。因此，教练员应建立主要对手的资料库，在本队选择或培养与主要竞争对手在技战术特点上及水平上近似的队员进行模仿练习，有目的地进行主力队员与特定对手抗衡的训练和比赛。

（五）比赛训练法

1. 比赛法释义

比赛训练法，即在近似、模拟或真实的比赛条件下，按照比赛的规则和方式，以提高训练质量为目的的训练方法。“练为战”，训练的主要目的就是比赛，而比赛反过来刺激训练，二者互相刺激、形成循环。比赛训练法可以阶段性地检查训练效果，诊断运动员存在的问题，提高运动员的实战能力，提高正式比赛的适应性或提高对抗特定对手的能力等。

2. 比赛法的运用

比赛法的不同种类有不同的作用，乒乓球训练实践中常用的比赛训练内容如表 6-2-5 所示。

表 6-2-5 乒乓球训练中比赛训练内容

比赛类型	示例
(1) 检查性比赛：专门诊断、检查、反馈评价性质的比赛	① 在周末或某次训练课结束前安排比赛，旨在熟悉全面技术，发挥练习效果，发现各项问题并及时纠正 ② 在小型公开赛或内部比赛中，用教练员规定的技术或战术比赛，在比赛实践中检验相应的技术和战术，考察技术和战术的稳定性、有效性及存在的问题等
(2) 适应性比赛：根据重大比赛的场次、观众、场馆、地理位置等情况，安排适应性比赛	① 注意将比赛规模、比赛方法、比赛密度、使用的球台和比赛用球等条件尽量与真正的比赛一致 ② 有条件时，可选择到地理、气候等条件与举行赛事相似的地区、城市中比赛
(3) 特定的技战术比赛：按规定的技战术规则比赛，强化训练	① 限定技术的比赛，如拉球对削球的比赛，规定突击或前中反攻失误 1 球丢 2 分，命中得 1 分；拉球与削球均为常规计分法，以突出训练的重点 ② 轮换发球法比赛，采用轮换发球法，对发球方提出加强进攻的要求 ③ 发球抢攻比赛，队员围绕前三板自己的特长技术等构建和练习自己的发球抢攻战术；或进行 5 板球的发球抢攻比赛、7 板球的发球抢攻比赛等
(4) 让分比赛：根据比赛目的和双方技术实力，规定一方对另一方让分进行比赛	① 从 0∶3 开始比赛，从 6∶9 开始比赛，专门培养队员在比分落后时不气馁的顽强作风和冷静运用战术的能力 ② 在内部比赛时，若比赛双方实力相差很大，亦可采用此法进行比赛

续表

比赛类型	示例
(5) 紧张性比赛：有意制造比赛的气氛，对运动员的技术、战术和心理进行全面的锻炼与考验	① 组织观众，有意邀请运动员的家长或朋友参观，增加运动员的心理负荷 ② 擂台赛：5~6 人一组，一局一胜，胜者继续比赛，败者下台等候轮转再战 ③ 升降台比赛：两人一台，数台同时比赛，胜者向排位更高的球台进发，败者降到排位更低的球台，若干时间后，优胜者集中到排位最高的前几张球台，失败者集中到排位靠后的球台 ④ 8 平、8：9 或 10 平后的关键分比赛：以打擂台、升降台或循环赛的方式进行，以提高打关键球的能力

改编自：苏丕仁．乒乓球运动教程［M］．北京：高等教育出版社，2004.

3. 比赛法注意事项

比赛是一种特殊形式的训练，运用比赛法进行训练，可达到调节情绪、增强兴趣、提高战术意识和实战能力，锻炼心理素质等目的。重点是在长期的训练中，针对不同的训练目标，教练员根据队伍整体情况、备战计划、训练周期等因素相应地创设情境或条件，合理安排各种类型的比赛，并将平时的各种比赛成绩积分排名次，作为重大比赛用兵的依据之一，以此激发运动员的上进心。同时，比赛法对运动员的生理和心理能量消耗都较大，一定要适量，注意防止伤病等问题。

（六）正确处理乒乓球训练中的几个关系

1. 步法与手法

运动技能是人体各部位动作协同运动的结果，是骨骼肌肉系统对神经系统预先编码的动作程序进行执行和表达的结果，每一次击球动作中的步法和手法，其本质是身体对当前产生的“步法和手法动作程序”的一次具体执行。因此，训练中一定要避免“重手法而轻步法”的错误认识，在“步法和手法一体化”的理念指导下正确处理二者的关系。

（1）步法是基础，快速、高效、大范围的移动能力为成功击球创造最基本的有利条件。对初学者而言，更需要贯彻乒乓球是全身性运动的意识，强化常见基本步法的练习，做到启动及时、移动迅速、位置准确、重心稳定和还原及时。

（2）手法是关键，是一次回球过程中对球产生作用的最终环节。乒乓球小且轻，对手法的细腻程度要求非常高。对初学者而言，需要扎实的基本技术，并进一步精雕细刻。

（3）各项技术练习中要形成步法与手法协调一致的动作定型，提高实战中的应变能力。

（4）不同打法类型有各自的技术和战术特点，需要相应的步法与手法配合，在运动员水平不断提高的过程中，要根据运动员的打法类型和个人特点有意识地形成符合其打法和风格的步法与手法组合。

2. 数量与质量

量变是质变的基础，想要有阶段性的提升以及更高层次的质变都需要量的不断积累。乒乓球是隔网对抗项目，其要求训练中对技术在数量上有充分的积累。然而，一味追求数量而不提出质量的要求，将无法完成从数量向质量的转变，因为比赛实战中得分更多是靠质量，如哪一方的球速更快、旋转更转、力量更强、弧线更难以捉摸、落点更准更容易取得优势。为此，在运用各种训练方法的过程中，要时刻有质量互变的意识，根据运动员的实际情况，将数量和质量的要求统一于质的总体提升之上。

3. 多球与单球

多球训练的优点在于短时间内提供高密度、稳定的练习刺激，有利于初学者习得技能和强化技能。高密度的多球练习有时也是体能训练手段之一。但多球训练只对每一个独立的来球进行一次还击的练习形式无法提供实战中对手各种不同回球的反馈刺激，而单球训练的刺激更加接近实战，但初学者由于技术水平有限，容易失误而造成上台率低，容易打击练习兴趣和信心。

因此，在乒乓球训练实践中要围绕训练目标辩证地使用多球训练与单球训练。初学者运用多球训练的目标主要在于习得与强化技能。具备一定水平的练习者可将各项技术和战术套路编入多球训练中，同时引入一名还击者提供反馈，以多人配合的多球练习形式可以提高实战性。单球练习强调回合数量，以提高练习者技术的稳定性。具备一定水平的练习者进行单球训练时，在保证稳定性基础上要提高技术质量以及多拍反馈中的战术成分，从而增强实战性。

4. 有序与无序

有序训练和无序训练是乒乓球训练中提高运动员技术和战术能力的有效手段，它们既有区别又相互关联。有序训练，即通常说的规律性训练，如教练员根据训练的目的和任务，规定训练内容、击球线路、旋转性质以及步法的移动方式和范围等。而无序训练主要强调击球在力量、落点、旋转、节奏等要素的变化。让运动员根据技、战术特点和比赛变化的需要进行与比赛实际情况近似的练习。

有序训练的作用在于：① 使运动员在相对单一的训练刺激中较快地掌握

各项基本技术，形成动作定型。② 较快地学到和掌握基本战术的内容以及使用方法。③ 提高训练的密度，并且在特定条件下，有针对性地解决技术和战术上的某些薄弱环节。无序训练的作用在于：① 接近比赛的实际情况，可有效地增大训练的难度。② 体现乒乓球球性的复杂性，有利于对运动员技术、战术实战组合以及运用能力的培养。③ 有利于运动员战术意识的养成。

在乒乓球训练实践中，注意在系统训练的不同阶段中合理运用有序训练和无序训练。例如，对于高水平队员的训练安排，由于其处在运动竞技的最佳时期，比赛任务明显较多，训练和比赛的关系非常密切。这一阶段的训练始终带有很强的针对性，不仅针对某一个比赛，还要针对具体的比赛对手。在竞赛频繁、训练与比赛时间紧凑的情况下，无序训练的安排更有利于激发和保持竞技状态。但是，如果有某些特定的技术问题需要解决，可采用有序训练进行针对性训练。

三、乒乓球主流打法的训练

乒乓球运动的各种类型打法，从早期下旋主导的削球时代，到近台快攻与弧圈球旋转的“快转之争”，再到如今的“快转融合”，经历了从以单一竞技要素为主到“快、准、狠、变、转”多种要素的组合制胜阶段，尤其是进入 21 世纪以来，国际乒联对规则的重大改革以及世界各国的相互竞争，使乒乓球的技战术在各方面都取得了长足的发展。

削球技术、快攻技术和弧圈球技术三大类技术，结合直拍和横拍两种主流握拍方式，发展出了直板进攻类、横板进攻类以及削攻类三大主流打法类型，具有速度快、旋转强、进攻性及威胁性大等战术特点，代表了当前乃至今后相当长一段时期内世界乒乓球技战术发展的方向。

（一）直拍进攻型打法的训练

1. 指导思想

直拍进攻型打法不论是在竞赛成绩还是在对乒乓球竞技制胜规律内含的丰富上，均是世界乒坛进攻技术贡献的成功之作，曾涌现出如金泽洙、柳承敏、刘国梁、闫森、马林、王皓和许昕等一大批优秀直拍进攻型运动员。然而随着国际乒联规则变化、器材更新以及弧圈球等技术的发展，直拍进攻型打法的运动员日渐衰微，目前世界乒坛中高水平直拍进攻型运动员屈指可数，一流水平的有许昕，而薛飞、赵子豪等青年队员在竞争中还有一定差距，女子运动员更是几乎清一色的横拍运动员。尽管现状如此，顶尖直拍进攻型打法运动员已经证明，落后的并非是直拍本身，直拍进攻型打法在当今乃至未来乒坛仍具有相当的竞争力，关键是要正确认识直拍进攻型打法，勇于技术创新，训练出能够发挥直拍进攻型打法的技战术体系。

直拍进攻型打法主要包括直拍快攻(近台左推右攻、近台两面快攻、两面攻结合推挡)、直拍快攻结合弧圈球和直拍弧圈球结合快攻(单面拉弧圈、两面拉或冲弧圈、弧圈结合快攻)，其中以直拍弧圈球结合快攻打法最具竞争力。为充分发挥直拍手腕灵活、台内技术细腻的长处，以及弥补反手和相持能力不足的劣势，“积极主动、以快为主、抢先上手、先发制人”是直拍进攻型打法的训练指导思想。

2. 训练中要解决的主要问题

(1) 培养“敢”字当头，基于“巧”和“变”的主动意识。能够在实战中有效利用一切可以上手的机会快速进攻，充分发挥直拍进攻型打法的威力，弥补直拍在力量上弱于横拍的劣势，发挥手腕、手臂更加灵活的优势。

(2) 保持直拍控制技术优势的同时，全方位提高反手位的进攻与防守能力。改变直拍“独角龙”的被动局面，掌握以直拍横打为技术框架的反手弧圈、反手快撕、反拉、拧拉等技术，从而提高发球抢攻、接发球抢攻的杀伤力，以及相持中反手连续进攻、反手对拉甚至防守专攻的能力。

(3) 保持和提高发球抢攻能力的同时，加强连续进攻能力。发挥直拍手腕灵活、发球多变的特点，将速度、旋转和落点有机结合，在发球抢攻上要既能抢攻下旋，又能抢攻上旋(包括弧圈球)，既能抢攻长球，又能抢攻短球，在抢攻的线路上讲究落点变化，同时在发球抢攻后还应具有连续进攻的意识与能力，形成在发挥直拍抢攻特长的基础上，能近能远、能左能右、能攻能守的技战术体系。

(4) 提高正手单板杀伤力和连续进攻的威力。正手攻球技术是进攻类打法运动员在比赛中争取主动、克敌制胜的主要手段，直拍进攻型打法更是如此。在提高直拍正手单板杀伤力和连续进攻能力的训练中，注意以下要点：

① 用身体重心击球，整个击球动作过程中，要善于协调运用腰、髋、膝关节和前脚掌等部位，尤其是髋关节(向前转髋或展腹伸髋的动作)，它对提高发力尤其重要。

② 根据来球的旋转性质，调节拍形击球。

③ 根据不同的来球，采用不同的回击方法，这样才有利于提高击球的命中率。例如，回击对方拉过来的强上旋弧圈球，应高手引拍，向前迎球的同时并向前下方用力。对方来球低而转，应低手引拍，同时多向上用力；对方来球慢而高，应向前下方加力扣杀等。

(5) 强化直拍进攻型打法的步法训练。直拍进攻型打法对运动员全台大范围跑动的要求很高，因此在每一项练习内容中均要考虑步法、手法与打法类型的协调匹配。合理使用并步、滑步、跳步、垫步和交叉步等各项基本步法，同时还能发挥“巧”“变”的特点，以及能够在进攻中发挥出力量，从而为直拍进攻型打法在速度、正手使用率、抢先上手等方面提供技术保障。

3. 主要训练内容

直拍进攻型打法的主要训练内容如表 6-2-6 所示。

表 6-2-6　直拍进攻型打法训练主要内容

训练的能力	具体训练内容
(1) 移动中连续快速进攻的能力	2/3 台～3/4 台近台与中近台间移动中正手连续攻球练习 反手快推、反面横打结合侧身攻练习 反手快推、快攻、侧身攻及上位攻、扣(拉冲)练习 反手位中近台连续进攻练习
(2) 连续拉弧圈球和攻打弧圈球能力	正手近台位 2/3 台连续拉冲弧圈球和攻打弧圈球练习 中台正手位 2/3 台连续对拉、反冲弧圈球练习 侧身位 2/3 台正手连续攻(拉)和攻打弧圈球练习 反手推、吸弧圈球，结合正手攻打弧圈球练习 正、反手两面连续拉冲弧圈球练习
(3) 提高两面摆速	左推右攻或两面攻(反面横打)练习 两斜打两直(逢直变斜、逢斜变直)练习
(4) 提高第一、三、五板球控制与进攻能力	特长发球和特长技术及特别线路的发球抢攻与连续进攻练习 各种旋转的长、短发球练习 定点或不定点相结合的发球抢攻与连续进攻练习
(5) 加强第二、四、六板球防守转进攻能力	定点和不定点相结合的特长接发球技术练习与后续的防守与进攻的衔接练习 台内与台外各种接发球与后续的防守与进攻的衔接练习
(6) 突击下旋球能力	摆短控制后反手突击练习 摆短、劈长后的侧身正手突击练习 摆短与劈长控制后上正手位突击练习
(7) 特长技术	根据自身技战术特点、性格特征等要素拟定

改编自：刘建和．乒乓球教学与训练［M］．北京：人民体育出版社，2004.

(二) 横拍进攻型打法的训练

1. 横拍进攻型打法训练指导思想

横拍进攻型打法是早期由欧洲运动员将日本的弧圈球和中国的近台快攻技术有机融为一体形成的一种打法。横拍进攻型打法主要有以瓦尔德内尔、佩尔森为代表的欧洲全面型，赛弗为代表的欧洲凶狠型和孔令辉、王励勤为代表的中国横拍三个子类。随着规则、器材的发展，上旋球时代前三板争夺的白热化，横拍台内反手拧拉技术的发展，围绕逆旋转发球的发球抢攻战术的发展等，各国横拍进攻型选手在打法上的差异逐渐模糊，横拍弧圈结合快攻打法成为目前最主流的打法，引领着世界乒坛技、战术发展的潮流。男子运动员如马龙、张继科、樊振东、林高远、波尔、奥恰洛夫、水谷隼、张本智和，女子运动员如王楠、张怡宁、李晓霞、丁宁、刘诗雯、王曼昱、石川佳纯，都是横拍弧圈结合快攻打法的代表。“转、快、准、狠、变”是横拍进攻型打法的技术风格，其训练指导方针是“特长突出，技术全面，无明显漏洞”。

2. 横拍进攻型打法训练中要解决的主要问题

(1) 保持和提高前三板技术的优势。前三板技术是横拍进攻型打法在训练中首抓的一项主要内容，主要包括发球抢攻阶段和接发球抢攻阶段。

① 发球和发球抢攻阶段，不仅能抢攻长下旋球，还能抢攻半出台球；敢于发长球让对手抢拉后通过反拉直接进入相持，从而在整个发球抢攻阶段都具备进攻的压迫性，丰富发球抢攻战术的多样性。

② 接发球抢攻阶段，应加强积极主动、抢先上手的意识和能力，能够以拧拉、挑打等具有攻击性的接发球技术完成接发球，同时配合晃接、劈长与摆短等控制技术为进一步抢攻创造条件；提高对半出台球的判断能力，在接发球时果敢抢攻半出台球。

(2) 进一步加强正手弧圈球的杀伤力和适应性。改变击球动作，充分发挥横拍的爆发力优势，让所拉弧圈球“快转兼备”的同时还有“内劲儿”。同时，充分运用弧圈球技术适应性强、击球时机选择多的特点，将速度、力量、旋转等竞技要素有机结合，能够通过不同程度、不同时机的发力摩擦收放自如地处理凶和稳、快和慢的关系，进一步夯实正手弧圈球的适应性。

(3) 保持横拍自身反手技术在抢攻、连续进攻和相持中的优势。反手进攻技术是横拍进攻打法的主要基本技术和得分手段。在原有拨、弹、拉、前冲、高吊的基础上，训练中还要加强台内拧拉、反手快撕、弹压等技术，进一步提前击球时间，扩大反手技术的发挥空间。

(4) 加强快速攻防转换的意识与能力。现代乒乓球中两板及两板以上的技、战术组合对比赛胜负产生决定性作用。这样从单板决胜到多板决胜的本质性变化，对相持阶段的使用和能力需求大幅提高。相持能力强，则前三板技术的相对压力就小，各项技术的运用也相对自如，因此相持球技术是克敌制胜、稳定发挥的主要保障。日常中围绕相持阶段的训练，需要注意以下几点：

① 将前三板技术与相持阶段的技术有机组合、衔接。

② 抓好第三、四、五板技术的运用，力争在需要时以大概率的主动状态

进入相持。

③ 具有较强的近台快带、反拉、中远台对拉弧圈的能力，从而增强相持转换的凶狠性和威胁性，提高中远台的相持能力，扩大近台主动进攻的空间。

④ 更新相持中攻防转换的意识，培养将被动相持转化为主动相持的意识，提高放高球、中远台反拉的能力。

（5）强化反拉弧圈球的意识与能力。上旋球时代，反拉弧圈球的能力，直接影响前三板争夺中单板技术的质量和战术的多样性，影响相持中攻防转换的能力，更是能成为影响比赛胜负的主要能力。因此，反拉弧圈球技术是现代横拍进攻型打法运动员攀登竞技高峰的必备技术，但它又是弧圈球技术中难度最大的技术。因此，在训练中要从小就培养反拉弧圈球的意识和技术，具体表现为：

① 发球抢攻阶段，培养敢于发长球和半出台球，让对方先拉起来进而自己反拉的先进意识和能力。

② 接发球抢攻阶段，接发球控制后若对方进攻，则本方具有在第四板通过反手反拉或侧身反拉的意识和能力。

③ 在相持中正手和反手都具备反拉和连续拉的能力，能够抓住机会完成攻防转换，在相持中积小胜为大胜。

3. 横拍进攻型打法主要训练内容

横拍进攻型打法的主要训练内容如表 6-2-7 所示。

表 6-2-7　横拍进攻型打法主要训练内容

训练的能力	具体训练内容
（1）正手攻拉衔接、加转与前冲衔接	1/2 台、2/3 台、全台移动中正手拉弧圈球 2/3 台、全台移动中正手攻、扣练习 2/3 台、全台正手拉、冲弧圈球练习 中台至中远台正手连续对拉与反冲练习
（2）正、反手两面拉、冲及扣杀衔接	3/4 台、近台正、反手连续拉前冲弧圈球 3/4 台、中近台正、反手拉加转与连续前冲弧圈球衔接 3/4 台、近台加转弧圈结合连续扣杀
（3）反手攻、拉结合侧身及上位攻、拉衔接	反手攻、拉结合侧身位正手连续拉、冲练习 反手攻、拉结合侧身拉、冲及上正手位大力拉、冲衔接
（4）搓中抢拉、抢冲能力	快搓、摆短结合台内快点（反手侧拧）及正反手拉、冲练习 搓中正、反手抢拉结合连续拉、冲练习 对搓中抢拉结合扣杀练习

续表

训练的能力	具体训练内容
（5）发球抢拉、抢冲能力	不同旋转的长、短发球练习 各种发球后的抢拉、抢冲练习 特长发球与专门线路的抢拉、抢冲练习
（6）接发球抢拉能力和接发球后防守能力	各种接发球方法练习 接发球抢拉、冲练习 搓（轻拉）接发球后防守及进攻转换练习
（7）特长技术	根据自身技战术特点、性格特征等要素拟定

改编自：刘建和．乒乓球教学与训练［M］．北京：人民体育出版社，2004.

（三）削攻类打法的训练

1. 削攻类打法训练指导思想

削攻类打法是以早期欧洲传统削球打法为基础发展起来的，有着悠久的历史和光辉的战绩。由于胶皮拍和日本长抽进攻技术的发展，以及现代弧圈球技术的迅猛发展，以防守为主的传统削球打法已被淘汰，取而代之的是结合进攻技术的削攻型打法，丁松、朱世赫、武杨和范瑛等均是削攻类打法的代表。现代削攻打法大致分为两种类型：第一种是削攻结合打法，其训练指导思想是“以转为主、以狠为辅、转狠结合、攻守兼备”；第二种是攻削结合打法，其训练指导思想是“以狠为主、以转为辅、狠转结合、攻削结合”，它符合现代世界乒乓球技术快速凶狠的新潮流，是削球中更积极的打法。

2. 削攻类打法训练中要解决的主要问题

（1）确立“进攻型削球”的定位和意识。在当今乒坛想要有一席之地，削攻型打法必须像直拍进攻型打法和横拍进攻型打法一样积极主动、先发制人。削球技术本身拥有强大的防御、相持和周旋能力，不要有“削球打法”就要被动挨打，先防守后反击的刻板意识。因此，训练中要始终贯穿主动进攻的意识。

（2）提高削攻类打法心智能力的训练。削攻类打法客观上存在相对慢热的战术特点，需要在比赛中逐步熟悉和适应对手的旋转、攻击节奏和战术套路，从而摸索出有效的反击方法、旋转变化等得分手段，训练中要培养运动员敏锐的观察力、快速进入状态的能力、遇到挫折的韧劲、善于思考的能力，以及对乒乓球技战术更深入的理解，为削攻类打法在实战中产生更加有效地适应与反适应、制约和反制约能力提供支撑。

（3）训练更具有攻击性的削攻技术体系。在技术上除了掌握正、反手近远台削转与不转球技术、近远台顶重板及中路削球外，还必须增加正手攻球（正手对拉弧圈球、兜一板、正手上台攻、正手连续攻）、正手放高球、反手攻（突击起板、削中反攻、反手上台攻、反手拉弧圈、反手拉回头）、反手放高球这些技术，以进一步支撑削攻型打法，提高整体的攻防能力。

（4）技战术训练更加重视前三板的设计和整个回合中进攻性技术的使用，让削球为攻球创造机会，而攻球又为削球提供方便，削攻结合，二者相辅相成。改变接发球主要是采用控制和防御为主的搓、削、撇，让对方产生放心进攻的心理优势；要增加摆短控制、接发球抢攻技术的训练和运用，扭转接发球即处于劣势的回合开端。在一分的争抢中，使用削球时应注意以下几点：

① 发球阶段就积极通过发球变化创造抢攻得分机会，机会不好或者进入相持时才使用削球技术。

② 接发球阶段要通过接发球抢攻、反手拧拉、摆短劈长相结合的控制等手段让对方无法轻易进攻。

③ 相持阶段不能一味地稳削，而是寻找一切对方质量不高或自己适合发力进攻的机会进行反攻、反拉，拥有更具攻击性的攻防转换技术和防守反击能力。

3. 主要训练内容

削攻类打法的主要训练内容如表 6-2-8 所示。

表 6-2-8　削攻类打法主要训练内容

训练的能力	具体训练内容
（1）连续削弧圈球能力	正、反手单线稳削弧圈球练习 一点对一点的削接加转与前冲练习 无序两点削一点练习 削转与不转球控制弧圈球练习 逢直削斜、逢斜削直练习
（2）强化进攻能力	中近台移动中连续正手攻球练习 中近台移动中连续正手拉弧圈球练习 正手攻拉衔接练习 中远台正手对拉弧圈球练习 近台正、反手快带弧圈球练习 反手近台拉、攻、扣练习 反手中近台攻、拉衔接练习

续表

训练的能力	具体训练内容
(3) 削接突击球	单面削接突击球练习 有序复线削接突击球练习 无序复线削接不同线路突击球练习
(4) 削中反攻	单面削转与不转球伺机反攻练习 有序和无序复线削逼角反攻练习 倒板削中反攻练习
(5) 搓中突击能力	搓逼角伺机突击练习 搓转与不转球突击练习 长短、快慢搓后突击练习
(6) 发球抢攻与接发球抢攻能力	不同旋转的长、短发球练习 各种发球抢攻练习 各种形式的接发球练习 接发球抢攻的专门练习
(7) 特长技术	根据自身技战术特点、性格特征等要素拟定

改编自：刘建和．乒乓球教学与训练［M］．北京：人民体育出版社，2004.

四、乒乓球训练计划的制订

乒乓球训练计划，具体指教练员根据运动员的打法类型、技战术特点、身体素质及心理状态等因素，有组织、有目的、有计划地设计出未来各时间跨度的训练内容、方法和手段，是对未来的训练活动预先做出的理论设计，为运动员由现实状态向目标状态的趋近提供路径。

（一）训练计划的类型和基本要素

训练计划的制订与实施，是有效控制训练过程的中心环节，贯穿于整个训练实践中，对提高乒乓球训练的计划性、针对性、有效性和科学性都具有十分重要的意义。其作用主要表现为：① 将宏观的训练目标层层细化为更具体的训练目标和任务，让整个训练始终处于战略的顶层设计指引之中，同时又具备切实有效的可操作性。② 有利于整个训练团队成员如教练员、运动员、科研医务人员等达成统一认识，协同配合，发挥现代运动训练团队的集群优势。③ 为训练实践提供基本的程序和方法，利于监控各训练目标的情况。④ 提高教练员掌握和控制训练过程的能力，同时可作为评价教练员训练工作的指标。⑤ 积累宝贵的训练资料，供训练团队进行系统的研究，利于在未来的训练指导工作中发挥更大的作用。

1. 乒乓球训练计划的类型

按训练对象分类，训练计划有个人训练计划和全队训练计划。

按训练内容分类，训练计划可以分为技战术训练计划、体能训练计划、心智能力训练计划等。

按不同的时间跨度分类，训练计划通常分为长期训练计划（如多年训练计划、年度训练计划）、短期训练计划（如冬训、夏训、周训练计划）和课训练计划。

2. 训练计划的基本要素

训练计划通常包括如表 6-2-9 所示的基本要素，这些要素不仅是训练计划制订所要考虑的问题，同时也为训练计划的制订和实施流程提供了思路。

表 6-2-9　训练计划的基本要素

基本要素	各要素需要考虑的基本内容
（1）运动员起始状态诊断	运动成绩、竞技能力、训练负荷、伤病情况、个人特点等方面的现实状态诊断
（2）训练目标的建立	评估竞技潜力、比赛条件，提出成绩指标、竞技能力指标和训练负荷指标等
（3）训练阶段或周期的划分	根据现实状态、目标状态、各项赛事、训练条件等因素划分出利于达到目标状态的训练周期
（4）各阶段训练任务的确定	提高各项竞技能力的具体任务、参赛任务等
（5）训练内容的选择	合理安排技术、战术、心理、运动智能和体能等训练内容
（6）训练方法的选择	根据训练任务、训练内容、运动员特点等因素选择训练方法
（7）各训练手段的负荷设计	综合考虑不同时间跨度下各周期的负荷强度
（8）比赛的安排	根据需要有选择性地制订各项赛事的参赛计划
（9）恢复的安排	长期、短期、课训练计划均要安排适当的恢复
（10）结果的检查评定	检查评定的具体内容、时间及评定标准

（二）常用训练计划的制订

1. 长期训练计划的制订

长期训练计划主要指多年训练计划和年度训练计划。多年训练计划主要是对运动员多年训练过程的总体规划，其时间跨度较长，可以是 2~20 年，甚至 20 年以上，可分为全程性多年训练计划和区间性多年训练计划。年度训练计划通常围绕每年计划参加的重要比赛数量来制订，并划分出相应的周期，具有更加清晰可控、利于执行的特点。不论是多年计划还是年度计划，其制订要点类似，重点是注意时间跨度上的差异和侧重点的不同。乒乓球长期训练计划制订过程中应注意考虑以下要点：

（1）明确训练目的。运动队的长期或年度训练计划主要以年度重大比赛创造佳绩为目标，在安排备战和训练过程中保证训练的时间，使训练系统、科学，从而让运动员的竞技能力得到提高，并在比赛期呈现出优良的竞技状态。

对于青少年运动员而言，长期训练计划和年度训练计划的训练目的重点在于保证系统、全面的训练，使青少年运动员在身体素质、技术、战术、心智能力全面发展的基础上，逐步形成个人技战术风格和打法特点，为将来创造优秀的运动成绩打牢基础。

（2）提出指标要求。根据运动员的竞技潜能、现实状态、目标状态等主要因素提出一系列训练指标，从而进一步明确目标，产生激励作用，降低干扰因素对运动员培养造成的影响。指标的设定须尽量符合 SMART 原则，训练目标的达成需要通过具体的训练内容、方法和手段来逐步实现，而训练指标在训练监控与评价的整个过程中都是训练目标达成的重要标准和衡量。因此训练指标的设定必须是具体的(Specific)、可以衡量的(Measurable)、可以达到的(Attainable)、与其他目标具有一定相关性的(Relevant)和具有明确截止期限的(Time-bound)。通常可以提出成绩方面的指标如全队或个人年度重大赛事要争取几项冠军，各项竞技能力方面的指标如身体素质的各项要求、技术达到量化的标准、战术的成功率等。

（3）选择训练内容。根据现实状态诊断的结果，从队伍、运动员的各方面竞技能力、竞技潜力和赛事安排等要点出发，肯定过去的成绩和成功之处，同时又要分析当前形势，找出主要问题和薄弱环节，作为安排训练内容的主要依据，并根据全队、运动员的各种打法，提出不同的要求，选择相应的训练内容。

（4）划分周期和阶段。在体育赛事极其丰富的今天，一年中可能会有一次甚至多次重要赛事，因此将年度训练计划根据重要赛事的次数进一步分解为包含一个或多个周期的训练计划，才能实现将目标层层分解、逐步实现的精细化要求。例如，明年有两项大赛，则通常划分出两个大周期，进而将每个周期内部规划出若干个阶段(通常包括训练期、赛前期、比赛期和修整期)，每个阶段则进一步分解为训练周，最后到每一堂训练课。如此，把各阶段训练任务、要求、各种训练内容的比例、训练量的安排等落实到每天的训练课中，从而按计划、有步骤、有重点地提高运动员的身体素质、技术水平、战术素养和心理素质，通过长期系统的训练得到提高运动员的能力，实现训练计划的目的和意义。

（5）安排训练内容。贯彻技术、战术、身体训练相结合的原则，全面考虑三者合适的训练比例，并把心理和智能的训练同时纳入上述三类训练中去。根据多年实践经验，对于乒乓球训练年限较长且已具有相当水平的运动员，训练内容可作如下安排：

① 技术训练与身体训练的比例：70%∶30%或75%∶25%。

② 基本技术训练与战术训练的比例：60%∶40%或55%∶45%。

③ 单打训练与双打训练的比例：85%∶15%或80%∶20%。

④ 全面身体素质与专项身体素质训练的比例：50%∶50%或40%∶60%。

一般来说，无论是全年计划还是周期计划，身体素质训练常常是在训练周期开始阶段，安排比例较大；越到后期临近比赛时，安排比例越小。基本技术训练通常在训练开始时属于中等比例，在训练周期的中段比例最大，到后期再下调到中等。战术训练和双打训练则与身体素质训练安排比例相反，开始时比例最小（或者暂时不安排双打训练内容）；越到后期临近比赛时，比例越大。

（6）制订训练保障措施。训练保障措施是为了保障训练计划顺利完成所采取的各种措施和办法，如加强政治思想工作和组织领导，编队和分组，组织业务学习，测验和考核，准备必要的设备、用具和器材，医务监督等。

乒乓球年度训练计划示例

2. 短期训练计划的制订

短期训练计划通常围绕某一竞赛任务来制订，其目的主要是通过较短时间的训练，使运动员的技术、战术、身体及心理在原来的基础上得到提高，有助于在即将进行的比赛中取得较好的成绩。制订短期计划时应考虑以下几点：

（1）明确训练目的和指标要求。短期训练计划要目的明确，且主要目的不宜过多，利于重点突破。同时要确保制订的指标必须是运动员通过短期努力训练有可能实现的，不能要求过高，以免影响运动员训练的积极性以及训练目标的可达成性。

（2）合理划分训练周期。短期训练计划的时间跨度一般是1～3个月，通常可分为2～3个阶段，以解决技术、战术上的主要问题为主，并根据运动员不同打法的特点，以发扬个人技术、战术特长为主，弥补缺点为辅，以利于完成比赛任务。

（3）调整训练内容比例。由于短期训练的时间比较短，乒乓球技战术训练内容要占主导地位，身体素质训练内容占辅助地位（二者的比例以80%∶20%为宜）。若训练时间更短，则身体素质训练安排比例会更少，以便集中更多的时间和精力解决技战术上存在的主要问题。

技术训练和战术训练的比例分配也有变化，战术训练的比例大于技术训练，二者的比例通常为60%：40%。若训练时间更短，则战术训练的比例还要更大些，以利于运动员在较短的时间内有效提升竞技状态。

在训练内容安排比例上，短期训练计划与长期训练计划的总体思路基本相同，即不管身体素质训练安排的比例如何小，都应该按照从大到小的比例安排，尤其是在训练的开始阶段，应先抓好身体素质训练以增强体质，为之后的大运动量训练打好基础。技术训练的比例也应按照中—大—中的顺序安排，利用中段时间抓好主要技术，战术训练和双打比赛的训练比例则按由小到大的顺序安排，以便进入比赛期时运动员能够进入良好的竞技状态。

（4）比赛安排。短期训练计划中的比赛安排，不仅在训练后期要组织各种各样的比赛，而且要在训练前段的末期或者中段，每周安排一次队内比赛，或者每两周进行一次对外公开比赛，以不断提高运动员的实战能力，查找在技战术环节中存在的不足，为后续有针对性的练习指明方向。

（5）开展针对性业务学习。短期训练计划中，要根据即将参加的比赛特点定期开展业务学习，除了讨论有关的技术问题以外，更要着重进行战术研究与交流，强化运动员的战术意识和作战能力。

乒乓球短期训练计划示例

3. 周训练计划的制订

周训练计划是具体的实施计划，周训练计划主要是依据年度训练计划中的训练时期和训练阶段所规定的任务、负荷等要求，以及实现训练目标的需要和不同负荷后机体的反应和恢复状况等制定的。周训练计划一般比较详细地安排周训练的次数，训练课的任务、时间、内容等。制订乒乓球周训练计划应考虑以下因素：

（1）根据需求选择和设计适合的周训练计划类型。如表6-2-10所示，常用的周训练计划类型包括基本训练周、赛前诱导周、比赛周和恢复周，不同的周训练类型有不同的任务侧重和负荷特点，应根据训练实践的需求、竞赛的安排等因素选择和设计。乒乓球训练中最常用的是基本训练周，通常将基本训练周设计为基本技术训练周、完整的技战术训练周，在需要对运动员机体进行强烈负荷刺激时还可以专门安排符合需要的强化训练周。

表6-2-10　不同类型训练周的主要任务和负荷特点

周期类型	主要训练任务	负荷特点
基本训练周	运用负荷变化引起新的生物适应，提高运动员各项基本技术和竞技能力	负荷量与负荷强度均较大

续表

周期类型	主要训练任务	负荷特点
赛前诱导周	让运动员机体适应比赛的要求和条件，将各种竞技能力集中到专项上	负荷强度大，负荷量相应减少
比赛周	为运动员在各方面培养理想的竞技状态做直接的准备和最后的调整，参加比赛并力求实现预期目标	依据运动员参赛期间消耗和恢复情况来调整，一般与赛前准备周基本一致，略微减少为佳
恢复周	消除运动员生理和心理上的疲劳，以良好的状态投入新的训练	负荷量与负荷强度均明显降低

改编自：田麦久，刘大庆．运动训练学［M］．北京：人民体育出版社，2012.

（2）训练内容交替安排。大量的技术和战术训练是乒乓球训练的主要特点。为了让周训练效果既能夯实基础，又能充分考虑运动员有限的竞技训练年限，避免训练不扎实、过度训练带来劣变等问题，稳步提升乒乓球竞技水平，训练内容应交替安排，主要体现在：

① 要将主要的技术、战术、身体素质等训练内容交替安排。

② 将训练与恢复统一起来，以“没有恢复就没有提高”为指导思想，进行负荷节奏的动态管理。

③ 把基本技术和身体素质训练有机结合，如通过步法训练进行速度素质训练，通过下旋多球强化训练提高专项耐力。

④ 在乒乓球周训练计划的实践经验中，通常将一周的训练分为两个部分，体现乒乓球训练有序和无序相结合、基本技术和战术相结合、技战术训练和身体素质训练相结合的特点，如一周内单数日主要安排有序的基本技术练习，而双数日则安排无序的技战术练习。

4. 课训练计划的制订

课训练计划是根据周训练计划规定的各个课次的训练任务，并结合运动员的机能状况、场地器材、天气等实际情况制定的。在制订乒乓球课训练计划时应考虑以下问题：

乒乓球周训练计划示例

（1）选择合适的课训练计划类型。通常课训练计划包括单一内容训练课和综合训练课两种。单一训练课就是在一次训练课中集中围绕某一项内容进行设计和安排训练，在技术强化、体能强化、学习新技术等情况时采用；综合训练课即一堂训练课有两个或多个训练的重点，比较适合乒乓球这类需要训练的内容较多的运动项目，重点是将各项训练内容有机地组织起来。

（2）正确认识课训练计划的组成部分。一堂训练课的结构包括准备部分、基本部分和结束部分。

准备部分通常占一堂训练课的10%的时间，通过一般性准备活动（如慢跑、徒手操、拉伸、体育游戏等）、专门性准备活动（如挥拍练习、专项步法、与专项技术相关的身体活动）让运动员快速热身，身心都进入训练状态，为承受基本部分的训练负荷做好准备，同时降低受伤的概率。因此，在制订计划的设计时，需要注意准备活动的时长，负荷应循序渐进，并在内容选择上应顺承该堂训练课基本部分的内容。

基本部分是一堂训练课的主体，一般围绕一项或多项内容展开，70%~80%的时间来合理分配训练内容和负荷。例如，从内容上遵循先技术训练后体能训练的逻辑顺序，从技术难度上考虑单项技术—结合技术—战术—实战的逻辑顺序；负荷量和负荷强度应循序渐进，并在总体上满足负荷节奏的安排。

结束部分，也叫整理活动。随着训练科学性的提高，现代训练遵循“没有恢复就没有训练”的理念，在运动结束后应安排相应的放松内容，有效降低身体的损耗、促进机体的恢复。结束部分常通过安排动态和静态的牵拉活动、轻微的身体活动、再生训练、泡沫轴按摩等内容，进行局部和全身性的放松，时间一般为15分钟。

（3）合理设计训练课的内容和比例。一次综合训练课中，主要训练内容以2~3项为宜，精力充沛才能达到训练效果，一般安排在课的前半部分。机体在一定疲劳下仍可完成的训练内容，则可安排在训练课的后半部分。例如，基本部分主要训练接发球技术，则准备部分可以安排简单反应时的游戏、提高反应速度的游戏等，以提高运动员的神经兴奋性，为提高接发球练习时的专注力、观察力和判断力作铺垫。对快速判断、技术细腻程度要求较高的内容通常安排在训练课靠前的部分，让运动员以充足的精力和热情完成，而大强度多球训练或者身体素质训练往往安排在训练课靠后的部分，保持负荷量和负荷强度的动态平衡。

5. 个人训练计划的制订

乒乓球课训练计划示例

全队训练计划通常考虑整支队伍的主要目标和总体方案，但是乒乓球运动员往往具有鲜明的个人技术特点、训练水平、伤病情况、近期状态等因素，这就对制订个人训练计划提出了需要，以便让运动员训练计划和全队训练计划协调起来，同时仍然围绕自身技术风格和实际情况持续提高。制订个人训练计划应考虑以下几点：

运动员个人训练计划示例

（1）训练目标要明确。在全队长期或短期计划所提出的目标下，结合个人的实际情况（主要依据运动员在训练和比赛中的表现和思想动态），指出个人在思想、体能、技术、战术和心智等方面需要解决的问题和达成的目标。

（2）训练内容合理编排。分析个人当前的重点和须解决的主要问题，进而制订不同周期或阶段的个人训练计划。个人训练内容通常项目不多，主要目标是弥补短板、改进技术、精练特长和绝招。

（3）个人特点鲜明。明确提出个人的技术风格，围绕其开展具体的训练措施和办法，制订的各项训练指标更贴合个人的实际情况。

思考题

1. 乒乓球教学中为何要理论联系实际？如何贯彻理论联系实际原则？

2. 乒乓球教学中常用的教学方法有哪些？在教学过程中应该如何运用各项具体教学方法？

3. 请以某个乒乓球理论知识点或某项乒乓球技术为例，谈谈如何准备一堂乒乓球课？

4. 乒乓球训练中常用的训练方法有哪些？在训练过程中应该如何运用各项具体的乒乓球训练方法？

5. 如何辩证地处理乒乓球训练方法中关于方法的选择、数量和质量、有序和无序以及多球和单球之间的关系？

第七章 乒乓球专项身体素质

本章导言

随着乒乓球运动朝着更加快速、凶狠和积极主动的方向发展，比赛中的对抗性越来越激烈，良好的身体素质是意志、心理、技术、战术全面对抗的基本保证。尤其是国际乒联对乒乓球竞赛规则的重大改革，对乒乓球运动员的身体素质提出了更高的要求。因此，本章从身体素质的概念及身体素质训练的意义、基本原则谈起，重点介绍了乒乓球各专项身体素质的概念、训练的基本要求及方法。

学习目标

1. 掌握乒乓球专项身体素质的内涵，明确乒乓球专项力量素质、速度素质和耐力素质的训练原则。

2. 了解和掌握乒乓球各专项身体素质训练的基本方法，学会实践指导乒乓球专项身体素质训练。

第一节　身体素质概述

乒乓球是以有氧代谢为基础、磷酸原供能为主的无氧代谢运动项目，训练、比赛负荷较大，特别是对专项力量、速度、灵敏、协调和耐力素质要求较高。良好的身体素质是运动员竞技能力发挥良好的基础。

一、身体素质的概念

身体素质是人体活动能力的基础，指在运动中机体各器官系统在中枢神经系统的支配下表现出来的基本运动能力。身体素质包括力量素质、速度素质、耐力素质、灵敏素质和柔韧素质。这些素质取决于运动员身体的形态结构，各器官系统的功能状态，能量物质的储备情况以及运动员的身体健康状态。良好的身体素质有助于掌握运动技术、提高运动成绩。

乒乓球专项身体素质训练主要包括专项力量训练、专项速度训练、专项灵敏与协调素质训练和专项耐力训练。力量素质是身体素质训练的核心和基础，是身体素质训练的主要训练内容。力量训练主要集中在上下肢肌肉群的训练。下肢力量的训练主要是为了提高启动和移动速度，而上肢和核心力量训练主要为了加强运动员的平衡能力，加快击球的速度和力量。速度素质是各项运动的基本素质，是人体的基本素质，在身体训练中占有重要的地位和作用。在乒乓球运动中，速度素质也是决定成绩和水平的重要影响因素之一，在比赛中关系着技术发挥和战术应用的每一个环节。在日常训练中，速度素质也是衡量整体训练水平、竞技能力的客观依据，对改进技术、提高运动成绩有着重要作用。灵敏素质通常指的是运动员持拍手的灵活性、改变动作方向和身体重心的灵活度、判断反应的机敏性。协调能力是指在运动中，身体各器官系统、各运动部位配合一致完成动作的能力。协调能力是形成运动技术的重要基础，它有助于快速、准确、有效地完成各种难度动作，并符合特定训练目标的能力。耐力素质是人体在长时间运动中克服疲劳的能力。乒乓球比赛中，要求运动员始终能够迅速判断、反应、移动。如果专项耐力水平不够，会影响运动员的判断和移动。

二、身体素质训练的意义

（一）身体素质训练是适应现代乒乓球训练和比赛的重要保证

随着世界乒乓球运动的迅速发展和国际乒联的一系列新规则（40+球、无机胶水、新积分制）的出台，乒乓球比赛正日益变成高速度、大强度、强对抗的运动项目，对运动员的专项身体素质提出了更高的要求。重视专项身体素质训练，提高专项身体素质是掌握乒乓球运动技能和提高训练水平的基础。只有进行系统的专项身体素质训练，才能提高运动员对比赛的适应能力，保障其在高强度比赛中实施先进的技术和战术，为比赛成绩的提高奠定基础。20 世纪 90 年代后，我国乒乓球队充分认识到身体素质训练的重要性，认为在乒乓球技术发展到高水平之后，身体素质必将是推动乒乓球技战术发展的一个突破口。因为在高强度比赛中，身体素质是发挥高难度技战术的基础，是克敌制胜的关键。这样的理念是我国乒乓球队在 1996 年亚特兰大奥运会、2000 年悉尼奥运会、2008 年北京奥运会、2012 年伦敦奥运会、2016 年里约热内卢奥运会、2020 年东京奥运会上获得优异成绩的保障。

（二）身体素质训练是掌握复杂技战术的基础

身体素质训练与技战术训练有着密切的联系，身体素质训练是掌握复杂技战术的基础。现代乒乓球技术主流打法均朝着“凶、快、狠”的方向发展。在乒乓球技术发展的不同阶段，各种技术打法互相融合，交互发展。进入新世纪，乒乓球技战术组合更加多元化，运动员除了要具备全面的技术，还要进行多样的战术配合才能在比赛中取胜，而专项身体素质训练对技战术的掌握与提高发挥着至关重要的作用。例如，以马龙为代表的横板选手，正、反手两面弧圈球的进攻能力很强，能进行全台的立体作战，无论近台、中台、远台都具有连续进攻的能力；张继科能够在世界大赛舞台上将反手拧、拉等先进技术淋漓尽致地展现出来，都离不开其出色的身体素质基础。

（三）身体素质训练可预防运动损伤，延长运动寿命

乒乓球项目具有速度快、变化多、技巧性强的特点，同时又具有中枢神经系统高度紧张、训练比赛负荷大的生理特征，运动员为应对强劲对手的挑战，需要进行大运动量和高强度的周期训练。但是人体的承受能力是有一定限度的，当运动员身体机能不断下降，局部负荷过重，便会发生运动损伤，直接影响正常训练和竞技水平。所以，提高运动员身体素质对预防运动损伤意义重大。随着世界乒乓球运动的发展，培养优秀运动员成本不断上升，所以，世界各国都极为重视身体素质训练，提高运动员最佳竞技阶段年限，提高运动员的连续参赛能力，降低运动损伤风险，从而尽可能延长运动寿命。

三、身体素质训练的基本原则

（一）专项身体素质训练与一般身体素质训练相结合

一般身体素质训练是以全面发展身体运动能力为目的的训练，专项身体素质训练是以发展专项需要的身体素质为目的的身体训练。一般身体素质训练是专项身体素质训练的基础，专项身体素质的发展可以促进一般身体素质水平的提高，二者相辅相成、相互促进、不可分割。在身体素质训练中，仅重视专项身体素质的训练，运动员将会感到局部负荷过大并且引发枯燥感，容易受伤。而如果一般身体素质训练的比例过大，而专项身体素质得不到足够的训练，运动员就得不到有效的训练刺激，难以实现提高专项竞技能力水平的目的。因此，在身体素质训练过程中，一定要处理好一般身体素质和专项身体素质训练的关系。

（二）专项身体素质训练与专项技术相结合

通过专项身体素质训练，有助于运动员在竞技比赛中能够高质量地完成专项技术，并且能够在整场比赛中，保持较好的竞技状态，展示出良好的体能状态。也就是说，专项身体素质训练要为提高或保持运动员的场上竞技表现服务。乒乓球运动技术动作主要有正手技术动作——拉、冲、打、挑、搓（削）等，反手技术动作——拉、打、冲、拨（推）、搓（削）等，以及各种移动步法。要很好地完成这些技术动作，就必须具备良好的专项速度、灵敏、力量以及耐力等素质。要使专项速度、力量等素质真正符合每一项技术动作的需要，就必须注意所选用的专项身体素质训练内容的动作结构、肌肉用力形式要尽量与之相似。

（三）身体素质训练要遵循区别对待原则

进行身体素质训练，不同运动员的生理、心理、技能、智能的表现各不相同。因为运动员的个人特征不同，个体存在差异，区别对待原则主要体现在身体素质训练的形式、方法、手段，以及训练负荷、训练的间歇与恢复等方面。同时，还要从训练的效应上分析不同运动员之间的个体差异，及时调整训练内容。

第二节　乒乓球专项力量素质

力量素质是竞技运动的重要素质，对其他身体素质的发展起着积极的作用。 肌肉力量的提高有助于加大击球力量，有助于提高步法移动的灵活性，有助于从事大运动量的训练和激烈的比赛。

一、力量素质的概念

力量是身体素质的一种表现形式，是人体肌肉工作时克服阻力的能力。

当肌肉工作时，其阻力包括内部阻力和外部阻力。内部阻力有各肌肉和肌肉群之间的对抗肌肉的黏滞性等，外部阻力有物体的重力、摩擦力和空气阻力等。力量的表现形式有最大力量、速度力量和力量耐力等。

1. 最大力量

最大力量（又称绝对力量）是指身体或身体某部位克服最大阻力的能力，亦指参与工作的肌群或肌肉在克服最大阻力时，所能动员的全部肌纤维发挥的最大能力。最大力量训练能有效地增加肌肉做功能力，同时，能提高人体在动态、静态、负重等情况下的减速能力。最大力量是快速力量的基础，乒乓球运动对运动员的大臂、小臂、腰、髋和脚掌部位的肌肉力量要求较高，只有以较强的最大力量为基础，才能保障快速力量的发挥，从而增强击球的力度和进攻性。

2. 速度力量

速度力量是指肌肉工作时快速克服阻力的能力。速度力量由力量和速度两个因素构成，当运动员在完成某一动作时，所用的力量大、速度快，就表现出大的速度力量。力量和速度两个因素中的任何一个因素得到发展，都会使速度力量得以提高。在运动训练实践中，运动员力量的提高比速度的提高相对容易一些，所以发展力量是提高速度力量的有效途径。如乒乓球运动中的攻球，就是速度力量。

3. 力量耐力

力量耐力是指肌肉在静力或动力性工作中长时间保持紧张用力而不降低工作效果的能力，即指人体长时间进行持续肌肉工作的能力，也用来评价机体对抗疲劳的能力。力量耐力是既有力量又有耐力的综合性素质。决定力量耐力水平的因素包括保证肌肉耗氧和输氧的血液循环系统和呼吸系统的机能能力，工作着的肌肉有效利用氧的能力，糖酵解机制产生能量的能力和运动员克服疲劳的意志力等。

从乒乓球运动训练实践来看，乒乓球运动员的起动、移动和大力扣杀等击球动作，都需要运动员的肌肉在短时间内以很大的力量、很快的速度收缩，从而表现出很强的做功能力。 由此可见，乒乓球运动员所需要的力量是一种快力量，即爆发力。 尤其是大球时代，需要加强击球时的主动发力意识和能力。 因此，力量尤其是速度力量的训练，对乒乓球运动员来说特别重要。

二、乒乓球专项力量素质训练的基本要求

（一）思想上要高度重视

随着现代乒乓球技术的飞速发展，乒乓球的技术动作结构也发生了很大变

化，对运动员的力量素质提出了更高的要求，尤其是无机胶水的使用，使得球拍的弹性下降，运动员击球时必须更多地靠自己主动发力，其他如正手的连续进攻与对拉、反手相持与快撕、反拉弧圈球等一系列高难度技术也都要依靠自己主动地发力击球。所以注重发展力量素质，对乒乓球技术的发展与提高有着直接的影响。乒乓球运动所需的力量属于动力性力量，即做动作时肌肉的张力不变，但收缩时肌肉的长度发生了变化。专项力量素质的提高可促进速度、灵敏和耐力等素质的提高。

（二）选择有效的训练手段和方法

力量素质训练手段和方法的选择，一要根据需要对身体的某部位肌肉施加阻力，以便使该部位的肌肉力量得以增长。二要考虑局部力量和整体力量、发展大肌肉群力量和发展小肌肉群力量相结合。三要考虑各种力量练习对机体产生不同的影响，小负荷多次数的力量耐力练习能使肌纤维变粗、肌肉横断面积增大，主要影响肌肉结构的变化；而大负荷少次数的力量练习主要使肌肉内协调功能得到改善。

（三）正确处理训练负荷和恢复二者之间关系

正确处理训练负荷和恢复二者关系主要从两方面考虑，一是练习间歇时间，二是练习后的休息与恢复。从事力量练习时，都应有合理的间歇时间，以利于下一组练习的进行，组间间歇时间可根据训练任务和负荷强度而定。练习后休息和恢复时间要根据运动员的具体情况以及所采用的恢复手段而定。在训练实践中，机体不同部位应交替进行力量练习，这样有利于消除肌肉疲劳。在力量素质的各个训练阶段，负荷的安排要有节奏，做到大中小负荷合理搭配，逐步增加训练负荷。所以，要科学地处理好负荷与恢复的关系，探索负荷的临界值，并建立合理的诊断体系。训练中，要循序渐进地增加负荷量，不同训练方法交替进行。使用重复训练法时，要严格控制组间的休息。力量训练后要做好充足的放松，保持能量营养的供应。采用积极的放松方法减轻肌肉的酸痛感，以保持肌肉的弹性和尽快地恢复。

三、乒乓球专项力量素质的训练方法

力量素质是乒乓球运动的基础，力量素质是制约乒乓球速度与旋转的关键因素。因此，在乒乓球训练中重视力量素质训练意义重大。在现代乒乓球技术中，增加击球的力量，无论是对付强烈的上旋、下旋，还是其他各种不同旋转的来球都具有重要作用。比赛中的哪一方击球力量大，就较容易获得主动权。当比赛进入关键时刻，如能抓住时机向对方发动猛攻，则可以取得较好的比赛效果。

（一）上肢力量训练

1. 三角肌训练

三角肌劳损在乒乓球运动员中发生较多，这与运动员在训练中要完成大量的提拉、扣杀等动作有关，这需要三角肌提供力量源。如快攻型运动员在完成提拉、扣杀动作时，上臂反复内旋、外展，要求运动员的三角肌有足够的力量，才能保障动作的出色完成。

（1）三角肌前部训练前平举。

起始姿势：两腿直立，挺胸收腹。两手正握哑铃或杠铃，两臂下垂于腿前。

动作过程：直臂持铃向上举起至稍高于肩，静止 1 秒钟，再直臂徐徐放下，还原至腿前。如用哑铃，可左右手各一次，连续交替做。

前平举

呼吸方法：上举时吸气，下落时呼气。

要点：上举和下落时全身保持直立，两臂保持直伸，意念集中在三角肌。

（2）三角肌中部训练侧平举。

起始姿势：两脚自然开立，两手握哑铃，下垂于身体两侧。

动作过程：收缩三角肌，直臂向侧上方举起，直到略高于肩，静止 1 秒钟，再让两臂徐徐放下到下垂位置。

侧平举

呼吸方法：上举时吸气，静止时呼气。下降时吸气，完全落下时呼气。

要点：上举和下落时，全身保持直立，不要摇摆弯曲，臂部保持伸直。

（3）三角肌中部训练单臂侧平拉。

起始姿势：全身直立，一脚踩套住拉力器的一个握柄或胶皮条的一端，另一手插按在腰间。

动作过程：收缩三角肌，一手将拉力器或胶皮条向侧上方拉到与肩齐高，另一手用力插按腰间以保持平衡。上拉到最高点后，静止 1 秒钟，然后，在三角肌继续用力控制下，让拉簧或胶皮条徐徐松缩到开始位置。重复练习，一肩无力上拉后，换练另一肩。

单臂侧平拉

呼吸方法：上拉时吸气，到达顶点后呼气。下落时吸气，落到底点后呼气。

要点：上拉时，身体不要摇摆借劲。这一动作也可用哑铃，以侧卧姿势来做。

（4）三角肌后部训练俯身侧平举。

起始姿势：两足开立，向前屈体 90°，两手握哑铃，两臂直垂肩下。

动作过程：收缩三角肌后部，直臂从两侧平举起哑铃，直到与地面平行。静止 1 秒钟，再让两臂徐徐放下。

俯身侧平举

呼吸方法：上举时吸气，下落时呼气。

注意要点：举和下放哑铃时，全身保持稳定，不要摇摆。意念集中在三角肌后部。上举前，要彻底放松，到达最高点时，要彻底收缩。这一动作也可俯卧在长条凳上做。

（5）三角肌后部训练直立推举。

直立推举

起始姿势：把杠铃从地面上拉到胸上，全身直立。

动作过程：两臂向上直推至完全伸直，静止 1 秒钟，让杠铃慢慢下落到胸上。

呼吸方法：上举时吸气，下落时呼气。

要点：上举和下放杠铃时，身体不要摆动。该动作对上臂三头肌也有较大锻炼作用。如将杠铃下落到颈后肩上，则对三角肌后部有更大的锻炼作用，此为颈后推举。胸前和颈后的推举，也可坐在凳上做。还可用哑铃，左右两臂同时做交替的上推和下落，如此做，可在上推和下落时吸气，静止时呼气。

2. 臂部肌肉训练。臂部力量是对于掌握乒乓球技术，提高技术水平和运动成绩起着举足轻重的作用。发球、攻球、弧圈球、搓球、削球等所有乒乓球技术动作都离不开臂部肌肉力量。

（1）肱二头肌训练两臂弯举。

两臂弯举

起始姿势：全身直立，两手仰握杠铃，两臂下垂。

动作过程：上臂尽量保持不摆动，屈肘，前臂屈到可能的最高点，同时肱二头肌收缩，静止 1 秒钟。松展肘关节，让前臂徐徐下落到两臂完全伸直。

呼吸方法：屈前臂时吸气，伸时呼气。

要点：要依靠肱二头肌的力量使前臂向上屈起，在前臂屈到最高点时，彻底收缩肱二头肌 1 秒钟，而不是立即放松。不要在弯起前臂时让两肘随之向前上方摆动而使前臂弯得更高。

要点：让上臂贴靠大腿是为了确保前臂在完全伸直时屈伸肘部。

（3）腕弯举。

腕弯举

起始姿势：两手反握杠铃，蹲坐下来。前臂贴放在大腿上，手腕向前伸出，垂于膝盖前，两手也可正握杠。反握主要练前臂内侧肌肉，正握主要练前臂外侧肌肉。也可把上臂贴靠在平板或斜板上做，或用哑铃左右轮流做。

动作过程：前臂平贴大腿，手腕尽力向上、向内屈（收缩屈指肌），直到不能再屈时，静止 1 秒钟。放松前臂肌肉，让手腕向前回落。

呼吸方法：屈手腕时吸气，回落时呼气。

要点：屈转到最后时，一定要尽力收缩前臂肌肉（屈指肌）1 秒钟，再逐渐放松。

3. 腰腹部肌肉锻炼

乒乓球所有动作完成都离不开腹部力量，特别是当侧击和中远台大力击球时，腰腹的转动可以为击球提供强大的潜在稳定性，很好地加强攻击性。

（1）仰卧起腿。

仰卧起腿

起始姿势：仰卧平垫上或头朝上仰卧斜板上。两手握住头后方的固定物件，全身伸直。

动作过程：收缩腹肌，将保持伸直的两腿向上抬起，直到可能的最大程度。保持 1 秒钟，再让两腿徐徐回落。

呼吸方法：向上抬起两腿时吸气，回落时呼气。

要点：下落两腿时，仍要控制腹肌，勿使下落过快。

（2）仰卧抬腿蜷缩上体。

仰卧抬腿蜷缩上体

起始姿势：平卧床上或地上。两膝弯曲，抬起小腿，勿使下降，两手抱头。

动作过程：在保持小腿不下放的姿势中，尽力把上体向前蜷缩，身体实际上不会上抬很高。

呼吸方法：向前蜷缩时吸气，回落时呼气。

要点：向前蜷缩时，腰要下沉贴床或地面，腹肌尽量收缩。

（3）悬杠屈膝缩腿。

悬杠屈膝缩腿

起始姿势：两手正握单杠，全身直垂杠下。

动作过程：屈膝，把小腿尽力向上缩起，到最高点时，彻底收缩腹直肌 1 秒钟。然后徐徐下垂小腿，直到完全伸直。

呼吸方法：缩起小腿时吸气，降落时呼气。

要点：缩起小腿时要尽力把两膝向上提升。

（4）坐式缩腿。

坐式缩腿

起始姿势：坐在凳边，两手向后撑在凳上。两腿向前伸直。

动作过程：屈膝缩起小腿到可能的最高点。彻底收缩腹直肌 1 秒钟，然后徐徐降落小腿，直到完全伸直。

呼吸方法：缩起小腿时吸气，降落时呼气。

要点：本动作较简单，其作用大小取决于膝部上提的高低和动作的快慢上。膝部上提越高，动作越慢，作用越大，反之越小。

4. 胸部肌肉训练

胸大肌是提高击球的力量、旋转和稳定性的重要肌肉，需要在平时的训练中重视胸部肌肉的练习。

（1）平卧举。

平卧举

起始姿势：仰卧长凳，将杠铃放在胸部上方。

动作过程：将杠铃上举至两臂完全伸直，胸肌彻底收缩，静止 1 秒钟，慢慢下落。

呼吸方法：上举时吸气，下落时呼气。

要点：注意不要用过大过猛的抗力，前几次用力要小些，再逐渐加大，以避免颈部扭伤。切勿让颈部有任何旋转。

（2）上斜卧举。

上斜卧举

起始姿势：头朝上斜卧（30°～45°）长凳，两手正握杠铃置于胸部上方。

动作过程：上举杠铃至两臂完全伸直，静止 1 秒钟，慢慢下落至原位。

呼吸方法：上举时吸气，静止时呼气。徐徐下落时吸气，落到原位时呼气。

（3）下斜卧举。

下斜卧举

起始姿势：头朝下，斜卧于长凳，两手正握杠铃置于胸部下方。

动作过程：上举杠铃至两臂完全伸直，静止 1 秒钟，慢慢下落至原位。

呼吸方法：上举时吸气，静止时呼气。徐徐下落时吸气，落到原位时呼气。

（4）仰卧飞鸟。该动作直接锻炼胸肌，可采用平卧、上斜卧、下斜卧姿势。

仰卧飞鸟

起始姿势：仰卧长凳上，两手拳心相对，持哑铃。 两臂向上直伸与地面垂直，两脚平踏地面。

动作过程：两手向两侧分开下落，两肘微屈，直到不能更低时止。静止 1 秒钟，让胸大肌完全伸展，然后将两臂从两侧向上，回到开始位置。

呼吸方法：臂拉开时吸气，收回时呼气。

要点：两手不要紧握。分臂时，背部肌肉要收紧。意念集中在胸大肌的收缩和伸展上。

（二）下肢力量训练

乒乓球运动员进行腿部力量的训练，对于运动员形成稳定的步法、快速移动能力尤为重要。而且，动作力量来源于腿部。乒乓球运动技术的发力顺序是腿部蹬地—腰胯转动—肩部前顶—手臂随挥，通过地面的反作用力将力量传递到腰胯部位，再由腰胯的转动来带动上肢的摆动，最终传递到手部挥拍。 因此，在训练过程中，必须要着重对运动员的腿部力量进行训练，使运动员能够在瞬间的移动过程中将腿部力量发挥出来。

1. 腿部肌肉训练

起始姿势：将杠铃放在颈后肩上，两脚开立，脚尖稍向里扣或外撇，脚掌站在垫木上，脚跟露在垫木外。

动作过程：收缩小腿肌肉群，使脚跟尽量提高，使腓肠肌彻底收紧。静止1秒钟，放下脚跟，还原。重复练习。

腿部肌肉训练

呼吸方法：提起脚跟时吸气，放下时呼气。

要点：脚跟上提和下降时要注意保持重心稳定，身体踮高时，前额要领先上提。下降时，要让脚跟低于垫木面。

2. 小腿驴式提踵

起始姿势：用脚掌站在一长垫木边上。向前屈体，两手扶在身前凳上。让一同伴骑坐在身后臀部上。

动作过程：收缩小腿腓肠肌，使脚跟尽量上提，静止1秒钟，降下脚跟。重复练习。

小腿驴式提踵

呼吸方法：提起脚跟时吸气，降下时呼气。

要点：要让骑在身上的同伴尽量后坐，使身体重量主要压在臀部上，而不要在腰上。降下脚跟时要低于垫木面。开始时，不要立即达到最高高度以免小腿抽筋，然后逐步提高提脚跟高度，并彻底收缩腓肠肌。脚跟下降时，要尽量低于垫木面，以加大升降幅度。

第三节 乒乓球专项速度素质

速度素质是乒乓球运动员的基本素质之一，在身体素质训练中占有重要地位。

一、速度素质的概念

速度素质是指人体或人体某部位快速移动的能力。速度素质分为反应速度、动作速度和移动速度。反应速度是指人体对各种信号（如声波、视觉、触觉）刺激的快速反应能力。动作速度是指人体或人体的某一部分快速完成单个动作或成套动作的能力。移动速度是指在周期性运动中，单位时间内人体快速位移的能力，常以人体通过固定距离所需时间来表示。根据乒乓球运动项目特点，要求运动员在比赛中判断快、反应快、起动快、摆臂快、移动快，只有这样才能在比赛中掌握每个有利时机，争取主动，夺取胜利。乒乓球运动员所需要的专项速度是非周期性的，它具体包括判断的反应速度、脚步的移动速度和挥拍击球的动作速度。

1. 反应速度

乒乓球运动的变化速度以及每回合的节奏均非常快速，而且乒乓球运动本身的技战术较为丰富，因此运动员在场上不仅要对来球做出快速反应，还要为接下来的回球选择正确的技战术。作为乒乓球运动员，对反应的灵敏性要求是很高的。反应与灵敏，本身就是神经系统接受外界刺激产生传导兴奋的结果。一般来讲，人体对外界刺激感受灵敏，传导反射的过程就快，反应就快，因此，动作速度就快。紧张的比赛，双方都处于战术的制约与反制约中，在这样的气氛中，首先要求运动员的精神保持高度集中，对方的每一细小动作都会引起神经系统的强烈反应，在神经系统的支配下，迅速动员全身各个系统进行有节奏的运动(即条件反射)。因此，神经系统反射过程的速度是决定反应速度的第一要求。所以，应结合乒乓球专项的特点，有针对性地安排反应速度的练习。

2. 动作速度

乒乓球运动无论是正手攻球还是反手推挡都是通过运动员的挥拍来完成动作的。由于乒乓球在空中飞行时间较短，而球体相对较小，难以控制，为了迷惑对手，通常需要加强击球的节奏、落点、旋转的变化达到制胜目的。而完成这些都需要乒乓球运动员加快摆速。因此，在不断改进技术动作的基础上，应专门进行提高击球摆速的训练。

3. 位移速度

乒乓球运动要求运动员有反复快速的移动能力。这种移动速度，除了对滑步、蹬跨、弹跳等有要求外，更主要的是强调启动与回动的速度。启动速度快，不仅可以争取快速主动击球，而且还可以弥补判断差的弱点；回动速度快，可迅速将人带到应回的位置，不留下明显的空场区，避免对方突击、变化落点而使对方得分。

二、乒乓球专项速度素质的训练要求

发展专项速度素质应注意运动员的年龄特征。专项速度素质的发展在相当大的程度上受到人体生长水平的制约。如 7~13 岁的少年处在速度素质的快速增长期，这与其神经系统、协调能力在这期间快速发展有关。在这一阶段进行速度练习，有助于促进动作频率、单个动作速度及反应速度的快速发展。13 岁以前重点放在单个动作速度上，在练习中充分利用一切能提高单个动作速度的方法和手段，针对少年儿童的生理和心理特点，提高、稳定训练兴趣。13 岁以后，在保持已获得的单个动作的基础上采用提高速度力量和肌肉最大力量的方法来结合专项动作速度，从而提高移动速度。注意以发展力量和柔韧来促进专项速度。快速力量和柔韧是影响专项素质的重要因素。所以在发展专项素质时，首先注意发展快速力量；其次通过各种手段提高柔韧素质；然后可以增加力的作用阻力和增大肌肉合力，最终促进专项速度的提高。正确预防和消除“速度障碍”，专项速度素质发展到一定水平后，常会出现提高缓慢，甚至停滞不前的现象，此为“速度障碍”。这是由于神经-肌肉系统发展到一个高峰，而练习中一些常用的、固定的训练手段的量与强度对人体没有新的刺激作用，训练频率、技术等达到一个相对稳定的状态所致。因此，为了克服这种现象，继续提高专项速度，就应做到以下几点：

第一，加强基础训练，使运动员掌握好基本技术，全面提高身体素质，提高机体能力，为提高专项能力打下扎实的基础，这可推迟“速度障碍”的到来。

第二，训练手段多样化，以不同的节奏和频率完成动作。建立中枢神经系统灵活多样的条件反射，可防止与缓解“速度障碍”。

第三，如果已经出现“速度障碍”现象，就应有计划、有针对性地发展身体素质，改进技术，加大训练量和训练强度，加大刺激，利用自然条件或人工器械等手段与“速度障碍”作斗争。改变已习惯的动力定型，改变中枢神经的反射联系，建立新的条件反射。

三、乒乓球专项速度素质的训练方法

（一）反应速度训练方法

反应速度受遗传因素影响很大，遗传率高达75%以上，是一个后天训练改变不大的指标。运动训练并不能改变人的反应速度，训练的作用只是把受遗传因素影响所决定的最高反应速度表现出来，并巩固下来。

乒乓球运动的变化速度以及每回合的节奏均非常快速，而且乒乓球本身的技战术较为丰富，对于乒乓球运动员来说，每一次回击来球都要经历看、判、选、做4个步骤。反应速度练习就是要使练习者根据动作、手势、声音、物品等信号做出迅速的反应。其训练方法如下：

（1）冥想比赛。要求运动员在闭目冥想中模拟与对手的比赛。

（2）听教练口令做急起急停或步法变换训练。

（3）在行进中听口令后，突然做准备姿势，然后迅速做交叉步、侧身步等。

（二）动作速度训练方法

要提高击球的动作速度，可采用如下练习方法：

（1）单个技术或结合技术的徒手挥拍（原地或移动）模仿练习。保证动作正确的前提下，进行定时（规定 15 秒钟、20 秒钟、30 秒钟）计数量或定量（规定 30 次、50 次、100 次）计时间练习。

（2）多球练习。加快供球速度使练习者加快击球时的左右摆速、前后摆速和击球速率。

（3）变换各种形式和方向的快速跑或其他动作的练习，如立卧撑、变向跑、各种躲闪及迅速转体。

（4）体育游戏。可以将速度素质的训练方法融入体育游戏中，这样可以减少单一身体素质训练的枯燥感。例如，二人面对面站立，先将左手置于身后，发令开始后，设法用右手摸对方后背，摸中 1 次得 1 分，得分多者为胜。

（三）移动速度训练方法

乒乓球运动要求每次位移的绝对长度并不长，而它更多要求的是运动员能在适当时机快速达到最恰当的击球身位，以便击球。每击一次球，每移动一次，就有一次启动与回动。乒乓球的移动速度主要取决于下肢各环节蹬离地面的速度及弹跳力。以下训练方法有助于提高运动员的移动速度：

（1）并步或跳步左右移动结合手法练习，30~60 秒钟为一组。

（2）并步或交叉步移动摸球台两角（在球台两端线之间）练习，30~60 秒钟为一组。

（3）进行推挡、侧身、扑右（左）角结合步法练习，30~60 秒钟为一组。

（4）左右移动练习（以球台宽度为界），30~60 秒钟为一组。

（5）左右跨跳（以 1/2 球台宽度为界），30~60 秒钟为一组。

（6）多球练习。加快供球速度，使练习者在击球时加快移动速度。

第四节　乒乓球专项灵敏素质

灵敏素质是一种综合素质，它与人对空间定位和对时间的感觉能力有关，也与速度和力量的发展有关，同时与协调能力和反应能力等有着直接联系。灵敏素质可以改善专项技术动作的协调性，可提高判断能力、反应能力和快速启动能力。对乒乓球运动员来说，灵敏素质是一项非常重要的身体素质。

一、灵敏素质的概念

灵敏素质是指在各种突然变化的条件下，运动员迅速、准确、协调地改变身体运动的能力。运动员要在各种复杂的条件下迅速、准确、协调地做出相应的反应动作，这就要求运动员具有良好的观察力、判断力、协调性和反应速度，准确表现所做动作的空间、时间和用力特征以及配合准确等。灵敏素质训练的主要手段有在跑跳中迅速、准确、协调地完成各种动作，各种调整身体方位的练习，专门设计的各种复杂多变的练习，各种变换方向的追逐性游戏和对各种信号刺激做出应答动作反应的练习等。

乒乓球运动员在临场比赛时，随机应变能力要强，要在 0.3~0.5 秒钟内对来球的速度、落点及旋转性能，及时作出判断，并根据对手的站位迅速做出对策，动作转换迅速、准确、协调，战术运用灵活，变幻莫测，这样就能掌握主动权，取得比赛胜利。

二、乒乓球专项灵敏素质的训练要求

（一）注意培养多种能力

灵敏素质是人体的一种综合能力，包括掌握动作的能力、反应能力、协调能力、平衡能力等，还包括思维力、观察力、想象力、注意力等。灵敏素质的培养既要注重运动员体能、技能的提高，同时也必须注重发展其智能水平。

（二）练习时间应适当

灵敏素质练习不宜放在训练课的最后，特别是在大运动量训练之后不应安排灵敏素质练习。灵敏素质训练的时间不宜过长，练习的重复次数也不宜太多。因为当机体出现疲劳时精力难以集中，思维的敏捷性会下降。疲劳也会使人体力量降低、速度减慢、平衡能力减弱、动作节奏破坏等，这些基本能力的下降都不利于进行灵敏素质训练。

（三）休息时间应充分

由于灵敏素质练习要求运动员在兴奋性较高、精力比较旺盛、体力相对充沛的状况下进行，所以在练习中应有足够的间歇时间。但练习的间歇时间又不宜过长，因间隔太长会导致中枢神经系统兴奋性大幅度下降，从而降低对运动系统的指挥能力，直接影响后面练习的效果。

（四）结合专项特点进行训练

不同的运动项目对运动员灵敏素质的要求不尽相同。在训练中应当根据专项对运动员的特定要求，采用各具特色的练习手段和方法，使训练效果与项目特点相吻合。在训练实践中，可有目的地选择一些其他项目的训练方法进行灵敏素质练习，并注意其调节性、娱乐性和趣味性。

（五）手段应多样与多变

灵敏素质练习手段的多样化可提高动员各种分析器官的能力，而灵敏素质的发展同各种分析器机能的改善有密切关系。运动员能表现出精确的定向定时能力、动作的准确性和快速变换能力等，都是依靠各种分析器功能的提高。但当运动员对某一动作技能达到了熟练和自动化程度时，再用此动作去发展灵敏素质就起不到太大作用了。所以，应当经常变换灵敏素质训练的手段方法，在保证运动员有较高兴奋性的基础上提高各分析器的功能水平。

（六）消除紧张心理

在进行各种灵敏练习时，应采取有效的方法消除运动员因动作不熟悉或要求过高等原因所造成的紧张心理。如果运动员心理恐惧、过度紧张，必然会造成肌肉、运动器官的紧张与不协调，导致反应迟钝、动作迟缓，从而影响灵敏素质的训练效果。

（七）合理安排训练顺序

灵敏素质练习一般应安排在训练课的前半部分，在运动员精神饱满、体力充沛、运动欲望强和兴奋性高的状态下进行。当运动员出现疲劳，兴奋性明显下降时进行灵敏素质练习，是难以达到训练效果的。

三、乒乓球专项灵敏素质的训练方法

（1）颠球接力赛。 分两队，颠着球跑并绕过规定目标折返跑，将球传给下一同伴，快者为胜方。

（2）三人一组，两人各站球台一端，另一人站在球网附近，按照顺时针方向或逆时针方向进行跑动中轮换击球练习。

（3）4 人一组，沿球台跑动，轮流击球。在限定时间内，两组可进行击球板数的比赛，击球板数多者为胜。

（4）追逐游戏。追人者手持球拍托球，在限定的范围内追逐别人将乒乓球击到被追者身体视为捉住了被追者。然后被追者变为追人者，继续游戏。

（5）“四角”多向性移动练习。选择 4 平方米的练习区域，在练习区域的 4 个不同方向设置标志物，并依次标为 1、2、3、4 序号，运动员站在练习区域中心，通过教练员的数字口令快速移动，并手触标志物。每组练习时间约 10 秒钟，保证组间充分休息，每次完成 5 组。

（6）步法移动口令练习。教练员进行数字口令提示(1、2、3、4)，1 代表向前上步，2 代表向左并步移动，3 代表向右并步移动，4 代表向后跳步等。运动员通过教练员的数字口令进行相应的步法练习。每组练习时间约 20 秒钟，保证组间充分休息，每次完成 5 组。

（7）“T”字变向跑动练习。利用标志物设置“T”字形的移动线路，要求运动员以最快速度完成规定路线的跑动冲刺练习，亦可在启动前完成几次横向跳跃动作等以增加练习难度和强度。每组练习时间 5～10 秒钟，保证组间充分休息，每次完成 10 组。

(8) 绳梯练习。绳梯练习既是提高运动员步法移动的练习手段，也是提高运动员灵敏性的重要练习形式之一，要求运动员通过单脚或双脚的步法移动，通过正向或侧向的移动方向等调整和变换练习负荷。每组练习时间 5~10 秒钟，每次完成 10 组。

(9) 横向移动传接网球练习。运动员在约 3 米的移动距离内，通过快速移动，手接教练员不定点抛的网球，要求运动员在球落地之前接到网球，接球后迅速回抛给教练员，并迅速还原至中心起点处等待下次抛球。每组练习时间约 15 秒钟，保证组间充分休息，每次完成 5 组。

第五节　乒乓球专项协调素质

协调能力并非是一种单纯的身体素质，它与运动员机体器官系统的功能、身体素质、心理品质和个性特征以及技能储备等联系密切，是各种能力的综合表现。其中灵敏素质与协调能力的关系最为紧密。 协调能力是学习运动技能的基础。

一、协调素质的概念

协调能力是指运动员在运动中，身体器官系统、运动部位配合一致完成动作的能力。协调能力是运动员形成运动技术的基础。协调能力好的运动员不仅能完美地发挥出运动技能，而且能对训练和比赛中出现的问题迅速做出反应并及时解决。发展灵敏素质可以进一步改进专项技术动作中的协调性，从而提高动作的准确性。重视发展灵敏素质，是提高专项协调性和技战术质量的重要途径。

二、乒乓球专项协调素质的训练要求

(1) 采用多样化的训练手段。协调能力训练的手段多种多样，如不习惯的各种身体练习、改变已习惯的动作速度及节奏或时空范围、创造性地改变完成动作的方式和利用各种复杂条件练习等。

(2) 要有针对性地发展各种协调能力。各项目对运动员协调能力的要求不同，因而必须根据项目需要有针对性地发展各种协调能力。

(3) 增加运动技能储备。增大运动员的运动技能储备，为协调能力的发展创造条件。

(4) 应与其他素质训练结合。协调能力能将身体素质转化为运动表现，因

而应把协调能力的训练与其他身体素质发展的训练有机结合。

（5）在技战术训练中注意发展运动员的协调能力，特别是专门技战术的协调能力。

三、乒乓球专项协调素质的训练方法

（1）通过对乒乓球专项技术的练习，达到改善身体协调能力的目的。采用多球训练的方法，学习乒乓球单项技术动作，使动作定型；在学习重心交换移动和还原过程中，基本解决上下肢协调的问题，使得相关肌肉关节等的协调能力得到锻炼。

（2）通过对乒乓球节奏的变化让身体去适应来球的变化，达到改善身体协调能力的目的。改变乒乓球的节奏可以通过改变击球的力度、击球的速度和改变球的旋转来实现，如改变击球的力度，可有意识地加大或减小击球的力量，节奏一变化，对身体的协调性就自然提出了更高的要求。

（3）改变落点的变化，让身体去适应来球的变化，调整身体重心与击球动作，达到改善身体协调能力的目的。通过落点的变化来改善身体协调能力的方法很多，从落点变化的范围上来看，一般可分为同侧位、异侧位和前后的落点变化。比如 1/2 台或 2/3 台正手位连续拉攻、推挡侧身、左推右攻、反手搓后接正手拉打、反手接发球后接正手抢攻。

（4）BOSU 球单脚闭眼站立练习。 要求运动员单脚闭眼站于 BOSU 球上，保持双臂侧平举，进行 30 秒钟的静力站立练习，教练员也可通过扰动运动员肢体进行干扰，以提高练习的难度。 左、右脚单足站立交替进行。 每组练习至少完成 30 秒钟，每次完成 5 组为宜。

（5）BOSU 球单脚站立接球练习。 要求运动员单脚站于 BOSU 球上，教练员手抛网球给运动员，运动员在保证单足站立稳定的情况下尽可能地完成接球动作，接球后并将球回抛给教练员，重复进行。 每组练习时间 15～20 秒钟，保证组间充分休息，每次完成 5 组为宜。

（6）瑞士球跪撑传接球练习。 要求运动员双腿跪撑于瑞士球且保持上体挺直，教练员手抛网球给运动员，运动员在保证跪撑稳定的情况下努力完成单手接球动作，接球后并将球回抛给教练员，重复进行。 每组练习时间 15～20 秒钟，保证组间充分休息，每次完成 5 组为宜。

（7）瑞士球侧桥直膝举腿练习。 要求运动员以侧撑身体姿态，将支撑脚着力于瑞士球，保持身体挺直与核心肌群收紧，另一侧脚连续完成直膝举腿动作。 每组练习时间 15～30 秒钟，左右侧交替进行，每侧每次完成 3～5 组为宜。

（8）侧向跳栏架练习。教练员设置适度高度的栏架 5～10 个，要求运动员采用单脚完成连续的侧向跳跃栏架练习，在跳跃动作完成过程中保证身体的正常姿态和协调控制，以提高其动态协调能力。每组练习时间约 10 秒钟，每次完成 5 组为宜。

（9）六边形跳练习。教练员摆设六边形状的小栏架，要求运动员围绕六边形栏架，采用单脚、双脚或左右脚交替等形式进行连续跳跃，在动作完成过程中保证身体正直与适宜速度，以重点发展运动员的动态协调能力。每组练习时间 10～15 秒钟，每次完成 5 组为宜。

第六节　乒乓球专项耐力素质

耐力素质也是乒乓球运动员所必须具备的身体素质之一。耐力素质对改善和提高乒乓球运动员的心血管系统及呼吸系统的功能有着极其重要的作用，它能保证运动着的器官有足够的能量储备，迅速消除代谢产物，抑制和延缓疲劳，提高运动员身体活动的耐久力和协调性。

一、耐力素质的概念

耐力素质是指机体长时间工作抵抗疲劳的能力。运动员的耐力取决于多种因素，如速度、力量、肌肉成分、系统供能、有效完成动作技术、动作的节省化、完成负荷时的心理状态以及意志力，这些因素都不同程度地对耐力素质产生影响。乒乓球运动属于个人对抗项目，比赛越到后期越紧张激烈。运动员的大脑皮质较长时间处于紧张状态，对运动员的专项耐力有较高的要求。乒乓球的专项耐力与速度素质、灵敏素质紧密结合。专项耐力不好，必然会影响击球的速度、力量以及动作的灵敏性和协调性，甚至对比赛结果产生影响。

二、乒乓球专项耐力素质的训练要求

（一）注意呼吸问题

呼吸的作用在于有效摄取耐力练习时机体所需要的氧气。在训练过程中，当运动员进行中等负荷耐力练习时，会出现耗氧量与氧供给量之间的不平衡，在大负荷练习时这种不平衡就更加明显。氧的摄取是通过提高呼吸频率和加深呼吸深度实现的，在训练中应当培养运动员以加深呼吸深度为主的供氧能力。同时，还应注意强调呼吸节奏与动作节奏配合的一致性，使呼吸与动作相协调。

（二）以有氧耐力为基础

无氧耐力的提高是建立在有氧耐力发展之基础上的，这是因为通过有氧耐力的训练，使运动员心脏容积增大，从而提高每搏输出量，为无氧耐力的发展奠定基础。如果一开始就进行无氧耐力训练，会使心肌壁增厚而每搏输出量难以增加。所以在进行无氧耐力训练之前或同时，应当适当安排有氧耐力的练习。

（三）注意培养意志品质

运动员意志品质因素在耐力素质训练中十分重要。因此，在耐力训练过程中既要注意运动员所能承受的生理负荷，又要重视培养意志品质，提高心理承受能力。

（四）适当控制体重

在耐力训练过程中，应根据项目需要对运动员的体重加以适当控制。人体肌肉中脂肪过多，会增大肌肉阻力，摄氧量的相对值也会因体重的增加而下降。体重增加，能量消耗也会随之增加，必然会影响耐力素质的发展。此外，一些项目对运动员的体重有严格要求，可通过长期耐力练习降低体内脂肪含量，达到降低体重的效果。

三、乒乓球专项耐力素质的训练习方法

乒乓球运动员所需要的专项耐力素质，是一种强度经常处于变化中并与速度和灵敏性紧密结合的专门耐久力。 运动员通常在高度紧张和长时间剧烈运动造成身心疲劳的状况下做出各种精细而有力的攻守动作。例如，连续多拍的扣杀，来回击球次数增多，长时间的步法移动，比赛局数及场数的增加，赛程长。因此，比赛时运动员需要有相当大的耐力储备。

在乒乓球比赛中，要求运动员能够准确判断、快速反应、快速移动、合理挥臂、准确击球。以专项耐力素质为主的练习形式可以有效增加运动员在上述各环节中的反应与动作能力。 耐力素质的练习方法如下：

（1）跨步、交叉步移动练习。 在乒乓球台前做跨步、交叉步移动练习，每组 80～100 次，每组间歇 2～4 分钟，要求动作规范。

（2）匀速跑练习。低强度有氧耐力训练是促进乒乓球运动员机体快速恢复的重要手段，一般采用 60%～70%HRmax 负荷强度的持续性练习，如环绕球场的匀速跑，每组练习 6～10 分钟，组间休息可以充分亦可不充分，保证练习中的平均心率约为 65%HRmax 为宜，每次完成 3～5 组。

（3）变速折返跑练习。中强度有氧耐力训练有助于提高乒乓球运动员长时间的持续性运动能力，一般采用 70%～80%HRmax 负荷强度的持续性练习，如

进行 10~30 米的变速折返跑练习，通过变化速度，发展和提高运动员在中强度负荷下的耐力能力，每组练习 3~5 分钟，组间休息充分，心率负荷强度控制在 140~155 次/分为宜，每次完成 3~5 组。

（4）折返冲刺跑练习。高强度有氧耐力训练是保证乒乓球运动员进行持续高强度运动能力的重要训练形式，一般采用 80%~90%HRmax 负荷强度的间歇性练习，如进行短距离折返冲刺练习，通过提高速度强度发展运动员在有氧高强度下持续运动能力，每组练习约 3 分钟，组间休息充分，心率控制在 160~175 次/分为宜，每次完成 3~5 组。

（5）横向侧滑步折返练习。无氧耐力训练有助于提高乒乓球运动员机体的耐乳酸能力，可采用专项步法移动进行短时、短距、高强度的折返练习，要求运动员以最快的步法移动速度进行横向折返移动，每组练习约 40 秒钟，组间休息 20~40 秒钟，保证机体不完全恢复状态下进行下一组练习，每次完成 10 组，亦可采用组间间歇递减的间歇形式，以保证训练负荷强度，针对性刺激机体的无氧耐力能力。

（6）游戏性练习。可通过集体游戏练习发展耐力，如分组颠球接力跑练习、小场地踢球练习、抓人游戏，通过游戏规则的设置控制练习强度。游戏性练习可以提高耐力训练的趣味性、变化性。

思考题

1. 简述乒乓球专项身体素质训练的意义。
2. 乒乓球专项力量训练有哪些基本要求？
3. 如何开展乒乓球专项速度力量训练，有哪些注意事项？
4. 如何开展乒乓球动作速度训练，有哪些注意事项？
5. 如何开展乒乓球专项耐力训练，有哪些注意事项？

第八章 乒乓球竞赛的组织编排、规程规则与裁判法

本章导言

本章主要介绍乒乓球运动的竞赛规则及裁判法，教授学生如何制定竞赛规程，使用各种竞赛方法组织乒乓球比赛，并介绍群众性乒乓球竞赛的组织与管理。其中，着重介绍乒乓球竞赛的裁判方法、组织方法以及操作程序。

学习目标

1. 了解乒乓球竞赛的各项工作内容，熟悉乒乓球竞赛规则。

2. 掌握乒乓球竞赛裁判法的主要内容，具备策划、组织、执行乒乓球比赛的实际应用能力。

第一节　乒乓球竞赛的组织编排

一、乒乓球的竞赛方法

（一）单循环赛

参加比赛的人（队）相互之间均比赛一次称为单循环赛。其特点是参赛各人（队）比赛机会多，机会均等，但比赛所需的球台多、比赛场次多、所用时间长，计算名次较为复杂。

1. 比赛轮数的计算方法

参赛人（队）数为双数时，轮数=参赛人（队）数-1。例如，有 8 个队进行单循环赛，则轮数为 8-1=7 轮。即 8 个队进行单循环赛，共要进行 7 轮比赛。参赛人（队）数为单数时，轮数=参赛人（队）数。例如，有 7 个队进行单循环赛，则共要进行 7 轮比赛。

2. 比赛次序的确定

乒乓球比赛的单循环制，一般比赛次序采用的是“1”号位固定的逆时针轮转法。以 6 个队为例，共要进行 5 轮比赛（图 8-1-1）。

第一轮	第二轮	第三轮	第四轮	第五轮
1—6	1—5	1—4	1—3	1—2
2—5	6—4	5—3	4—2	3—6
3—4	2—3	6—2	5—6	4—5

图 8-1-1　6 个队逆时针轮转图

如果参赛人（队）数是单数，则末尾加“0”，遇“0”的队，该轮轮空。以 5 个队为例，共要进行 5 轮比赛（图 8-1-2）。

第一轮	第二轮	第三轮	第四轮	第五轮
1—0	1—5	1—4	1—3	1—2
2—5	0—4	5—3	4—2	3—0
3—4	2—3	0—2	5—0	4—5

图 8-1-2　5 个队逆时针轮转图

进行单循环赛时，一个队的名次不仅取决于该队和其他队的比赛结果，还受其他队之间比赛结果的影响，有的队可以利用这种互相牵制的复杂关系，或者故意输球，或者队之间“打默契球”。为了避免这种情况的发生，可以将关键场次的球放在第一轮或者最后一轮，在此基础上由第一轮向后面轮次推转或由最后一轮向前面轮次推转。例如，如果 6 个队进行单循环赛，最后一轮要出现 1—2、3—4、5—6 三场比赛，则可以先写出第五轮的三场比赛，再固定 1 号位，其他位置按逐轮顺时针轮转一个号的办法，倒推出各轮的比赛次序(图 8-1-3)。

第五轮	第四轮	第三轮	第二轮	第一轮
1—2	1—3	1—5	1—6	1—4
3—4	5—2	6—3	4—5	2—6
5—6	6—4	4—2	2—3	3—5

图 8-1-3　6 个队顺时针轮转图

3. 比赛场数的计算方法

比赛场数 = 参赛人（队）数×(参赛人（队）数-1)/2

例如，有 7 个队进行单循环赛，比赛场数是 21 场。

比赛场数 = 7×(7-1)/2 = 21场

4. 比赛名次的确定

乒乓球竞赛规则规定：在分组循环赛中，循环赛中每一成员与所有其他成员进行比赛，胜一场得 2 分，负一场得 1 分，因未出场比赛或未完成比赛而负一场得 0 分，小组名次应根据所获得的积分决定。

如果两个或更多的成员积分相同，他们有关的名次应按他们相互之间比赛的成绩决定。首先计算他们之间获得的积分，再根据需要计算个人比赛场次(团体赛时)、局和分的胜负比率，直至算出名次为止。

如果在任何阶段已经决定出一个或更多成员的名次后，而其他成员仍然得分相同，为决定相同分数成员的名次，根据上述程序继续计算时，应将已决定出名次的成员的比赛成绩删除。

如果按照上述规定的程序仍不能确定某些人(队)的名次时，这些人(队)的名次将由抽签决定。

例如，6 个队参加循环赛，比赛结果如表 8-1-1 所示，首先计算各队得分，根据胜一场得 2 分，负一场得 1 分，弃权得 0 分计算。A 一胜四负得 6 分，B 三胜二负得 8 分，C 三胜二负得 8 分，D 三胜二负得 8 分，E 四胜一负得 9 分，F 一胜四负得 6 分。E 得 9 分，首先可以确定第一名为 E。

表 8-1-1　成绩记录与得分表

		1	2	3	4	5	6	得分	计算	名次
1	A	×	2 : 3	0 : 3	1 : 3	0 : 3	3 : 1	6		
2	B	3 : 2	×	3 : 2	1 : 3	2 : 3	3 : 1	8		
3	C	3 : 0	2 : 3	×	3 : 2	1 : 3	3 : 2	8		
4	D	3 : 1	3 : 1	2 : 3	×	1 : 3	3 : 1	8		
5	E	3 : 0	3 : 2	3 : 1	3 : 1	×	2 : 3	9		1
6	F	1 : 3	1 : 3	2 : 3	1 : 3	3 : 2	×	6		

根据表 8-1-2 可以看出，B、C、D 三队积分同为 8 分，则首先计算这三队之间的得分，这三队之间都是一胜一负，得分都为 3 分；再计算三队之间“场次的”胜负比率，都为一胜一负，胜负比率都为 1/1；再继续计算三队之间局数的胜负比率，B 胜四局负五局，局胜负比率为 4/5，C 胜五局负五局，胜负比率为 5/5，D 胜五局负四局，胜负比率为 5/4。所以，D 为第二名，C 为第三名，B 为第四名。

表 8-1-2　三个相同得分队名次计算表

		1	2	3	4	5	6	得分	计算	名次
1	A	×	2 : 3	0 : 3	1 : 3	0 : 3	3 : 1	6		
2	B	3 : 2	×	3 : 2	1 : 3	2 : 3	3 : 1	8	3 1/1 4/5	4
3	C	3 : 0	2 : 3	×	3 : 2	1 : 3	3 : 2	8	3 1/1 5/5	3
4	D	3 : 1	3 : 1	2 : 3	×	1 : 3	3 : 1	8	3 1/1 5/4	2
5	E	3 : 0	3 : 2	3 : 1	3 : 1	×	2 : 3	9		1
6	F	1 : 3	1 : 3	2 : 3	1 : 3	3 : 2	×	6		

根据表 8-1-3 可以看出，A 与 F 按场次的得分同为 6 分，但 A 与 F 之间，A 胜 F，所以 A 比 F 名次靠前，A 为第五名，F 为第六名。

表 8-1-3　两个相同得分队名次计算表

		1	2	3	4	5	6	得分	计算	名次
1	A	×	2 : 3	0 : 3	1 : 3	0 : 3	3 : 1	6	2	5
2	B	3 : 2	×	3 : 2	1 : 3	2 : 3	3 : 1	8		4
3	C	3 : 0	2 : 3	×	3 : 2	1 : 3	3 : 2	8		3
4	D	3 : 1	3 : 1	2 : 3	×	1 : 3	3 : 1	8		2
5	E	3 : 0	3 : 2	3 : 1	3 : 1	×	2 : 3	9		1
6	F	1 : 3	1 : 3	2 : 3	1 : 3	3 : 2	×	6	1	6

表 8-1-4 为完整的得分、计算过程与结果，一般的成绩公告和成绩册都以此表样式出现。

表 8-1-4　完整成绩公告表

		1	2	3	4	5	6	得分	计算	名次
1	A	×	2 : 3	0 : 3	1 : 3	0 : 3	3 : 1	6	2	5
2	B	3 : 2	×	3 : 2	1 : 3	2 : 3	3 : 1	8	3 1/1 4/5	4
3	C	3 : 0	2 : 3	×	3 : 2	1 : 3	3 : 2	8	3 1/1 5/5	3
4	D	3 : 1	3 : 1	2 : 3	×	1 : 3	3 : 1	8	3 1/1 5/4	2
5	E	3 : 0	3 : 2	3 : 1	3 : 1	×	2 : 3	9		1
6	F	1 : 3	1 : 3	2 : 3	1 : 3	3 : 2	×	6	1	6

（二）淘汰赛

淘汰赛就是将所有参加比赛的运动员（队）编排成一定的比赛次序，由相邻的两名运动员（队）进行比赛，胜者进入下一轮比赛，败者淘汰，直到优胜出最后一名运动员（队），这个运动员（队）就是这次淘汰赛的冠军。这种比赛可以在很短的时间内安排大量的运动员（队）进行比赛，而且比赛逐步进入高潮，并在最高潮的一场比赛——冠亚军决赛后结束比赛。

但淘汰赛也存在缺点：① 合理性差，每个区只有一名选手获得该区的优胜。若强强过早相遇，其中负者再没有机会比赛。② 机遇性强，抽签决定对手。③ 不完整性，当参赛人数不是 2 的乘方数时，要用轮空（抢号）的方法补齐。④ 比赛只能排出冠亚军，其他各项需要安排附加赛。克服淘汰赛存在上述问题的方法有：① 用设种子的方法，提前将种子选手分区，以克服合理性差。② 用有原则的控制抽签的方法克服强机遇性。③ 用加轮空（抢号）或预设选赛的方法克服不完整性。

1. 比赛次序的确定

参加比赛的人按2的乘方数(4、8、16、32……)成对地进行比赛，胜者进入下一轮。负者淘汰，直至产生最后一名胜者。四分之一决赛的4名负者可以并列第5名或者增加附加赛决出第5、6、7、8名。二分之一决赛的2名负者可以并列第3名或者增加附加赛决出第3、4名。

2. 比赛轮空数的计算

轮空数计算方式为：比参赛人数大一级的2的乘方数减去参赛人数。如23名选手参加淘汰赛，第一轮的轮空数是 $2^5-23=32-23=9$。从第二轮开始不再需要设置轮空位置了。

3. 比赛轮次的计算

参赛选手全部出场比赛一次为一轮，轮空的选手包括在内。

轮次=2的乘方数中的指数

如有32号位的淘汰赛，$2^5=32$，则该淘汰赛就有5轮。

4. 比赛场数的计算

两人之间的一次比赛为一场。

场数=参赛人数-1

如有32号位的淘汰赛，在没有附加赛的情况下就有32-1=31场比赛。如果要决出前8名的所有名次，应为：31场+5场(附加赛)=36场。5场附加赛分别为：争夺第3、4名一场，争夺第5、6名三场，争夺第7、8名一场。

(三) 混合制

在乒乓球竞赛中，为了即使各参赛人(队)有较多的比赛机会，又不使整个赛程过长，通常将循环赛制和淘汰赛制结合运用。 例如，比赛的第一阶段采用分组循环赛，第二阶段采用淘汰赛。在第一阶段比赛结果出来后，确定第二阶段的比赛位置有以下两种方法：

1. 比赛位置预先固定

比赛位置预先固定的方法是小组第1名和第2名都进入第二阶段的固定位置，不再进行抽签。由于是预先知道第二阶段的位置，所以可能会造成有的队伍在小组赛时故意输球，有意避开可能会遇到的个别球队，产生不争小组第1名而只争第2名的问题。这种方法也有一定优势，在比赛时间紧、任务重的情况下，不用召集参赛队进行第二阶段的抽签，也不用等所有第一阶段比赛结束才统一开始第二阶段的比赛，只要对阵的两个队第一阶段比赛结束就能立刻开始第二阶段的比赛，节省了大量时间。如表8-1-5所示。

表 8-1-5　比赛位置预先固定表

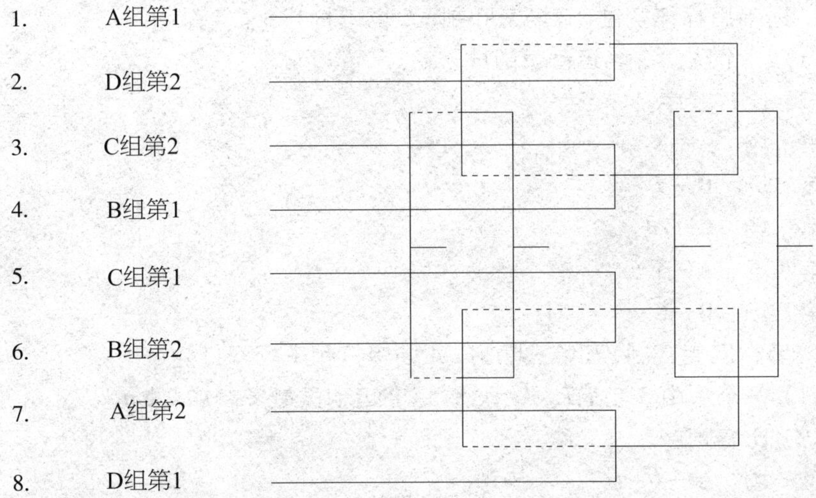

2. 抽签决定比赛位置

抽签决定比赛位置的方法是先小组第 1 抽签进位，再小组第 2 抽签进位，但同小组的第 1、2 名要上下半区分开，这样引入一定的随机性，就在一定程度上避免了打假球的可能性。

如 A 组第 1 进入上半区 1 号位，则 A 组第 2 就要进入下半区，在 6、7 号位置中抽一个；B 组第 1 在 4 号位，则 B 组第 2 就要进入下半区，并在 6、7 号位置中抽一个；C 组第 1 在 5 号位，则 C 组第 2 就要进入上半区，在 2、3 号位置中抽一个；D 组第 1 在 8 号位，则 D 组第 2 就要进入上半区，在 2、3 号位置中抽一个。如表 8-1-6 所示。

表 8-1-6　抽签进位表

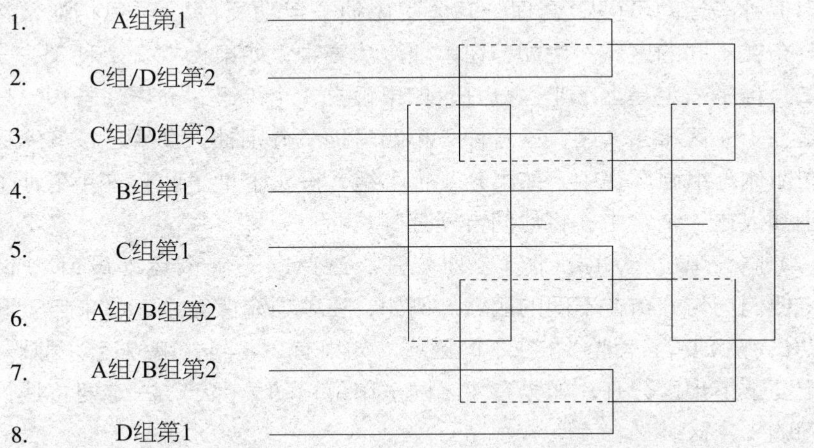

（四）团体赛制

1. 斯韦思林杯赛制（五场三胜制，5 场单打）

（1）一个队由 3 名运动员组成。

（2）比赛顺序。

第一场　A—X

第二场　B—Y

第三场　C—Z

第四场　A—Y

第五场　B—X

2. 奥林匹克赛制（五场三胜制，4 场单打和 1 场双打）

（1）一个队由 3 名运动员组成，每名运动员最多参加 2 场单打。

（2）比赛顺序。

第一场　A—X

第二场　B—Y

第三场双打　C&A 或 B—Z&X 或 Y

第四场　B 或 A—Z

第五场　C—Y 或 X

二、乒乓球竞赛的抽签与编排

（一）乒乓球竞赛的抽签

在乒乓球竞赛中，国际乒联制定了抽签的规则来解决比赛中（特别是单淘汰赛）机遇强的问题以做到最大限度的机会均等。

1. 抽签基本原则

（1）种子运动员（队）合理分开。避免种子运动员（队）过早相遇，将他们均匀分布在不同的区域。例如，在单项淘汰赛中，如果设立 2 个种子，一号种子和二号种子一定是上下半区分开；如果设立 4 个种子，一号种子和二号种子一定是在 1/4 区和 4/4 区，三号种子和四号种子分别抽入 2/4 区或 3/4 区。又如，在团体分组循环赛中，如果分 4 个小组，设 4 个种子队，这 4 个种子队要先分别抽入这 4 个组中，将他们合理分开。

（2）同一单位运动员（队）合理分开。避免同一单位运动员（队）过早相遇，将他们均匀分布在不同的区域。例如，在单项淘汰赛中，将来自于同一单位运动员（队）要合理地分布在不同区域。如果有 2 名同一单位运动员（队），他们一定要上下半区分开；如果有 4 名同一单位运动员（队），一定要将他们分布在不同的 1/4 区。

2. 抽签的要求

乒乓球比赛的抽签是在裁判长的主持下，参赛各队按照一定的抽签原则公开、公平、公正地选择自己的比赛位置。

（1）在单项比赛抽签中，必须将种子选手按照其序号位置合理分开，最后相遇；非种子选手按照本单位技术水平序号合理分开，最后相遇。

（2）在团体比赛的抽签中，种子队必须合理分开；非种子队也要合理分开。

（3）抽签中所控制的对象要合理，越少越好。

（4）抽签中所控制的对象要机会均等。

3. 抽签方法

（1）团体赛。先抽种子队，再抽非种子队。

（2）单项赛。先抽种子选手，种子选手抽签直接抽入种子位置号码。再进行非种子选手抽签，非种子选手抽签先进“区”，后定“位”。非种子选手抽签，先进入上、下半区，或1/4区、1/8区、1/16区等区域，再在该区域内抽入具体的位置号码。

（3）人工抽签。目前应用最为广泛与合理的是全自助式卡片抽签，通过手工制作两类签卡，一类是名签（人名、队名），另一类是号签（位置号码、区号、组号），全程通过人工操作，实现各队、各人逐级进组、进区、进号，全过程都可监控。主抽签人（裁判长）主持抽签过程，各队教练、队长可亲自参与抽签，通过亲自抽本队及队员签卡，最大限度地实现抽签工作的透明、公开与公正。

（4）电脑抽签。电脑抽签是各类运动赛事编排采用的一种新型抽签手段。由于乒乓球比赛赛制的复杂性和场次多的特点，对于抽签、编排的各项工作要求都非常高。电脑抽签、编排技术的应用，减轻了繁重的人工操作过程，节省了时间，令编排、抽签工作及时、迅速、快捷。目前的电脑编排软件主要有CATS和赛事大师两种。它们都是通过生成制式报名表格来收集各参赛队报名信息，通过汇总整合录入系统，这样就从源头避免了编排者再次录入名单、组别、配对等人为操作失误。通过对比赛方法的设置，进行电脑抽签，抽签结果能够立刻生成。电脑抽签解决了以往人工手动抽签需要大量时间的弊端，大大提高了工作效率，让参赛者很快就能拿到抽签结果以及比赛秩序册。

4. 抽签流程

（1）抽签准备工作。主要包括接受、汇总报名；制定抽签方案；准备抽签用具；组织抽签团队和进行抽签实习。

① 接受、汇总报名。

• 专人负责，确保报名表不遗失、不遗漏。

• 原始报名表一定是书面的，如果要修改也要在书面报名表上修改（网上报名电子邮件等资料一定要保留）。这样做的目的就是一旦出现人名、配对等错误，原始报名表是唯一的参照标准。

• 审核报名表。发现报名表不规范、不清楚、与规程要求不一致等情况，要及时向参赛队反映，以及时得到更正。

• 制定报名汇总表，抽签前确认。通过制定汇总表，在抽签以前向各参赛队确认，可避免多人、漏人等错误，如果抽签工作开始后发现错误，等于抽签失败。

② 制定抽签方案。

• 确定种子选手。确定种子的目的是使优秀选手平均分布，避免过早相遇，使最终比赛的名次更合理。按成绩或排名确定种子。团体赛可依据上届成绩；单项赛中单打可依据上届成绩或优秀运动员排名，双打可依据上届成绩或优秀运动员的排名（原配对）。如果双打配对被拆开重新配对，新配对的双打选手都不具备种子资格。不同单位组成的混双，归属男运动员协会；不同单位组成的双打同属两协会。

• 确定种子数量。

团体赛（循环赛制）：按分组数决定，一般每组 1~2 名。

单项赛（淘汰赛制）：

第一轮人（对）数：<25，2 或 4 名种子

第一轮人（对）数：25~48，4 或 8 名种子

第一轮人（对）数：49~96，8 或 16 名种子

第一轮人（对）数：>96，16 或 32 名种子

确定种子位置（表 8-1-7）：

表 8-1-7　种子号码位置表

1	256	129	128	65	192	193	64
33	224	161	96	97	160	225	32
17	240	145	112	81	176	209	48
49	208	177	80	113	144	241	16
9	248	137	120	73	184	201	56
41	216	169	88	105	152	233	24
25	232	153	104	89	168	217	40
57	200	185	72	121	136	249	8

查表方法：按种子位置数目，依次（逐行由左至右）摘出小于比赛位置数的号码，即为种子位置号码。例如，56 人参加比赛，应选用 64 个号码位置，设 8 名种子，依次从左向右摘出小于 64 的 8 个号码——2、64、33、32、17、48、49、16 即为种子位置号码。

• 确定轮空位置。轮空位置是未安排运动员的号码位置。设立轮空位置目的是使位置数多于参赛人（对）数，通过第一轮安排“轮空”位置，使第二轮运动员数是 2 的幂。

轮空首先确保轮空号位均匀分布，其次种子选手优先轮空。种子选手内部，序号在前的先轮空。

$$轮空数=位置数-参赛运动员数$$

例如，58 名运动员参加单淘汰比赛，设置 64 个号码位置数，轮空数为 6 个。

$$轮空数=64-58=6$$

轮空位置可通过查找轮空位置表得出（表 8-1-8）。

表 8-1-8　轮空位置表

2	255	130	127	66	191	194	63
34	223	162	95	98	159	226	31
18	239	146	111	82	175	210	47
50	207	178	79	114	143	242	15
10	247	138	119	74	183	202	55
42	215	170	87	106	151	234	23
26	231	154	103	90	167	218	39
58	199	186	71	122	135	250	7
6	251	134	123	70	187	198	59
38	219	166	91	102	155	230	27
22	235	150	107	86	171	214	43
54	203	182	75	118	139	246	11
14	243	142	115	78	179	206	51
46	211	174	83	110	147	238	19
30	227	158	99	94	163	222	35
62	195	190	67	126	131	354	3

查表方法：按轮空位置数目，依次（逐行由左至右）摘出小于比赛位置数的号码，即为轮空位置号码。例如，59 人参加比赛，应选用 64 个号码位置，有 5 个轮空位置，依次从左向右摘出小于 64 的 5 个号码——2、63、34、31、18 即为轮空位置号码。

③ 准备抽签用具。

• 抽签用签卡。签卡有名签和号签两类。签卡有严格的质量要求，首先要求完全不透光，从背面不应看到签卡正面的字样；其次签卡的背面颜色、图案应完全一致（图 8-1-4）。

• 分区控制表（平衡表）。每个项目应单独使用分区控制表。正式抽签前，表内各项数字和符号均应填好并且核对无误。抽签分区控制表由分区控制员掌握使用，但必须经主抽人认真复核、校对。

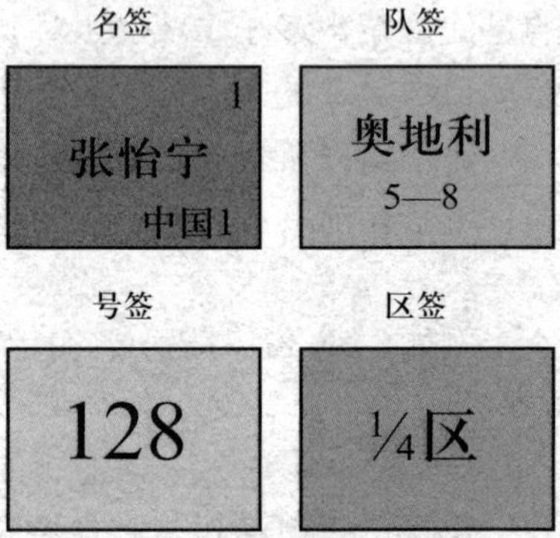

图 8-1-4　签卡

• 抽签记录表。记录员应为每一个项目准备一张抽签记录表。种子选手抽签后以及非种子选手“定位”后，记录员应根据号签员当场记上位置号码的“名签”，将抽签结果填入抽签记录表中。抽签记录表不仅是作为下一步编排比赛秩序的依据，而且也是核对抽签结果的一个主要依据。

• 抽签公布表。抽签结果一般先用投影进行现场展示，再用纸质大表张贴于成绩公布栏处，供大家观看与监督，也起到抽签公开、公正的作用。

• 抽签说明词。一般情况下，主抽人对各个比赛项目的抽签应准备一个比较详细的抽签说明词。详细的抽签说明词能让各领队、教练全面了解比赛的整体情况以及抽签原则、方法，也让抽签过程体现透明、公开、公正。

一个项目的抽签说明词应该包括选手的人数，比赛秩序表使用的号码，轮空（抢号）的数量和位置分配，比赛办法，种子名单及序号，各个区的固定数、机动数以及按种子选手、非种子选手（按确定的单位顺序）抽签时的简要说明词。

• 抽签备用品。抽签开始前或进行中可能出现某些变动和差错（如报名的变动更正和更改发现的差错），需要准备一些抽签备用品，以应急需。抽签备用品包括空白的名签、号签，轮空位置号码表，全部原始报名表与报名汇总表，乒乓球竞赛规则和竞赛规程，种子名单以及确定种子的依据，空白的分区控制表，抽签记录表，笔、刀、双面胶等各种文具。

④ 组织抽签团队和进行抽签实习。

组织抽签团队，抽签团队成员包括：

主持抽签人：一般都由裁判长或副裁判长担任。

号签员：与主抽人配合进行具体抽签，掌握各种区签、组签与号签。

控制员：掌握抽签控制表，记录种子选手抽签进位和非种子选手进区情况，向主抽人提示对不同选手所需进行的控制。

复核员：复核控制组的分区控制工作是否正确，发现问题立即向主抽人提出。

显示员：操纵抽签显示器，随时向大家显示选手的进区情况、各个区的机动数，以及应该对选手进区的控制情况。

记录员：正式记录各项抽签结果。

打字员、复印员：及时打印抽签结果。

总复核员：核对复印抽签结果的正确性。

（2）团体赛、单项比赛抽签示例。

① 团体赛示例。16 个不同单位的队伍进行团体赛，决出团体前八名。

制定抽签方案：16 个不同单位的队伍第一阶段先分 4 个小组，每个小组 4 个队进行循环赛。小组取前两名进入第二阶段采用交叉淘汰赛，决出前八名。团体比赛依据上届比赛成绩设 8 个种子。

如表 8-1-9 所示，首先 1、2、3、4 号种子抽签编入 A、B、C、D4 个小组的一号位；再将 5、6、7、8 号种子按照蛇形排列的方式进入 D、C、B、A 组，也可将 5、6、7、8 号种子一批次抽签编入 A、B、C、D 4 个组的二号位；最后将余下的 8 个队一批次抽签编入 A、B、C、D 4 个组的三、四号位置。

表 8-1-9　种子进一阶段分组表

	A	B	C	D
一	1 号种子	2 号种子	3 号种子	4 号种子
二	（8	7	6	5）
三	（9	10	11	12）
四	（16	15	14	13）

接下来进行第二阶段的淘汰赛抽签，如表 8-1-10 所示，如果 1、2 号种子都是 A、B 组第一，那么 1 号种子 A1 进入 1 号位，2 号种子 B1 进入 8 号位，然后将 C、D 组的第一分别抽入 4、5 号位置。如果 C1 抽入 4 号位置，则 D1 进入 5 号位置，那么 A 组第二和 C 组第二只能在下半区抽入 6、7 号位置（同小组的前两名上下半区分开），同理，B 组第二和 D 组第二只能抽入上半区的 2、3 号位置。

表 8-1-10　第二阶段淘汰赛位置表

位置号	参赛队
1	A1
2	B2/C2/D2
3	B2/C2/D2
4	C1/D1
5	C1/D1
6	A2/C2/D2
7	A2/C2/D2
8	B1

② 单项淘汰赛抽签示例。 来自 7 个队共 27 名运动员参加单打淘汰赛，决出前八名。

制定抽签方案：采用 32 个号码位置；确定 8 名种子，1 至 8 号种子序号为：1、32、16、17、8、9、24、25。其中，1 号种子为河南 1，2 号种子为上海 1，3、4 号种子分别为山西 1、上海 2，5—8 号种子分别为湖北 1、北京 1、江苏 1、江苏 2。

首先进行种子抽签，种子抽签平衡控制表及种子分区进位情况见表 8-1-11。

1 号种子，河南 1 进入 1 号位。2 号种子，上海 1 进入 32 号位。

3、4 号种子，上海 2 进入 16 号位，山西 1 进入 17 号位。

5—8 号种子，江苏 1 进入 8 号位，江苏 2 进入 24 号位，湖北 1 进入 9 号位，北京 1 进入 25 号位。

表 8-1-11　种子抽签平衡控制表

1/2 区	1/4 区	山东	河南	山西	湖北	上海	北京	江苏	1/4 区				1/2 区			
		1	2	3	4	5	6	6	位置数	轮空数	固定数	机动数	位置数	轮空数	固定数	机动数
1	1				○	○	○	⑧	8	1	4	~~3~~ 2	16	3	12	1
			↑●	●			●	●								
	2				⑨	⑯	○	○	8	2	4	2				
		●		●		●										
2	3				○	○	○	㉔	8	1	4	~~3~~ 2	16	2	12	2
			●	↑●			●	●								
	4				○	㉜	㉕	○	8	1	4	3				

种子选手抽签定位：

1 号种子为河南 1 号，进入上半区顶部，即 1 号位。1/4 区机动数减 1，1/4 区机动数变为 3-1=2。

2 号种子为上海 1 号，进入下半区底部，即 32 号位。该区机动数不变。

3、4 号种子为上海 2 号和山西 1 号，按规则规定同单位 1、2 号选手应进入不同半区，所以上海 2 号只能进入上半区底部，即 16 号位，山西 1 号只能进入 17 号位。山西 1 号进入 17 号位，3/4 区机动数减 1，3/4 区机动数变为 3-1=2。

5—8 号种子为江苏 1 号、江苏 2 号、湖北 1 号，北京 1 号。按规则规定同单位选手不能进入同半区，所以江苏 1 号、江苏 2 号分别进入上、下半区，设分别抽入 1/4 区 8 号位和 3/4 区 24 号位。湖北 1 号抽入 2/4 区，即 9 号位，北京 1 号抽入 4/4 区，即 25 号位。

至此种子抽签完毕，1/4 区机动数为 2，2/4 区机动数为 2，3/4 区机动数为 2，4/4 区机动数为 3。1/2 区机动数没有变化。

然后进行非种子抽签，设置抽签平衡表，将非种子依次抽入相应区域与具体号码位置。非种子抽签平衡控制表见表 8-1-12。

表 8-1-12　非种子抽签平衡控制表

1/2 区	1/4 区	山东	河南	山西	湖北	上海	北京	江苏	1/4 区				1/2 区			
		1	2	3	4	5	6	6	位置数	轮空数	固定数	机动数	位置数	轮空数	固定数	机动数
1	1				○	○	○	⑧	8	1	4	~~3~~ ~~2~~ 2 ~~1~~	16	3	12	~~1~~ 0
			↑ ●	●			●	●								
	2				⑨	⑯	○	○	8	2	4	~~2~~ ~~1~~ 0				
		●		●		●										
2	3				○	○	○	㉔	8	1	4	~~3~~ ~~2~~ 0 ~~1~~	16	2	12	~~2~~ ~~1~~ 0
			●	↑ ●			●	●								
	4				○	㉜	㉕	○	8	1	4	~~3~~ ~~2~~ 0 ~~1~~				

种子选手抽签进位后，上、下半区机动数不变，1/4 区机动数为 2，2/4 区机动数为 2，3/4 区机动数为 2，4/4 区机动数为 3。

按报名顺序进行非种子选手抽签：

山东仅1名参赛选手，不能进入机动数已经较少的1/2区和1/4区，设其抽入4/4区，4/4区机动数减1，2/2区机动数减1，4/4区机动数变为3-1=2，2/2区机动数变为2-1=1。

因河南1号在上半区，河南2号只能进入下半区，设抽入3/4区，3/4区机动数变为2-1=1。

山西2号进2/4区，2/4区机动数变为2-1=1。山西3号只能进入1/4区和4/4区，设抽入4/4区，4/4区机动数变为2-1=1。2/2区机动数变为1-1=0。

湖北队4名选手可均匀分配到各1/4区，因此抽签分区时可以不受控制，每个1/4区进1人。

上海1、2号已经进入4/4区32号位与2/4区16号位，所以上海3、4号选手分别抽入1/4区和3/4区。由于2/2区机动数已经为0，上海5号只能进入上半区，设上海5号进入1/4区，1/4区机动数变为2-1=1，1/2区机动数变为1-1=0。

北京2、3、4号选手可以在分区时不控制，分别进入除北京1号所在的4/4区以外的1/4区、2/4区和3/4区。北京5、6号上、下半区各进1人。设北京5号抽入1/4区，1/4区机动数变为1-1=0，北京6号抽入3/4区，3/4区机动数变为1-1=0。

江苏3、4号选手可不控制，分别进入除江苏1号、2号所在的1/4区、3/4区以外的2/4区、4/4区。江苏5、6号上、下半区各进1人。设江苏5号抽入2/4区，2/4区机动数变为1-1=0，江苏6号抽入4/4区，4/4区机动数变为1-1=0。

至此非种子选手抽签分区完毕，整个抽签分区完毕，控制成功。

（二）乒乓球竞赛的编排

1. 编排基本原则

（1）实现最大限度比赛进度一致原则。在循环赛制中，为体现公平合理的原则，实现各参赛运动员（队）在比赛进度上机会均等，比赛要逐轮进行。例如，5个队进行循环赛，要打5轮，按轮次依次进行，1号位固定不动，逆时针轮转法（图8-1-5）。

第一轮	第二轮	第三轮	第四轮	第五轮
1*—0	1—5	1—4	1—3	1—2
2—5	0—4	5—3	4—2	3—0
3—4	2—3	0—2	5—0	4—5

图8-1-5　循环赛逆时针轮转图

（2）实现最大限度比赛条件一致原则。比赛条件指的是场地客观条件（主、副馆，灯光，中心、边缘球台等），比赛时间（白天、晚上、上午、下午等）等相对固定的因素。编排比赛要基本保证各参赛队（运动员）在比赛条件上尽可能一致。例如，有些球队总在主馆中心球台比赛，有些球队总在副馆边缘球台比赛，还有些球队总是在上午第一场或是晚上最后一场比赛，这样的编排就不合理。

（3）保持运动队和选手合理的比赛强度原则。比赛的总量是由比赛办法和报名队数或人数决定的，但对一个运动队或一名（对）选手在单位时间内仍应保持适当的比赛强度。

① 提高运动员在场时间比赛率，避免运动员在场地等待时间过长，消耗精力，影响比赛发挥。“在场时间比赛率”是指运动员抵达赛场到离开赛场这段时间实际进行比赛和在（赛）场总时间的比率。

$$\text{在场时间比赛率}=\frac{\text{实际比赛时间}}{\text{运动员在赛场总时间}}$$

② 确保运动员不超过比赛极限量。由于乒乓球比赛存在多项且允许兼项的特点，在制定比赛编排方案时，应确立一个原则：假设任何一名选手在任何一场比赛中都取胜，比赛编排方案要确保在任何情况下，任何一名选手都不可能在某个单位时间（一节、一天）内超出比赛的极限量。

团体赛：每节不超过 1 场，每天不超过 3 场。

单项赛比赛量（七局四胜制）：每节不超过 3 场，每天不超过 7 场。

注：这里指的是大型比赛的比赛量，基层比赛可根据实际情况考虑。

（4）努力满足各方面的要求原则。

① 完全符合竞赛规程的规定。竞赛规程是本次比赛的指导性文件，比赛工作的执行要完全符合竞赛规程的要求。

② 努力满足观众要求。如在比赛时间上，安排男、女运动员同时在场上比赛，或者安排不同级别、组别的运动员同时在场上比赛，以满足观众的观赏需求。

③ 努力满足电视转播要求。积极协调电视转播，尽可能将精彩的比赛直播给广大乒乓球爱好者。同时考虑提前安排好精彩比赛时间，尽可能避免精彩比赛在同一时间进行，让更多的观众欣赏到更多、更精彩的比赛。

④ 努力满足主办者、承办者的要求。每次比赛，主办者和承办者都希望通过比赛达到一定的目的，完成一定的任务，因此在编排上尽可能满足主办者、承办者的具体要求。

2. 编排任务

乒乓球竞赛编排工作主要流程如下：

竞赛编排的整体框架设计，首先必须弄清两套数据：① 比赛任务数据。它包括比赛项目每一轮的场数，各个比赛项目的比赛轮数，团体赛的分组数和各组的队数，单项比赛的人数、对数、轮数等。② 比赛条件的数据。它包括竞赛日程(总天数、某些场次的特定日程)、比赛密度(每场比赛的预定时间，两场比赛间隔时间，运动队和选手在单位时间内的比赛限量)、比赛场馆数量和球台数量。

编排示例：某单位的乒乓球比赛。

比赛项目设置：男单、女单。

参加比赛人数：男单 16 人，女单 16 人。

比赛时间：2 天，X 月 1 日开始比赛。

球台：8 张。

竞赛规程规定：分两个阶段进行，第一阶段分组循环，第二阶段单淘汰赛(加附加赛)，决出 1—8 名。

(1) 绘制编排要素汇总表(表 8-1-13)。

表 8-1-13　编排要素汇总表

<table>
<tr><th rowspan="2">项目</th><th rowspan="2">组</th><th rowspan="2">人数</th><th colspan="3">第一阶段场数</th><th colspan="3">第二阶段</th><th rowspan="2">合计</th></tr>
<tr><th>第一轮</th><th>第二轮</th><th>第三轮</th><th>第一轮</th><th>第二轮</th><th>第三轮</th></tr>
<tr><td rowspan="4">男单</td><td>A</td><td>4</td><td>2</td><td>2</td><td>2</td><td rowspan="4">4</td><td rowspan="4">4</td><td rowspan="4">4</td><td rowspan="4">36</td></tr>
<tr><td>B</td><td>4</td><td>2</td><td>2</td><td>2</td></tr>
<tr><td>C</td><td>4</td><td>2</td><td>2</td><td>2</td></tr>
<tr><td>D</td><td>4</td><td>2</td><td>2</td><td>2</td></tr>
<tr><td rowspan="4">女单</td><td>A</td><td>4</td><td>2</td><td>2</td><td>2</td><td rowspan="4">4</td><td rowspan="4">4</td><td rowspan="4">4</td><td rowspan="4">36</td></tr>
<tr><td>B</td><td>4</td><td>2</td><td>2</td><td>2</td></tr>
<tr><td>C</td><td>4</td><td>2</td><td>2</td><td>2</td></tr>
<tr><td>D</td><td>4</td><td>2</td><td>2</td><td>2</td></tr>
<tr><td colspan="9">总计</td><td>72</td></tr>
</table>

(2) 绘制编排切块表，制定竞赛日程。通过计算，绘制编排切块表。

每场比赛以 60 分钟计算，每节、每张球台可以打 3 场比赛，所以，第一阶段用 8 张球台。第一阶段一共 48 场比赛，8 张球台比赛，每节可以安排 24 场比赛(3×8＝24 场)。那么，用 1 天可以打完第一阶段的比赛（48÷24＝2 节）。

第二阶段用 4 张球台比赛，第二阶段一共 24 场比赛，4 张球台一节，每节可以安排 12 场比赛（3×4＝12 场）。那么，用 1 天可以打完第二阶段的比赛（24÷12＝2 节）。

注：乒乓球比赛中，“一节”指上午、下午或晚上三块相对完整的时间段，一天最多可安排 3 节比赛。

所以，全部比赛可以用 2 天打完。通过编排切块表，比赛日程安排、轮次安排一目了然(表 8-1-14)。

表 8-1-14　编排切块表

项目	组	人数	第一阶段场数			第二阶段场数			合计
			第一轮	第二轮	第三轮	第一轮	第二轮	第三轮	
男单	A	4	2	2	2	4	4	4	36
	B	4	2	2	2				
	C	4	2	2	2				
	D	4	2	2	2				
女单	A	4	2	2	2	4	4	4	36
	B	4	2	2	2				
	C	4	2	2	2				
	D	4	2	2	2				
总计									72

（表中切块标注：男单第一阶段第一轮与女单第一阶段第一、二轮为“1日上午”；男单第一阶段第二、三轮与女单第一阶段第三轮为“1日下午”；男单第二阶段第一轮与女单第二阶段第一、二轮为“2日上午”；男单第二阶段第二、三轮与女单第二阶段第三轮为“2日下午”。）

根据编排切块表，制定竞赛日程(表 8-1-15)。

表 8-1-15　竞赛日程

日期	时间	内容	备注
1	上午（8：30—）	男单第一阶段第一轮 女单第一阶段第一、二轮	
	下午（14：30—）	男单第一阶段第二、三轮 女单第一阶段第三轮	
2	上午（8：30—）	男单第二阶段第一轮 女单第二阶段第一、二轮	
	下午（14：30—）	男单第二阶段第二、三轮 女单第二阶段第三轮	

3. 编排比赛秩序册。

根据以上设计方案，首先编排男单 16 人、女单 16 人分组循环赛。将男单、女单分别分成 4 个小组，每组按照 1 号位不动，其他号逆时针轮转法确定比赛轮次，再将比赛日期、时间、球台号填入表内。

先分好轮次(表 8-1-16)。

表 8-1-16 男女单打轮次表(第一阶段)

	1	2	3	4	得分	计算	名次
1	×						
2	第三轮	×					
3	第二轮	第一轮	×				
4	第一轮	第二轮	第三轮	×			

以男单、女单的第一阶段 A 组为例(表 8-1-17、表 8-1-18)，将比赛日期、时间、球台号填入表内。

表 8-1-17 男子单打(第一阶段)

A 组	1	2	3	4	得分	计算	名次
1	×						
2	1 日 16 : 30 (5)	×					
3	1 日 14 : 30 (7)	1 日 9 : 30 (2)	×				
4	1 日 9 : 30 (1)	1 日 14 : 30 (8)	1 日 16 : 30 (6)	×			

表 8-1-18 女子单打(第一阶段)

A 组	1	2	3	4	得分	计算	名次
1	×						
2	1 日 15 : 30 (5)	×					

续表

A组	1	2	3	4	得分	计算	名次
3	1日 10：30 （7）	1日 8：30 （2）	×				
4	1日 8：30 （1）	1日 10：30 （8）	1日 15：30 （6）	×			

男单、女单第一阶段各小组循环赛编排结束后，进行男单、女单第二阶段淘汰赛编排，见表 8-1-19、表 8-1-20。

表 8-1-19　男子单打第二阶段（决 1—8 名）

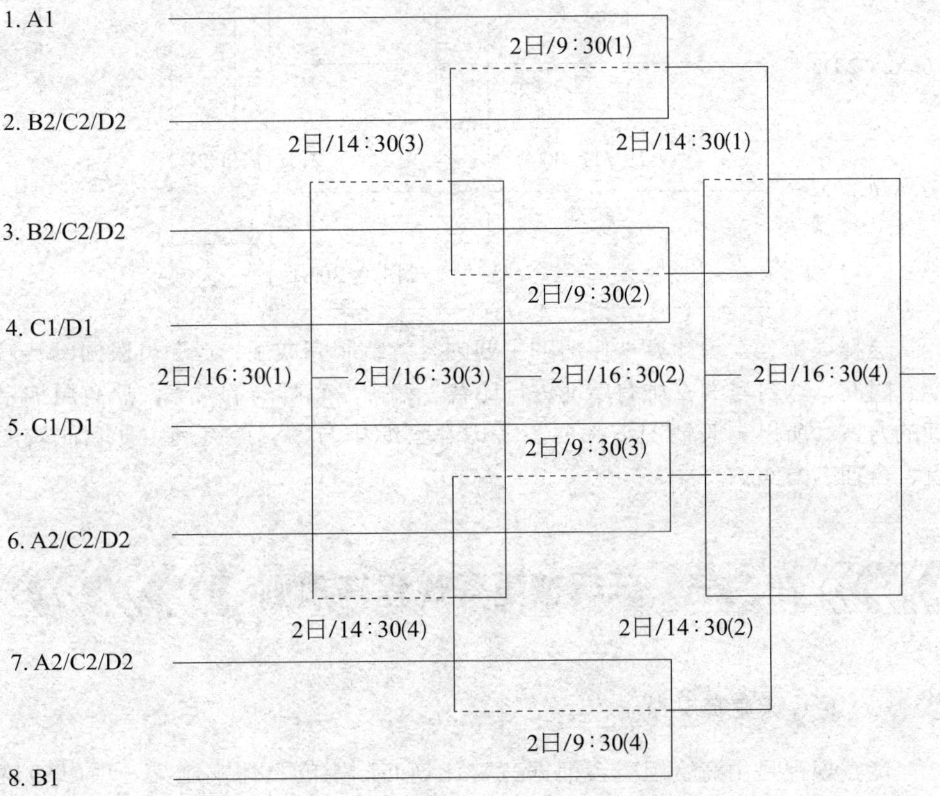

表 8-1-20　女子单打第二阶段（决 1—8 名）

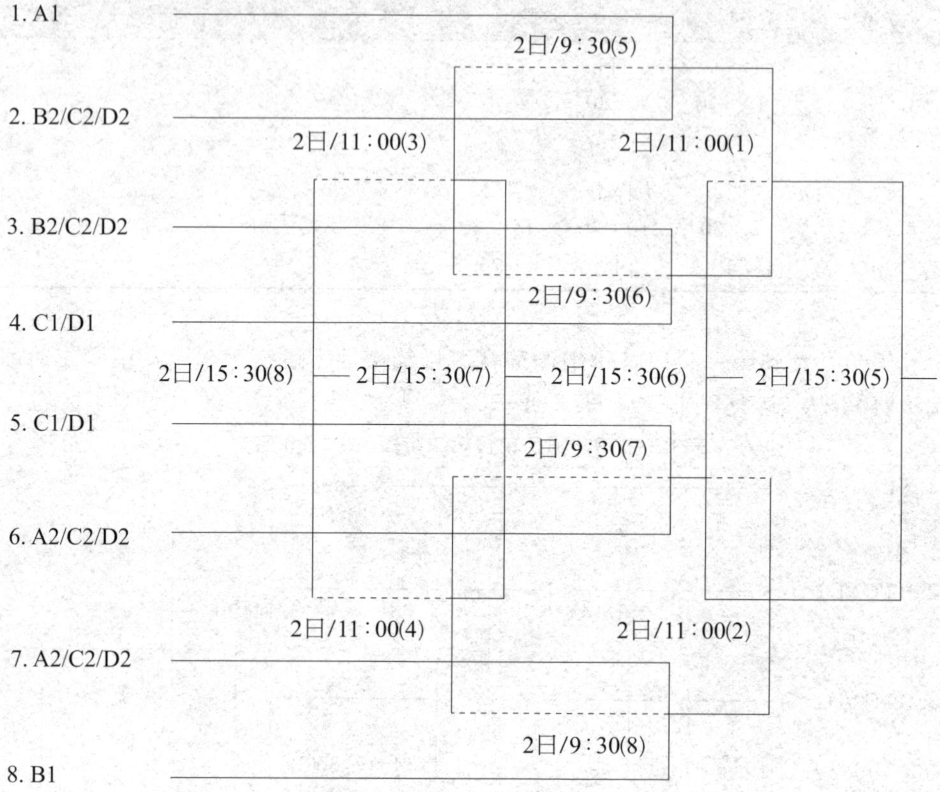

这样男单、女单比赛秩序册的主要内容就编制完成了，运动员根据比赛日期、时间、球台号的安排有序地进行比赛。编排没有唯一的方案，只有更加合理的方案，所以一般情况下都要多考虑几套编排方案，最终确定一套比较适宜、合理的方案。

第二节　乒乓球竞赛规程与规则

一、乒乓球竞赛规程

竞赛规程是由竞赛组委会根据竞赛计划而制定的具体实施某一项（届）赛会的政策与规定，是举行比赛的指导性文件，它是主办单位进行工作的依据，也是参加比赛单位共同遵守的章程。竞赛规程和竞赛规则共同协调和制约着乒乓球竞赛的全过程，规程着重于竞赛的组织管理。一般情况下，大型乒乓球比赛至少要提前一年或半年下达竞赛规程，使参加者能根据竞赛规程安排来调整训练计划，为参赛做好准备。小型乒乓球比赛也应提前数月印发竞赛规程，使参赛单位能根据竞赛规程的宗旨、内容和要求，组建队伍、确定竞赛和训练目标，积极准备。为使竞赛规程制定得科学、合理，保证竞赛的质量，竞赛规程所提出的比赛组织方案和内容，必须遵循可行性、公平性和稳定性原则，即从当时的实际出发，做到切实可行。竞赛规程所规定的内容应使全体参加者在客观条件相同的前提下展开竞赛。竞赛规程一经公布，就应当做到相对稳定，不能随便更改。若竞赛规程中确有不合理的内容需要修正或补充时，须经制定部门并在比赛前进行修改。一般在比赛开始后，竞赛规程不能再改动，以保证竞赛规程的严肃性和权威性。

竞赛规程的内容包括比赛名称、主办单位、承办单位、协办单位、赞助单位、竞赛时间和地点、赛事组委会、竞赛项目、竞赛办法、录取名次、奖励办法及报名须知等主要内容。

1. 比赛名称

确定了比赛名称，也就确定了比赛规格、规模与性质。例如，中华人民共和国全国运动会、世界大学生运动会、世界军人运动会一般都是四年一届。中国大学生乒乓球锦标赛是中国大学生乒乓球水平最高的单项赛事，一般是一年一届。

2. 主办单位、承办单位、协办单位、赞助单位

主办单位是比赛的发起单位，承办单位是比赛的具体实施单位，协办单位是协助承办单位进行具体实施的单位，赞助单位一般是通过对比赛运转进行资金及物品资助的单位，既有公益性质又有广告宣传的目的。例如，2019 年国际乒联中国残疾人乒乓球公开赛，它的主办单位是中国残奥委员会，也就是发起单位。批准单位是国际乒乓球联合会，表明是经过国际乒乓球联合会批准同意的赛事，表明了赛事性质是国际乒联认可的官方赛事。承办单位是中国残疾人体育运动管理中心，表明由此单位来负责赛事的具体实施。协办单位为中国残疾人体育(塘栖)训练基地和杭州中凯体育策划有限公司，这两个单位协助中国残疾人体育运动管理中心完成赛事的具体实施、运作与执行。赞助单位是天津七二九体育用品有限公司、农夫山泉有限公司和交通银行股份有限公司浙江省分行，这些赞助单位为比赛提供了资金或物品资助，在比赛秩序册、宣传册及赛场都出现了赞助单位的名称及相关产品的广告，起到了公益事业和广告宣传的双向作用。

3. 竞赛时间和地点

这是竞赛规程中非常关键的内容，明确的时间和地点可以让各参赛队提前

做好参赛准备，包括经费预算、赛事安排、集训时间安排等方面。竞赛时间和地点确定后，一般不轻易改动，否则会给参赛单位带来很多不便，甚至失去参加比赛的机会。

4. 竞赛项目

竞赛项目是一次比赛所设立的比赛项目。不同性质的比赛有不同的竞赛项目，例如，综合性运动会中乒乓球项目一般包含全部 7 个子项目，青少年锦标赛则很少设有双打和混双比赛。竞赛项目还会设立不同的组别，有些以年龄为依据分组，有些以运动员身份性质为依据分组。例如，全国向阳杯乒乓球赛，主要针对的是少年儿童，以年龄为依据分组；中华人民共和国全国运动会乒乓球比赛分为群众组和专业组，主要针对群众乒乓球选手和专业乒乓球运动员，对普及乒乓球运动和专项乒乓球发展有着不同的要求，因此以运动员身份性质为依据分组。

5. 竞赛办法

竞赛办法是指具体的比赛办法。例如，团体赛第一阶段和第二阶段的比赛办法，第一阶段、第二阶段的抽签原则和方法，如第一阶段采取分组循环的比赛方式，小组前几名进入第二阶段比赛，第二阶段的抽签办法这都应当明确和具体；团体赛和单项赛种子队或种子选手的确定原则；团体赛的赛制，如运动员的出场顺序和单双打次序；团体参赛运动员和教练员人数要求、团体赛上场运动员特殊打法要求、单项比赛的比赛办法、运动员因伤病替换人员要求、运动员参赛项目总数要求、每场比赛的赛制（五局三胜或七局四胜）等具体的比赛办法。例如，2019 年国际乒联女子世界杯竞赛办法明确规定：赛事分两个阶段进行。第一阶段为小组循环赛，十六强进入第二阶段，第二阶段为单淘汰赛，决出最终名次。

6. 录取名次和奖励办法

明确团体赛和单项赛的录取名次，参赛队伍数量不足时应该明确录取办法。明确奖励办法，奖杯、奖牌、获奖证书以及体育道德风尚奖奖励等其他奖励办法都要具体。例如，第二届全国青年运动会乒乓球比赛规程中明确规定：获得体校甲组（U19 组）单打前 4 名且为 2001 年 1 月 1 日以后出生的运动员，可入选国家队（二队）。这是除奖牌和获奖证书以外更有意义的奖励。

7. 运动员的资格

运动员的资格包括运动员的年龄、参赛经历、获奖情况、注册地区等内容。例如，2020 年全国学生运动会的大学组的资格要求：凡是参加过中国乒乓球俱乐部超级联赛、中国乒乓球甲 A 联赛、全国青年乒乓球锦标赛、全国乒乓球锦标赛、其他国家和地区职业俱乐部所组织的职业比赛的运动员都不能参赛。这对参赛运动员的资格提出了具体的要求。

8. 报名和报到

报名要注明截止日期，过期不再接受报名，否则无法对比赛提前进行统筹规划。报名信息要求准确无误，如双打配对不清楚、参加团体的运动员是否都参加单打等信息如果不确定，都会给比赛的总体安排、具体比赛的编排带来麻烦。报名表要留有教练员的联系方式，以便遇到所填信息不清楚时及时沟通、确认。报到要注明报到时间、地点以及联系人方式，并且要明确接站方式。如果没有，最好提供火车站、机场、汽车站到报到地点的交通路线及合适的乘坐交通工具的方式。

第二届全国青年运动会乒乓球竞赛规程

2018年陕西省中小学生乒乓球锦标赛竞赛规程

9. 未尽事宜，另行通知

经常有一些预想不到或未尽事宜需要通过补充通知来进一步完善。例如，第二届全国青年运动会乒乓球决赛(体校乙组U15)的补充通知就对参赛资格、报名、比赛器材、报到、组委会会议时间地点以及收费进行了详细说明，为比赛的顺利举行做好各方面的准备工作。

二、乒乓球竞赛规则的主要条款

(一) 器材要求

1. 球台

(1) 乒乓球台是与水平面平行的长方形，长2.74米，宽1.525米，离地面高76厘米。

(2) 比赛台面不包括球台台面的垂直侧面。球打到垂直侧面是无效的。

(3) 比赛台面可以用任何材料制成，但要求有一致的弹性。鉴定台面是否达到标准的办法就是将比赛用乒乓球从离台面30厘米高处自然落至台面时，乒乓球弹起高度应约为23厘米。

(4) 比赛台面应是均匀的暗色，无光泽。目前国际比赛常用的红双喜、双鱼、斯帝卡等品牌的比赛台面都有着不同的特性，有的是磨砂面，有的是光面。沿每个2.74米的比赛台面边缘各有一条2厘米宽的白色边线，沿每个1.525米的比赛台面边缘各有一条2厘米宽的白色端线。

(5) 比赛台面由一个与端线平行的球网划分为两个相等的台区，这两个台区的整个面积应被看作一个整体。

(6) 各台区由一条3毫米宽的白色中线，中线与边线平行，划分为两个相等的“半区”，中线被视为右半区的一部分。也就是说，球触及中线都应该被视为右半区的一部分，符合双打发球时球先触及本方右半区然后越过球网装置落在对方右半区的这一要求，这样的发球是双打比赛的合法发球。

2. 球网装置

(1) 球网装置包括球网、悬网绳、网柱及将它们固定在球台上的夹钳部分。

(2) 球网应悬挂在一根绳子上，绳子两端系在高 15.25 厘米的直立网柱上，网柱外缘离开球台边线外缘的距离为 15.25 厘米。

(3) 整个球网的顶端距离比赛台面 15.25 厘米。

(4) 整个球网的底边应尽量贴近比赛台面，其两端应整体与网柱完全相连。这样要求的目的是防止球从球网与台面之间以及和网柱之间的缝隙穿过。

3. 球

(1) 乒乓球是一个圆球体，直径为 40 毫米。

(2) 乒乓球重 2.7 克。

(3) 目前使用的乒乓球都由新型塑料制成，按制作工艺又分为有缝球和无缝球两种，因此球的弹性、飞行弧线以及击打感觉有一定的区别。

4. 球拍

(1) 乒乓球球拍的大小、形状和重量都没有限制，但底板必须平整。

(2) 乒乓球底板至少应有占其厚度 85%的天然木料；加强底板的黏合层可以用碳纤维、玻璃纤维或压缩纸等材料，每层黏合层不超过底板总厚度的 7.5%或 0.35 毫米。

(3) 用来击球的球拍拍面如果是颗粒向外的普通颗粒胶覆盖，连同黏合剂，厚度不能超过 2 毫米；如果是颗粒向内或向外的海绵胶覆盖，连同黏合剂，厚度不能超过 4 毫米。

(4)“普通颗粒胶”应是一层无泡沫的天然橡胶或合成橡胶，它的颗粒必须以每平方厘米不少于 10 颗、不多于 30 颗的平均密度分布整个表面。目前有一种非法生产的每平方厘米少于 10 颗胶粒的“大颗粒”胶皮，这种胶皮打出球的飞行轨迹与弹跳非常诡异，严重影响乒乓球运动的正常发展，是被严格禁止使用的。

(5) 乒乓球胶皮必须完整覆盖整个拍面，但不能超过底板边缘部分（限度为±2 毫米）。

(6) 球拍两面不论是否有胶皮，必须无光泽，且一面为鲜红色，另一面为黑色。运动员可以使用一面有胶皮、另一面没有胶皮的球拍比赛，只是没有胶皮的一面不能用来击球，否则就会被判失分。

(7) 球拍的胶皮不能经过任何物理、化学或其他处理。

(8) 如果乒乓球拍由于意外的损坏、磨损或褪色，造成拍面的整体性和颜色上的一致性出现轻微的差异，只要不明显改变拍面的性能，是可以允许使用的。但如果球拍的整体性能发生了改变是被禁止使用的。例如，反胶球拍中间击球的部分长期磨损造成胶皮失去弹性，这一部位胶皮性能与其他部分完全不同，这样的球拍是被禁止使用的。

（9）比赛开始前裁判员需要检查球拍是否符合标准，不合格的球拍不能在比赛中使用。双方运动员在比赛开始前都有权查看对方球拍。比赛过程中运动员无权主动更换球拍，除非球拍损坏，裁判员或裁判长认为该球拍不符合比赛标准。

（二）比赛条件要求

1. 场地基本要求

乒乓球比赛场地应至少长 14 米、宽 7 米，高度不低于 5 米。轮椅乒乓球的比赛空间可以减小，但长不得小于 8 米、宽不得窄于 6 米。

2. 光源要求

（1）冠以世界比赛、奥林匹克和残疾人奥林匹克名称的比赛，从比赛台面高度测得的照明度不得低于 1 000 勒克斯，且整个比赛台面照明度均匀，比赛区域其他地方的照明度不得低于 500 勒克斯；其他比赛，比赛台面的照明度不得低于 600 勒克斯且照明度均匀，比赛区域其他地方的照明度不得低于 400 勒克斯。

（2）使用多张球台时，每张球台的照明度水平应是一致的，比赛大厅的背景照明不得高于比赛区域的最低照明度。

（3）光源距离地面不得少于 5 米。

（4）太阳光不能直接照进比赛场地，场地的窗户应该由深色窗帘遮盖。

3. 地面要求

（1）地板颜色不能太浅或反光强烈或打滑，而且表面不得为砖、陶瓷、水泥或石头，但轮椅比赛的地板可以是水泥地板。

（2）目前正规比赛地面都普遍使用塑胶，在木地板上铺贴塑胶，地面既有弹性又防滑。

（三）相关基本定义

1. 合法发球

（1）发球开始时，球自然地置于不持拍手的手掌上，手掌张开，保持静止。发球时球置于手指上、全手掌抓着球或者球在手掌上滚动等情况都是不合法的。

（2）发球员须将球几乎垂直地向上抛起，不得使球旋转，并使球在离开不持拍手的手掌之后上升不少于 16 厘米，从球下降到被击出前不能碰到任何物体。因此，一些发球中常见的斜后上方抛球、球上升期中击球以及抛球时使球旋转这些行为都是不合法的，因为会造成合力发球或从中非法获利。

（3）当球从抛起的高点下降时，发球员方可击球，使球首先触及本方台区，然后直接触及接发球员台区。在双打中，球应先后触及发球员和接发球员的右半区。

（4）从发球开始，到球被击出，球要始终在比赛台面的水平面以上和发球员的端线以外；而且从接发球方看，球不能被发球员或其双打同伴的身体或他（她）们所穿戴（带）的任何物品挡住。运动员发球时持球手放到台面以下、在端线以内发球或者用身体遮挡让对手看不到发球动作都是不合法的。

（5）球一旦被抛起，发球员的不持拍手及其手臂应立即从球和球网之间的空间移开。球和球网之间的空间由球和球网及其向上的无限延伸来界定。运动员发球时，有责任让裁判员或副裁判员确信他（她）的发球符合规则的要求。裁判员或副裁判员均可判定发球不合法。

（6）如果裁判员或副裁判员对发球的合法性不确定，在一场比赛中第一次出现时，可以中断比赛并警告发球方。但此后如该运动员或其双打同伴的发球不是明显合法，将被判发球违例。一旦裁判员判罚运动员发球违例，对方运动员将得一分。

（7）运动员因身体伤病而不能严格遵守合法发球的某些规定时，可由裁判员作出决定免于执行。例如，波兰女子奥运选手娜塔莉亚，只有一只胳膊，她用持拍手发球，是得到裁判允许的。她不但参加了里约热内卢残疾人奥运会，获得女子 TT10 级单打冠军，还参加了里约热内卢奥运会与健全人一起比赛，并取得了优异的成绩。

2. 合法还击

对方发球或还击后，本方运动员必须击球，使球直接触及对方台区，或触及球网装置后，再触及对方台区。

3. 比赛中的击球次序

（1）在单打中，首先由发球员发球，再由接发球员还击，然后发球员和接发球员交替还击。

（2）在双打中，首先由发球员发球，再由接发球员还击，然后由发球员的同伴还击，再由接发球员的同伴还击。 之后，运动员按此次序轮流还击。

（3）在双打中，当配对中至少有一名运动员由于身体残疾而坐轮椅时，发球员应先发球，接发球员应还击，此后该配对的任何一名运动员均可还击。该配对中，运动员轮椅及站立运动员脚部的任何部分均不能超越球台中线的假定延长线。如果超越，裁判员将判对方得分。

4. 重发球和暂停比赛

回合出现下列情况应判重发球：

（1）如果发球员发出的球触及球网装置后成为合法发球或被接发球员或其同伴阻挡。

（2）如果接发球员或接发球方未准备好时球已发出，而且接发球员或接发球方没有企图击球。例如，发球员专心致志发球，完全没有看到接发球员还未站好，这时球发出去，接发球员也没有企图去接这个球，这次发球应当判重发球。

（3）由于发生了运动员无法控制的干扰，而使运动员未能成功发球、还击或遵守规则。例如，回合进行过程中，从另外一个场地飞进来一个球，正好落在本场区球台上，造成运动员击球出界，此球应当判重发球。

（4）裁判员或副裁判员暂停比赛。例如，由于裁判员或副裁判员第一次对运动员的发球合法性产生了怀疑，应当判重发球。

出现下列情况下应暂停比赛：要纠正发球、接发球次序或方位错误；要实行轮换发球法；警告、处罚运动员或指导者；比赛环境受到干扰，以致该回合结果有可能受到影响。例如，在回合进行过程中，突然断电了，击球运动员受此影响将球打飞，该回合应暂停比赛。

5. 得一分

下列情况本方运动员得一分：

（1）对方运动员未能合法发球，如对方运动员发球出界。

（2）对方运动员未能合法还击，如对方运动员把球打下网。

（3）运动员在发球或还击后，对方运动员在击球前，球触及了除球网装置以外的任何东西。例如，双打比赛中，本该对方 A 运动员击球，但球先打到了他的同伴 B 运动员身上，该回合判本方运动员方得一分。

（4）对方击球后，球没有触及本方台区而越过本方台区或端线，如对方运动员击球后，球没有触及本方台区而越过本方台区或端线，本方运动员击球下网，该回合判本方运动员得一分。

（5）对方击球后，球穿过球网，或从球网和网柱之间、球网和比赛台面之间通过，如对方运动员发力击球，球的力量很大，球从球网和台面之间的缝隙钻了过来，打到本方球台，该回合判本方运动员得一分。

（6）对方阻挡，如对方运动员台内挑打击球，身体前倾于台面上方，本方运动员回球本该落在对方运动员台上，但对方运动员身体在台面上方挡住了来球，该回合为对方运动员阻挡，所以本方运动员得一分。

（7）对方故意连续两次击球，如对方运动员台内回球时，他第一次球拍接触球时意识到力量轻了，紧接着又进行了第二次回击，该回合判本方运动员得一分。

（8）对方用不符合规定的拍面击球，如对方运动员使用的球拍一面没有覆盖物，用没有覆盖物的球拍回击来球，规定没有覆盖物的球拍面是不能击球的，所以该回合本方运动员得一分。

（9）对方运动员或其穿或戴（带）的任何东西使比赛台面移动，如本方运动员摆了一个网前短球，对方运动员努力去够球，腹部撞击球台使球台发生了移动，此球应判本方运动员得一分。

（10）对方运动员或其穿或戴（带）的任何东西触及球网装置，如对方运动员从后场快速跑向球台大力扣球，将球扣到本方运动员台面，本方运动员没有接到球，但对方运动员也因为动作惯性身体触碰到了球网网架，此球应判本方运动员得一分。

（11）对方运动员不持拍手触及比赛台面，如本方运动员摆了一个正手位短球，对方运动员回球时，用不持拍手支撑了一下球台将球打了回去，此球应判本方运动员得一分。

（12）双打时，对方运动员击球次序错误，如本方运动员打了一个大角度球，本该对方运动员 A 来还击，但是对方运动员 B 看到同伴追不上这个球了，就将球打了回来，此球应判本方运动员得一分。

（13）执行轮换发球法时，接发球方进行了 13 次合法还击，如比赛采取轮换发球法，本方运动员接发球，并在第 13 次将对方打过来的球合法还击到了对方球台，此球应判本方运动员得一分。

6. 一局比赛

在一局比赛中，先得 11 分的一方为胜方。10 平后，先多得 2 分的一方为胜方。如 10 平后，连续得两分即 12：10 才算胜这一局。如果领先一分后又打成平局，则该局比赛持续进行，直到一方净胜 2 分为止。

7. 一场比赛

一场比赛由奇数局组成。一般一场比赛有三局两胜制、五局三胜制和七局四胜制，但重要的国际比赛一般都是五局三胜或七局四胜制。

8. 发球、接发球方位次序

（1）选择发球、接发球或方位的权利应由抽签来决定。中签者可以选择先发球或先接发球，或选择先在某一方位。例如，中签者选择了发球，那对手就应该先接发球并且有选择方位的权利。中签者也可以选择接发球，那对手自然就先发球，且还拥有选择方位的权利。中签者还可以先选择方位，那对手就可以选择发球或者接发球。

（2）发球方发完 2 分球后，接发球方即成为发球方，以此类推，直至该局比赛结束，或者直至双方比分都达到 10 分或实行轮换发球法，这时，发球和接发球次序仍然不变，但每人每轮只发一分球。

（3）双打第一局比赛，先由有发球权的一方确定第一发球员，再由接发球方确定第一接发球员。以后每局比赛前由先发球方确定第一发球员，则第一接发球员就是前一局发球给他(她)的运动员。

（4）在双打中，每次换发球时，上一回合的接发球员应成为发球员，上一回合发球员的同伴应成为接发球员。

（5）一局中首先发球的一方，在该场比赛的下一局应首先接发球。在双打决胜局中，当一方先得 5 分时，接发球方应交换接发球次序。一局中，在某一方位比赛的一方，在该场下一局应换到另一方位。在决胜局中，一方先得 5 分时，双方应交换方位。例如，双打比赛进行到决胜局 2∶5 时，双方交换方位，由上一回合的发球员继续发球，但对方的接发球员应该换成另一名运动员。

9. 发球、接发球次序和方位的错误

（1）裁判员一旦发现发球、接发球次序错误，应立即暂停比赛，并按该场比赛开始时确立的次序，按场上比分由应该发球或接发球的运动员发球或接发球。在双打比赛中，则按发现错误时那一局中首先有发球权的一方所确立的次序进行纠正，纠正后继续比赛。

（2）裁判员一旦发现运动员应交换方位而未交换时，应立即暂停比赛，并按该场比赛开始时确立的次序，按场上比分运动员应站的正确方位进行纠正，再继续比赛。

（3）在任何情况下，发现错误之前的所有得分均有效。例如，一局比赛进行到 6∶3，一名运动员提出对方运动员已经连续发了三个球，这时裁判员就应该根据该局首先发球的一方推出下一回合应该由谁来发球，即使的确出现该运动员发现的错误，之前的比分也有效。再如，一场双打比赛进行到第二局 7∶2 时，发球方提出对方的接发球次序错了，裁判员应该马上暂停比赛，根据第二局中首先有发球权的一方所确立的次序进行纠正，之前的比分有效，并继续比赛。

10. 轮换发球

（1）一局比赛进行到 10 分钟仍未结束或在任何时间应双方运动员或配对的要求，应实行轮换发球法。如果双方运动员都同意，他们也可以在一局比赛不到 10 分钟的时候要求实行轮换发球法。

（2）如果一局比赛比分已达到 18 分，将不实行轮换发球法。例如，双方比分为 9∶9 或者 10∶8，此种情况就不实行轮换发球法。

（3）当时限到且须实行轮换发球法时，若球处于比赛状态，裁判员应立即暂停比赛，由被暂停回合的发球员发球，继续比赛；如果实行轮换发球法的时间到时，球未处于比赛状态，则应由上一回合的接发球员发球，继续比赛。

（4）此后，每位运动员应轮发一分球，直到该局结束。如果接发球方进行了 13 次合法还击，则判接发球方得一分。

（5）实行轮换发球法时不能更改该场比赛中规定的比赛次序：一局中首先发球的一方，在该场下一局应首先接发球。在双打决胜局中，当一方先得 5 分时，接发球方应交换接发球次序所确定的发球与接发球次序。

（6）轮换发球法一经实行，将一直执行到该场比赛结束。例如，双方运动员在第一局比赛中就实行了轮换发球法，那么在第二局乃至后面的每局比赛都应当实行轮换发球法。

第三节　乒乓球裁判员的职责与操作程序

一、裁判长的职责与操作程序

（一）裁判长的职责

每次竞赛应指派一名裁判长，其身份和工作地点应告知所有参赛者，并适时告知各参赛队队长。裁判长具体负责事项为：主持抽签；编排比赛日程，指派裁判员；主持裁判员的赛前短会；审查运动员的参赛资格；决定在紧急时刻能否中断比赛；决定在一场比赛中运动员能否离开比赛区域；决定能否延长法定练习时间；决定在一场比赛中运动员能否穿长运动服；对解释规程和规则的任何问题作出决定，包括服装、比赛器材和比赛条件的可接受性；决定在比赛紧急中断时运动员能否练习以及练习的地点；对于不良行为或其他违反规程与规则的行为采取纪律行动。

（二）裁判长的操作程序

1. 赛前

（1）接受任命；研究比赛规程，了解特殊要求（比赛办法、日期、地点等）；了解场馆情况和运动员的报到方法及地点，了解裁判员队伍的组成情况。

（2）了解比赛接受报名情况，设想抽签方案；确定各项种子名单（从上级权威部门得到）；与技术代表、竞赛主任、竞赛经理进行沟通会谈；接受指导监督。

（3）制定抽签方案、准备抽签卡片（名签、号签）；选定抽签地点；组建抽签团队、助手和辅助人员；运动员的资格审查；关注种子变更和选手变更；撰写比赛各项目的抽签说明词；进行抽签；确认编排方案；编印秩序表。

（4）报到后检查赛场、器材、灯光等有关条件是否符合比赛要求，落实裁判员工作室、休息室、广播、音响、电源、网络、座席、打印机等细节工作。

（5）召开裁判长、副裁判长、助理和竞赛部的领导碰头会，明确工作分工；了解裁判员报到情况和裁判骨干情况；明确裁判工作体制、方法、分工、裁判员任务书和球拍检查方法。

（6）召开裁判长联席会，介绍比赛概况和裁判队伍状况；执行规程要求，明确特殊要求；明确弃权问题、服装问题、球拍问题、发球判罚问题、号码布问题、第二阶段抽签问题和更改报名等问题；落实挑球处、检录处、球拍粘贴处等场所和设施。

（7）召开全体裁判员大会；调动裁判员精神状态，强调仪表、着装，明确要求对规则的深刻理解与准确执裁，掌握合理的工作方法；带领裁判员熟悉场馆，特别注意两个场馆之间的交通问题；分发任务书、记分单样表、裁判员姓名号码对照表、入场队名牌、人名牌、号码布；强调器材包领还和交接方法以及记分单流程。

2. 赛中

（1）安排每节比赛开场的入场。

（2）亲临赛场，佩戴明显标志，及时处理弃权、迟到问题，球拍、服装问题，运动员、教练员比赛作风问题，赛场纠纷、申诉问题以及其他突发事件，确保比赛公平、公正地顺利进行。

例 1：甲方运动员将球打到对方球台侧面，裁判员判乙方运动员得分，甲方运动员不服裁判员判罚，要求裁判长处理。裁判长出面解决问题时应该明确告诉甲方运动员，裁判员就事实问题所作的决定为最终决定。

例 2：甲方运动员因为发球违例被裁判员判罚，甲方运动员教练找到裁判长进行抗议，裁判长可以就发球违例的规则向甲方教练进行解释，裁判长的解释为最终解释。

例 3：在一次全国比赛中，某运动员与对手比赛结束后握手时，该运动员很不友好地狠狠击打对手的手掌，发出很大的声响。然后该运动员又走到对手教练员身旁大声质问对方不懂规则。裁判长立即批评该运动员，并要求该运动员的教练对运动员加强教育。

例 4：一位运动员未按时到检录处报到，被裁判员判弃权，该运动员的教练责怪裁判长为什么不给他打电话，裁判长向该教练解释裁判长职责、裁判员职责、裁判竞赛工作流程，并明确指出其责任在于教练。

例 5：在一场全国男子单打预赛的比赛中，当比赛进行到第 5 局 10 平时，裁判员向运动员 A 出示了红黄牌，判罚该运动员两个回合之间发球时间长，拖延比赛，同时判罚一分。该运动员和他的场外指导教练对裁判员的判罚提出了质疑，裁判员在解释后对方不予接受。裁判长通过了解情况，认定裁判员的做法和流程都是符合规程的，并就乒乓球规程中保持比赛连续性向该运动员及教练进行解释。解释过后，运动员与教练也接受了裁判员的判罚，比赛继续。

例 6：一次全国乒乓球锦标赛男子单打 1/8 决赛时，比赛进行到第四局时，运动员 A 的腿磕到球台后受伤需要治疗，裁判员报告裁判长并计时，裁判长同意运动员 A 的医疗暂停，6 分钟后恢复比赛（注：医疗暂停最长不超过 10 分钟）。

例 7：一次团体比赛中，甲队教练 A 因在回合中进行场外指导，被裁判员出示黄牌警告，此后该教练再次在比赛回合中大声指导，裁判员向其出示红牌让他离开比赛区域，该教练拒绝离开。裁判长了解情况后，要求该教练马上离开比赛区域，比赛继续。

例 8：在一次全国锦标赛的一场男子单打半决赛中，当比赛进行到第 6 局结束时，其中一方运动员提出更换已经湿透的上衣，裁判员将运动员的请求报告裁判长。裁判长指派一名男裁判员陪同该运动员到卫生间更换球衣，该运动员更换球衣后立刻返回赛场，比赛继续。

（3）观察裁判员场上执裁能力与处理问题的细节，对需要裁判长出面解决问题时做到心中有数。

例 1：一场女子单打比赛中，比赛进行到第 4 局 3∶3 时，运动员 A 回球后，裁判员认定该球为擦边（靠近运动员 B 端线处），判运动员 A 得分，并报分 4∶3，双方运动员均无异议，并开始下一回合的比赛。该回合结束运动员 A 得分，裁判员判分后，副裁判员将比分翻至 5∶3，此时运动员 B 提出上一个回合的球没有擦边（即 4∶3 时的擦边判罚有误），裁判员认为该回合已经判定结果，且下一回合也已经结束，表示无权更改判罚结果。运动员 B 的教练找裁判长申诉，裁判长在询问裁判员和双方运动员的情况后，决定追认事实，比分确定为 4∶4，继续比赛。双方运动员均无异议，比赛继续。

例 2：一场团体比赛进行到第三场第 4 局 10∶8 时，甲队 A 运动员领先，运动员 A 扣杀后，乙队运动员 B 未能合法还击，双方队员握手准备结束这场比赛，裁判员判甲队运动员 A 冲撞球台使台面移动，失掉这分，比分应为 10∶9。甲队不满，向裁判长申诉，裁判长到场询问情况，裁判员确认自己的判罚准确，裁判长支持裁判员的判决，比赛继续进行。

（4）调控赛程进度，及时调整比赛球台，确保比赛顺利进行。

一般情况下，裁判长都要预备 2 张机动球台，将个别球台规定时间内因上一场比赛没有结束而无法安排的比赛安排到机动球台上，按计划时间顺利进行比赛，确保比赛不延误。如果没有机动球台使用，裁判长要密切关注场上各球台的比赛进度，及时调整球台，避免比赛在个别球台延误，影响整体比赛进程。

（5）每节比赛前召开裁判员短会并进行点评。

每节比赛前裁判长召开裁判员短会对于纠正错误、明确正确做法、确保比赛顺利进行非常重要。例如，在一次比赛中，比赛第一节出现多次运动员在回合间乒乓球破裂的事情发生，针对这一情况部分裁判员对规则理解不深，出现裁判员队任判罚不一致的情况，引起一些队伍及运动员的不满。裁判长在第二节比赛前召开裁判员短会，就乒乓球在回合间破裂和回合结束后发现破裂等具体问题统一了判罚标准。在之后的比赛中裁判员判罚标准统一了尺度，确保比赛顺利进行。

（6）计算并复核第一阶段的比赛名次；准备考虑下一阶段的抽签工作；组织抽签并将秩序表迅速印发，落实到各队。

3. 赛后

全部比赛结束后宣布名次、公布成绩、印发成绩册，上网填报工作日志、典型情况处理和判罚统计；总结经验、报告、教训和建议，进行表彰撰写致全体裁判员的感谢信。

二、临场裁判员的职责与操作程序

（一）临场裁判员的职责

每场比赛均应指派一名裁判员（主裁判员）和一名副裁判员。裁判员应坐或站在球台一侧，与球网呈一条直线，副裁判员应面对裁判员坐在球台另一侧。主裁判员与副裁判员的基本职责是确认比赛事实，公平、公正地作出判罚，确保比赛顺利进行。

（二）临场裁判员的操作程序（以团体赛为例）

1. 赛前

（1）主裁判员的操作程序。

① 赛前 45 分钟。主裁判员到检录处检查各项裁判用品、领取对阵双方排名表，等待运动队的到来，开始检录区的工作。

② 赛前 40 分钟。

• 召集双方队长或教练员抽主客队，领取排名表；裁判员记录双方队长或教练员的姓名；收回双方填有团体参赛次序的排名表，裁判员检查后，双方可互看对阵情况；告知运动员和教练员入场集合时间、地点；裁判员到编排组打印记分单。

• 双方运动队服装确定。

检查运动员的比赛服装和人名布。

同队运动员服装应一致，对阵双方短袖主体颜色应明显不同。如果双方短袖颜色相似而不愿意更换，则由裁判员抽签决定，未中签者更换。

服装颜色有问题，应该在赛前(检录处)解决。如果没有在检录区向裁判员展示服装颜色的运动队，当服装与其他队颜色冲突时应立即更换。

将各队服装主体颜色填入记分单。

如果运动员对于裁判员提出更换服装的要求有异议，裁判员应向检录区的值班裁判长报告。

• 挑球。

双方运动队可以各挑选若干个比赛用球(依据每次比赛的要求决定)。

如果只有一方运动队来挑球，就按照该队进行挑选顺序。

除已挑选的球外，裁判员再从比赛用球中随机挑 2 个球；如果没有运动队来挑球，裁判员随机挑比赛要求的球。

• 检查球拍。

运动员应在比赛前 20 分钟将球拍交到检录区。

裁判员应在检录区完成球拍的检查，包括球拍的厚度、平整度、覆盖物型号(LARC 表)、覆盖物破损和边缘。

裁判员要在记分单上记录赛前是否检测过球拍。

已检测的球拍装入档案袋并在检录区保存，由该场比赛临场裁判员将球拍带入场地。

裁判员在比赛区域不再检查球拍。

赛前未提交的球拍将接受赛后检测，赛后裁判员及时收回，球拍交检测中心，运动员等候检测结果。

如果裁判员对球拍的合法性有任何疑问，要报告值班裁判长。特别注意，看到有球拍检测通知单，在各队未交对阵表前，不泄露检测通知单，在各队填完对阵表后通知双方运动员，提交球拍进行球拍检测，裁判员将球拍送到检测中心。

• 运动员席。应明确双方运动员的座席方位，如有争议由裁判员抽签决定。

③ 赛前 30 分钟。

如运动队赛前 30 分钟未抵达检录区的，视为放弃所有的挑选权利，由按时到达的运动队先选。

④ 赛前 5 分钟。

裁判员将运动员带到入场区域。

• 每节第一场比赛由裁判员带领运动员统一入场。形式为：裁判员+双方上场的两名运动员+副裁判员。副裁判员提前将双方第一场上场运动员的球拍放到主裁判员一侧位置的球台上且靠近运动员席、接近球网，拍柄与边线平齐，其他场次球拍放到副裁判员桌子下。

• 每节第二场比赛则不统一配音乐入场，裁判员将运动员整队带入赛区运动员座位处，裁判员进入比赛场地开始工作。

裁判员进入比赛区域，要做到精神饱满，行为规范。勿跨越挡板，不要在场地内挑选球，夹板、装球拍的袋子(杂物)等不要放到球台上，不要趴在球台上写字。

• 入场。

裁判员应做到：左手拿夹板，记分单朝里，所有用具(红黄白牌、挑边器、秒表、球、笔等)均不能裸露在外，左手不摆动。

• 检查人名布。裁判员检查双方运动员的人名布是否正确，佩戴是否合格。

• 挑边。裁判员召集双方运动员挑边，在双方运动员挑好挑边器颜色后，裁判员单手将挑边器弹向空中，使其在空中翻转并上升一定高度，然后用弹挑边器的手接住挑边器，挑边器面向上的颜色如和某运动员选中的颜色一致，则该运动员优先具有选择发球、接发球或方位的权利。

(2) 副裁判员的操作程序。

① 第一场入场前。

• 送球拍。将双方第一场上场运动员的球拍放到主裁判员一侧位置的球台上且靠近运动员席、接近球网，拍柄与边线平齐，将纸袋收回和其他场次的球拍一起放到副裁判员桌子下。

• 检查计分器、暂停 T 牌，电子暂停 T 牌是否有电，毛巾桶内是否有杂物，场地是否整洁等。

• 打开入场式规定的挡板。

② 主、副裁判员入场后。主裁判员挑边时副裁判员整理好挡板；将比分显示器的局分显示 0∶0，比分显示为空白；先站在主裁判员一边量球网中间的张力，再量主裁判员一边的网高，然后量副裁判员一边的网高；检查台面和

地面是否清洁。

2. 赛中

（1）赛前两分钟练习。 将球抛给运动员，宣布练习两分钟。

（2）坐到主裁椅上记录发球方方位等比赛次序信息，检查运动员坐席。

（3）赛前宣告，如上海—北京，张三对李四。将球抛给发球方，报“第一局张三发球”（也可报队名），并用换发球手势指向发球员，报“0：0”。

（4）根据规定的程序报分。按照规定，裁判员应使用双方都能听懂的语言报分，国际比赛一般使用英语报分，回合结束，立即举拳报分。如果场上声音嘈杂，也要立即举拳，可以适当放慢报分，裁判员要选择双方运动员都能听到的时机报分。

（5）比赛中可能遇到的情况。

① 决定是否由于运动员身体伤残而放宽合法发球的某些规定。例如，一名运动员由于左手残疾无法抛球，只能用持拍手抛球，裁判员应当同意该运动员这样发球。

② 控制方位和发球、接发球的次序，纠正上述有关方面出现的错误。特别是在双打比赛中，裁判员在第一局确定第一发球员和第一接发球员后，在以后每局比赛前裁判员都要依据第一局的发球与接发球顺序，确定该局发球方首先发球的运动员和所对应的接发球员。如果在比赛进行过程中发现发球、接发球或者方位错误，裁判员要马上进行更正，但之前的比分结果依然有效。

③ 决定每一个回合得一分或重发球。例如，裁判员就一个擦边球认定很明确，判 A 运动员得一分，即使对手不认可，仍以裁判员的判罚为最终决定。再如，在双方运动员相持过程中，外界飞进来一个乒乓球，裁判员应马上中断比赛，重新发球。

④ 在适当的时间执行轮换发球法。在应当执行轮换发球法的时候，裁判长应安排另外一名裁判入场对运动员接发球板数进行计数，如接发球方完成 13 板合法还击，裁判员应判接发球方得一分。

⑤ 保持比赛的连续性。在局间休息一分钟和比赛中每六分允许一次擦汗等间隙，裁判员要严格把控。例如，在一场比赛中，甲方运动员在局间休息接受场外指导时，时间超过一分钟，裁判员口头提醒两次返回场地继续比赛，若其未予理睬，裁判员对其出示黄牌警告。

⑥ 对违反场外指导或行为等规定者采取行动。例如，对于指导者在比赛回合进行过程中的指导行为，裁判员可以先口头警告，如再次冒犯，裁判员可以出示黄牌予以警告。再如，一场团体比赛中，甲队教练员在对本队运动员进行指导时，甲队的另外两名运动员也纷纷站起来进行指导，这是允许的。此时

甲队教练员的一个朋友看到甲队处于落后状态，他也跑过来对甲队运动员进行指导，这种情况是不允许的，裁判员应立刻要求此人离开比赛区域。

⑦ 判决运动员发球动作不合法。例如，由于主裁判员、副裁判员所处角度不同，对于运动员的发球动作并不都能完全看到，但总会有一人能看到，因此主裁判员和副裁判员都可对运动员发球动作不合法作出判决。

⑧ 判决合法发球触及球网装置。例如，对于一些轻微的擦网球，不一定主裁判员和副裁判员都能看到，但只要一人看到就可以判决擦网，然后主裁判员宣布重发球，这样可以有效避免不必要的争议。

⑨ 判决运动员阻挡。例如，同样是主裁判员和副裁判员所处的位置不同，他们所观察到的角度也不同，因此他们都可以对运动员的台内阻挡作出判决。

⑩ 判决比赛条件受到意外干扰，该回合的结果有可能受到影响。例如，比赛条件受到意外干扰，最常见的是其他场地打进来的球，如果是从主裁判员背后打进来的球，在主裁判员毫不知情的情况下，对面的副裁判员会立刻注意到球将飞进比赛场地干扰比赛，因此主裁判员和副裁判员都可以对比赛条件受到的意外干扰进行判决，判决越早对比赛造成的影响就会越小。

⑪ 对练习时间、比赛时间及间歇时间进行计时。例如，对于暂停时间的计时，有的暂停器上就显示时间，主裁判员可以根据这个时间决定暂停时间。有的暂停牌上没有暂停时间，此时，副裁判员因为站立在暂停方不方便计时，主裁判员就需要自己计时。再如，练习时间的计时，主裁判员宣布练习两分钟，此时，副裁判员就坐在副裁椅上，方便开表计时，因此练习时间到时副裁判员宣布时间到。所以主、副裁判员都可以对练习时间、比赛时间及暂停时间计时，谁计时更方便、更合理就谁来计时。

⑫ 副裁判员对离他最近的球台边缘的侧面球或上边缘球有决定权。如果副裁判员和主裁判员判罚不一致，应该以副裁判员的判罚为准。

⑬ 有违反场外指导或行为规定的情况时，副裁判员要告知主裁判员。例如，比赛过程中，主裁判员有时看不到场外指导者的不良行为，副裁判员看到后要告知主裁判员，由主裁判员作出相应处罚。

⑭ 依照规则，冷静、合理、灵活地处理突发事件。例如，在一次世界残疾人乒乓球公开赛上，一名伊朗轮椅运动员在比赛进行到关键时刻，向裁判员提出心脏不舒服，裁判员立即暂停比赛，向裁判长汇报。在临场医生检查后认为无大碍，该运动员也表示能够继续参加比赛，间断时间不超过 10 分钟的情况下，裁判员允许继续比赛。再如，在 2013 年中华人民共和国第 12 届全运会上，某运动员在前两局 2∶0 领先，第三局 10∶7 领先的情况下，脖子受伤倒

地，裁判员暂停了比赛，报告了裁判长，医生也到达现场。10 分钟后该运动员还不能站起来继续比赛，裁判员宣布该运动员因伤退赛，对手获胜。

⑮ 在比赛中，运动员不允许更换球拍，除非球拍意外严重损坏到不能使用。例如，在一次比赛中，甲方运动员一局比赛结束后，他趁裁判员和对方运动员不注意偷偷更换了球拍，比赛快结束时裁判员发现了甲方运动员更换球拍的事实，裁判员立刻向裁判长报告，裁判长取消了该运动员的比赛资格。

⑯ 处理好比赛中的暂停、间歇问题。例如，在团体比赛中，当一个队的队长提出暂停，而该队正在场上比赛的运动员摆手表示不需要时，裁判员应该同意该队队长要求暂停比赛，因为在团体比赛中暂停的决定权属于队长。再如，甲方运动员提出暂停后，甲、乙双方运动员都到场边接受指导，在不到一分钟的时间里甲方运动员回到了场地，此时裁判员必须要求乙方运动员立刻回到场地，继续比赛。

⑰ 对不良行为的判罚。例如，在一场比赛中，第一局甲方运动员因为失分，用球拍敲击了一下球台被裁判员黄牌警告，紧接着在第一局 6∶10 落后的情况下发球失误，他一气之下将球拍扔在球台上。裁判员首先判对方得一分，并获得此局胜利，然后向甲方运动员出示黄牌和红牌，第二局以甲方运动员 0∶1 落后开始。再如，在一场团体赛中，运动员 A 在第一场单打比赛中因为故意拖延时间被裁判员黄牌警告，运动员 B 在第二场单打比赛中因为第二次辱骂对手被裁判员判罚一分。第三场的双打是运动员 A 和运动员 B 配对，比赛进行到第二局，运动员 A 因为回球失误用球拍柄用力敲打球台，裁判员出示黄牌和红牌，判运动员 A 和运动员 B 这一配对失两分。

（6）一局结束，裁判员进行宣报。如裁判员用换发球的手势指向胜方，宣报“11∶9，张三（或北京队）胜第一局”，记录成绩。

（7）一场比赛结束，裁判员进行宣报。如裁判员用换发球的手势指向胜方，宣报“张三 3∶0 获胜，北京队 1∶0 领先”。

（8）比赛结束，裁判员进行宣报。如裁判员用换发球的手势指向获胜方，宣报“11∶9，赵五 3∶0 胜，3∶2 北京队胜”。

3. 赛后

主裁判员应填写记分单，胜方运动员签字，交记分单给值班裁判长。

副裁判应做到：

（1）收回比赛用球。

（2）若是团体赛，送还队员剩余的球拍。

（3）将计分器整理为空白，整理好场地器材退场。

（4）提醒运动队比赛结束后退场并要求将饮料瓶及杂物带出场地，同时离场，然后将档案袋、球盒交回检录组。

第四节 群众性乒乓球竞赛的组织

群众性乒乓球运动具有娱乐性强、参与人数较多、覆盖面广、易于普及等特点，对全民健身运动具有推动性。竞技体育乒乓球运动专业性强，对全民健身运动具有带动性。

由于群众性乒乓球运动参与人数较多，有些乒乓球比赛的规模往往大于竞技乒乓球比赛，所以既要参照竞技比赛的组织模式和管理经验，同时又要充分考虑到群众体育的特点，针对群众体育的复杂性、多变性、不规范性，制定比赛组织实施方案，充分调动基层单位的参与积极性。

在项目设置上，要从不同单位、不同人群、不同水平、不同需求等方面考虑，可设置一些易于开展的项目。例如，团体赛项目可设置男女混合团体赛、单双打结合的团体赛、同一团体赛中不同年龄阶段的比赛等形式，以调动基层单位参与的积极性，提高团队意识，增强集体荣誉感。单项赛可以以年龄、技术水平、性别分组，以充分调动群众参与的热情，增加比赛的观赏性和趣味性。

针对群众乒乓球运动的普遍性、特殊性，来合理、灵活地利用规则，在组织实施群众性乒乓球赛时，会遇到变数大、难度大以及执行起来烦琐、复杂等实际困难。因此要求组织者应变能力强，解决问题要迅速，处理问题要合理。在遵守规则的基础上，根据具体情况因地制宜，制定出可行的编排实施方案。

一、群众性乒乓球竞赛组织

（一）了解主办方承办比赛的相关情况

承接一项群众性比赛，裁判长首先应与赛事主办方负责分管比赛的负责人沟通，了解主办方承办比赛的目的、规模、具体比赛项目及有关要求。

裁判长与主办方商谈比赛所需费用，包括场地租赁费用，使用裁判员人数及级别，每个裁判人员的劳务费，比赛所需资料、文具等费用。

裁判长要视察比赛场馆（场地大小、可放球台数量），确认场地比赛器材的可用性（比赛用球、裁判桌椅、挡板、计分器等）。

（二）指导主办方着手参赛报名，制定报名表，指导参赛队填写报名表格

裁判长领导编排记录组审核参赛人员资格（主办方为认定资格唯一机构），确定参赛项目（团体赛或单项赛）。在收集报名表时要特别注意各参赛队队名

（要求全称，不能简称）、队员姓名、配对情况、组别人数限制等要求。

（三）设计编排方案、召开组委会会议、组织抽签

报名截止后，编排记录组根据各队报名表核对、统计人数、性别、组别等信息，确保信息准确无误后裁判长方可设计编排方案。因为如果统计结果有误，编排方案就需要重新设计。

裁判长协调裁判组的分工，执行主办方制定的竞赛规程及规则和竞赛办法，在组委会的监督下召开领队、教练员会议，再次确认各参赛队人员名单和比赛组别，确认有无运动员更改替换，让各领队签字确认。

裁判长主持公开抽签，并对抽签过程中可能出现的状况要有预见性及相应措施。抽签过程做到公开、公正、透明。一般情况下，公开抽签采用人工和电脑抽签相结合的方式，抽签结果当场就可以交给各参赛队领队及教练员。抽签完成后，编排记录组将相关材料交主办方制作完整的比赛秩序册，内容包括本次比赛的通知，竞赛规程，竞赛组织机构（组委会、竞赛组、后勤组、场地组、医疗组、仲裁组、裁判组），运动员守则，裁判员守则，各代表队参赛名单（包括领队、教练员），竞赛日程，比赛秩序表，场地示意图等。

（四）赛前组织裁判员学习竞赛规程、比赛规则，组织临场实习

比赛开始前，为保证比赛顺利进行，裁判长组织全体裁判员学习竞赛规程、比赛规则，了解本次比赛的竞赛办法。要求裁判员自备裁判用具，提前一天进行临场实习。提醒裁判员要做到严肃、认真、公正、准确，恪守裁判员的职业道德，完成每一场比赛任务。

（五）赛中裁判长、裁判员履行好各自职责

比赛中裁判长及时与主办单位沟通，确保比赛各环节工作责任落实。裁判长亲临比赛现场，处理赛场的各种事件，加强对裁判员的组织与领导。裁判员认真履行工作，确认场上事实，公正执裁。裁判长、裁判员要各司其职才能确保比赛顺利进行。例如，在某系统的全国比赛中，第一轮比赛采用三局两胜，第二轮比赛采用五局三胜，这就要求裁判长要讲明这次赛制的特别要求，裁判员要认真学习竞赛规程，同时编排组在出记分单时做上醒目的标记提醒裁判员注意，只有全体裁判人员都以认真负责的工作态度以及建立良好的工作协作关系才能确保比赛中少出错误。再如，一场混合团体赛第三场的项目是双打，A队由于教练员疏忽勾选导致配对人员错误，双打比赛开始后，A队上场人员与名单上队员不符，裁判员由于未核对上场人员，导致比赛结束后B队教练员提出异议，这对比赛的顺利进行造成很大麻烦。裁判员必须认真填写并检查记分单，确保准确无误后提交给场地值班裁判长，值班裁判长检查记分单并询问、核对比赛结果和胜方姓名后签字确认，再交给编排记录组登记成绩。这些环节看似简单，但缺一不可。又如，在一次某集团公司的比赛中，由于裁判员失误在写记分单时首先将比赛双方主客队队员名字填反，赛后又将比赛成绩和胜负方签名位置填反，而值班裁判长检查计分单时未进行询问、核对，因此没有及时发现错误，以至于在公布第二阶段的名单时被运动队发现错误，提出异议。所以记分单作为该场比赛唯一的文字证明材料，必须确保其正确性，否则会使运动员对裁判员乃至整个裁判组的公正性产生怀疑，进而影响比赛的顺利进行。编排记录组及时收回每节比赛的记分单，认真记录、统计、计算，并及时公布比赛成绩。

（六）汇总最终的比赛成绩、名次，认真核对参赛队全称、参赛选手姓名和单位，做到准确无误，编制比赛成绩册

（七）其他

如比赛安排有开幕式、闭幕式或颁奖仪式，则应进行相关流程。一般情况下开幕式流程包括领导讲话，嘉宾致辞，裁判员代表、运动员代表宣誓，领导开球等环节。闭幕式暨颁奖仪式流程包括裁判长宣布比赛成绩，领导讲话，颁奖嘉宾颁奖，获奖运动队、获奖运动员、优秀裁判员、优秀运动员等参加颁奖。

二、群众性乒乓球竞赛组织实例

一次基层乒乓球赛，一个单位共有 28 支代表队报名参赛，为了让比赛达到预期目的，主要从以下几个方面进行组织实施：

（一）裁判长了解主办方举办这次比赛的目的

通过了解，主办方希望通过这次比赛，丰富职工的业余文化生活，促进职工的身心健康，提升企业凝聚力，增进各单位之间的交流与协作发展。因此，此次比赛的参与性大于竞争性，淡化名次，调动职工的参与热情与积极性，让“运动快乐，参与就是胜利”成为这次比赛的宗旨。

（二）裁判长了解此单位乒乓球运动开展的情况

通过了解，此单位参加乒乓球运动的女职工较少，有些代表队只有一两名女子运动员，无法组成女子团体代表队。有个别代表队的女子选手以前是专业乒乓球运动员，水平与最高水平的男选手不相上下。

针对这种情况，裁判长制定了两套方案供主办方考虑与选择：

1. 方案 A

设男子团体赛和女子团体赛。其中男子团体分成 8 个组，各小组先进行小组循环赛，小组前两名的队出线后进行交叉淘汰赛，决出 1—8 名。女子共有 5 个队，采用循环赛决出所有名次。小组赛打满五场比赛，即使一方先胜三场取得比赛胜利，剩余场次依旧继续进行，为参赛者提供更多上场比赛的机会。

2. 方案 B

设男女混合团体赛，分 4 个小组，小组前两名出线进入第二阶段交叉淘汰赛，决出 1—8 名。

如采用方案 A，女队参加人数少，体现不了群众性体育活动的广泛参与特色；如采用方案 B，可能会出现男女同场竞技，甚至会出现女选手战胜男选手的场面，可以让比赛更加激烈，胜负不确定性提升，观众关注度提高，有利于增进同单位的集体凝聚力；比赛场次明显增多，让参赛者有更多的锻炼机会。但是，出现了轮次多、场次多、时间紧的现实问题。

通过与主办单位协商，打破规则的某些规定，实行男女混合团体赛，每场团体赛上场运动员不得兼项，确保同单位更多的运动员参加比赛，真正体现了群众性比赛的特点。同时，小组赛中每场比赛改为三局两胜制，第二阶段比赛采用每场比赛五局三胜制，这样不但不影响强队间的竞争，还节省了大量时间，又能让更多职工参加比赛，提升了比赛的趣味性、激烈性。

（三）裁判长设计编排方案，召开赛前领队、教练员会议，主持抽签并强调比赛注意事项

裁判长设计编排方案，充分考虑主办方的要求以及群众乒乓球运动的特点，安排好比赛时间、场次、强度，合理安排比赛进程。比赛分为 4 个小组，每个小组 7 个队，先进行小组循环，小组前两名进入第二阶段交叉淘汰赛，决出前 8 名。小组赛每组要进行 21 场团体赛，4 个组共要进行 21×4＝84 场团体赛。第二阶段淘汰赛加附加赛决出前 8 名，共要进行 7+5＝12 场团体赛。比赛设置 12 张球台，一张球台在小组赛阶段第一天安排 5 场团体赛，第二天上午安排 2 场团体赛，这样 12 张球台用一天半的时间安排 4 个组的 84 场比赛。第二天下午开始团体第二阶段交叉淘汰赛，由于第二阶段比赛激烈，第二天下午只进行一轮团体赛。第三天上午进行半决赛和附加赛决出第 3—8 名，下午进行团体决赛和颁奖仪式。这样共用三天时间、12 张球台安排好整个比赛，确保整场比赛、每节比赛、每张球台的安排都合理、有序。

比赛前召集各参赛队领队、教练员会议，确认各队报名情况、变更人员名单，主持抽签，现场公布抽签结果，做到公开、公正、透明。向各参赛队强调比赛注意事项，包括运动员参赛证明、弃权时间规定、运动员场上行为规范要求、发球规范要求、球拍的要求（禁止使用经过物理或化学处理的胶皮）、对运动员资格的申诉等具体问题。

（四）裁判长组织全体裁判员学习并提出具体要求

裁判长赛前一天组织全体裁判员学习竞赛规则与本次竞赛规程，进行临场实习，对场地器材未能达到比赛要求的尽早落实，要求裁判员提前进入工作状态，确保比赛一开始就能以良好的状态进行执裁。裁判员比赛期间统一着装，裁判长向裁判员提出具体工作要求，每节比赛开始前进行赛前短会，明确比赛中出现的问题并提出解决办法与处理问题的合理方式。要求全体裁判员以良好的精神风貌与业务水平赢得运动员的尊重，确保比赛顺利完成。

（五）比赛中裁判员积极帮助参赛队了解比赛要求

由于是群众性比赛，有些参赛队对竞赛规则、竞赛规程以及一些比赛细节并不都了解，裁判员要积极主动地帮助参赛队顺利完成比赛。例如，有些队伍看不懂团体赛的循环表，裁判员要帮助在本球台比赛队伍了解比赛时间与球台安排，最好提前告诉各参赛队下一场的比赛时间与球台号，以免错过比赛。对于一些竞赛规则与竞赛规程的解释，裁判员应该做到耐心、细致，让各参赛队在理解竞赛规则与竞赛规程的基础上，自觉遵守各项规定，以确保比赛顺利进行。

（六）比赛结束后的相关工作

比赛结束后，裁判长宣读比赛成绩，主办方为获奖运动队颁奖。裁判长汇总最终的比赛成绩、名次，认真核对参赛队全称、参赛选手姓名和单位，做到准确无误，编制比赛成绩册。将比赛记分单交给主办方保存。裁判长对裁判员工作进行点评并对本次比赛进行总结。

思考题

1. 乒乓球比赛中，运动员在哪些情况下可得一分？
2. 乒乓球比赛中，裁判员在哪些情况下应判重发球？
3. 6 个队进行团体循环赛，一共有几轮比赛？一共有多少场比赛？
4. 32 人参加淘汰赛，决出前 8 名，一共有几轮比赛？一共有多少场比赛？
5. 简述裁判长的职责。
6. 简述裁判员的职责。
7. 运动员如果对裁判员的判罚有异议，裁判员应该如何处置？
8. 乒乓球赛抽签的基本原则是什么？
9. 乒乓球赛编排的工作流程是什么？
10. 男、女各 10 个队参加团体比赛，有 8 张球台，计划用两天时间完成比赛，决出男团、女团前 4 名，请编排一个团体比赛秩序册。

第九章 体育展示与乒乓球

本章导言

随着经济发展、社会文明进步，2008 年北京奥运会的举办，体育展示已成为赛场的必要元素，被誉为“赛事的脸面与形象”。本章首先介绍体育展示的概念、功能、构成元素与发展历程，探究体育展示这支“隐形话筒”的重要性，以及它“讲述故事”的方式。然后重点介绍乒乓球比赛展示从团队组建到策划实施的一般流程。最后简单介绍学校乒乓球比赛展示，以期为未来的教育从业者带来些许启发。

学习目标

1. 了解体育展示发展历程及趋势，乒乓球比赛展示策划与组织的一般流程、体育展示团队的岗位及职责。

2. 掌握体育展示的构成元素，熟悉体育展示的价值与功能，清楚体育展示在乒乓球赛事中的重要性，并能拓展思考体育展示在学校运动会中进行校本化设计的途径。

第一节　体育展示概述

体育展示在我国已经有十余年的实践探索，但对大多数人而言，体育展示依旧是一位“陌生人”。本节简要介绍体育展示的概念、发展历程、功能和构成元素。以竞技属性为核心，以文化与教育属性为基础，以娱乐属性为导向的“三要素”是体育展示不断创新和持续发展的基础。

一、体育展示的概念

古代奥林匹克运动会用橄榄枝等载体来展示人们对和平、运动精神的憧憬，代表至高无上的荣誉，现代体育赛事有了更多与橄榄枝一样承载着符合现代社会发展意义的信息载体，如标志、旗帜。如今，我们把这类赛场上传递“信息”的载体，统称为“体育展示”。

体育展示(sport presentation)是指竞赛“时空”外和竞赛“时空”内的整个展示工作，包括赛场外的信息发布与展示、比赛前期的展示。体育展示是伴随着媒体技术与体育产业的发展而发展起来的，国际奥委会与我国各单项联合会在信息发布时均采用“体育展示”，而将服务于竞赛部分的展示称为“竞赛展示”。

体育展示中“展示”，英文为“presentation”，有展示、演讲、表现之意。展示本身是人类创造的一种活动，因此狭义上可以理解为是在赛事时空内外运用视频、音频、现场表演、灯光等基本元素进行的创意设计活动。根据体育展示发展的前瞻性与现代性，结合国际奥委会技术手册说明与传播学视角的定义，将体育展示定义为：体育展示是以竞技属性为核心，以文化教育属性为基础，以娱乐属性为导向，通过对音频、视频、现场表演、灯光等基本元素系统的创意组合设计与实施，使赛事文化与情感表达更具丰富性与感染力的社会化活动/综合传播体系。

二、体育展示的形成与发展

（一）体育展示的雏形

现代形式的体育展示最初主要出现在美国职业篮球联赛、美国职业棒球大联盟、美式橄榄球等商业性强的单项体育赛事中，但人类对体育展示的应用则可以追溯至古代奥林匹克运动会。在古代奥林匹克运动会上，最高荣誉是用橄榄枝编制的桂冠，直到 1936 年柏林现代奥运会，冠军除了获得奖牌以外还会有一盆橄榄树盆景。早在公元前776年古代奥运会上，就有火炬传递的祭祀仪式，蕴涵着和平的寓意。现代奥运会的圣火传递仪式仍然是各个举办国争相创新的环节，1984年洛杉矶奥运会首次利用“导火索”引燃主火炬，1992年巴塞罗那奥运会更是别出心裁地以射箭的方式点燃圣火。

古代奥林匹克运动会用橄榄枝等载体来展示人们对和平、运动精神的憧憬，充满了艺术性。从本质上讲，它与现代的体育展示发挥着相似的功能，都是作为信息的载体，来展现赛事鲜明的文化形象。现代体育展示与科技的发展、人类社会的需求共同进步，体育展示的表现形式也更加多元，逐渐成为今天高水平体育赛事的重要环节。

（二）体育展示的正式形成

2008年北京奥运会期间，奥组委顾问楼大鹏先生建议将Sport presentation翻译为“体育展示”，从此“体育展示”这个全新的名词出现在我国竞赛组织工作中。在2008年北京奥委会的组织构架中，体育展示工作被确定为五大核心之一。经过北京奥运会、青运会、亚运会等一系列国际大赛与单项联赛的检验，一套符合我国国情的体育展示工作模式得到了有效探索、实践与检验。

随着《关于加快发展体育竞赛表演产业的指导意见》(国办发〔2018〕121号)等强调鼓励体育竞赛产业发展的文件颁布，我国举办国际大型赛事能力的不断增强，政府财政压力的增加和资源利用意识的提升，体育展示作为市场开发的重要步骤，日益受到重视和发展。

（三）体育展示的发展趋势

1. 工作内容日趋复杂化与体育展示团队日趋专业化

体育展示是一项多元化、全方位、复杂的系统工程。一个优秀的体育展示不仅涉及音频、视频、现场表演等基本元素的策划和实施，还涉及管理与执行部门间的配合实践等，整体工作相当庞杂。随着对体育展示质量要求的提升，体育展示工作内容将日趋复杂化与专业化。这直接对体育展示团队的素质与技能等提出了更高的要求，体育展示团队面对工作流程和质量的“双重难度”，要高质量地完成体育展示工作，建立一支高素质的专业化的体育展示团队是关键。

2. 不同赛事的体育展示模式细分更加明显

根据服务的竞赛对象、观众及办赛目的的不同，体育展示的内容选择偏向也应该不同。例如，我国的青少年比赛，其重要目的之一是进一步选拔优秀体育人才，受众也以青少年为主，那么相关的体育展示也应符合其办赛目的与受众范围。未来，不同赛事的体育展示模式细分将更加明显。

3. 体育展示将随着科技进步的方向发展

大容量、高速度的计算机系统全程控制着竞赛管理和信息发布，高清晰度的数字摄像机能清晰展示运动员的比赛过程，能实时追踪乒乓球运动轨迹。现代科学技术的发展成果，直接推动了体育展示的更新发展。

4. 注重素材原创性和知识产权的保护

人们对体育赛事知识产权保护意识的提升，也将反映到体育展示工作之中。从2022年北京冬奥会体育展示音乐等征集内容来看，赛事主办方越来越注重原创性。从各单项协会体育展示团队招商要求中的职责来看，赛后相关知识转移工作也是其必备的工作环节。

三、体育展示的功能

（一）体育展示是比赛进程的“指挥棒”

体育展示确保比赛顺利进行的功能主要体现在竞赛环节。传统的体育赛事由裁判员控制比赛的每一步进程，当体育展示融入竞赛体系后，技术官员在比赛中履行的职责更加简洁明晰，体育展示推动着赛事进程高效运作，如记分牌、大屏幕的视频画面、运动员上下场、换人、成绩公报、国歌播放、场馆散场等基本工作都伴随体育展示这根“指挥棒”有条不紊地进行。

（二）体育展示是赛场气氛的催化剂

在竞赛场馆里，体育展示管控范围内的播音、音乐、视频、现场表演，这些元素有效地起到联络观众情感、拉近观众与体育比赛场地的距离、活跃气氛的作用，促使观众与竞赛主体在比赛间隙继续保持竞赛热度(图9-1-1)。

图9-1-1 运动员入场与现场观众

（三）体育展示是展示民族文化与赛事文化的窗口

首先，体育展示是展示民族文化、塑造民族形象的窗口。大型体育比赛会受到媒体的高度关注，是公共关系的总和。特别是奥林匹克运动会，其精神、原则与人类“和平与发展”有着深刻的内在联系，成为各国争先发声的国际优质平台。体育展示是一个“发声”的重要窗口，体育展示表现出来的各种感官与视觉印象，其实均进行着潜移默化的“发声”，承担着塑造和传播赛事品牌、民族精神与形象的重任。例如，第二届南京青奥会文艺表演《追梦》以汉字、青铜器、青花瓷、丝绸之路 4 种元素勾勒出古老中华文明的博大气象，向世界表达了中华民族对和平、和谐、和睦的追求和向往。

其次，体育展示是展示体育赛事文化的窗口。体育展示的信息内容需与赛事主题契合，能展示赛事和主办方形象与情感，塑造体育赛事形象，促成赛事品牌形成。

（四）体育展示是教育信息的重要载体

体育本身就是一个教育活动。体育展示是教育信息的重要载体，是让体育赛事回归教育的重要途径。无论是基于满足个人对美好文化的追求，还是满足社会进步的需要，都要求体育展示不仅为观众带来视听享受，还使他们在认知上有所获得。

将具有教育意义的信息融入体育展示，并以直观生动的方式展现出来，体育展示便引领着观众潜移默化地接受文化教育。因此，一次大型体育赛事的成功举办，可以说是全社会的一次教育洗礼。国际奥委会手册要求体育赛事要教育观众熟悉比赛的规则和知识，2022 年北京冬奥会工作议程指导方针也提出要面向青年教育推广奥林匹克精神，观看赛事即是让受众接受运动项目知识教育、文化教育、思想教育的过程。2014 年南京青奥会就针对青年人群，突出体育与文化教育相融合，首创体育实验室，普及武术、攀岩、轮滑、滑板等项目，是一次很好地通过体育展示搭载教育信息的成功案例。

（五）体育展示是维护赛场秩序安全的重要手段

引导观众文明观赛日益成为高水平赛事的重要环节。作为在竞赛场馆中唯一的声音和画面的控制方，体育展示有效地发挥了对进出场、禁止吸烟、对号入座等信息的提醒与引导功能，把观众自然而然地带入文明的行为状态，为赛场文明建设提供了崭新的渠道，如“请不要使用闪光灯拍照”“在比赛现场请将手机静音或置于振动状态”等提醒。面临比赛推迟、改变、取消以及发生如赛场停电、下雨等突发情况时，体育展示将担负起公告、安全疏导的任务。国内部分单项赛事将体育展示团队设置在安保部门下，也体现了其维护秩序安全的功能。

（六）体育展示是赛事经济价值实现的重要通道

体育展示除展示文化信息、竞赛信息外，也是呈现商业信息的重要平台。随着经济的发展、体育赛事数量与级别以及影响力的不断提升，体育赛事产业涉及众多赛事关联产品，并且这种体育赛事与产品之间积极的关联影响被越来越多的企业所重视，体育赛事成为企业商业宣传的一个重要平台。

四、体育展示的构成元素

体育展示如何在竞赛中完美地实现上述六大功能？这就涉及体育展示的构成元素，各类构成元素的搜集、整理、创意、策划、制作、审核和实施是贯穿体育赛事筹备期和赛期的工作重点。一场高质量的体育展示必须要将竞赛、文化等信息与视频、音频、现场表演、灯光等基本元素与文化情感进行巧妙的创意设计，高度整合并实施。

（一）音频

1. 播报

播报工作是体育展示的核心部分，是对准确性和及时性要求极高的工作。播报人员主要负责现场主持、播报流程、实时解说，要求具备大量与项目有关的知识储备、深刻的思想与见解、正确的价值观以及灵活应变的处理能力。播报时，语态基调客观、中立，在某些关键节点播报富有激情，根据比赛流程引导观众的情绪、引发观众的情感共鸣、保持对体育的热爱与关注（图 9-1-2）。以下是乒乓球赛事具体播报文稿清单：

图 9-1-2　主持人现场采访运动员

（1）赛事介绍（比赛性质）脚本。

（2）观赛注意事项介绍脚本。

（3）赛事举办地自然人文风情介绍或属地场馆介绍脚本。

（4）运动员入场介绍脚本。

（5）项目知识介绍脚本。

（6）运动员技战术介绍和近期取得成绩脚本。

（7）比赛进展情况、比赛成绩和名次播报脚本。

（8）流程衔接播报串词。

(9) 观众退场信息。

(10) 颁奖仪式脚本。

(11) 应急预案播报脚本。

2. 音乐

音乐指配合比赛各个环节，结合体育项目特点和主办国(地区)文化特点，通过公共扩声系统所播放的音乐或音效。音乐通常在宣传片开场、入场、退场、信息通报提示、比赛转场、颁奖仪式等环节播放。建议预先建立音乐库，主要包括竞赛环节音乐、突发事件音乐、参赛国家国歌和重点运动员音乐，还可以针对运动项目特征对得分、获胜、局间、场间等竞赛环节制作不同的音乐。音乐是赛场重要环节的提示音，是点燃赛场激情、营造良好的赛场氛围的重要元素，也是展现民族文化的重要载体。例如，2008 年北京奥运会的歌曲《我和你》《北京欢迎你》是我们国家对和平友好的表达。2022 年北京冬奥会发布的歌曲征集要求“抒发对理解、友谊、团结和公平竞争奥林匹克精神的真切感悟，表达大好河山、锦绣中华，激情冬奥、四海一家的东道主好客精神。”这既体现了奥运精神文化，也展示了中华民族的传统文化以及在冰雪项目上的雄心壮志。

(二) 视频动画

视频动画是展示竞赛信息、文化内涵、商业赞助的重要载体，是相对复杂的工作类别。视频动画发挥着填补赛场进程中的时空空白和增加视觉冲击力、温婉导引等功能，它是最具大众传播气质和创意空间的元素。一个优秀的体育赛事的视频动画制作应极具艺术性，达到震撼观众心灵的作用。比如，美国的 NFL 职业橄榄球大联盟的冠军赛——“超级碗”即使是在暂停、休息等阶段的广告时段也能留住观众，继续延续赛场氛围。

呈现视频动画的载体包括全彩 LED 显示屏、LED 围栏屏、计时计分 LED 屏幕，片源主要由通用片源、赞助商、属地或电视转播机构获取的成片或者团队自制片等构成，视频中往往以赛事内容作为广告元素。视频制作周期在体育展示各构成要素中相对较长，在制作初期视频编辑应与场馆方就大屏幕像素、尺寸、长宽比、播放软件兼容性等技术问题一一落实，以确保现场播放的顺畅性。

(三) 现场表演

体育展示现场表演经历了纯娱乐到强调娱乐与知识结合再到注重娱乐、知识和文化三者融合的过程。现场表演同样具有烘托现场气氛、介绍比赛内容、传递举办国文化等作用。一般赛事现场表演主要在比赛开场、比赛间歇期、退场三个时间段进行。乒乓球项目的现场表演一般针对重要比赛场次，并且在场上球台数量较少的情况下的无障碍区进行。由于某些赛事的比赛间歇时间难以把握，因此现场表演与比赛顺利衔接是一项重要的工作。图 9-1-3 展示的是南京青奥会乒乓球赛场吉祥物现场互动的情景。

图 9-1-3　南京青奥会乒乓球赛场吉祥物现场互动

（四）灯光、特效

灯光是体育展示活动中造价相对较高的组成部分，主要由电脑 LED 灯、摇头灯、logo 灯、追光灯、彩幕等组成。灯光不仅具有满足能见度的基本要求，还具有渲染展示主题气氛、美化环境、引导和调动观众观赛积极性的作用。例如，将观众席灯光调暗能实现比赛区与观众席空间分割，以塑造赛场环境与引导观众观赛；另外，将灯光运用于运动员入场、现场表演等环节，也能打造出美轮美奂的体育赛事现场。

如果说灯光元素是打造赛场舞台化效果的法宝，那么特效就为赛场舞台化效果的呈现起到了锦上添花的作用。特效主要使用干冰机、气柱、冷焰火、3D 投影等，具体元素的使用和呈现随赛事进程灵活运用。图 9-1-4 展示的是“地表最强 12 人 2019 直通赛”开幕式的情景。

图 9-1-4　“地表最强 12 人 2019 直通赛”开幕式

五、体育展示与其他主体间的关系

体育展示的传播主体由参赛主体、体育展示团队、赛事组织者、媒体与赞助商、观众这五个利益相关者构成。体育展示传播主体之间总体奉行“多赢”格局，但它们的利益方向和运行方式却存在一定的冲突和制衡。如果未处理好体育展示与其他业务口的关系，体育展示很难有出彩之举，甚至无法保障其正常运转。

（一）体育展示与参赛主体的关系

体育展示与参赛主体之间有着密切的联系。运动员是参赛的主体，是体育展示的核心动力，运动员在赛场的一言一行、一颦一笑都可能成为体育展示的亮点，展示团队应尝试聚合运动员的力量来拓展体育展示的新天地。对运动员来说，体育展示是运动员形象展示的必要手段，是运动员完成竞赛过程的必经环节，是运动员适应比赛氛围和节奏的必需渠道。

（二）体育展示与裁判工作的关系

体育展示与裁判之间职业化的配合才能成就高品质的赛事运行。就乒乓球竞赛而言，体育展示团队应提前从编排记录组裁判处获取参赛运动员名单、抽签结果、对阵表、竞赛节目单、裁判员名单、裁判员任务书、比赛结束确认、比赛成绩等竞赛信息，与裁判团队确定裁判运动员入场方式、流线、时间、介绍方式等，方便配合整个竞赛过程。如倒计时提醒运动员与裁判员准备。

（三）体育展示与技术设备的关系

技术部门是体育展示最坚实的保障，在体育场馆内，若技术设备出现故障，设计再完美的体育展示内容只能是“水中月，镜中花”。体育展示的技术设备都具备相当的专业性，在大型体育赛事中，组委会一般签约专业的合同商在技术上保驾护航，而一般性体育赛事中，体育展示团队要充分依靠体育场馆的技术力量和音视频设备租赁的专业公司。

（四）体育展示与市场运营的关系

体育展示中，传统的赞助商宣传片、广告商宣传语播放是相对比较生硬直接的宣传方式。体育展示的形式升级与丰富之后，更易引起观众注意、冲击观众心灵、获得认可，如宣传片巧妙地将赞助商与体育运动结合，广告宣传采用广告歌曲、现场抽奖活动等形式，使商业赞助与竞赛的融合更加自然。

（五）体育展示与媒体服务的关系

体育展示本身就承载着服务媒体的功能，电视直播时转播团队须与体育展示团队精确对时，平面媒体也时常从体育展示的播报和成绩显示中获取竞赛信息，颁奖仪式举行前各路媒体也从体育展示团队获得详尽准确的嘉宾名单与成绩通报数据。

第二节　乒乓球比赛展示

乒乓球被誉为我国的“国球”，乒乓球赛场是展示民族文化的优质平台。本节介绍了乒乓球比赛展示团队组建与主要岗位职责；讲述了乒乓球比赛展示从策划准备到测试检验、正式执行阶段的一般流程；最后探究了学校运动会中的乒乓球比赛展示，以帮助学校竞赛组织者了解体育展示，为今后校园乒乓球项目竞赛组织的实践提供有益指导，帮助学校运动会真正融入学校人才培养体系。

一、乒乓球比赛展示团队

乒乓球运动员高超的技术和个人魅力成为乒乓球商业化的强大助推器，直接推动了整个赛事的环境“包装”升级，呈现出震撼的开场表演、酷炫的出场方式等。这一切的背后，来自体育展示团队的强大支持。

（一）乒乓球比赛展示团队组建

目前，我国大型乒乓球比赛展示团队主要由体育展示服务商、社会聘用人员以及赛事实习生共同组成，其中高规格赛事还须聘请相关专家。团队分为核心团队和场馆团队，核心团队提供音视频通用内容制作和技术设备支持，并督导执行；成员录用时注重专业与综合素质要求，并经过严格的考试和遴选。场馆团队则是体育展示活动开展的主力军，他们接受核心团队和竞赛主任的双重领导与审核，与颁奖仪式团队和表演团队紧密配合，完成体育展示的相关工作。

（二）乒乓球比赛展示团队主要岗位职责

一个完备的乒乓球比赛展示团队一般设置导演、项目助理、场地导演、文字编辑、场外信息发布制作人员、中/英文播报员、中/英文评论员、音响师、现场表演者、视频导播、视频编辑、视频操作员等岗位，也会根据乒乓球赛事的具体需求设置其他岗位。部分岗位任务与职责如图 9-2-1。

1. 导演

导演是集体创作的核心，体育展示的质量很大程度上取决于导演的素养与能力。导演主要负责执行流程脚本，应急情况时与主管沟通并根据指令指挥现场工作。要求导演具有突出的临场应变能力与统筹能力。

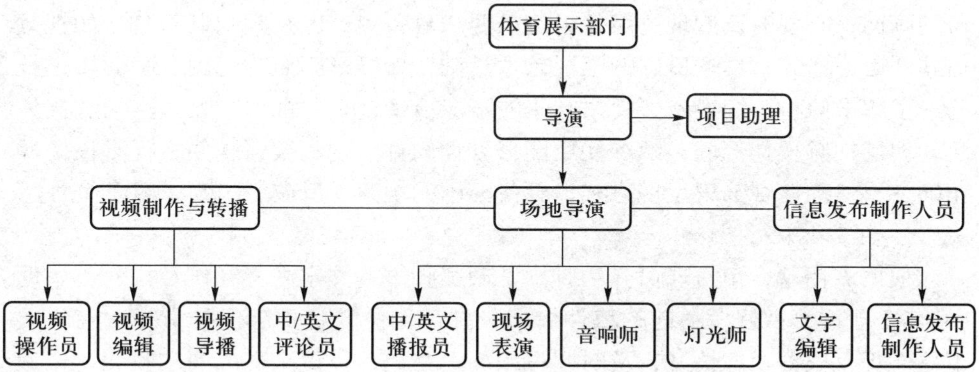

图 9-2-1　体育展示团队组织结构图

2. 项目助理

主要负责整理团队成员信息，协助排班；赛事期间负责团队的物资领用和发放等工作。要求具有执行力、协调性及机动性的全能型人才。

3. 中/英文播报员或现场主持人

主要负责撰写场馆播报稿，并送交场馆各相关业务口审核确认；赛前筹备期依据比赛调整播报状态，熟悉播报稿件；确认运动员姓名的正确发音；赛时在导演指挥下，正确、及时地播报赛事信息；向观众介绍赛事、球员、乒乓球基本知识及规则、观赛礼仪、宣布比赛结果、颁奖嘉宾、获奖运动员、组委会通告(如延场)等相关信息。要求中文播报普通话标准，英文播报能独立翻译中文播报脚本内容；具有良好的汉/英文字功底，撰写汉/英播报脚本；具备较好的语言表达能力、语言组织能力和沟通能力；满足赛事所需要的播报风格。

4. 音响师

主要负责赛前体育展示音乐挑选与音乐编辑；与音频设备供应商联络，保证音频设备的正常使用；现场扩声及音频系统的基础调试。赛时在体育展示导演的指导下，负责赛场播报、音乐等扩声工作；与转播商等技术部门配合，共同完成音频信号的设置和传送；根据场上情况，合理地选择合适的音乐。要求有扩声或录音的实际操作经验；熟悉 adobe audition 等专业音频软件；热爱、熟知各类型音乐；有音乐编排经验；具备基本故障的排查能力。

5. 视频导播

赛前负责为视频素材的创作提供创意、思路等；灵活熟练使用各种视频设备，掌握视频系统构架；配合视频编辑进行相关信息和素材的搜集整理；熟悉所有的视频素材，为模板的视频部分提供意见；协助视频编辑进行每日精彩集锦的制作。赛时负责通过切换台，从各路不同的信号画面中，选择要切至大屏幕的画面；必要时调度现场摄像机位。要求具备良好的视频知识基础，如视频格式、信号格式；具备良好的电视艺术基础，如摄影画面的构图、画面转场技巧；了解摄像机、切换台、视频专业放录像设备；有电视台、媒体实习或文体活动现场视频操作经验；熟练使用图形处理软件、视频编辑软件，视频设备操作娴熟，熟悉竞赛结果呈现方式；具备突出的观察、反应、应变、沟通能力。

6. 文字编辑

根据流程单，负责球员介绍脚本、颁奖脚本的文字内容制作及校对；协助中/英文播报员做好发稿前的稿件编辑，并征询主管负责部门的意见，落实终审稿件等；根据紧急情况，及时撰写和编辑文稿；负责比赛成绩的收集、传递等。要求了解乒乓球项目且工作细致，熟悉体育展示执行、联络、管理等业务，英文交流、翻译能力突出。

7. 信息发布制作人员

负责信息发布制作；负责公共区域内，大屏幕内容的制作和播出；负责对临时活动调整、球员活动、纪念品促销的打折信息等进行整理制作。要求熟悉设计工作、具备快速内容制作与发布能力。

二、乒乓球比赛展示组织实施

（一）乒乓球比赛展示策划阶段

1. 实践调查

（1）查阅技术手册等相关文字要求和标准，了解赛事组委会意见。在策划过程中，整合赛事组委会意见。

（2）通过调查表和当面交流，全面调研体育展示的需求。制作体育展示需求总表，作为工作的基础和依据。

（3）对办赛目的、赛事级别、赛事类型，竞赛项目规则、竞赛流程、参赛运动员，教练员、裁判员的中英文名字、所属单位，包括赛事中英文标准名称、举办地点、主赞助商中英文名称等信息有深入的理解。

（4）搜集并观看大量的相关赛事录像资料，形成体育展示视频资料库，作为工作最直接的参考依据。

（5）了解场馆现场音视频硬件条件，如场馆的图像大屏幕和记分屏的数量和规格、建声环境。在充分了解基础硬件设施的基础上，制定体育展示元素的具体方案。

（6）获知球台位置图，主要信息包括台号和摆放位置，标出体育展示台位置。

（7）与赛事承办单位联系，协调各自分工，明确责权，将体育展示各类元素有机组合，流畅精确地实施实践调查。

2. 确定体育展示主题

体育展示的主题通常是赛事精神与主办地的特色的结合。主题具有相对稳定性，但表达主题的展示形式具有“多样性”，一个系统的赛事的体育展示就是“不变的价值”与“多样的表现形式”的结合。而且根据不同的级别、类型、办赛目的、竞赛主体和观众等，体育展示的内容选择偏向、展示的形式也应该体现出差异。

3. 建立体育展示素材库

认真分析策划建立视频与音频库。可针对不同比赛环节、各种可能发生的情况以及参赛国国歌和重点运动员音乐建立音视频文件夹，在赛事进程中实时更新音视频素材。

4. 协调好赞助商时间的利益关系

随着体育赛事的商业化发展，大型赛事同时有多家不同层次赞助商的情况十分普遍。因此，体育展示应该在赛场中对广告元素的展现体现层次差异，区分赞助商的回报层次并突出主要赞助商的地位，以促进赞助商增大赞助力度。这是体育产业市场化对体育展示工作提出的新要求。

5. 确定体育展示整体工作方案

（1）确定体育展示工作点。根据竞赛节点、电视转播安排、售票方案确定体育展示方案，包括体育展示工作点时长版本（如倒计时 30 分钟版、倒计时 20 分钟版、倒计时 10 分钟版或入场版），并拟定每个体育展示工作点播报、音频、视频、现场表演等基本提示需求。

（2）编写体育展示各元素需求。落实视频、音频、播报、表演等各元素的具体要求，使各元素任务针对性更强。

（3）形成体育展示与颁奖仪式运行纲要初稿。明确体育展示赛时运行情况，包括要素、程序、责任方、组织结构、实现方式。

（4）细致分析研究运行纲要。对体育展示部门的职责范围、外部客户群、服务水平资源需求的整合机制及风险进行进一步细化。

（5）形成体育展示整体工作方案，并制定赛前工作任务和工作时间表，以指导具体工作的筹备和实施。

（6）制定体育展示流程单通用模板。从比赛前允许观众入场开始，到比赛全部结束，具体到每一分音频、视频和现场表演等所有元素的细节节目流程单。

（二）乒乓球比赛展示测试阶段

在确定上述体育展示整体工作方案之后，需要按照比赛流程运行，依据每日竞赛活动、每场竞赛时间节点进行场馆人员、设备运行与体育展示（含现场体育表演活动）、颁奖仪式、礼宾服务、信息技术等业务口配合工作的演练。

在体育展示演练的过程中，首先要确定的是团队配合的工作方式，一般采用导演中心制，即以导演的指令为准，在这种工作方式下由导演掌控倒计时时间，每个时间节点由该流程相关的视频导播和音响师负责报告流程进展。在团队配合中采用以音频为流程演进的控制器和调节器，若团队配合娴熟后，导演只负责下达流程变更指令，并掌控与时间的关联，其他职能可由音响师代替导演行使。还有一种特别的流程配合方式是主持中心制，由于主持人在比赛现场无法对时间精确测量，在执行流程单脚本框架的基础上，需要导演根据主持人的现场发挥调整音视频配合策略，还需要在一些重要流程节点及时提示现场主持，这种工作方式要求导演与主持之间配合默契。

1. 测试主要内容

按照比赛流程运行演练；按照每日竞赛活动安排，整个场馆团队按照时间安排节点，进行场馆人员及设备运行演练；竞赛管理团队与体育展示（含现场体育表演活动）、颁奖仪式、礼宾服务、信息技术等业务口配合工作的演练。

2. 乒乓球赛事展示团队负责的具体测试项目

（1）大屏幕显示测试与运行。赛前 2 小时至赛前队员入场，体育展示团队需要进一步与计时记分部门统一大屏幕的使用时间，并确认信号转换中的每个细节。赛中，由计时记分及成绩处理团队负责大屏幕显示与播放工作。

（2）颁奖仪式测试。体育展示团队负责颁奖仪式的颁奖音乐、播放国歌工作，赛前须协同颁奖部门对颁奖仪式进行重点演练，演练中要有模拟运动员和模拟颁奖嘉宾，并要协调好升国旗奏国歌的配合。颁奖团队负责礼仪人员、国旗手、鲜花、奖牌及国旗升降工作。礼宾团队负责颁奖嘉宾及其陪同人员名单制定、引导工作。颁奖嘉宾及其陪同人员名单应在赛前及时提供给大屏幕显示工作组。

（三）乒乓球比赛展示正式执行阶段

乒乓球展示以时间为序，可依次分为赛前阶段、比赛阶段、赛后阶段。赛前阶段是指观众入场后，比赛正式开始前的展示。比赛阶段是指运动员进场、比赛中、比赛间歇期间的体育展示。赛后阶段的展示可分为高潮营造与颁奖仪式两部分。

1. 赛前阶段

（1）赛前 3 小时。开始检查设备，更新信息，召开例会工作。

（2）赛前 2 小时。从观众入场到比赛开始阶段，倒计时展示环节通过大屏幕呈现体育宣传片、赛事内容介绍、竞赛知识普及、观赛礼仪、比赛日程安排、文化意图、商业营销推广，配合吉祥物表演与互动等暖场活动调动现场气氛。要求各元素穿插间隔分布，通过不同元素的过渡营造出高低起伏的现场情绪，使现场观众对体育赛事保持较高的关注度。

（3）赛前 10 分钟。此时间段的展示随着时间的推进安排得更加紧凑，以调动观众紧张感与期待感。

2. 比赛阶段

（1）裁判员、教练员、运动员进场。运动员入场环节是运动员完成比赛的初始步骤，也是现场氛围的一个小高潮。当比赛场地同时有多张球台比赛时，运动员入场方式一般采用由裁判员引领鱼贯而入的庄重式入场。在决赛中，为烘托比赛氛围，一般采用明星入场式，由运动员分别跑步进入赛场。此时播报员慷慨激昂地进行运动员出场介绍，入场音乐积极配合播报，大屏幕上及时展示出场运动员的基本信息。总之，体育展示要充分运用播报、音乐、现场大屏幕和现场表演的综合手段，激发体育现场的热情。

（2）比赛时。乒乓球是一项精细度的运动，在比赛时赛场环境需要保持安静。因此，乒乓球比赛进行中的体育展示以视觉传播为主要方式。 例如，公共记分屏及时地显示比赛信息，LED 屏幕多以静态画面展示。比赛时体育展示的形式与方法一般视场地的可利用率而定。若发生运动员受伤、退赛、设施故障等突发状况，及时启动应急预案播报，并通过播放应急音乐舒缓观众情绪以维持现场秩序。

（3）比赛间歇。在比赛间歇，体育展示肩负着引导文明观赛和气氛衔接两大重任。一般音响师即刻播放现场音乐，大屏幕播送观赛礼仪、观赛须知或宣传片，配合灯光营造现场氛围。比赛间歇较长时还可组织现场互动、引导现场表演等。

3. 赛后阶段

（1）赛后营造高潮。赛后的体育展示主要是指决出比赛名次后与颁奖仪式之间一段较短的时间。体育展示一般采用现场采访运动员、主持人现场解说、音视频烘托氛围三种形式。例如，大屏幕播放精彩镜头集锦并配合现场大屏幕捕捉运动员与运动员、运动员与教练员、运动员与家人等画面，使气氛再一次达到高潮，并营造盛宴即将落幕之感。

（2）颁奖仪式。颁奖仪式作为体育展示的收官之作，是历来受到体育赛事主办方高度重视的环节，也是现阶段国内大部分赛事体育展示服务商最主要的工作任务。按照规定，乒乓球比赛仅奥运会、世乒赛、世界杯和洲际比赛设置

乒乓球比赛流程单

升旗环节，采用专用的升旗奏歌系统完成。此时体育展示的主要形式包括：播报员负责现场播报；音频团队负责播放入场音乐、颁奖音乐、国歌、会歌等，音乐应包括标志音乐、入场音乐、颁奖音乐、退场音乐；视频团队负责播放获奖运动员信息和颁奖嘉宾名单、运动员赛事锦集、播放实时细节或抓取现场镜头；还可使用舞台灯光配合，艺术效果更佳。

三、学校乒乓球赛事展示

体育展示不是高高在上的概念，体育展示也不是大型赛事才有的“专利”，学校乒乓球赛事也可以进行体育展示设计。但是，学校乒乓球赛事展示需要强调校本化设计，要积聚学校体育活动的文化底蕴，并从育人的角度组织策划学校乒乓球比赛。

在价值取向上，要具有普遍性与独特性。学校乒乓球比赛的体育展示要反应普遍的社会文化、学校文化、体育文化。落实在具体操作中，要充分挖掘乒乓球体育展示所能蕴含的社会文化、学校文化、体育文化与乒乓球文化，才能保证“实态”的体育展示传达的信息更具有生命力与影响力。

在具体呈现上，要体现创新性与多变性。体育展示如同赛事的包装，一定程度上也起到了“推销”的作用，它从视觉吸引，到心理刺激，吸引学生主动地参与到学校乒乓球比赛中来。这就要求组织者充分发挥创意思维，充分利用各种元素，对学校运动会的体育展示设计进行横向与纵向的延展，从方方面面彰显学校运动会的主题、价值取向等。在进行体育展示工作的设计策划中，还应该让体育展示成为学生实践与展示的平台。以下简单列举了一些乒乓球赛事展示的策划思路与案例，以供实践工作参考。

1. 校园海报

海报宣传具有便利、省时、成本低的特点，可以说是学校乒乓球赛事展示的主力军(图 9-2-2)。在运动会前期，可以张贴“简讯类”海报如赛前队员宣

图 9-2-2　宣传海报

传照，为赛事预热；在比赛中，可以张贴“比赛成绩”“比赛风采”类海报，多元化地展示学校乒乓球比赛；赛后还可以张贴“榜样示范”“优秀事迹”类海报，起到总结、升华的作用。

2. 新媒体宣传

运动会前期通过音视频等形式来宣传预热，如组织学生录制学校乒乓球比赛主题曲、视频宣传片，对学校乒乓球比赛预热、预告。可组织乒乓球比赛吉祥物、奖牌征集活动，班旗、队徽设计、乒乓球有关海报设计等评选比赛，并将成果与实时情况通过线上、线下展示(图 9-2-3)；还可对重要赛事进行网络直播，增强参赛者与亲人、朋友、同学的互动，进一步扩大宣传力度。

图 9-2-3　队徽设计

3. 主持人

在决赛或重要比赛中，可以邀请专业人员或者学校老师、同学担任主持人来引领整个乒乓球比赛，包括介绍运动员裁判员进场、组织现场互动、主持颁奖仪式等。主持人的加入能更加准确地把握学校乒乓球比赛展示的整个流程。

4. 音视频、灯光

在学校乒乓球比赛场地与设备允许的情况下，音视频、灯光元素可以说是点燃乒乓球比赛激情最重要的手段。它可以在观众入场、开场表演、运动员入场、运动员获胜、高潮营造、观众退场、颁奖仪式等环节中运用。其中，广播设备几乎是每个学校必备的，因此，建议学校乒乓球赛事展示将广播设备充分利用起来。比如，在重要比赛的获胜时刻响起背景音乐，让充满音乐与欢呼声的赛场即刻点燃学生内心情感。

5. 现场表演、吉祥物互动

比赛开始前可以策划适合学校乒乓球比赛的开场表演来营造氛围，如吉祥物互动表演、现场啦啦操表演，还可以策划师生同场竞技、体育教师乒乓球技能展示、乒乓球表演赛等互动环节。当然，如果在时间允许的条件下，这些环节也可以设置在中场休息时。另外，建议将以上环节也融入音乐、视频、灯光元素，更能渲染赛场氛围。

6. 吉祥物、奖牌与奖杯、纪念品

颁奖仪式的体育展示设计可以从乒乓球服装、奖牌、奖杯、纪念品等方面考虑。例如，某体育院校 2019 年校运会不仅设计了奖杯、奖牌，还有吉祥物“能能”（图 9-2-4）。“能能”是一只改版的小舞狮，“能能”的尾巴燃烧着一团烈火，象征着激情如火的体育精神，延续了“行健不息、积健为雄”的校训内涵。这一体育展示设计是体育文化的普遍性与学校文化独特性的结合。该校还将吉祥物制作成钥匙扣作为纪念品赠予在校运会中取得优异成绩的同学们，获得了同学们的一致好评。

图 9-2-4　吉祥物

总之，学校乒乓球比赛展示设计要始终以竞技属性为核心，以文化教育属性为基础，以娱乐属性为导向，通过对学校乒乓球比赛所能运用的基本元素（音频、视频、现场表演、灯光等）的创意组合与合理设计，并经过赛前的多次检验配合，使学校乒乓球赛事文化与情感表达更具丰富性与感染力。

思考题

1. 体育展示的构成元素有哪些？

2. 体育展示的功能有哪些？

3. 如果你作为学校乒乓球比赛的负责人，结合学校实际情况，思考如何将体育展示运用到乒乓球比赛中。

第十章　乒乓球运动损伤

本章导言

本章从乒乓球运动损伤产生的原因谈起，介绍了预防措施，并在此基础上，结合乒乓球专项特点及打法特点，论及乒乓球运动损伤的分类、发病部位。最后，重点分析了常见乒乓球运动损伤的产生原因和治疗措施。

学习目标

1. 熟悉乒乓球运动损伤的产生原因和预防措施。

2. 了解乒乓球运动损伤的分类、常见病种及常见发病部位。

3. 深入了解常见乒乓球运动损伤的产生原因，并能够初步具备处置一般性运动损伤的能力。

第一节　乒乓球运动损伤概述

随着乒乓球运动的发展，运动员训练强度与参赛强度不断增大，运动损伤对乒乓球运动员训练与竞赛水平的发展和发挥影响越来越大。熟悉、了解乒乓球运动损伤的发病机理、成因，掌握常见运动损伤的预防措施，往往可以防患于未然，事半功倍。

由于乒乓球竞技水平的不断提高和其自身技术动作的复杂性，运动员需长期保持高强度的身体训练和技术训练。尤其是乒乓球是一项借助球拍进行的对抗性项目，运动员在运动过程中需不断地借助步法移动和身体肌肉的微细感觉来调整击球位置，乒乓球运动的这一特点决定了乒乓球运动对身体主要的发力部位和关节的冲击较大。熟悉乒乓球运动损伤的分类、病种和主要发病部位，便于运动员及训练组织者合理安排运动负荷、科学组织训练、科学控制运动训练环境和条件，有针对性地预防运动损伤的发生。

一、乒乓球运动损伤的一般性成因

（一）局部劳损

局部劳损是乒乓球运动损伤的首要原因。运动员在训练、比赛过程中的挥拍、移动等动作使身体局部常处于高负荷、高强度的状态，如腰、肩、膝、肘等部位长期承受的负荷过大而引起局部肌肉、关节和韧带产生疲劳致伤。

（二）运动疲劳

运动疲劳是指运动持续一段时间后，机体不能将它的机能保持在某一特定的水平上，或者不能维持某一特定强度。从生理学上分析，乒乓球运动员产生运动疲劳的原因在于有氧代谢产物在肌肉内堆积，氧气不足，使身体产生疲劳。运动疲劳是乒乓球运动员损伤的重要生理原因。

在现代乒乓球竞技过程中，由于40+新塑料球的使用等规则的改变和运动员竞技水平的逐渐提高，击球回合逐渐增多，主动发力的增加要求动作幅度加大，这样使击球侧身体某些部位及其关节肌肉更加容易产生疲劳。疲劳的产生使运动员身体机能下降，警觉性和注意力减退，防御反应迟钝，大脑机能失调，即使是高水平运动员也可能产生动力定型被打破，进而引发运动损伤。

运动员竞技水平的保持或提高，依赖于高强度运动训练。以国家队运动员的训练安排为例，平时多采用“一天两练”，而重大比赛集训的中后期，会采用“一天三练”，再加上俱乐部的日常训练，运动员的体力、精力消耗较大，容易产生运动疲劳。此外，运动员之间的竞技水平逐渐接近，赛事密度逐渐增大，使大部分运动员时常处于疲劳状态。而运动性疲劳多通过教练员目测、运动员自述、队医报告来判断，准确度难以保证。因此，因运动疲劳引起的损伤一般难以及时发现。

（三）运动负荷过大

运动负荷过大是乒乓球运动员发生运动损伤最主要的训练学因素之一。运动负荷是以身体练习为基本手段对运动员机体施加的训练刺激。运动负荷承受能力是指机体在承受一定的外部刺激时，生理和心理方面所表现出来的应答反应的程度。在适宜训练负荷下机体会出现生物适应现象。但是，机体的生物适应现象只发生在负荷适宜的条件下，而当负荷超出了运动员的最大承受能力（或称过度负荷）时，机体便会产生劣变现象。过度负荷会导致运动员生理、心理出现不适应的症状，如果未得到恢复，进一步发展会成为过度疲劳，导致运动员健康状况和体能明显下降，运动损伤增加。

负荷量为练习的时间和次数，负荷强度为单位时间练习的次数和组数。在乒乓球训练与比赛过程中，负荷量、负荷强度难以准确把握，易出现负荷不合理的现象。一般说来，当运动员身体所能承受的负荷与训练中所采用的实际负荷有差距时，容易发生运动损伤。另外，局部器官、组织对负荷的承受能力难以准确掌握，容易出现局部负担过大的问题。在此种情况下，人体组织结构因过度摩擦挤压、过度牵拉易引起微细损伤的积累，继而引发慢性劳损性伤病（如慢性骨劳损、关节劳损、肌肉劳损）。

（四）肌肉力量不平衡

肌肉力量不平衡也是乒乓球运动员发生运动损伤的主要原因之一。肌肉力量不平衡主要表现在局部肌肉力量不足。乒乓球运动员常见急性损伤以肌肉、韧带的拉伤为多，而许多慢性损伤则与局部肌肉力量不足有关。局部力量不足会导致肌肉力量不足部位的肌膜、韧带等非收缩性组织的抗牵拉能力较低，关节的稳定性差（尤其是疲劳状态下），造成局部运动控制异常，增加新损伤的发病率以及加重已有的损伤。尤其对于像乒乓球这样单侧身体用力较多的项目，如常见的肩袖损伤、膝关节损伤，与运动员的训练水平密切相关，训练水平低者肩关节、膝关节及周边肌力往往不足，主动肌与对抗肌发展不平衡，不适应反复大强度持续击球的特殊要求。

（五）准备活动不合理

准备活动不合理是造成运动损伤重要的训练学因素之一。准备活动可以有效提高中枢神经系统的兴奋性，加强呼吸系统、心血管系统的活动，提高肌肉的弹性和力量，加大关节活动幅度，使人体能够有准备地从相对安静的状态转入紧张的活动状态。在日常乒乓球训练与比赛过程中，不合理的准备活动的情况有未做准备活动、准备活动不充分、准备活动的量过大、准备活动与正式的训练和比赛之间间歇过长、准备活动的内容与训练的内容衔接不够紧密等。

（六）自身技术动作不合理

错误或不规范的技术动作，不仅影响击球效果，而且容易造成运动损伤。乒乓球各种技术动作，要求运动员全身协调发力。例如，在正手攻球、拉球的过程中，如果没能有效地运用转腰、转肩的力量，一味追求手臂发力击球，则会造成运动员肩袖损伤。再如，在运动员移动过程中，滑步、并步、跨步等步法的运用不合理，则会造成运动员膝关节损伤。此外，在初学者中，运动员常常没有按照动作要领击球，违反了人体生理结构特点和生物力学原理，运动技术动作不合理，加重了身体局部的负担，从而容易造成运动损伤。

二、乒乓球运动损伤的预防

（一）重视准备活动与放松活动

充分的准备活动是预防运动损伤的重要措施之一。在准备活动过程中，不但要强调大肌肉群的动员、拉伸，还需特别注重神经系统、本体感受以及神经-肌肉系统的协同能力的激活。可借助身体功能运动损伤预防训练进行准备活动，主要包括软组织激活、躯干支柱力量训练、臀大肌力量训练、动态拉伸、动作整合及神经动员。软组织激活按照由下肢到上肢、由点到面、由躯干到四肢的顺序安排。其他训练按照由简单动作到复杂动作、由静止动作到动态动作、由单个动作到组合动作的顺序进行安排；负荷控制主要通过动作难度进阶、时间延长和负荷强度三个途径完成。动作难度进阶是由多点稳定支撑向单点稳定支撑过渡，最终达到非稳定状态下的动作模式练习。在练习时间控制方面，主要通过延长动作的稳定性时间来实现。在负荷强度控制方面，主要通过施加外部阻力，增加动作的非衡性与随机性以及动作的动态化来实现。此外，在训练、比赛结束或间歇过程中，结合热敷、按摩等手段，对疲劳、易伤部位（如肩、腰、膝、颈等）进行有意识的放松，加快相关部位的血液循环，改善局部营养，把运动损伤的可能性降到最低程度。

（二）加强身体素质训练

有些运动损伤是由于运动员缺乏针对性的身体素质训练所致。运动员在进行力量练习时，在练习之初，应做些不加负荷或者小负荷的力量练习，但对动作模式要求很严格，随着运动员动作模式的基本定型，再增加大力量、大负荷的练习；每进行一次力量练习，都应安排针对主要发力部位的拉伸练习，形成“训练—拉伸—再训练—再拉伸”的模式。在进行大力量练习时，应采取相应的保护措施。此外，乒乓球是单手执拍，单侧肢体负荷过重，长期训练往往容易造成身体对侧肌肉力量发展不平衡，如两侧上肢的发达程度不一，在身体素质训练时须注意均衡发展肌肉力量。

（三）科学制订训练计划，合理安排训练内容

乒乓球运动员发生运动损伤的主要原因是身体机能下降及运动疲劳，在训练过程中应根据运动员的现实状态制订、调整训练计划，不断调节运动员的身体机能。在教学、训练及比赛的过程中，要遵循循序渐进的原则，运动负荷应大、中、小节奏交替进行，避免在高度紧张运动后或疲劳状态下进行复杂的技术练习。除合理科学地安排运动量和运动强度外，应穿插练习各种技术，还应注意不要长时间重复练习一个动作，造成局部负担过重而引起运动损伤。此外，由于不同技战术打法的运动员，技术动作不同，其易损的部位和患病率也存在差异。因此，还应结合打法和易患病种制定不同的训练方案。

（四）规范技术动作，掌握合理的发力顺序

运动员在击球过程中，技术动作不规范，发力顺序不合理，是常见乒乓球运动损伤的重要致因。大部分乒乓球技术动作，对运动员全身协调发力的能力要求较高。如乒乓球运动员在训练与比赛中应用最多的正手攻球、拉球技术，如出现击球点偏后、随挥不充分、步法运用不合理及腰、髋、肩、臂协调发力能力不足等问题，运动员膝、腰、肩等部位较容易发生运动损伤。运动员在技术学习的初级阶段，应以追求技术动作的规范性、连贯性为主，切忌急于求成。此外，教练员应做好训练、比赛的全程监控，选用合理的方法、手段，及时对运动员不合理的技术动作进行纠正。

（五）加强自我保护意识，及时发现与治疗

为保证练习质量，不断提高技术水平，不使伤病阻碍训练的正常进行，运动员、教练员都应加强学习运动医学、运动训练学等方面知识的，不断提高对常见乒乓球运动损伤的认识，同时应掌握防范措施；还需加强自我保护意识，做好准备活动；机体出现疲劳时，及时调整训练内容；出现伤病时，及时治疗。

三、乒乓球运动损伤的分类

基于分类标准的不同，乒乓球运动损伤存在很多类型。

根据运动损伤组织的不同来分类，常见乒乓球运动损伤有肌肉损伤、韧带损伤、末端病、肌腱损伤、腱鞘炎、关节损伤、滑膜炎、垫盘板损伤、软骨损伤、滑囊炎等，其中肌肉损伤、韧带损伤、末端病、肌腱损伤的患病率最高。

根据运动损伤的病程长短来分类，可分为急性损伤和慢性损伤。急性损伤是指一瞬间遭受直接暴力或间接暴力造成的损伤。慢性损伤是指局部过度负荷、多次微细损伤积累而成的劳损，或由于急性损伤处理不当转化而来的陈旧性损伤。急性损伤伤后症状迅速出现，病程一般较短；慢性损伤症状出现缓慢，病程迁延较长。

根据有无创口可分为开放性损伤和闭合性损伤。开放性损伤是指受伤部位创口与外界相通，有组织液渗出或血液自创口流出。闭合性损伤是指受伤部位无创口与外界相通，损伤后出现的血液积聚在组织内。

根据运动能力的丧失可分为轻度损伤、中度损伤和重度损伤。轻度损伤是指受伤后可以进行正常的训练，并且不会导致伤病的加重。中度损伤是指受伤后可以进行训练，但要减少或停止受伤部位的活动。重度损伤是指受伤后不能进行训练，需立刻休息和治疗。

乒乓球运动损伤的病种有 50 余种，较常见的有肩袖损伤、腰肌劳损、腰椎间盘突出症、腰背肌筋膜炎、项肌损伤、颈椎病、膝脂肪垫炎、髌尖末端病、髌腱腱围炎、髌骨腱末端病、髌骨软骨病等。其中最为常见的病种有肩袖损伤、腰肌劳损。

四、乒乓球运动损伤的发病部位

乒乓球运动员易发生损伤的部位如表 10-1-1 所示。其中常见腰部病种有腰肌劳损、腰椎间盘突出症、腰背肌筋膜炎等。膝部病种有膝脂肪垫炎、髌尖末端病、髌腱腱围炎、髌骨腱末端病、髌骨软骨病等。肩部病种有肩袖损伤等。

表 10-1-1　常见乒乓球运动损伤的发病部位

分类	部位
易损部位	腰部、膝部、肩部、颈部、臂部、踝部、胸腹部、手部、腕部、髋部、足部、大腿
急性损伤部位	肩部、腕部、腰部、大腿、膝关节、踝部
慢性损伤部位	腰部、腕部、颈部、膝关节
患病率最高部位	腰部、膝部、肩部、颈部

乒乓球存在多种类型打法，不同打法各有技术特点，而主要技术手段的差异导致运动员的发力部位和身体各部位承受的负荷存在差异。因而，不同打法的运动员发生运动损伤的部位也存在差异，同一部位发生运动损伤的概率也有较大差别。

快攻型打法运动员的运动损伤多分布于上肢，其中肩部、腕部、手部最多。快攻型打法的主要技术是正手攻球和反手推挡，都是以快为主，扣杀是主要的得分手段，也是突出一个“快”字，在扣杀时集中全身力量，通过臂、腕、手击球，具有很大的爆发性，整个手臂起到速度杠杆的作用，此时肩部承受力量最大，位置稍有不当就可能发生损伤。手腕的活动范围较小，但此时也以最大限度的极快速度内旋（反手则外旋），如果腕关节灵活性不好或腕关节力量较差也容易发生损伤。

削球型打法运动员的运动损伤多分布于下肢与躯干部，腰骶、膝部最为多见。削球型打法下肢的活动较多，且幅度较大，造成膝关节负担过重，常处于半屈位的膝关节在左右前后大范围的跑动中，呈现不稳定状态，较易发生损伤。削球型运动员还要利用转腰来获得回击球的时间和空间，这时如果腰部的柔韧不好，或对抗击球用力不协调也能导致运动损伤。

弧圈型打法运动员的运动损伤多分布在上肢和躯干部，腰部与肩部最为多见。弧圈型打法运动员拉弧圈球的质量很大程度上取决于腰部肌肉用力的大小，握拍手同侧的腰部肌肉群的负荷很大，而对侧肌肉则处于相对松弛状态；就腰骶部整体而言，参加用力的部位与相对不参加用力的部位不能协调一致，执拍手同侧腰背部肌肉力量较弱或伸展性较差，都可能引起腰扭伤。拉弧圈球时，手臂的动作是以肩为轴，以大臂带动小臂，此时肩关节负担过重，是造成肩部运动损伤的主要原因。

第二节　常见乒乓球运动损伤

肩部损伤、腰部损伤、膝关节损伤、腕关节损伤及锁部损伤是乒乓球运动中常见的运动损伤发生部位。熟悉相关部位的生理结构特点、发生运动损伤的专项致因，并了解或初步掌握一般性运动损伤的处理方法，对于运动损伤的前期处理及决策具有重要帮助。

一、肩部损伤

（一）一般性机理

肩关节由大而圆的肱骨头与小而浅的肩胛盂构成，关节囊松弛、韧带薄弱，具有较大的灵活性，但关节稳定性较差，关节的稳定必须依靠关节周围肌肉的作用，尤其是肩袖。肩关节周围的肌肉有两层，外层是肥厚坚强的三角肌，内层由冈上肌、肩胛下肌、冈下肌和小圆肌等肌肉组成，统称为肩袖（图 10-2-1）。由于肩袖肌腱与周围骨组织的空间非常狭小，在肩关节外展和旋转过程中很容易与周围组织发生摩擦与挤压，在承受较大机械性应力时，就很容易发生损伤。通常情况下，肩袖损伤主要是由于肱骨大结节反复超常范围的急剧扭转(特别是外展)，引起肩峰与肩袖的滑囊面摩擦所致，另外一些存在于肩袖组织本身的病变造成损伤累积后，引起对肱骨头的下压力不足，引发撞击，继而导致肩袖损伤。

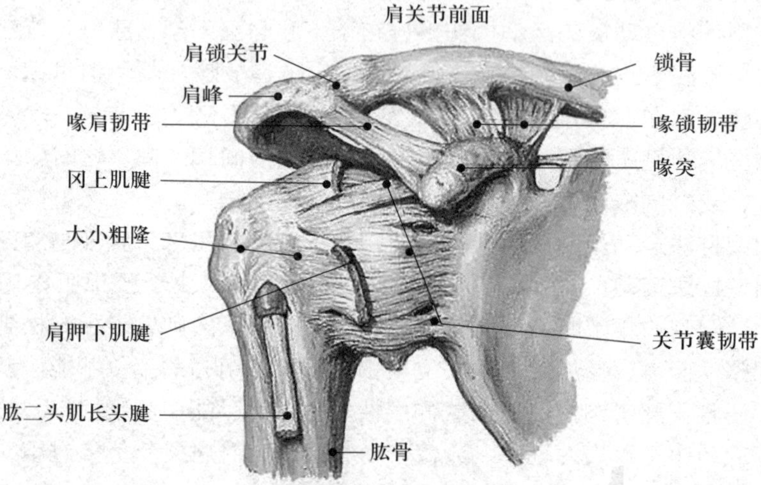

图 10-2-1 肩关节生理结构图

(二)专项致因

乒乓球运动中，肩部损伤的发病率较高，肩部损伤的病种主要以肩袖损伤为主(图 10-2-2)，表现为肩部疼痛和肩关节损伤。

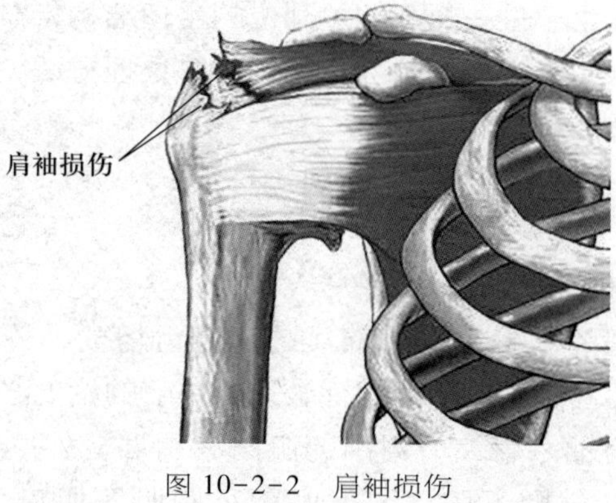

图 10-2-2 肩袖损伤

肩痛的发生多数是在基本技术训练阶段局部负荷过大(如多球训练、多组正手拉球)之后，或因肩部运动量增之过急，先感到肩部劳累不适，略有隐痛，未经及时治疗，随着训练次数的增加而逐步出现肩部疼痛。

肩关节损伤多数发生在大力扣杀和拉弧圈球技术过程中。在杀球和拉弧圈球挥臂击球时，上臂带动前臂由后向前上方挥动，肩关节在克服阻力或身体位移的过程中上肢诸关节依次加速和制动，使末端环节产生极大速度的动作形式。由于肩关节反复旋转和经常超范围的急剧转动，即不断地挥臂扣杀和拉球导致肩袖与肱骨大小结节之间反复挤压、摩擦，久而久之造成肩关节劳损。

(三)治疗措施

1. 保守治疗

损伤的肌腱应得到充分的休息，并加强健侧肩部肌肉的锻炼。患者应避免做推压动作，而代之以牵拉活动。局部可使用膏药等外用药物治疗。疼痛较重的可口服非甾体类消炎止疼药。

2. 手术治疗

如果损伤较重、肩袖完全撕裂，或经保守治疗 3~6 个月效果不好，需进行手术治疗。随着关节镜技术的发展，肩袖损伤的手术治疗现在大部分在关节镜下微创治疗，效果较好。部分巨大撕裂或条件较差者，可进行小切口开放手术修补损伤的肩袖。

二、腰部损伤

(一)一般性机理

腰部形态结构证明腰椎横突与两侧软组织密切相关，腰椎横突的病变直接影响两侧的软组织，而两侧软组织的病变也直接影响横突(图 10-2-3)。椎间盘在力学和功能上都起到重要作用，从力学角度分析，在运动中椎间盘的承载

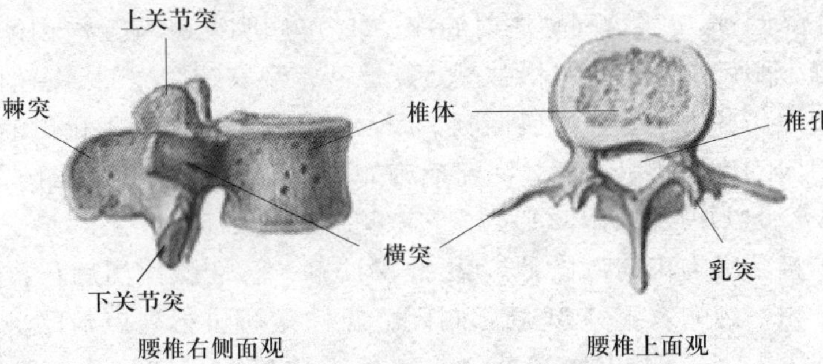

图 10-2-3　腰椎生理结构

方式通常是压缩、变曲和扭转的组合，由于它是黏弹性体，可提供脊柱活动节段中的液压静力功能，在椎体间起缓冲垫的作用，以在承载时储存能量，并使应力呈均匀分布，在负荷情况下椎间盘的力学性能在不同方向上各异，其轴向抗压的能力很大。此外，腰部骨的特点是具有不同程度的抗拉强度，富有弹性，但不抗压，对压力的耐受性差，尤其不能耐受长时间的挤压，过多的扭转造成骨与骨之间的挤压将会导致反复磨损而造成该部位损伤。

（二）专项致因

乒乓球运动技术的特点与腰部解剖学上的弱点是构成腰部损伤的主要原因。乒乓球运动中所需的各种力量，都由腰部作为中枢向上下肢传送，在乒乓球运动中，几乎每个技术动作都离不开腰部动作，小到正反手发球，大到正反手攻球和拉弧圈球，都需要用腰部发力。乒乓球运动要求人体始终要保持身体前倾，此时人体后方的棘上韧带一直处于绷紧状态，骶棘肌也长时间处于紧张收缩状态。另外，由于乒乓球运动一手握拍，单侧扭转发力，很多运动员腰部肌肉两侧不对称，握拍手对侧肌肉发达，造成腰肌不平衡。由于在训练或比赛中长期的局部负担过重或不平衡，使附着在腰椎上的肌肉、韧带张力产生不平衡，一部分长期处于紧张收缩状态，而变得僵硬无弹性，局部血液循环受阻，大量的血乳酸堆积，造成能量代谢与物质代谢发生异常，长期的刺激，会促成局部骨质增生或发生无菌性炎症。而另一部分相对肌力较小，肌力失衡发展，不利于腰椎的稳定性，在训练中如果腰椎超常活动，就会引起腰椎周围的肌肉、韧带、关节等的过度牵拉、扭转而发生撕裂、肿胀、充血等闭合性急性损伤。

（三）治疗措施

乒乓球项目中常见的腰部运动损伤主要是腰肌劳损和急性腰扭伤。

腰肌劳损治疗措施为：① 自我保健疗法。适当休息，定时改变姿势，避免弯腰持物。② 对疼痛部位进行理疗，配合手法进行适当力度的推拿按摩。③ 压痛点行肾上腺皮质类固醇注射治疗。④ 疼痛明显影响工作和休息时，在医生的指导下服用抗炎剂、肌松弛剂、氯挫沙宗及安定之类的镇痛剂。

急性腰扭伤多由于姿势不良情况下用力过猛，发生骶棘肌止点的撕裂伤。腰骶部有明显的疼痛和肌痉挛，治疗措施如下：① 筋膜或韧带扭伤，通常 3~4 周方能愈合，以短期卧床休息为好，应仰卧于硬板床上，腰部垫一薄垫，或俯卧以利于腰部肌肉和韧带松弛。② 推拿按摩，急性腰扭伤后行推拿按摩有时可取得意想不到的效果。③ 局部封闭，急性期可进行痛点封闭，此疗法简便又有效。④ 口服消炎止痛类药物，中药敷贴热敷，伤后 2 周开始肌肉锻炼，一般 3~6 周可恢复工作。

三、膝关节损伤

（一）一般性机理

膝关节是人体最大、最复杂的关节，也是人体最表浅的关节之一。膝关节由股骨内外侧髁、胫骨内外侧髁、半月板以及前方的髌骨共同构成。在结构上，股骨内外侧髁的关节面呈椭圆形，髌骨的髌面是滑车形。由于胫骨髁上的关节面比较浅而且又不是椭圆形，所以与股骨髁关节面不相适应(图 10-2-4)。从膝关节的结构上来看，它缺乏固有的内在稳定性，而且膝关节上下杠杆长，膝关节负担比较大，需要肌肉和韧带等结构的固定。膝关节主要功能是屈伸，在屈伸的过程中还有轻微的旋转，即屈膝时小腿内旋，伸直时小腿外旋。膝的屈伸旋转与髌骨的运动是协调配合的，当在运动过程中某种膝关节的运动不是它本身的协调动作，这样就会导致膝关节的损伤。膝关节缺乏髋关节与踝关节所固有的内在稳定性，需要韧带、肌肉等结构予以加固。运动中，膝关节具有韧带与髌骨双向运动的生理特点，其相对运动的不稳定性决定了膝关节除易发生一般性的关节韧带损伤外，还会发生半月板和髌骨的损伤(图 10-2-5)。

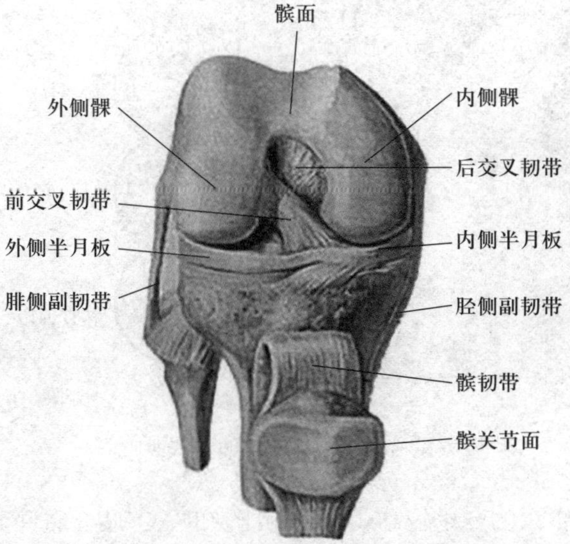

图 10-2-4　膝关节生理结构图

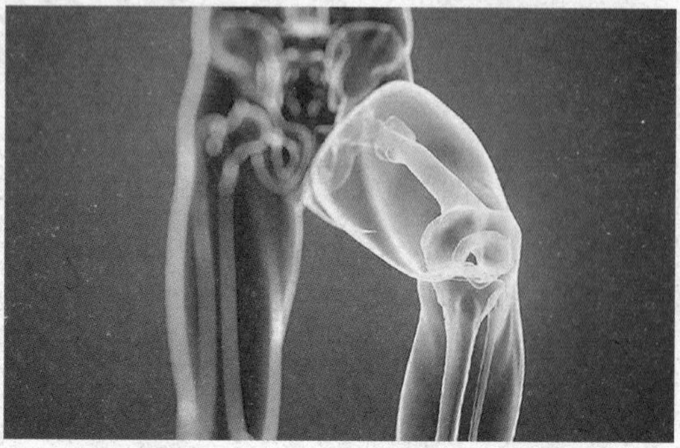

图 10-2-5　膝关节损伤

（引自：励建安，2018）

（二）专项致因

膝关节是乒乓球运动员损伤的多发部位，常见的膝部病种有膝脂肪垫炎、髌尖末端病、髌腱腱围炎、髌骨腱末端病、髌骨软骨病等(图 10-2-6)。

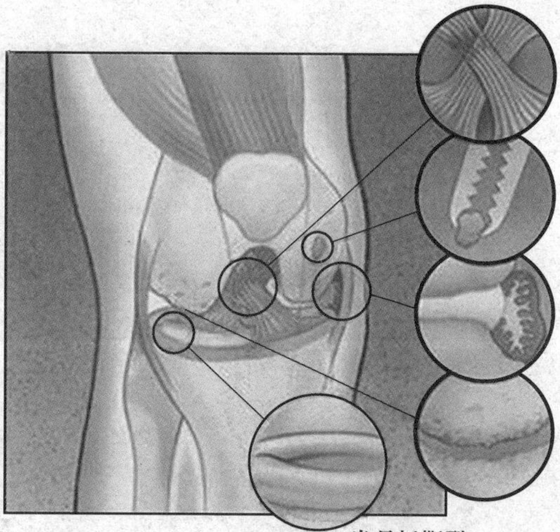

图 10-2-6　膝关节易发生的五大损伤

乒乓球运动对步法的要求较高，训练和比赛时，下肢会有许多前后左右组合步法的起动、移动和制动，因此常会引起膝关节损伤。同时，人体在不停的跑动中，膝关节始终处于半屈曲位，此时关节前十字韧带绷紧，膝关节两侧副韧带松弛，关节处于不稳定状态，但是乒乓球击球动作要求身体重心不停地转换，腿部不断地内外旋转，若膝关节力量薄弱，在迅速改变体位和失去重心时，都容易造成膝关节两侧副韧带的损伤。长期的屈膝半蹲位，股髌关节之间的摩擦和压力增大，也极易导致脂肪垫以及周围滑膜因为过度使用而发生炎症。

（三）治疗措施

膝关节出现运动损伤，需要积极地完善检查，明确损伤的具体程度，如果具有手术指征，需要进行手术治疗。如果保守治疗，可用支架固定 3~4 周，应用消炎镇痛药物和营养关节软骨类药物。如果只是轻微疼痛，除了药物治疗外，也可以采取局部的热敷、按摩、推拿针灸等物理治疗方法。

四、腕关节损伤

（一）一般性机理

腕骨共有 8 块，包括由桡侧至尺侧近排的舟状骨、月状骨、三角骨、豆骨，远排的大多角骨、小多角骨、头状骨、钩骨。8 块腕骨形状各异而不规则，彼此间互相交错接触，韧带相互连接，活动度不等。腕关节由尺桡骨的远端及腕骨组成(图 10-2-7)。桡骨远端由松质骨构成，因此当腕关节承载的负荷过大时，容易造成克雷氏骨折。在腕骨中，舟状骨较窄长，纵跨两排腕骨之间，过度背伸时易造成舟骨骨折。月状骨远端下凹，近端隆凸，侧面呈现月牙状。当腕过度背伸受力时，易将月骨挤向掌侧造成骨前脱位、月状骨周围脱位或月骨错缝。腕关节的生理弱点也是导致损伤的一个重要原因。

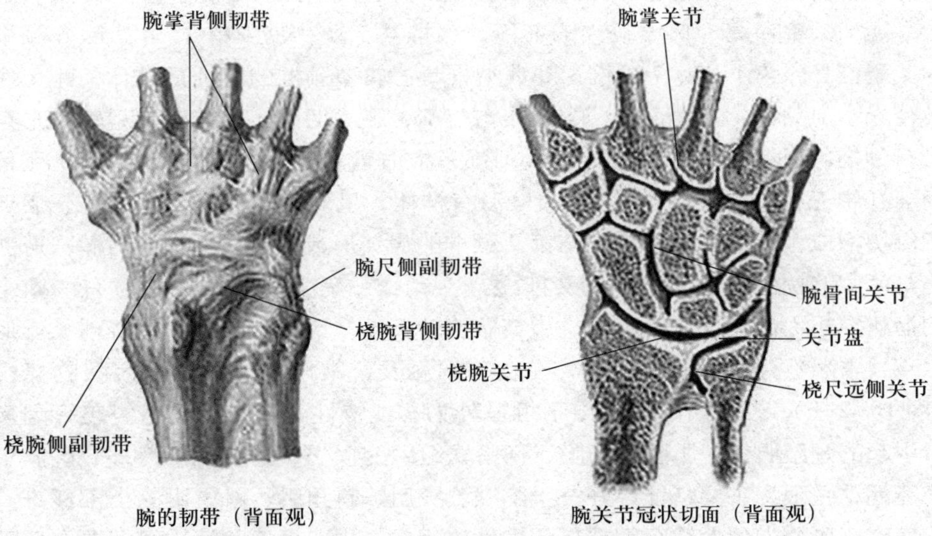

图 10-2-7　腕关节生理结构图

（二）专项致因

对于乒乓球运动员来说，腕关节的损伤将直接影响其运动水平的发挥。人体的活动是依靠肌肉的收缩与肌腱的牵引实现的。因此，肌腱一般都必须经过一个以上的关节。当肌腱绕过关节或骨骼的隆起部位时，为避免紧张的肌腱滑脱，深筋膜就在这些部位增厚呈环状或宽平的支持带，将肌腱固定，如手腕部位的腕背侧韧带。由于肌腱经过骨的隆起部位及关节时容易发生摩擦，因而，在这些部位都有腱鞘及滑液鞘保护。但如果摩擦使用过度，会产生肌腱腱鞘炎。乒乓球运动员训练时反复做腕关节运动，尤其是高水平选手的手腕和手指运用得更为频繁，久而久之使腕关节内部的软组织反复磨损，造成慢性损伤。

（三）治疗措施

手部、腕关节挫伤与扭伤发生时，应立即停止运动，避免加重损伤。伤后即刻至 24 小时内，在痛点处进行冷敷处理，保持 30 分钟。切忌热敷、按摩、推拿或使用活血类药物。24 小时后，应当对疼痛部位进行推拿舒筋活血，温经通络。如使用外敷制剂直接涂抹于患处，药物成分快速吸收渗透，达到快速消肿止痛的作用，使用后清凉舒适，舒缓疼痛。如果伤痛强烈，可以采取理疗如激光、超声波，局部封闭等措施，严重者可以考虑手术治疗。

五、颈部损伤

（一）一般性机理

颈椎是头以下、胸椎以上的部位，是脊柱椎骨中体积最小，但灵活性最大、活动频率最高、负重较大的节段。颈椎共 7 块，其中第 3、4、5、6 颈椎为典型椎骨，第 1、2、7 颈椎为非典型椎骨。典型颈椎的特征是椎体较小，左右径大于前后径，上面突起(形成侧缘关节)，下面凹陷，椎孔较大呈三角形。所有颈椎(典型或非典型)的横突孔中都有椎血管走行(椎动、静脉，第 7 颈椎横突孔中无椎动脉走行)。第 1 颈椎没有椎体，呈环状称寰椎，由前弓、后弓和侧块构成。前弓后面的齿凹与第 2 颈椎的齿突形成关节。侧块上的椭圆形凹陷与颅底的枕髁形成关节，使头能做点头动作。第 2 颈椎(或枢椎)有一向上的指状突起称齿突。寰椎可围绕齿突做旋转运动。第 7 颈椎的棘突特别长近似水平，末端不分叉，形成结节，在皮下易触及，常用来计数椎骨序数的标志(图 10-2-8)。颈部损伤是指由于机械外力，或慢性劳损，或风寒侵袭等因素所引起的颈部肌肉、肌腱、筋膜、韧带软组织的损伤，并以局部疼痛、肿胀、功能活动受限为主要特征，好发于胸锁乳突肌、斜角肌、斜方肌的上部纤维。该病临床可分为急性软组织损伤和慢性软组织劳损。颈部急性软组织损伤多因外力所致；慢性软组织劳损多系急性损伤治疗不彻底、慢性劳损、颈部骨关节变化所引起的肌肉、筋膜炎。

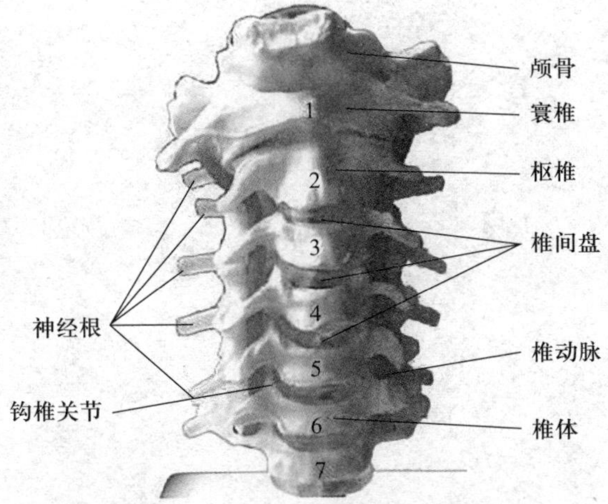

图 10-2-8　颈部生理结构图

（二）专项致因

乒乓球运动的基本姿势及技术均要求运动员身体前倾，颈椎及颈部肌肉始终处于紧张状态，且在击球过程中，要求运动员时刻转动颈部观察球体所处的空中位置，易出现疲劳与劳损，且颈部突然扭转、头部迅速向前后甩动也易造成颈部肌肉扭伤。

（三）治疗措施

如在运动过程中导致颈部疼痛，应立即停止运动，以免加重损伤。伤后即刻至 24 小时内，在痛处敷冷毛巾，保持 30 分钟，切忌热敷、按摩、推拿或用活血类药。24 小时后采用推拿舒筋活血，温经通络，还可配合使用外敷止痛药，均匀涂抹，快速作用在局部，缓解患处疼痛，还可采用针灸、内服药物进行治疗。

思考题

1. 试述削攻型打法运动员运动损伤的主要发病部位。
2. 试述乒乓球运动损伤的一般性成因与专项致因的关系。
3. 简述乒乓球运动员肩部运动损伤的专项致因与处理方法。

主要参考文献

[1] 周林，陈作珺. 乒乓球 [M]. 北京：北京体育大学出版社，2009.

[2] 刘建和. 乒乓球教学与训练 [M]. 2版. 北京：人民体育出版社，2008.

[3] 苏丕仁. 现代乒乓球教学与训练 [M]. 北京：人民体育出版社，2003.

[4] 国家体育总局《乒乓长盛考》研究课题组. 星光灿烂40年——乒乓球文萃选 [M]. 北京：人民体育出版社，2002.

[5] 国家体育总局《乒乓长盛考》研究课题组. 乒乓长盛的训练学探索 [M]. 北京：人民体育出版社，2002.

[6] 唐建军. 乒乓球运动教程 [M]. 北京：北京体育大学出版社，2005.

[7] 漆安慎，杜婵英. 力学基础 [M]. 北京：人民教育出版社，1982.

[8] 张惠钦. 乒乓球的旋转 [M]. 北京：人民体育出版社，1981.

[9] 张瑛秋. 现代乒乓球训练方法 [M]. 北京：北京体育大学出版社，2008.

[10] 吴敬平. 乒乓球直板反胶打法训练 [M]. 北京：人民体育出版社，2008.

[11] 全国体育学院教材委员会. 乒乓球 [M]. 北京：人民体育出版社，1992.

[12] 田麦久. 运动训练学 [M]. 2版. 北京：高等教育出版社，2017.

[13] 岳海鹏. 乒乓球打法与战术 [M]. 北京：人民体育出版社，2002.

[14] 陈小华，黄莉芹. 青少年乒乓球运动员体能训练 [M]. 武汉：中国地质大学出版社，2010.

[15] 张英波，夏忠梁. 动作学习与控制 [M]. 北京：北京科学技术出版社，2019.

[16] 国家体育总局. 中国体育教练员岗位培训教材：乒乓球 [M]. 北京：人民体育出版社，2005.

[17] 杨世勇. 体能训练 [M]. 北京：人民体育出版社，2012.

[18] 中国乒乓球协会. 乒乓球竞赛规则（2016）[M]. 北京：人民体育

出版社，2017.

[19] 中国乒乓球协会. 乒乓球国际竞赛官员手册（2014）[M]. 北京：人民体育出版社，2015.

[20] 程嘉炎，孙麒麟. 乒乓球竞赛法　规则法　裁判法高级教程 [M]. 北京：高等教育出版社，2019.

[21] 陆虹. 从体育竞技到体育文化：奥运会体育现场展示整合传播 [M]. 北京：北京体育大学出版社，2011.

[22] 邱林飞. 现代体育观赛礼仪 [M]. 杭州：浙江大学出版社，2014.

[23] 韩斌. 展示设计学 [M]. 哈尔滨：黑龙江美术出版社，1996.

[24] 刘修武. 奥林匹克大全 [M]. 北京：人民体育出版社，1988.

[25] 孙瑞琼，成浩. 乒乓球运动发展的历程 [J]. 运动，2016，(17)：30-31，66.

[26] 李金亮，赵霞，章潮辉. 新规则对世界乒乓球运动技术发展趋势的影响 [J]. 北京体育大学学报，2005，(10)：1414-1416.

[27] 刘丰德. 乒乓球改用大球后可能引起的变化 [J]. 天津体育学院学报，2001，(02)：75-76.

[28] 于庆川. 乒乓球规则的演变对乒乓球技术发展的影响 [J]. 北京体育大学学报，2000 (03)：425-427.

[29] Techeng Wu，ShengHer Lin. 举国体制下中国乒乓球队成功的秘诀分析 [J]. 体育科研，2005，(03)：44-48.

[30] 唐东阳，许志娟，徐金陆. 下旋球的分类及搓接下网原因分析 [J]. 成都体育学院学报，2016，42 (03)：102-105.

[31] 唐东阳，曾藕元，冷黎. 下旋球的稳健性和威胁性及其物理原理 [J]. 武汉体育学院学报，2013，47 (07)：85-88，92.

[32] 唐东阳，肖丹丹. 弧圈球技术集击球稳健性和威胁性于一体的物理分析 [J]. 中国体育科技，2011，47 (05)：52-55，59.

[33] 唐东阳，陈乔龙. 乒乓球与球拍之间的摩擦 [J]. 武汉体育学院学报，2007，(07)：56-58.

[34] 裘晟，李捷，李端英，等. 中美体能训练的认识差异与体能训练的生物原则概论（上）[J]. 广州体育学院学报，2016，36 (06)：1-4.

[35] 尚清华，尚学东，鲁智勇，等. 中国优秀乒乓球运动员运动损伤特点分析 [J]. 成都体育学院学报，2012，38 (05)：83-86.

[36] 张楠，许万林，高朝阳. 体育展示与奥运会组织工作 [J]. 西安体育学院学报，2008，(04)：50-52.

[37] 李金宝. 多重视野下的奥运体育展示传播——兼议大型综合赛事体育展示传播的特点 [J]. 成都体育学院学报, 2016, 42 (01): 23-27.

[38] 陆虹. 创造认同 互动快乐——体育展示传播模式初探 [J]. 新闻战线, 2011, (09): 64-65.

[39] 徐文海. 从北京奥运会看体育展示系统的发展——兼论体育展示与智能化系统的关系 [J]. 智能建筑与城市信息, 2008, (05): 11-15.

[40] 崔树青. 乒乓球运动员慢性肩袖损伤的治疗和训练保护（附19例报告分析）[J]. 中国运动医学杂志, 2003, (02): 197-199.

[41] 吴国梁. 乒乓球正手攻球常见技术错误与肩部损伤关系的生物力学分析 [J]. 体育成人教育学刊, 2010, 26 (06): 64-65, 71.

[42] 袁绍辉. 国家乒乓球女队运动员运动损伤训练致因分析 [D]. 北京: 北京体育大学, 2007.

[43] 杨红标. 中国女乒运动员运动损伤预防训练方法的研究 [D]. 北京: 首都体育学院, 2013.

[44] 王志伟. 我国乒乓球运动发展历程及推广路径研究 [D]. 大连: 辽宁师范大学, 2014.

[45] 李荣芝, 肖焕禹. 乒乓球在近代中国的传入及发展 [J]. 成都体育学院学报, 2012, 38 (05): 1-6.

[46] 徐金陆. 中国乒乓球世界冠军产生的地域特征研究 [J]. 哈尔滨体育学院学报, 2019, 37 (02): 15-22.

[47] 须晓东, 刘守嘏, 周映春. 乒乓球竞赛规则嬗变与赛前心理训练周期的调控 [J]. 哈尔滨体育学院学报, 2006 (04): 105-107.

[48] 章司路. 乒乓球教学中步法练习的研究 [J]. 上海体育学院学报, 2003 (06): 125-126.

[49] 周弈, 张瑛秋. 中国乒乓球后备人才训练单位绩效评估指标体系研究 [J]. 体育科学, 2018, 38 (07): 64-79.

[50] 李颖. 乒乓球运动视角下的“核心区”肌群力量训练方法研究 [J]. 广州体育学院学报, 2015, 35 (06): 65-67, 118.

[51] 张晓蓬. 对中国乒乓球队适应发球新规则训练效果的研究 [J]. 北京体育大学学报, 2002 (03): 396-397, 403.

[52] 周映春, 刘守古. 高校高水平乒乓球运动员直拍长胶倒板打法及训练方法研究 [J]. 上海体育学院学报, 2003 (05): 50-53.